修訂三版

國際貿易實務

Practices of International Trade

張盛涵 著

三民書局

國家圖書館出版品預行編目資料

國際貿易實務 / 張盛涵著.－－修訂三版二刷.－
－臺北市：三民，2012
　面；　公分

ISBN 978–957–14–5457–3　(平裝)

1.國際貿易實務

558.7　　　　　　　　　　　　　　100002272

© 國際貿易實務

著 作 人	張盛涵
發 行 人	劉振強
著作財產權人	三民書局股份有限公司
發 行 所	三民書局股份有限公司
	地址　臺北市復興北路386號
	電話　(02)25006600
	郵撥帳號　0009998–5
門 市 部	(復北店)臺北市復興北路386號
	(重南店)臺北市重慶南路一段61號
出版日期	初版一刷　2005年10月
	修訂三版一刷　2011年3月
	修訂三版二刷　2012年10月修正
編　　號	S 552170

行政院新聞局登記證局版臺業字第○二○○號

有著作權‧不准侵害

ISBN　978–957–14–5457–3　(平裝)

http://www.sanmin.com.tw　三民網路書店

修訂三版序

欣逢國際商會編訂的國貿條規 10 年大修，新版國貿條規 2010 年版已明定於 2011 年元月起正式實施。本書雖剛經修訂，亦難免其外地須再就貿易條件相關內容進行修改。惟本次修訂的心境與上次因 UCP 更版修訂時的欣喜，有些許落差。

茲將個人對於新版國貿條規疑惑略述如下，此謹供讀者參詳，無任何評斷之意。

一、摒棄船舶特有的風險移轉點「船舷」，再以船舶運輸與否為條件分類標準，基礎何在？

二、絕大部分的海運將無法再使用已有百年資歷的 FOB、CIF 條件，因新版認定貨櫃裝運的海運，不應使用此類海運專用條件，實務上可行？

三、裝船港交貨有專用條件，目的港交貨卻無專用條件，例如目的港船上交貨，如何處理？

四、特別強調適用於國內交易並將之納為副標，國貿條規本依服務國際交易而生，且將之應用於國內交易，乃以大事小，何須強調？

五、將某特殊交易型態「多手轉售交易」納入條件基本定義中，是否破壞了條規的一般性？

本書雖經修訂，疏漏謬誤難免，冀盼諸方碩學，續予賜正為禱。

張盛涵　謹誌

自 序

　　國際貿易實務係一門以貿易操作實務為基礎，經由業界長期間摸索歸納，形成的一套協助貿易進行的相關商業慣例與法律。由於這套規範的運作可以有效降低國際貿易進行的交易成本，因此自然而然地受到貿易業者的廣泛採納，並運用於交易過程中，成為業界所共同遵循的國際貿易規則。

　　理論是實務的抽象縮影，實務是理論的具體展現。本書嘗試為貿易實務建立其理論基礎，培養讀者商業邏輯思考的能力，於面對龐雜貿易事務時，具有洞悉關鍵、執簡馭繁的能力。本書內容涵蓋了完整的實務操作、最新的法令規範及嚴謹的商業理論，適合大專院校學生研習與實務界自修參考之用。

　　本書的緣起與完成，三民書局與黃師金樹的鼎力相助，應居首功；其次，上課學生實務經驗的交流反饋及家人朋友的關懷鼓勵，亦居功成要津，於此一併致謝。本書疏漏謬誤之處，盼請學界與實務界之碩學先進，惠予賜正，是所至禱。

張盛涵　謹誌

國際貿易實務

第一章

國際貿易實務緒論

學習目標

國際貿易發生原理

國際貿易實務內涵

國際貿易經營型態

國際貿易相關機構

Practices of
International
Trade

中國古老絲路的歷史遺跡，明白地揭示了人類互通有無的貿易行為，係由來已久。人們這種貿易往來的自然天性，即藏諸於經濟學之父亞當·斯密 (Adam Smith, 1723–1790) 所揭櫫的「**自利心 (Self-Interest)**」裡。亞當·斯密在其巨著《國富論》裡的一段話：「我們所以能夠得到飲食，不是出於屠宰者、釀酒者及烘麵包者的恩惠，而是得力於他們對本身利益的重視；我們並非訴諸他人的人道精神，而是訴諸他們的自利心。」這段文字貼切地描述人們因自利心的

自利心

指個人企圖改善自己境遇的一種天性或上進心。經濟學家常假定所有個人皆以自利心為動機進行經濟行為。

運作，透過價格機能這隻看不見的手 (Adam Smith's Invisible Hand)❶，自然地引導著各種資源依其所長地進行專業生產，再透過交換的程序，亦即貿易行為，提升了群體的利益。因此亞當·斯密認為，貿易對人民是有益的，因為貿易能讓人們各司所長。

本章首節將簡要介紹國際貿易發生原因的相關理論，協助讀者建立國際貿易理論的基礎概念後，隨即帶領讀者進入本書的要旨「國際貿易實務 (Practices of International Trade)」的領域裡。本書將就國際交易實際進行流程之各項實務程序進行描述與說明，其間亦包含了相關的國際商業慣例、公約與政府法令等規定的介紹與說明。本書將協助讀者避免迷失在一大堆法令規定與作業程序裡，文中儘可能賦予作業規定之理論意涵，突破研讀「既定規則」時，極易陷入之「知其然，不知其所以然」的困境。

第一節　國際貿易發生原理

國際間為什麼會有貿易行為的發生？各國關起門來自給自足難道不好嗎？對於全球化自由貿易的趨勢，雖然還存在有反對的雜音❷，但隨著世界貿易組織 (World Trade Organization, WTO) 的成立，全球化潮流已然啟動，世界各國已無法自外於這股自由貿易的風潮。

---

❶　見於《國富論》第四部。

❷　全球化自由貿易可以提升世界福利水準是毋庸置疑的，反全球化的真確義涵應是抗議戕賊世界已久的資本主義制度，自由是可貴的，但任由人性貪欲橫流，卻是可怕的。

每個國家或地區的資源稟賦不同，有擁有廣闊土地與廉價勞力者，如中國大陸、印度等；有些雖土地、勞力稀少，但卻擁有大量資本，如日本、臺灣等。各國應依其資源稟賦的不同，進行專業生產分工。如中國大陸致力於「勞力密集 (Labor Intensive)」產品的生產，而日本則應生產「資本密集 (Capital Intensive)」產品，再經由貿易程序進行交換。此貿易行為將有助於開發各國優勢，提升資源的使用效率，進而提高兩國的福利水準。

闡釋國際貿易發生原因的古典理論有「絕對利益說」及「比較利益說」，茲予簡要說明如下：

一、絕對利益說

「絕對利益說」係由亞當‧斯密所提出，此為解釋國際貿易發生原因的基礎理論。此理論認為以同量**生產要素 (Factors of Production)** 的投入，如果一國能生產出比他國較多的相同產品，則稱該國對該產品的生產具有絕對利益 (Absolute Advantage)。依照絕對利益理論，各國若專業生產具絕對利益的產品再進行貿易交換，將可提高世界的福利水準。

> **生產要素**
> 一般指土地、資本、勞力與企業精神。

茲以臺灣與大陸對電腦與雨傘之生產為例，假設 1 單位生產要素的投入，臺灣能生產 2 單位電腦或 3 單位的雨傘，而大陸則可生產 1 單位電腦或 6 單位的雨傘。由此可知，臺灣在生產電腦上較大陸具絕對利益 (2>1)；而大陸則在生產雨傘上具絕對利益 (6>3)。

假設兩地區各自擁有 30 單位生產要素，臺灣以 20 單位生產電腦；10 單位生產雨傘，共生產 40 單位電腦與 30 單位雨傘。大陸亦以 20 單位生產電腦；10 單位生產雨傘，共生產 20 單位電腦與 60 單位雨傘。兩地區合計生產 60 單位電腦與 90 單位雨傘。當兩地區開放貿易後，可各自專業化生產具絕對利益的商品，臺灣可專業生產電腦 60 單位，而大陸可專業生產雨傘 180 單位 (此例兩地區電腦總產量不變，雨傘總產量則增加了一倍)。

	單位投入產量		貿易前產量			貿易後產量		
	臺灣	大陸	臺灣	大陸	合計	臺灣	大陸	合計
電腦	2	1	40	20	60	60	0	60
雨傘	3	6	30	60	90	0	180	180

二、比較利益說

　　絕對利益說認為各國將以具有絕對利益商品為生產及出口之標的。但當一國在各種商品上均具有絕對利益，而另一國則無任何商品具絕對利益時，是否貿易就無從發生？就此問題，李嘉圖 (David Ricardo, 1772–1823) 修正了絕對利益概念，提出比較利益 (Comparative Advantage) 的觀念來解決此一問題。

　　茲續以兩地生產電腦與雨傘為例，現假設 1 單位生產要素的投入，臺灣能生產 6 單位電腦或 5 單位的雨傘，而大陸則可生產 2 單位電腦或 4 單位的雨傘。依此假設，臺灣在生產電腦上具絕對利益 (6>2)；且在生產雨傘上亦具絕對利益 (5>4)。若依絕對利益理論，則無從決定何地該專業生產何商品並進行交換，所以也就不會有貿易行為的發生。但事實不然，以李嘉圖的比較利益原則進行檢視，臺灣生產 1 單位電腦需犧牲 5/6 單位雨傘的生產，而大陸生產 1 單位電腦則需犧牲 2 單位的雨傘。臺灣在生產電腦上的「**機會成本 (Opportunity Cost)**」較大陸低（5/6 單位雨傘＜2 單位雨傘），因此臺灣在生產電腦上具有比較利益。依比較利益理論，臺灣應專業生產電腦，而大陸專業生產雨傘。

機會成本

指一資源因用於生產某財貨而必須放棄的機會中，其損失最大者。因此資源的最佳用途選擇，即是機會成本最小者。

　　假設兩地區一樣各自擁有 30 單位生產要素，臺灣以 20 單位生產電腦；10 單位生產雨傘，共生產 120 單位電腦與 50 單位雨傘。大陸亦以 20 單位生產電腦；10 單位生產雨傘，共產出 40 單位電腦與 40 單位雨傘。兩地區合計生產 160 單位電腦與 90 單位雨傘。當兩地區開放貿易後，可各自專業化生產具比較利益的商品，臺灣可專業生產電腦 180 單位，而大陸可專業生產雨傘 120 單位（兩地區電腦總產量增加了 20 單位，雨傘總產量亦增加了 30 單位）。

	單位投入產量		貿易前產量			貿易後產量		
	臺灣	大陸	臺灣	大陸	合計	臺灣	大陸	合計
電腦	6	2	120	40	160	180	0	180
雨傘	5	4	50	40	90	0	120	120

第二節　國際貿易實務內涵

一、國際貿易實務的緣起

　　請讀者先想像一下：當您進入一家便利商店，選擇了一瓶飲料並走至櫃檯與店員進行結帳付款後，拿著飲料離開商店，您便輕鬆愉快地完成了一筆交易。其實在便利商店買瓶飲料，交易的本質與完成一筆國際買賣並無不同，但是並沒有一門專門討論「至便利商店交易實務」的學門，卻有一門任何人想進行國際交易前，必須涉獵的專業學門，稱之為「國際貿易實務」。為什麼？因為國際交易的進行存在著許多「障礙 (Barriers)」，因此會比至便利商店完成一筆交易要複雜許多。讀者再想像一下，當您至便利商店買瓶飲料，店員卻講著您不太靈光的英語，您手中的新臺幣也不能用來付款，因為她只收美元！這有沒有令您頭大了許多？現在讀者應該瞭解，為什麼正在研讀本書的原因吧！

　　茲將國際交易進行的可能障礙來源圖示如下：

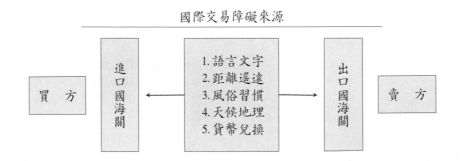

國際交易障礙來源

二、國際貿易實務組成內涵

　　國際貿易的進行可能因上述的障礙，如交易對手的信用不明、關稅 (Tariff) 與**非關稅障礙**等，使得「**交易成本 (Transaction Cost)**」無窮大（無法承受之意），國際交易根本無從進行。因此國際貿易實務內涵無不思考該如何降低買賣雙方的交易成本。諸如運用銀行的信用來協助交易（如 L/C 等貿易金融工具的設計與運用）、建立共通的商業語彙與慣例（如國貿條規等）、運輸與輸出保險的發展與應用、檢驗制度的建立、國際匯兌制度、政府通關程序的設計與簡化等。這些林林總總、層層相疊，目的在促進國際貿易效率的相關措施與法規，構成了龐雜的國際貿易實務體系。茲將其構成源由分類整理如下：

非關稅貿易障礙

常見的非關稅貿易障礙有：
1. 進口配額 (Import Quota)
2. 出口自動設限 (Voluntary Export Restraint, VER)
3. 出口補貼 (Export Subsidy)
4. 平衡稅 (Countervailing Duty)
5. 反傾銷稅 (Anti-dumping Duty)
6. 外匯管制 (Foreign Exchange Control)
7. 行政障礙 (Administration Barrier)

交易成本

指買賣雙方達成交易所須付出之貨款以外的成本。有形者如合約訂定律師費、公證費、徵信費等，無形者如溝通成本等。

(一)源於國際貿易流程的複雜性

交易環節	複雜因素	可能風險	相關專業知識與技能
交　往	⇒ 語言文字 距離遙遠 風俗習慣	⇒ 信用風險 政治風險 市場風險	⇒ 外語能力 國際慣例 國際行銷
交　貨	⇒ 海關法律 距離遙遠	⇒ 貨物風險 運輸風險	⇒ 海關法規 貿易法規 國際慣例 國際運輸實務 國際運輸保險
交　錢	⇒ 付款方式 距離遙遠 國際匯兌 外匯管制	⇒ 信用風險 政治風險 匯兌風險	⇒ 國際匯兌 國際慣例 輸出保險 貿易金融

㈡源於「法律」基礎所建立之相關國際商業慣例與公約

1. **國貿條規** (International Commercial Terms, Incoterms® 2010)

   係由國際商會 (International Chamber of Commerce, ICC) 於西元 1936 年制定，經歷了 1953 年、1967 年、1976 年、1980 年、1990 年、2000 年及 2010 的補充或修正。現行版本即為 2010 年所修訂之「國際商會貿易條件解釋規則」；我國慣稱「國貿條規 Incoterms® 2010」。

2. **美國對外貿易定義** (American Foreign Trade Definitions)

   美國商會「1990 年修訂美國對外貿易定義」(Revised American Foreign Trade Definitions 1990)；美國商人仍喜用，須注意。

3. **華沙牛津規則** (Warsaw-Oxford Rules 1932)

   由國際法協會 (International Law Association) 所制定，共 21 條，其規則特點為僅針對 CIF 貿易條件之特性作說明，詳盡且具體地規範 CIF 買賣合約當事人之權利義務關係。

4. **聯合國國際貨物買賣契約公約** (UN Convention on Contracts for the International Sale of Goods, CISG)

   簡稱 1980 Sales Convention 或 CISG，此公約於 1980 年由 62 個國家參加的維也納外交會議正式通過，並於 1988 年 1 月 1 日正式生效。依公約規定，其所適用之客體僅限於「貨物」買賣。

5. **國際商會信用狀統一慣例** (The Uniform Customs and Practice for Documentary Credits, 2007 Revision, ICC Publication No. 600)

   簡稱 UCP，最早係於西元 1933 年制定，期間為因應國際貿易環境的變遷，於 1951 年、1962 年、1974 年、1983 年、1993 年及 2007 年作了六次修訂，目前通行者，即為 2007 年 7 月 1 日公佈實施之版本，此版本係為國際商會 (ICC) 第 600 號出版品，簡稱為 UCP 600，全文共 39 條條文，此次修訂加強了信用狀之於貿易進行的效率性，如銀行審單日期縮短、單據一致性認定標準放寬等。

   本次修訂引起世界各國的注意與重視，中國大陸甚且將信用狀統一慣例提升至法律位階，中國大陸這種一步到位的作法，令人惕勵。

UCP 600 之補充規範：

⑴電子信用狀統一慣例 (eUCP Version 1.1)。

⑵國際標準銀行實務：跟單信用狀項下單據之審查 (International Standard Banking Practice for the Examination of Documents under Documentary Credits, ISBP)。

6.**國際商會託收統一規則** (Uniform Rules for Collection, 1995 Revision, Publication No. 522)

簡稱 URC 522，係由國際商會根據國際間的託收慣例予以整理編纂而成的一套規則，自 1979 年 1 月 1 日起正式實施。

7.**國際擔保函慣例** (International Standby Practices, ISP98)

係由美國的國際銀行法律與實務學會 (The Institute of International Banking Law & Practice, Inc.) 草擬，國際商會的銀行技術與實務委員會於 1998 年 4 月 6 日批准。ISP98 統一了全球銀行與企業界對擔保信用狀的運作，且 ISP98 在適用於擔保信用狀的同時也適用於商業信用狀，適用於國際信用狀的同時也適用於國內信用狀，其運用相當廣泛。

第三節　國際貿易經營型態

國際貿易經營型態，依不同的分類標準可大略分為下列類型：

一、依貨品流經國境分

㈠出口貿易 (Export Trade)

貨品係由我國輸往外國者，又稱「輸出貿易」。其貿易流程圖示如下：

㈡進口貿易 (Import Trade)

　　貨品係由外國輸往我國者，又稱「輸入貿易」。其貿易流程圖示如下：

㈢轉口貿易 (Transit Trade)

　　貨品係由輸出國運往輸入國途中，於第三國卸下再裝船轉運。對第三國而言即為轉口貿易，又稱「過境貿易」。如臺灣貨物運往大陸經香港之貿易型態。其貿易流程圖示如下：

㈣相對貿易 (Counter Trade)

　　係指賣方提供貨品給買方時，承諾亦向買方購買相對貨品，即交易雙方同時扮演買賣雙重角色。相對貿易發生原因，過去係因某些國家缺乏外匯所致，現今則著眼於降低交易成本與互惠承諾的功能。茲將相對貿易之貿易流程圖示及相對貿易類型說明如下：

1. **易貨** (Barter)
即交易雙方以等值商品互換，不使用貨幣清算 (Settlement)。此法適用於缺乏外匯的國家，或買賣雙方希望藉由相互承諾來確保貨品的出售。

2. **買回** (Buy Back)
係為工業補償 (Industrial Compensation) 的一種，即指賣方出售機器設備給

資訊不對稱

擁有資訊較多的一方，可能會剝削資訊較少的一方，以圖利自己，而導致機會主義 (Opportunism) 之投機式的不公平買賣。

買方的同時，承諾向買方買回由其所售之機器設備所生產出的產品。此法可降低因「**資訊不對稱 (Asymmetry of Information)**」所產生的投機行為，降低雙方的交易成本。

3.**相對購買** (Counter Purchase)

屬於商業補償 (Commercial Compensation) 的一種，係指賣方出售貨品給買方的同時，承諾購買買方所表列之非賣方所需商品。此舉係希望藉由賣方之配銷通路 (Distributing Channel) 進入賣方國當地市場，此法可降低國際行銷成本。

二、依貨品流經之交易主體分

㈠直接貿易 (Direct Trade)

係指由輸出業者與輸入業者直接接觸進行交易，自負盈虧。其間未透過任何中間商，亦稱為「主體制交易 (Business as Principle)」。其貿易流程圖示如下：

㈡間接貿易 (Indirect Trade)

係指交易雙方藉由佣金代理商的媒介而完成交易，佣金代理商係僅提供服務賺取佣金，並不承擔買賣盈虧，故間接貿易亦有稱「佣金制交易 (Business on Commission)」者。依中間代理商媒介的運作模式不同，間接貿易可分為如下兩種類型：

1.**中介貿易** (Intermediary Trade)

中間貿易商分別與生產製造商、最終買方簽訂買賣合約，此中間貿易商可以是位於第三國或與生產製造商位於同一國境內，中介貿易的貨物、貨款與文件的流向均須經過中間貿易商，生產製造商與最終買方完全無法得知對方的相關訊息。

茲將中介貿易操作模式圖示如下：

2. 三角貿易 (Triangular Trade)

依經濟部所頒布的「三角貿易實施要點」的定義，三角貿易係指我國廠商接受國外客戶之訂單後，轉向第三國供應商採購，貨物由第三國供應商直接運送或是經過我國以不通關進出口之情況下，轉運銷售給國外客戶之貿易方式。生產製造商與最終買方有可能得知對方的相關訊息，中間貿易商須注意文件處理相關細節。

茲將三角貿易操作模式圖示如下：

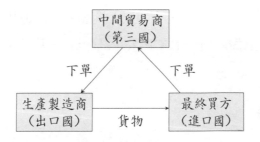

第四節　國際貿易相關組織機構

本節將就與國際貿易事務有關之國際性、區域性、國內政府或民間機構作簡要介紹，讀者有興趣對相關機構作較深入瞭解，或希望取得相關資訊者，可上網至該機構的官方網站，瀏覽其相關介紹內容。

(一)國際經貿組織

1. 世界貿易組織 (World Trade Organization, WTO)

世界貿易組織成立於 1995 年 1 月 1 日，我國亦於 2002 年 1 月 1 日以「臺

澎金馬個別關稅領域」名義正式成為 WTO 第 144 個會員，目前會員（2011 年
1 月為止）共有 153 個，觀察會員有 31 個。其成立目的在於，確保自由貿易並
透過多邊諮商建立國際貿易規範，降低各會員間的關稅與非關稅貿易障礙，為
各會員提供一個穩定及可預測的國際貿易環境，以促進投資、創造就業機會、
拓展貿易機會及增進世界經濟成長與發展。

2. 國際貨幣基金 (International Monetary Fund, IMF)

成立於 1946 年 3 月 8 日，係屬聯合國的專門機構，目的在於促進國際間匯
率的穩定，建立多邊支付制度，消除阻礙國際貿易的匯兌限制，以利國際貿易
的平衡和發展。

3. 國際商會 (International Chamber of Commerce, ICC)

係於 1920 年成立於巴黎之聯合工商組織，目的在於促進各國工商界人士團
體的連繫與瞭解，訂定國際間交易所需的共同規則，以降低國際交易成本，促
進國際交易的進行。該會制定了世界普遍接受的規則，如「國貿條規
(Incoterms)」、「信用狀統一慣例 (UCP)」、「託收統一規則 (URC)」、「國際擔保函
慣例 (ISP)」等。

㈡區域經貿組織

1. 北美自由貿易區 (North-America Free Trade Area, NAFTA)

北美自由貿易協定 (North America Free Trade Agreement, NAFTA) 於 1994
年開始生效實施，是由美國、墨西哥以及加拿大 3 國所簽署的自由貿易協定。

2. 歐洲聯盟 (European Union, EU)

歐洲聯盟是現今最大之區域經濟體，會員國包括德、法、義、荷、比、盧、
丹、英、愛、西、葡、希臘、瑞典、芬蘭、奧等 27 國，總人口約 5 億，國民生
產毛額總值達十幾兆美元。

3. 亞太經濟合作會議 (Asia-Pacific Economic Cooperation, APEC)

共計有 21 個成員，是我國唯一有參與的區域貿易協定。我國係以「中華臺
北 (Chinese Taipei)」名義加入。

4. **東南亞國協** (Association of South-East Asian Nations, ASEAN)

　　東南亞國家協會簡稱為東協，係印尼、馬來西亞、菲律賓、泰國及新加坡等 5 個國家為防止共產主義擴散、促進區域經貿交流及合作，於 1967 年所創立，截至 2010 年年底為止，共有 10 個會員國。

㈢政府管理機關

1. **經濟部** (Ministry of Economic Affairs, MOEA)

　　係為我國貿易事務的主管機關❸，其轄下有下列 3 個與進出口貿易事務有關局處：

(1)國際貿易局 (Board of Foreign Trade, BOFT)

　　係直接掌理進出口貿易相關事務的機關，其相關業務如進出口廠商的管理、進出口貨品種類與數量的管制、貿易推廣、貿易談判、貿易糾紛的處理等。

(2)標準檢驗局 (Bureau of Standards, Metrology and Inspection, BSMI)

　　掌理商品檢驗與國家標準制定等相關業務。

(3)智慧財產局 (Intellectual Property Office, IPO)

　　管理並提供專利、商標、著作權等相關資訊。

2. **財政部** (Ministry of Finance, MOF)

　　掌理海關業務，主管進出口貨物的核價、徵稅、查證與放行等關務作業。

3. **交通部** (Ministry of Transportation and Communications, MOTC)

　　掌理電信與航運器材之進出口管理業務。

4. **外交部** (Ministry of Foreign Affairs, MOFA)

　　協助廠商推廣貿易事宜。

5. **教育部** (Ministry of Education, MOE)

　　負責文化用品進出口的審理。

6. **國防部** (Ministry of National Defense, MND)

　　軍品與武器等戰略物資的管制。

---

❸　請參閱貿易法第 4 條第 1 項 (§4 I) 規定。

7. **農委會動植物防疫檢疫局** (Bureau of Animal and Plant Health Inspection and Quarantine Council of Agriculture, BAPHIQ)

掌管動植物進出口檢疫工作。

8. **行政院新聞局** (Government Information Office, GIO)

負責進出口影片與出版品之審理作業。

9. **行政院衛生署** (Department of Health, DOH)

負責進出口藥品、醫療器材、化妝品等之審理作業。

10. **中央銀行外匯局** (Bureau of Foreign Exchange)

主管外匯與貿易金額統計資料。

㈣民間相關機構

1. **中華民國對外貿易發展協會** (Taiwan External Trade Development Council, TAITRA)

簡稱為「外貿協會」，成立於 1970 年 7 月 1 日，主要的功能及服務項目包括：拓展國際市場、市場研究與諮詢、商情資訊服務、展覽及會議活動與設施、產品設計與包裝及培訓國貿人才。

2. **中華民國紡織業拓展會** (Taiwan Textile Federation, TTF)

簡稱「紡拓會」，係由紡織業代表及國貿局指派官員共同組成之財團法人，為我國紡織品之對外拓展機構，且接受政府委託與紡織品進口國進行設限談判與掌理紡織品配額事務。

3. **中華民國仲裁協會** (The Arbitration Association of the Republic of China, CAA)

成立於 1955 年 9 月 5 日，係為一經政府核准登記成立之商務仲裁團體，專門處理商務、貿易糾紛。

4. **中國輸出入銀行** (The Export-Import Bank of Republic of China, EXIM)

承辦輸出保險、融資與保證業務，有效促進我國外貿發展。

5. **商業同業公會** (Chamber of Commerce)

係由貿易商所組成，運用組織力量，協助會員拓展貿易業務、辦理產地證明書等進出口文件的簽發作業。

是非題

(　) 1.當一國在各種商品上均具有絕對利益,而另一國無任何商品具絕對利益時,即無貿易行為發生的可能。

(　) 2.相對貿易裡的「買回」,係為工業補償的一種,此法可降低資訊不對稱所產生的投機行為。

(　) 3.易貨貿易 (Barter) 方式適用於外匯缺乏的國家。

(　) 4.三角貿易之貨物係由第三國供應商直接運送,或是經過我國以不通關進出口之方式,轉運銷售給國外客戶。

(　) 5.華沙牛津規則為國際商會 (ICC) 所制定,僅針對 CIF 條件特性作說明。

選擇題

(　) 1.我國掌理海關業務的中央機構為　(A)經濟部　(B)財政部　(C)交通部　(D)內政部。

(　) 2.我國承辦輸出保險業務機構為　(A)外貿協會　(B)產險公司　(C)壽險公司　(D)中國輸出入銀行。

(　) 3.國貿條規係由國際商會 (ICC) 制定,目前版本為西元　(A) 1936 年　(B) 1990 年　(C) 2010 年　(D) 2005 年　修訂版。

(　) 4.國際貿易慣例的制定與相關金融工具的發展,目的在降低國際貿易的　(A)機會成本　(B)會計成本　(C)經濟成本　(D)交易成本。

(　) 5.用於解釋信用狀處理方法、習慣與術語解釋及各當事人間的權利義務關係的慣例為　(A) ISP98　(B) Incoterms® 2010　(C) URC 522　(D) UCP 600。

(　) 6.掌理電信器材之進出口管理業務為　(A)經濟部　(B)交通部　(C)國防部　(D)外交部。

(　) 7.我國唯一參與的區域貿易協定為　(A) NAFTA　(B) EU　(C) APEC　(D)

ASEAN。

(　) 8. 下列何種貿易不屬於間接貿易？　(A)三角貿易　(B)轉口貿易　(C)轉換貿易　(D)相對貿易。

(　) 9. 我國貿易事務的主管機關為　(A)經濟部　(B)財政部　(C)交通部　(D)內政部。

(　) 10. 下列何者非國際商會 (ICC) 所制定之規則？　(A) Incoterms　(B) UCP　(C) URC　(D) CISG。

問答題

一、何謂比較利益 (Comparative Advantage) 原則？請運用比較利益原則簡要說明國際貿易發生原因。

二、國際貿易實務組成的內涵為何？其與國內買賣有何不同？

三、何謂間接貿易 (Indirect Trade)？其運作型態為何？

四、何謂相對貿易 (Counter Trade)？其運作型態為何？

五、我國貿易事務的主管機關為何？試略述其相關局處之主要業務。

第二章

貿易公司經營規劃

學習目標

設立貿易公司的法定程序

公司組織設計與軟硬體建置

公司內部控制制度的建立

公司的帳務處理與稅捐

公司的經營策略

Practices of
International
Trade

　　臺灣為一海島型經濟體，經濟發展之命脈緊繫於進出口貿易業務上。臺灣的產業結構，即使時至今日，仍以中小企業型態為主體。中小企業通常缺乏熟稔國際事務與國際市場的貿易專業人才，因此對於國際市場的開拓，往往礙於國際貿易專業知識的不足，而難以順利進入國際市場。基於這些環境因素的需求，造就了臺灣貿易商到處林立的盛況。雖然臺灣產業結構已朝大型化與國際化發展，間接箝制了專業貿易商的生存空間，但慶幸的是，現今中國大陸市場的開放與發展，不啻又提供臺灣貿易商一無限寬廣的發展空間。

　　中國大陸雖於 1978 年採取改革開放的政策，但其經濟體制裡「人的介入」還是相當嚴重，社會整體的思考模式，往往讓習慣於市場經濟思考的西方世界難以理解。然而與中國大陸同文同種的臺灣，不論是在地理位置上、現有的經濟基礎上、過去的國際商務經驗上、對中國大陸的相對瞭解程度上以及國際上的認同度等，均具有相對優勢的地位，是外商進入中國大陸市場十分適切的中介與跳板。

第一節　設立貿易公司的法定程序

法 人

自然人以外，由法律所創設，得享受權利負擔義務之社會組織體（民法第 25、26 條）。

公 司

以營利為目的，依照本法組織、登記、成立之社團法人（公司法第 1 條）。

　　欲從事進出口貿易之商業營利活動，首要之步驟，當然是建立一適於商業營利活動的**法人**個體，一般稱為「**公司 (Company)**」。此一法律虛擬個體，具備了法律所賦予的權利義務能力，可獨立行使其權利並負擔義務，與企業主或其股東無涉，更不可混為一談。公司如有訴訟，應以公司名義為之，負責人僅是代表公司起訴或應訴之人。此亦與財務會計基本慣例「經濟個體假設 (Economic Entity Assumption)❶」相呼應，亦即說明了公司與企業主或股東之間的財務必須是獨立的、分開的。當然實務界不乏公私不分的公司，此並非合乎法律規定與企業管理原則，有心經營事業者，應避之。

❶　會計上將企業與業主本身視為兩個不同的會計個體。

以公司法人型態，如「**有限公司**」或「股份有限公司」的組織形式來經營事業，尚有一重要功能，即是侷限所須承擔的經營風險。公司的營業風險規模，往往非個人所能承擔，公司法第99條即規定，有限公司各股東對於公司之責任，以其出資額為限。此規定即讓出資者能有效地避免無限風險的承擔，藉以提高投資意願，促進資本形成。

欲申請公司設立登記，須進行相關申請書表的製作與送件手續的辦理，其間涉及許多工商登記相關專業知識，自行投件辦理雖可省下代辦費，但若考量作業的時效性與效率性，一般還是委由會計師事務所代為辦理較為妥切。以下茲列舉一般中小企業（貿易商）常採用的組織型態「有限公司」，為讀者簡介公司設立的相關步驟。

以「有限公司」型態申請設立貿易商，其設立流程包括公司設立登記、向經濟部國貿局登記，分別介紹如下。

> **有限公司的優點**
>
> 中小企業以「有限公司」組織申請設立登記，較採「股份有限公司」組織，具有下列優點：
> 1. 股東人數一人即可，無須尋找人頭股東，避免無謂紛擾。
> 2. 股權移轉時無須課徵證券交易稅。

一、公司設立登記程序

所謂公司設立登記乃是向公司登記主管機關申請設立公司，公司登記之受理機關如下：

公司登記之受理機關	各行政機關之受理範圍
經濟部商業司	大陸地區營利事業在臺分公司及辦事處許可、外商認許及報備、外國分公司、實收資本額新臺幣5億元以上及公司所在地在金門、馬祖地區之本國公司。
經濟部中部辦公室	實收資本額未達新臺幣5億元，其所在地在臺灣省（新北市除外）轄區內之本國公司。
臺北市商業處	實收資本額未達新臺幣5億元，其所在地在臺北市轄區內之本國公司。
高雄市政府經濟發展局	實收資本額未達新臺幣5億元，其所在地在高雄市轄區內之本國公司。
新北市政府經濟發展局	實收資本額未達新臺幣5億元，其所在地在新北市轄區內之本國公司。
經濟部加工出口區管理處	加工出口區內之公司。
科學工業園區管理局	科學工業園區內之公司。
屏東農業生物技術園區籌備處	屏東農業生物技術園區內之公司。

有限公司的設立登記流程如下：

有限公司設立登記流程

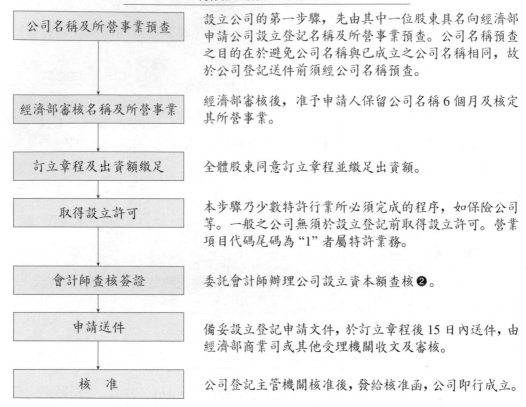

公司名稱及所營事業預查	設立公司的第一步驟，先由其中一位股東具名向經濟部申請公司設立登記名稱及所營事業預查。公司名稱預查之目的在於避免公司名稱與已成立之公司名稱相同，故於公司登記送件前須經公司名稱預查。
經濟部審核名稱及所營事業	經濟部審核後，准予申請人保留公司名稱 6 個月及核定其所營事業。
訂立章程及出資額繳足	全體股東同意訂立章程並繳足出資額。
取得設立許可	本步驟乃少數特許行業所必須完成的程序，如保險公司等。一般之公司無須於設立登記前取得設立許可。營業項目代碼尾碼為 "1" 者屬特許業務。
會計師查核簽證	委託會計師辦理公司設立資本額查核❷。
申請送件	備妥設立登記申請文件，於訂立章程後 15 日內送件，由經濟部商業司或其他受理機關收文及審核。
核准	公司登記主管機關核准後，發給核准函，公司即行成立。

二、向經濟部國貿局登記出進口廠商

貿易公司於取得營利事業登記證後即可向經濟部國貿局辦理貿易商登記，過去登記後取得之「經濟部國貿局出進口廠商登記卡」目前已取消。出進口廠商登記流程與辦理要項參照經濟部國貿局提供資料如下：

---

❷　商業登記申請辦法第 5 條規定，商業之資本額未達新臺幣 25 萬元者，免附資本額證明文件。（即無會計師查核簽證之必要）

㈠作業流程

出進口廠商申請 英文名稱預查／設立、變更登記 作業流程圖

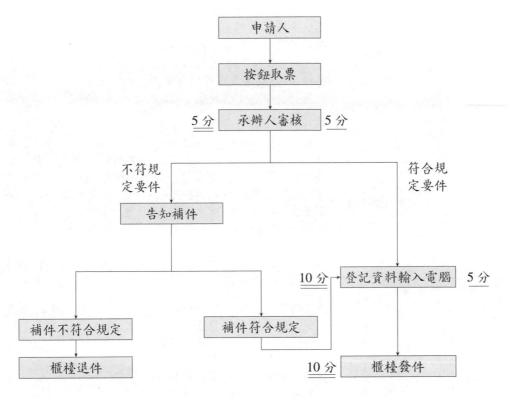

時數：辦理時間
　　　累計辦理時間
備註：郵寄及不現場領件者，因係採批次作業，4個工作小時發件。
資料來源：經濟部國際貿易局。

㈡出進口廠商登記

申辦方式	處理時間	檢附文件及說明	備　註
1.臨櫃辦理	隨到隨辦	應檢附已填妥之「出進口廠商登記申請書」(請至貿易局為民服務專區下載列印)及相關文件 (如附表),向貿易局貿易服務組、高雄辦事處或經濟部中、南區聯合服務中心提出申請。	
2.傳真申請	2 個工作小時	新登記及未持有貿易局 90 年 6 月 21 日前所核發登記卡之廠商,可將已填妥之「出進口廠商登記申請書」(請至貿易局為民服務專區下載列印)及相關文件 (如附表),傳真至貿易局貿易服務組 (傳真號碼: 02-23217241, 02-23965836)或高雄辦事處 (傳真號碼: 07-2811396) 辦理。	廠商登記經核准後,貿易局即將登記資料上網及傳輸海關,該登記資料,可至貿易局網站查詢,如有疑問,可洽貿易局貿易服務組(電話: 02-23977358)或高雄辦事處(電話:07-2711171)。
3.郵寄申請	2 個工作小時	應檢附已填妥之「出進口廠商登記申請書」(請至貿易局為民服務專區下載列印)及相關文件 (如附表),一併郵寄貿易局貿易服務組 (臺北市湖口街 1 號)或高雄辦事處 (高雄市前金區中正四路 103 號 2 樓) 辦理。	同上。
4.網路申請	2 個工作小時	可利用「我的 e 政府‧電子化政府入口網」提供之線上申辦服務,將申請登記資料傳送貿易局,資料傳送成功後,另須將相關文件 (如附表),傳真至貿易局貿易服務組(傳真號碼: 02-23217241, 02-23965836)或高雄辦事處 (傳真號碼: 07-2811396) 辦理。	同上。

附　表

登記種類		檢附文件
新登記		1. 公司或商業登記證明文件影本一份。 2. 廠商擬用之英文名稱預查申請表。
重新登記		1. 公司或商業登記證明文件影本一份。 2. 廠商擬用之英文名稱預查申請表（註銷未逾 2 年仍擬使用原英文名稱者免附）。 3. 繳還本局 90 年 6 月 21 日前核發之登記卡。
變更登記	中文名稱	1. 公司或商業登記證明文件影本一份。 2. 繳還本局 90 年 6 月 21 日前核發之登記卡。
	英文名稱	1. 廠商擬用之英文名稱預查申請表。 2. 繳還本局 90 年 6 月 21 日前核發之登記卡。
	地址或負責人	1. 公司或商業登記證明文件影本一份。 2. 繳還本局 90 年 6 月 21 日前核發之登記卡。
	電話或電傳	繳還本局 90 年 6 月 21 日前核發之登記卡。
	營利事業統一編號	1. 公司或商業登記證明文件影本一份。 2. 主管機關核准變更有關文件影本一份。 3. 繳還本局 90 年 6 月 21 日前核發之登記卡。
	其他事項	1. 相關證明文件。 2. 繳還本局 90 年 6 月 21 日前核發之登記卡。

第二節　貿易公司組織設計與軟硬體設置

一、公司組織架構與相關部門

　　組織的設計牽繫著公司員工的行為表現與公司的發展方向。讀者只要想像一下，共產制度下國營企業員工的表現與自由經濟制度下私人企業員工表現的差異，即可深切明瞭組織制度對員工或公司行為的引導作用。因此，公司負責人於公司設立之初，即須就此問題作深入思考，祈能設計出表達公司發展願景 (Vision) 的組織架構。

　　現行有很多新穎的組織理論，如變形蟲組織等，但此非本章探討目的所在，讀者有興趣可自行鑽研。在此僅針對一般貿易商企業常用的組織架構來進行介紹與說明。

(一)中小型貿易商

■ 功能別組織架構 (Functional Departmentalization)

中小型貿易商的組織架構與人員配置一般仍以功能性為其設計主軸，即依維持公司運作機能來設計組織單位，如財務部門、行銷／業務部門、人事／總務部門等，至於部門人員配置多寡則依公司規模大小而定。茲將此「功能別組織」架構圖與其優缺點列示如下：

功能別組織架構圖

1. **優　點**
   (1)組織部門特定功能得以充分發揮。
   (2)單純化溝通與決策網絡。
   (3)管理層峰可保留策略規劃制定的控制權。

2. **缺　點**
   (1)部門間藩籬造成協調困難，難以提供客戶滿意服務。
   (2)員工職能與訓練受到限制，工作轉換困難，難以培養全面性經理人。
   (3)部門各司其職、目標不一，易產生衝突與無謂競爭。

(二)大型貿易商

規模較大型的貿易商，其組織之設計，除了上述「功能別組織架構」外，亦可依其業務需求特性，考慮規劃以下列述之組織型態，藉以配合公司的作業特性與發展願景所需。

■ 地區別組織架構 (Regional Departmentalization)

地區別組織設計乃以地理區域為設計基礎，組織部門的規劃考量涉及了空間距離、自然環境、法律規範、政治與文化等環境因素。此組織類型最主要的

優勢在於，容易因地制宜地擬定並執行行銷計畫，適用於主要行銷市場跨越不同國際地理區域的大型公司。

地區別組織架構圖

1. **優　點**

　　(1)允許部門去適應當地環境，藉以取得當地法律、政治、文化差異的優勢。

　　(2)提供訓練全面性經理人的環境。

2. **缺　點**

　　(1)需要多位全面性的專業經理人。

　　(2)重複設置行政服務單位。

　　(3)產生跨區域操作的管理控制相關問題。

■ **產品別組織架構 (Product Departmentalization)**

　　對於客戶的考量重點在於產品的需求性而非地區性時，組織的設計即應以產品別來作為其設計核心。例如印表機等電腦資訊相關產品的需求，其地區性的差異性並不大，此即相當適合採用產品別的組織架構。

產品別組織架構圖

1. **優　點**

　　(1)當產品線多樣化時，易於進行產品的行銷管理。

　　(2)提供產品經理人對於整條產品線或是同一類相關產品的完整控制權。

2.缺 點

(1)各產品事業部門之間缺乏合作**綜效 (Synergy)**。

(2)部門作業性活動的重複。

(3)易忽略各國市場間的重大差異。

綜 效

指「一加一大於二」的效果，即當個體整合後，所產生的整體價值會大於個體價值的總和。

■ **矩陣式組織架構 (Matrix Departmentalization)**

矩陣式組織架構是結合產品型與地區型的一種功能性組織結構，此乃大型全球化企業最常採用的一種組織設計方式。

矩陣式組織架構圖

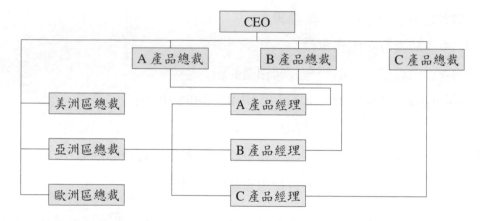

矩陣式組織架構的主要特徵是雙向的指揮系統，許多經理人必須同時面對兩位不同職能的上級主管，理論上來說，矩陣式組織架構較能平衡重大決策的各種不同觀點。

1.**優 點**

(1)融合多元化產品線與橫跨多個不同地理區域所產生的各種觀點。

(2)創造同時間解決各部門不同問題的可能平臺。

2.**缺 點**

(1)員工角色混淆、會議過多、決策速度緩慢。

(2)易產生部門主管間權力鬥爭的情況。

二、貿易公司軟硬體相關設置

㈠展覽室的規劃與設置

展覽室 (Show Room) 乃公司重要門面之一，是接待客戶、洽談生意，甚至進而完成交易的重要場所。展覽室的規劃與設計之良窳，牽涉到公司與客戶接觸第一線的品質，當然須慎重其事，不可馬虎。其相關注意重點列舉如下：

1. 場地的佈置與安排

(1)場地整體設計

展覽室乃接待客戶並對客戶展示公司產品的重要場所，因此場地形象的塑造與功能性的設計，應以能充分表達公司產品特性與品質水準為設計概念。場地裝潢雖勿過於華麗，但須能表現出公司的專業形象，惟勿反客為主地淹沒所欲展示與表達的主角——產品。

(2)產品展示架的設計

即使為大型商品，於展示間均應設置能充分表達產品特性的展示架。展示架的樣式與高度等設計，則應以能協助向前來參觀的客戶作最佳的展現或示範為考量。

(3)型錄架的設計

在展覽室裡客戶除了觀看實體樣品外，通常須取回產品相關資料，如型錄、說明書、價目表等，回去後進行商酌與建檔。因此在展覽室裡須備有專業的型錄資料架，迅速準確地提供客戶所需相關資料，而非散亂無章、缺東漏西的提供資料，間接損傷公司的作業品質形象。

(4)洽談室的闢建

於展覽室看畢產品的實體展示後，此刻雙方通常即須坐下來就交易的內容進行初步討論。因此在展覽室內或展覽室旁闢劃一適合商談的空間，以利雙方能在不受干擾的情況下進行洽商，把握當場可能的成交機會，達成交易。

2.型錄與價目表的製作

(1)型錄 (Catalogue)

產品實體的展示，當然是介紹產品最好的方式。但國際貿易實務上，由於時空距離的限制，往往僅能以產品型錄或說明書的方式，將產品相關訊息藉由郵寄、傳真或現今使用最為普遍且效率性最佳的 E-mail 方式傳遞給客戶。一般來說，客戶接收到公司產品的第一手訊息，往往是來自產品的說明型錄。因此，產品型錄製作的嚴謹度與印製的品質水準，將會影響客戶對本公司產品與整體形象的初步評價，也因此意味著交易的開始與否。

(2)價目表 (Price List)

產品的價格通常受到許多因素，如市場供需、匯率變動等的影響而須作上下調整，因此產品價目表最好與型錄分開印製。價目表上的價格一般為參考性質，所以應於價目表上註明「僅供參考 (Reference Only)」字樣。若客戶對某樣產品有興趣時，自然會提出較確切的交易條件來要求報價 (Inquiry)，此時，公司再依客戶所提出的交易條件發出正確的報價單 (Quotation)。

㈡溝通與作業設備 (Communication and Operation Facilities)

1.電話 (Telephone)

向電信公司申請接線即可使用。透過電話方式與客戶溝通是最直接、最即時、最有效率的方式，但易發生漏失某要項的情事或口說無憑的缺點。因此欲以電話與客戶溝通協商時，須注意以下要點：

(1)與客戶通電話前

將欲與客戶確認洽商的要點寫在 Memo 紙上，對談時逐項洽談並記下洽談內容。

(2)與客戶通電話後

將洽談內容要點書面化，傳真或 E-mail 給客戶，作再次確認。

2.傳真機 (Fax Machine)

　　將傳真機接上已申請接通的電話線即可使用。透過傳真機與客戶連繫與溝通，具有時效性、書面性的好處。傳真機不但可傳真文字，亦可傳真圖片，尤以今日先進的機種，作圖片傳真亦可達相當清晰的效果，因此透過此工具與客戶作連繫是目前相當普遍的方式。但須注意的是，若公司傳真機為熱感紙的機器，而接收到的文件又是須保存建檔的文件，此時須將該文件予以影印複製，因熱感紙上的資料日久將會淡化消褪。

3.電報交換機 (Telex)

　　傳真機運用普遍後，由於電報交換機僅能傳送文字，且機器費用並不經濟的情況下，電報交換機的使用已日漸式微，目前少有貿易商使用。

4.電腦設備 (Computer System)

　　完備先進的電腦設備，其強大的通訊功能幾乎可以取代上述通訊設備。因此新設公司於建構電腦系統設備時，即可考慮將上述通訊設備的功能整合置入電腦系統裡，對於公司作業效率的提升與成本的降低，將有莫大的助益。

(1)硬體設備 (Hardware)

　　科技日新月異的進步，使現今的「個人電腦 (Personal Computer, PC)」具備了過去須有大型電腦主機才能運作的功能。透過公司內部個人電腦的連結，架構起公司的作業環境，將公司的作業、表單等流程全部予以電子化作業與管理。尤以商務電子化的趨勢走向，更是強化電子作業系統架置的重要性。

(2)軟體設備 (Software)

　　電腦的軟硬體具有相輔相成的互補功能，有好的硬體設備亦須有適切的軟體輔助才能發揮整體設備的效用。一般貿易公司所需之相關電腦操作軟體大致包括下列各項：

①系統作業軟體。

②貿易作業軟體。

③會計作業軟體。

④文書檔案作業軟體。

第三節　公司內部控制制度的建立

「內部控制制度 (Internal Control System)」是每一家公司創設時所必須建立的相關制度之一，若該公司為公開發行公司，金管會證期局規定，該公司須已建立完備的會計制度與內控內稽制度，以避免該公開發行公司因內控等制度的缺失而影響公司正常營運，保障投資大眾的利益❸。

內部控制制度的建立與執行，可有效防止員工（包括管理階層）的舞弊與過失，並促進公司的營運績效。因此不論法令上是否要求，每家公司皆應建立起完善的相關制度來助益公司的營運。以下先就內部控制的定義作一概略瞭解後，再予討論內部控制制度的建立與國際貿易實務的關係。

㈠內部控制的定義（審計準則公報第 32 號第 7 條）

內部控制係一種管理過程，由管理階層設計並由董事會（或相當之決策單位，以下皆同）核准，藉以確保下列目標之達成：

(1)可靠之財務報導。

(2)有效率及有效果之營運。

(3)相關法令之遵循。

前項目標能否達成繫於內部控制設計之良窳及董事會、管理階層與員工之有效監督與執行。

㈡內部控制的組成要素（審計準則公報第 32 號第 8 條）

1.控制環境

控制環境用以塑造受查者之紀律及內部控制之架構，係其他四項組成要素之基礎，可影響受查者文化及組織成員對內部控制之認知。

---

❸ 2002 年 11 月 18 日財政部證券暨期貨管理委員會臺財證稽字第 0910005800 號令訂定發布「公開發行公司建立內部控制制度處理準則」全文 45 條（2004 年 7 月 1 日證券暨期貨管理委員會改名為證券期貨局，並改隸行政院金融監督管理委員會。）

2.**風險評估**

風險係指受查者目標不能達成之可能性，風險評估即指受查者辨認及分析風險之過程，以作為該風險應如何管理之依據。

3.**控制活動**

控制活動係指用以確保組織成員確實執行管理階層指令之政策及程序。

4.**資訊與溝通**

資訊與溝通係指將有關之資訊以適時有效之方式，予以辨識、蒐集、傳遞予相關人士，使其有效履行責任。

5.**監　督**

監督係指評估內部控制執行成效之過程。

㈢國際貿易內部控制流程設計的基本原則

誠如內部控制定義所述，內部控制乃為保護資產安全與增進經營效率之目的所建立。而國際貿易的進行，就本章探討重點而論，即是如何能在確保貨款的回收下，增進交易的成功比率。當然內部控制的討論為另一專業學門，在此僅對內部控制觀念作一概略性介紹，祈使讀者能習得並握有相關基本概念，並加以運用於國際貿易的作業設計上。一般業務出身的經營者大多不具相關概念，因而造成貨款回收缺失甚或業務人員私吞貨款等情事，因此造成公司周轉不靈而倒閉者，時有所聞❹。

內部控制制度作業流程

一般分為九大循環：
1. 銷售及收款循環。
2. 採購及付款循環。
3. 固定資產循環。
4. 薪工循環。
5. 融資循環。
6. 投資循環。
7. 生產循環。
8. 研發循環。
9. 電子計算機循環。

如何將內部控制的觀念注入貿易作業流程裡，應配合全公司各個作業循環來互相配合設計，歸結其設計的基本原則，如下圖所示：

---

❹　2003 年 10 月間爆發的國內知名大型律師事務所資深法務人員盜賣客戶股票達新臺幣 30 億元情事，損失金額事小，事務所賴以為生的專業形象損毀，可能造成無法挽救的局面事大，公司主事者須慎重其事。

內部控制的 3C 原則

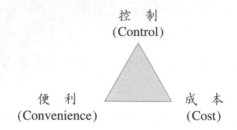

茲將其涵義分別說明如下：

1. 控制 (Control)

設計制度流程之前必須釐清的是，該制度的基本目的為何？釐清目的後才能精確地設計「控制點」，準確無誤地達成控制目標。

2. 便利 (Convenience)

內控流程的設計除了講求控制效果外，流程的效率性亦須一併納入考量。若因過度強調控制效果而喪失流程的效率性，將鈍化組織的反應能力進而降低公司的市場競爭力。

3. 成本 (Cost)

制度的設計與控制點的建置等，均會增加公司的營運成本。因此於設計規劃制度流程時，須念茲在茲地抱持著下列成本效益的基本分析觀念，運用於設置內控流程的每一環節裡。

考量準則：

控制點設置成本（含作業效率損失）≦產生的效益

第四節　貿易公司的帳務處理與稅捐

一、建立公司會計制度 (Accounting System)

　　會計為企業語言之一，是企業資訊系統的基本組成要素。整個企業的運作狀況即可透過會計資訊系統顯露出來，如企業營收多少、成本控制如何與利潤率的高低等。這些表達企業的營運績效與管理良窳的相關資訊，即是藉由會計資訊系統來取得，以協助公司管理者統籌公司的業務與管控。

　　在公司成立後，除了架構前述的貿易公司必備之軟硬體設施外，首要之務便是建立起公司的會計制度。當然，很多小公司的會計帳務處理乃委由會計師事務所代為處理，但即便如此，公司還是需要建立起自己的帳務系統，以利內部管理之用。以下茲列舉一適用於中小企業（貿易商）的會計制度供讀者參酌套用。

㈠適用於中小企業（貿易商）的會計制度範例

■較適合中小企業的簡易會計制度

總　則

　　第 1 條　本公司財務暨會計作業處理除政府法令另有規定外，均依本準則辦理。

　　第 2 條　本公司所有會計帳務之處理以按權責基礎制為原則。

資　產

　　第 3 條　本公司之現金包含庫存現金及國內各銀行存款，而銀行存款係指國外銀行存款。

　　第 4 條　本公司設置零用金由出納人員保管，以支付小額或臨時性之支出或借支之用。

　　第 5 條　應收項係指應收客戶之帳款，包含帳款及票據，帳款以外銷而言為原幣。

　　第 6 條　各固定資產以取得成本為入帳之基礎。

　　第 7 條　一次取得數種資產，而其成本全部或一部分為一總數，且無法明確劃分各

資產之個別成本時，應依據其性質、用途、效能或可得知之市價求得各資產之分攤基準分攤其取得成本。

第 8 條　各類資產依稅法規定之折舊攤提年限，攤轉入當期費用內。

負　債

第 9 條　各項負債之入帳，係依其應清償之數額為準，其為資產之取得為資產入帳之成本，其為費用之發生，為費用應支付之數額，為借款時，為借款之金額。

第 10 條　負債中之應付帳款為向工廠訂貨之成本，若因品質問題或有代墊各項費用之情事時，應於付款時扣除之。

淨　值

第 11 條　股本以投資人所投入資產之價值表示之。

第 12 條　年度有盈餘或虧損時應以本期損益表示，並於下年度轉入累積盈虧項下。

第 13 條　資本額之增減數，依公司章程及公司法之規定辦理之。

第 14 條　結算有盈餘時，先依法繳納營利事業所得稅後，再依公司章程發放紅利及盈餘分配，但有累積虧損時，應先為彌補，再為盈餘分配。

收　入

第 15 條　本公司之銷貨收入為出售貨品之收入，為國內者，係指貨品送至客戶處經其簽收為限；其國外者係指已經結關者。

第 16 條　本公司之佣金收入係指代理客戶採購所獲得之報酬以及擔任媒介而取得之收入而言。

成本暨費用

第 17 條　銷貨成本係指銷售貨品之進貨淨成本而言，若為出口時則包括各項出口費用及佣金支出。

第 18 條　為提供經營管理之用，出口貨品應依批次別由會計人員依「批次別成本計算表」（附表二）計算各批次之銷貨成本。

第 19 條　凡與公司營運有關所發生之一切支出，皆屬公司之費用，均應列帳記入。

第 20 條　費用有遞延性質者，應先以預付科目列帳，再於歸屬期間轉正之。

第 21 條　資本支出與費用支出，應依其性質為嚴格之劃分，但為顧及帳務處理上之方便並配合稅法上之規定，下列各項得列為當期費用支出：

　　　⑴使用效能在 2 年以內者。

　　　⑵取得金額在新臺幣 6 萬元以下者之小額資產。

決　算

第 22 條　會計人員應於每月 10 日前結算公司營運狀況呈總經理核閱。其結算之報表有：

　　　⑴批次別毛利明細表（附表三）。

　　　⑵比較損益表（附表四）。

　　　⑶資產負債表。

第 23 條　本公司之帳簿報表系統詳如附表五。

押　匯

第 24 條　貨品出口結關後以報關行送來之各項押匯文件，交由船務人員辦理押匯事宜。

第 25 條　押匯後由押匯人員將「結匯證實書」交由會計人員入帳之。

第 26 條　內銷部分則由有關人員依客戶請款日期請款之。

第 27 條　上項之應收款項變動均應記入「收支口報表」（附表一）內。

付　款

第 28 條　貨品出口結關後，船務課應該核審報關行送來之 Invoice，無誤後並將 Shipping Control 一份轉國內課人員核對出口數量，另一份交財務課核對廠商請款發票金額是否正確，無誤時，則開立請款傳票連同發票經送財務主管簽核後呈權限主管核閱請款之。廠商之發票若遲未寄達，財務課人員除跟催外，於約定之付款票期前辦完內部之請款作業手續。

第 29 條　會計人員就請款傳票之內容及憑證應加以審核無誤後，蓋上會計科目呈總經理批核付款之。

第 30 條　出納人員依經權限主管核准之請款傳票開立禁止背書轉讓之票據，連同該請款傳票呈總經理蓋票據章後辦理付款之。若有廠商要求免除禁止背

書轉讓，或變更約定之付款條件（如縮短票期或支付現金等）時，應由
財務課報呈總經理核准更改之。

第 31 條　各部門因公需要暫借 10,000 元以上金額者，必須於一日前經權限主管並
通知財務課方得支付之。

第 32 條　其他各項費用請款時，應注意事項詳如「請款暨傳票填寫之要點」說明。

第 33 條　小額及臨時性支出或借支由出納人員以零用金支付。

第 34 條　除零用金支付者外，其他各類付款應每日記入「收支日報表」內。

附　則

第 35 條　本準則經呈總經理核准後實施之，其修改亦同。

■ 相關會計報告附表

1. 收支日報表

_____ 有限公司

收支日報表

應收帳款		應付帳款	
昨日餘額		昨日餘額	
本日進款		支付現金	
本日餘額		本日餘額	
應收票據		一個月內應付票據	
昨日餘額		昨日餘額	
本日收入		本日支付	
本日兌現		本日到期	
本日餘額		本日餘額	
其他收入			
本日收入票據			
本日餘額			
預收款			
預收票據			
本日餘額			

預收款			預付款			
銀行別	昨日結存	本日存入	本日支出	本日結存	明日應付額	日－日應付額
合　計						

應付帳款：貨物已出口，但尚未押匯。

應付帳款：貨物已出口，但尚未開支票。

應付票據：貨物已出口，支票已開給工廠。

2.批次別成本計算表

批次別成本計算表

客戶名稱							L/C No.:		Invoice No.:		
出口日期	年　月　日		船　名				押匯日期:	年　　月　　日			
L/C金額		匯　率	報　價				押匯總金額:				
			押　匯								
廠　商	訂單號碼	品　名	單　價	數　量	總成本		進貨折扣	銷貨成本	銷貨收入	差　價	%
合　計											

各項費用	出口費用		佣金收入	本批銷貨毛利		
	運　費	元		銷貨總差價		元
	保險費	元		加:佣金收入		元
	報關費	元	佣金支出	減	出口費用	元
	押匯費	元			佣金支出	元
	檢驗費	元				
	什　費	元		銷貨毛利		元
	合　計	元	元			

3.批次別毛利明細表

批次別毛利明細表

_____年_____月份

項　目\\訂單號碼	銷貨收入	退回折讓	銷貨淨額	銷貨成本	銷貨毛利	毛利率

4.比較損益表

比較損益表

_____ 年 _____ 月份

	本　月		上　月		目　標		較上月		較目標	
	金　額	%	金　額	%	金　額	%	金　額	%	金　額	%
銷貨總額										
銷貨退回										
銷貨折讓										
銷貨淨額		100		100		100				
銷貨成本										
銷貨毛利										
營業費用										
薪　資										
職工福利										
出差費										
交通費										
交際費										
郵電費										
水電費										
文具用品										
保險費										
書報雜誌										
折　舊										
修繕費										
樣品費										
稅　捐										
租　金										
運　費										
什　費										
營業淨利										
營業外收入										
營業外支出										
本期淨利										

複核：　　　　　　　　　　　　　製表：

填表說明:

1. 銷貨淨額＝銷貨總額－銷貨退回－銷貨折讓
2. 銷貨毛利＝銷貨淨額－銷貨成本
3. 營業淨利＝銷貨毛利－營業費用
4. 本期淨利＝營業淨利＋營業外收入－營業外支出
5. 本月、上月、目標之百分比均以銷貨淨額為比較基礎。
6. 較上月、較目標欄: (a): 金額係本月金額減上月（目標）之餘額。
　　　　　　　　　　 (b): 百分比係(a)餘額÷上月（目標）金額

5.中小企業的帳簿報表系統表

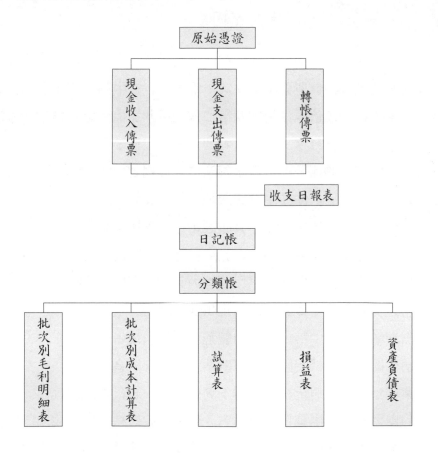

二、營業稅 (Business Tax)

(一)營業稅之意義

**加值型營業稅 &
毛額型營業稅**

例如以 100 元購入商品再以 130 元售出，加值型營業稅的課徵僅就賣價超過買價的部分 30 元 (130–100) 進行課稅。毛額型營業稅則係就 130 元之銷售總額課稅。

營業稅係對營業人銷售貨物或勞務行為所課徵的一種銷售稅。我國現行營業稅係毛額型營業稅與加值型營業稅兩種兼採，但以「**加值型營業稅 (Value-added Tax, VAT)**」為主。

(二)課徵範圍

我國營業稅係採屬地主義，僅對在中華民國境內銷售貨物或勞務課徵營業稅。依據加值型及非加值型營業稅法第 1 條規定，在中華民國境內銷售貨物或勞務及進口貨物，均應依本法規定課徵加值型或非加值型之營業稅。稅法上對於所謂境內銷售貨物或勞務及進口貨物的定義，我們參照營業稅條文如下：

所謂境內銷售貨物或勞務依營業稅法第 4 條規定：

有下列情形之一者，係在中華民國境內銷售貨物：

(1)銷售貨物之交付須移運者，其起運地在中華民國境內。

(2)銷售貨物之交付無須移運者，其所在地在中華民國境內。

有下列情形之一者，係在中華民國境內銷售勞務：

(1)銷售之勞務係在中華民國境內提供或使用者。

(2)國際運輸事業自中華民國境內載運客、貨出境者。

(3)外國保險業自中華民國境內保險業承保再保險者。

依營業稅法第 5 條規定，貨物有下列情形之一者，為進口：

(1)貨物自國外進入中華民國境內者。但進入政府核定之免稅出口區內之外銷事業、科學工業園區內之園區事業及海關管理之保稅工廠或保稅倉庫者，不包括在內。

(2)貨物自前款但書所列之事業、工廠或倉庫進入中華民國境內之其他地區者。

㈢課徵稅率

關於外銷營業稅課徵的稅率，依營業稅法第 7 條規定，其「稅率為零」。茲將營業稅課徵稅率為零之相關客體規定詳列如下：

下列貨物或勞務之營業稅稅率為零：

(1)外銷貨物。

(2)與外銷有關之勞務，或在國內提供而在國外使用之勞務。

(3)依法設立之免稅商店銷售與過境或出境旅客之貨物。

(4)銷售與免稅出口區內之外銷事業、科學工業園區內之園區事業、海關管理保稅工廠或保稅倉庫之機器設備、原料、物料、燃料、半製品。

(5)國際間之運輸。但外國運輸事業在中華民國境內經營國際運輸業務者，應以各該國對中華民國國際運輸事業予以相等待遇或免徵類似稅捐者為限。

(6)國際運輸用之船舶、航空器及遠洋漁船。

(7)銷售與國際運輸用之船舶、航空器及遠洋漁船所使用之貨物或修繕勞務。

零稅率 vs. 免稅

營業稅之零稅率與免稅的概念不同，零稅率之進項稅額可予退回，免稅則否。

㈣統一發票開立時限

營業人銷售貨品或勞務時，應依營業稅後附之「營業人開立銷售憑證時限表」規定之時限，開立統一發票交付買受人。但依統一發票使用辦法第 4 條第 32 款規定，營業人直接外銷貨物或勞務予國外買受人，得免開統一發票。

三、營利事業所得稅 (Business Income Tax)

㈠營利事業所得稅之意義

營利事業所得稅之課稅客體，乃為公司、獨資、合夥等組織之年度所得額。

(二)課徵範圍

我國營利事業所得稅原則上係採屬人主義，但亦兼採屬地主義。茲將稅法對於課稅範圍之相關規定分述如下：

依所得稅法第 3 條規定，凡在中華民國境內經營之營利事業，應依該法規定，課徵營利事業所得稅。

營利事業之總機構在中華民國境內者，應就其中華民國境內外全部營利事業所得，合併課徵營利事業所得稅。但其來自中華民國境外之所得，已依所得來源國稅法規定繳納之所得稅，得由納稅義務人提出所得來源國稅務機關發給之同一年度納稅憑證，並取得所在地中華民國使領館或其他經中華民國政府認許機構之簽證後，自其全部營利事業所得結算應納稅額中扣抵。扣抵之數，不得超過因加計其國外所得，而依國內適用稅率計算增加之結算應納稅額。

營利事業之總機構在中華民國境外，而有中華民國來源所得者，應就其中華民國境內之營利事業所得，依該法規定課徵營利事業所得稅。

營利事業因經營三角貿易所產生之所得額，亦屬於營利事業所得稅課稅範圍，應併入營利事業所得稅的計算與申報。

(三)稅率結構

依所得稅法第 5 條，營利事業所得稅起徵額、課稅級距及累進稅率如下：

(1)營利事業全年課稅所得額在 12 萬元以下者，免徵營利事業所得稅。

(2)營利事業全年課稅所得額超過 12 萬元者，就其全部課稅所得額課徵 17%。但其應納稅額不得超過營利事業課稅所得額超過 12 萬元部分之半數。

四、三角貿易相關稅負規定

茲列舉四則常見三角貿易稅負相關問題之財政部解釋函，供讀者參考。讀者若有更進一步法令解釋需求，可上財政部網站查詢 (http://www.mof.gov.tw/)。

㈠辦理三角貿易其佣金收入適用零稅率之證明文件

主旨：營業人接受國外客戶訂購貨物後，向第三國供應商進口貨物，辦理轉運與國外客戶之三角貿易，該營業人得按收付信用狀之差額，視為佣金或手續費收入列帳及開立統一發票，並依照修正營業稅法第 7 條第 2 款規定，適用零稅率。

說明：營業人接受國外客戶訂購貨物，收取該國外客戶開來信用狀，洽由辦理外匯銀行另行開立信用狀，向第三國供應商進口（不經通關程序）貨物，即行辦理轉運國外客戶者，該營業人得依主旨規定辦理。至適用零稅率之證明文件部分，准由該營業人檢附進、出口結匯證實書及國內外信用狀影本，申報主管稽徵機關核定適用零稅率（現行外銷貨物得免開立統一發票）（財政部 77/8/18 臺財稅第 770572584 號函）。

㈡三角貿易客戶以電匯付款時佣金收入適用零稅率之證明文件

外匯管制放寬後，營業人經營三角貿易，國外客戶訂購貨物時，未開立信用狀 (L/C)，以電匯 (T/T) 方式支付貨款，其取得之佣金或手續費收入，准憑政府指定外匯銀行掣發之外匯證明文件或原始外匯收入款憑證影本及有關交易證明文件（如國外客戶及第三國供應商訂貨單、提貨單或第三國供應商出貨文件影本）申報主管稽徵機關適用零稅率（財政部 78/11/23 臺財稅第 780691662 號函）。

㈢三角貿易起運地及交付地均在境外者不宜按進銷貨方式開立發票

營業人經營三角貿易，因銷售之貨物，其起運地非在中華民國境內，國外第三國供應商交付之貨物，亦未進入中華民國境內，無報關提貨憑證，非屬外銷貨物或進口貨物範疇，不宜按進、銷貨方式開立統一發票（財政部 79/11/19 臺財稅第 790343956 號函）。

㈣三角貿易實際出口數與訂購數不同，依出口金額與信用狀金額之差額開立佣金發票

佣金收入發票主旨：營業人經營三角貿易，若實際出口數量與國外客戶訂購數量不同，致供應商實際出口金額與貿易商收受國外客戶開立之信用狀金額不同，貿易商准按供應商實際出口金額減除供應商結匯金額後之差額計算佣金收入開立統一發票。

說明：貿易商接獲國外客戶信用狀，復轉開信用狀向國內供應商訂購貨品，並約定由供應商以自己名義直接外銷之三角貿易，若因供應商實際出口數量與國外客戶原訂購數量不同等因素，致供應商實際出口金額與國外客戶開立之信用狀金額不同，貿易商准憑政府指定外匯銀行掣發之外匯證明文件或原始外匯收入款憑證之影本及有關交易文件影本，按供應商實際出口金額（開立予國外客戶發票之金額）減供應商結匯金額（供應商外銷貨物之收入）之差額（即貿易商實際結匯之金額）計算佣金收入，向主管稅捐稽徵機關申報適用營業稅零稅率（現行外銷貨物得免開立統一發票）（財政部 82/8/11 臺財稅第 821493951 號函）。

第五節　貿易公司的經營策略

國際行銷人員的角色已由過去單純的「作業性功能 (Operational Function)」，進化為較複雜與全面的「策略性功能 (Strategic Function)」。本節將針對貿易公司老闆或公司貿易部門的國際行銷主管所需，對於經營策略之相關理論概念與實務操演，作一簡實地說明，祈能引導讀者對於相關議題進行更深入的思考，以收拋磚引玉之效。

一、建立消費者導向概念

由於時空環境的變遷，市場行銷觀念已由過去的「生產者導向 (Producer Oriented)」轉變為現今的「消費者導向 (Consumer Oriented)」概念。此概念雖已

行之有年，商業界人士也都能琅琅上口，但落實該觀念的公司卻仍如鳳毛麟角般的稀少。換言之，市場上仍存在著無數的機會，供業者趁機介入。

貿易商於本質上乃定位為服務產業，尤以佣金制貿易商為典型代表。貿易商存在的價值在於創造並提供買賣雙方順利達成交易的平臺。若此一交易平臺對買賣雙方而言，是可有效地降低買賣雙方的交易成本並提高交易雙方的效用水準，則提供此一平臺的貿易商即具有存在的價值。否則以現今製造商大多備有自己的外貿部門與外貿人才的情況下，何需貿易商來介入交易？因此貿易商同業須時時檢視下列之關鍵要點：

⑴思考如何降低客戶的交易成本，讓客戶樂於與我們交易。

⑵思考提高客戶效用的關鍵點所在，主動創造附加價值，讓客戶樂於透過我們進行交易。

二、行銷策略決策的 6C 分析

㈠環境分析 (Context Analysis)

此分析於進入全新市場或發展全新產品概念時特別重要，行銷人員對產品或提供服務所在地的整體環境須進行全面性的瞭解與分析。其研究要項包括：

⑴運作的總體環境，如政治、法律、經濟、文化、種族等。

⑵所服務的目標市場。

⑶對競爭對手的瞭解與公司自身的全面檢視。

㈡顧客分析 (Customer Analysis)

落實消費者導向行銷觀念的首要步驟，即是對顧客的基本行為模式作一詳實地瞭解與分析，以下將以 3W 與 1H 介紹說明：

⑴ Who：是誰在購買我們的產品。

⑵ When：是什麼時候購買。

⑶ How：是如何進行購買。

⑷ Why：是什麼原因購買。

(三)競爭分析 (Competition Analysis)

孫子：「知己知彼，百戰不殆」。企業欲在市場中存活發展，對於所處市場的特性與競爭對手的底細，當然必須作一番深切的瞭解與認知，若對於身處的市場特性與競爭對手毫無所悉，則屢戰屢敗將不足為奇。以下乃於進行競爭分析時所須掌握的關鍵問題：

(1)所處的市場結構為何？是屬完全競爭市場 (Perfect Competition)、獨占市場 (Monopoly)、寡占市場 (Oligopoly) 亦或獨占性競爭市場 (Monopolistic Competition)❺。

(2)整個產業環境怎樣的改變會影響競爭對手？

(3)競爭對手主要的優勢與劣勢為何？

(4)競爭對手將會如何回應我們切入市場的動作？

(5)競爭對手的策略假設為何？

(6)競爭對手對於獲利程度、市場占有率、市場擴張的目標為何？

(7)競爭對手的目標是否會隨時間而改變？為什麼？

(四)公司分析 (Company Analysis)

公司分析係指對公司自身的檢視與瞭解，其目的乃在於反省公司本身的狀態與績效有無須改進之處，與曾子所言：「吾日三省吾身」之義相同。公司主事者應時時反省下列各要項：

產品生命週期

產品生命週期分 4 個階段：
1. 導入階段。
2. 成長階段。
3. 成熟階段。
4. 衰退階段。
以上各階段於行銷策略的思考上，具有不同的意義。

(1)同樣是滿足目標顧客的需求，我們與其他競爭對手有何不同？

(2)我們還有哪些地方可以改善？

(3)如何能提供客戶更好的服務？

(4)我們獨特的價值定位在哪裡？

(5)我們的產品或服務處於**產品生命週期**的哪一階段？如何因應？

---

❺　各類型市場結構之說明，請參照第三章內容。

㈤通路分析 (Channel Analysis)

配銷通路設計的良窳，牽涉到公司所提供的產品或服務與最終消費者接觸的效率程度。一個有效率的通路設計可降低交易成本，提高銷售效率。企業於通路設計前須進行下列分析：

(1)通路種類的選擇。

(2)通路特性分析。

(3)通路適切性的評價。

㈥成本分析 (Cost Analysis)

成本資料乃決策制定時必要之數據形式參考資料，一般行銷人員可能因對數字資料的抗拒亦或對會計概念的陌生，往往忽略成本相關概念的重要性，如「**固定成本 (Fixed Cost)**」與「**變動成本 (Variable Cost)**」的差別及其在行銷上的應用、「**損益平衡點 (Break Even Point, BEP)**」的計算與分析等。這些工具都是制定價格策略亦或訂定準確銷售目標額所必須具備的基礎依據，否則將極易訂定出憑空想像、癡人說夢般的策略與目標。

固定成本

企業成立時即須投入的固定數額成本，此成本並不隨產量增加而變動。

變動成本

指隨產量增加而增加的成本。

損益平衡點

達成損益平衡點的銷貨收入＝固定成本＋變動成本。

三、架構市場行銷的 5P

於確定以「消費者導向」的基本概念為策略思考的主軸後，關於行銷策略訂定的討論，亦不能免俗地由行銷學的 5P 來談起，這是一較完整的行銷策略思考架構。以下即針對此架構的每一要項作簡要說明，讀者對此領域若有興趣，可再自行鑽研「國際行銷 (International Marketing)」之相關專論。

㈠定位 (Position)

定位的目的，在於如何在既有產品或潛在具有競爭力產品的目標客戶群心中，創造出獨特且有意義的利基點。田徑百米競賽中第一名與第二名的差距可能不到 0.01 秒，但是不會有人記得是誰跑第二名。因此，如何準確地對於提供的產品或服務價值作市場定位，將牽繫到公司的獲利與發展。

㈡產品 (Product)

產品乃一切定位策略或產品策略的出發點。行銷企劃人員必須瞭解的是，產品概念非僅指有形物質的狹義概念，產品概念的分析應採取廣義亦或更進一步的潛在定義來加以闡釋。所謂的「潛在產品 (Potential Product)」概念包括如下定義：

　⑴更方便的功能。

　⑵更卓越的售前、中、後服務。

㈢價格 (Price)

價格乃產品與消費者的主要溝通工具。若定價過高，則提供競爭替代品切入的機會；若定價過低，則獲利率與品牌資產均會下降。因此定價乃行銷決策裡相當重要與複雜的一環。一般常見的定價方法如下：

1.成本加價法 (Cost-Plus Pricing)

其作法即產品成本加上欲賺取的利潤率，此乃最簡易、最容易操作的定價方法，一般廠商均採用此法。這種定價方法雖然簡單易行，卻可能因過於粗糙而使公司陷入重大危機❻。

2.價值定價法 (Value Pricing)

消費者對於產品價格的評估與接受，乃在於其對於該產品的價值認定水準高低，而非該產品的成本多少。否則成本可能僅數百元的名牌皮夾如何能賣到

---

❻　德國賓士 (M. Benz) 汽車即曾因某一新車款的定價過低，造成該車款的轉手黑市，嚴重損傷該公司形象。

數千元，使利潤率高達 1,000% 之譜。因此，以成本為定價基礎來訂定價格，可能嚴重偏離消費者效用水準，扭曲市場的效率性。

　　較具規模或訂定價格策略較嚴謹的公司，應採取價值定價的方法來擬定一較能確切反映出消費者效用水準的價格策略。

㈣通路 (Place)

　　配銷通路為產品與消費者連結的界面，一般而言具有如下功能：

　　⑴商品實體的配送。

　　⑵銷售活動的配合與執行。

　　⑶市場訊息的反饋。

　　⑷服務的提供與支援。

　　配銷通路類別如下：

1.直接通路

　　即未設置中間經銷商，直接面對最終消費者，如郵購或網路行銷。

2.間接通路

　　係於供應商與最終消費者之間設置各種層次的中間盤商，此乃傳統的配銷模式。配銷通路層級設計的考量點在於，其所產生的附加價值是否大於付出的通路成本。例如，商品的配銷若透過中盤經銷商是否有其必要性？端視此通路層級所產生的附加價值（即上述功能）是否大於此通路成本。

㈤促銷組合 (Promotion Mix)

　　促銷組合亦稱為行銷溝通組合 (Marketing Communication Mix)，係公司對消費者進行傳播溝通的方式與工具。在此須特別強調的是，與消費者的傳播溝通並不僅限於下述五種直接方式，包括員工的服務態度、便利的產品包裝方式、甚至一本便於使用者閱讀的手冊等間接方式，均是企業傳播溝通的重要元素。

1.廣告 (Advertising)

　　此工具的主要優勢在於可同時接觸到大量的消費者，但所接觸到的客戶不會完全是潛在消費者，且消費者可能已經接收太多廣告訊息而削弱廣告效果。

2. 人員銷售 (Personal Selling)

此乃相當有效但卻耗費成本的工具，其能準確提供與目標客戶雙向溝通的機會，是促銷技術性產品最有效的工具。但此工具的運用須付出高人力成本，而其挨家挨戶的推銷方式可能會破壞了公司的形象。

3. 直效行銷 (Direct Marketing)

這是一種相對便宜的促銷工具，行銷人員可完整控制購買與貨品運送的過程。常見的直效行銷有「郵購」與「網路銷售」。

4. 促銷 (Sales Promotion)

促銷活動是一種刺激需求、改變購買行為的有效工具，但僅有短期影響力，且過度使用會損傷品牌形象。

5. 贊助 (Sponsoring)

贊助活動對於建立企業形象與品牌認知方面非常有效，但無法於短期內帶來購買效果。

四、實務案例：外銷推動小組的成立 ❼

(一)設計理念

> 打破部門藩籬，連結相關部門，活化組織氣候，趨向同一目標。

(二)誘因設計

$$MAX\Omega = \theta[(\text{Exported Sales}) - (\text{Exported Cost})]$$
$$0 < \theta \leq 1; \theta : \text{Incentive Coefficient}; \Omega : \text{Bonus}$$
$$\theta \uparrow \rightarrow \text{Incentive} \uparrow \rightarrow \text{Energy} \uparrow$$

---

❼ 本小節之內容乃筆者實際針對大型製造商之貿易部門與工廠間配合之組織設計與規劃的部分內容，應具業界參考價值。

　　以上誘因設計若於現有體制窒礙難行,則可將之轉化與考績獎金制度結合。

(三)組織架構

(四)職能分配

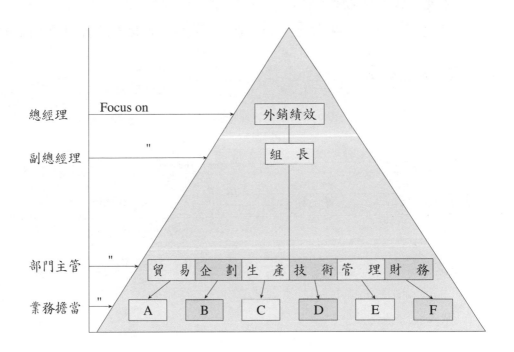

(五)職能分配工作內涵

A	B	C	D	E	F
·對外唯一窗口。 ·詢價報價作業。 ·買賣契約擬定。 ·客戶往來接待。 ·出口作業安排。 ·出口押匯、貨款回收。	·生產企劃安排。 ·產品相關資料的提供(成本交期)。 ·市場調查與分析。 ·產品型錄製作。	·生產線調撥、人力調配安排。	·技術可行性評估與確認。 ·產品技術資料提供。 ·樣品製作。	·生產安排交期確認。 ·裝櫃安排。	·付款條件、付款方式確認。 ·貨款回收監控。

㈥人員選定

⑴組長：由總經理或副總經理指派適任人選。

⑵組員：建議由各相關部門主管遴選意願強且適任的人員呈報副總經理、
　　　　總經理核可。

㈦運作方式

⑴採工作小組 (Team Work) 運作方式，定期由組長召開小組會議，檢討小
　　組運作現況與效率評估。

⑵貿易部門為唯一對外窗口，負責與客戶交涉並回饋客戶資訊予小組會議。

㈧小組運作圖示

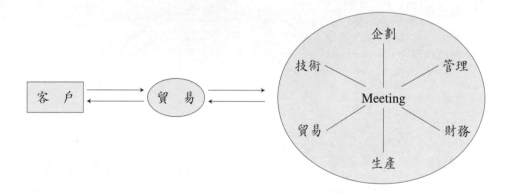

是非題

( ) 1. 會計上將企業與業主本身視為 2 個不同會計個體。

( ) 2. 我國外銷營業稅課徵「稅率為零」與「免稅」同義。

( ) 3. 依統一發票使用辦法規定,營業人直接外銷貨物或勞務予國外買受人,得免開統一發票。

( ) 4. 三角貿易起運地及交付地均在境外者,不宜按進、銷貨方式開立發票。

( ) 5. 公司內部控制制度的控制點建置,愈多愈好。

選擇題

( ) 1. 以下何者是貿易商進行市場調查時,蒐集初級資料的來源?　(A)派人或親自出國訪問調查得來的資料　(B)本國駐外使館提供的資料　(C)報章雜誌所發布的資料　(D)國內外市場研究機構發表的報告。

( ) 2. 下列何者不是中小企業設立採「有限公司」組織之優點?　(A)所需資本額較低　(B)股權移轉無須課證所稅　(C)股東一人即可　(D)股權移轉無須課證交稅。

( ) 3. 下列何種組織架構可融合多元化產品與橫跨多個不同地理區域所產生的各種觀點?　(A)矩陣式組織架構　(B)產品別組織架構　(C)地區別組織架構　(D)功能別組織架構。

( ) 4. 中小企業較適合的組織架構為　(A)矩陣式組織架構　(B)產品別組織架構　(C)地區別組織架構　(D)功能別組織架構。

( ) 5. 我國營業稅的課徵係採　(A)屬人主義　(B)屬地主義　(C)屬人兼屬地主義　(D)以上皆非。

問答題

一、設立貿易公司的法定程序有哪些?

二、貿易公司的組織架構有哪幾種類型？其優缺點分別為何？

三、貿易公司應具有的軟硬體設置有哪些？

四、何謂行銷決策的 6C 分析與行銷組合工具 5P？

第三章

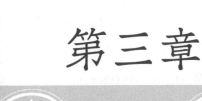

貿易條件

學習目標

貿易條件的經濟義涵

貿易條件種類與內容

貿易條件的運用規則

Practices of
International
Trade

　　由 3 個簡單的英文字母 (FOB, CIF...) 所建構而成的「貿易條件 (Trade Terms)❶」，是跨入貿易實務專業領域的基礎門檻。此看似簡單，卻深切表達出國際貿易複雜度與專業內涵的貿易條件，常令初涉國際貿易實務之人士迷惑不已，不知其所云何物，憑添有志於貿易實務者不少「**進入障礙 (Entry Barriers)**」。

進入障礙

廠商為了進入某一產業而必須付出的成本，其原因可能為政府規定、市場結構或產業特性等。

中國大陸慣稱其為「貿易術語」，即表彰其專業地位，意示其為國際貿易專門技術用語之謂。

　　「貿易條件」發展於十九世紀並廣為運用至今，已是國際貿易進行中不可或缺的重要工具之一。貿易條件的原始設計精神，即在於效率化彼此的溝通與協商，藉以提高交易進行的速率，其功能類似於各行各業裡所謂的「行話」，即各行業所屬之特殊用語。因此，如果不懂貿易條件之意義與用法，而意欲切入國際貿易這個專業度頗高的領域，將如緣木求魚，不得其門而入。

　　試想，當你進入到一個充滿特殊用語的行業裡，而你對他們琅琅上口的行話卻一句也聽不懂，尷尬與不安之情將嚴重打擊到你進入該行業的熱情與勇氣。此時當然不會有人願意與你溝通並進而達成交易的，因為與你溝通太麻煩了，甚且還要教會你該行的行話。對他們而言，與你交易的「交易成本」太高，不值得與你接觸往來。在商言商，恐怕只有奉行「日行一善」的商人才會理你。

　　本章將對貿易條件作深入淺出的介紹與說明，並進而探討貿易條件的運用規範。此乃從事國際貿易事務專業修為的基本功夫之一，想成為國際貿易的高手們，靜下心來，學習這些國際貿易的專門技術用語。打好基礎，才可所向披靡，無往不利。

---

❶　此「貿易條件」之用詞與經濟學上用語 (Terms of Trade) 義涵不同，經濟學上意指國際間兩種不同財貨之兌換比率。

第一節　貿易條件的義涵和相關之國際慣例

一、貿易條件的義涵

貿易條件 (Trade Terms) 又稱「價格條件 (Price Terms)」、「運送條件 (Delivery Terms)」，英國慣稱「裝運條件 (Shipping Terms)」，法國慣稱「商業條件 (Commercial Terms)」，美國慣稱「報價條件 (Quotation Terms)」，於中國大陸則慣稱為「貿易術語」。其涵義及作用如下：

1.涵義

為一定型化交易條件，以買賣雙方共同認可之簡短外文縮寫詞彙，表達部分交易核心內容。藉以簡化貿易協商過程，提高交易效率，降低交易成本。

2.作用：明確界定

⑴買賣商品價格組成結構。

⑵貨物風險移轉時點。

⑶相關手續承辦、文件提供與費用負擔責任。

二、貿易條件的相關國際慣例

於十九世紀初國際貿易的進行就已開始使用所謂的貿易術語，歷經長時間國際貿易圈的使用與發展，逐漸約定俗成地形成一系列貿易行話，亦即目前所稱之貿易條件，應用於交易的進行過程裡。但不同地區或國家對於貿易條件的釋義不盡相同。為了弭平不同地區對於貿易條件釋義上的歧異，一些國際學術機構或商業團體便致力於貿易條件的統一解釋工作。他們根據一般公認的慣例與解釋分別制定出關於貿易條件的解釋規則。目前較廣為世界各工商團體或企業所認可與接受的貿易條件解釋規則有⑴華沙牛津規則、⑵美國對外貿易定義、⑶國貿條規，以下將分別介紹之。

(一)華沙牛津規則 (Warsaw-Oxford Rules 1932)

1. 制定單位

國際法協會 (International Law Association)。

2. 規則特點

共 21 條，乃僅針對 CIF 貿易條件之特性作說明，詳盡且具體地規範 CIF 買賣合約當事人之權利義務關係。

(二)美國對外貿易定義 (American Foreign Trade Definitions)

1. 1990 年修訂之美國對外貿易定義 (Revised American Foreign Trade Definitions, 1990)

2. 制定單位

由下列 3 個單位所組成的聯合委員會 (Joint Committee) 共同制訂：

(1)美國商會 (The Chamber of Commerce of the United States of America)。

(2)美國進口商全國委員會 (The National Council of American Importers, Inc.)。

(3)美國對外貿易委員會 (The National Foreign Trade Council, Inc.)。

3. 規則特點

(1)本規則乃針對下列 6 款貿易條件所制定的解釋規則：

① EXW (Ex Works-named place)：工廠交貨條件、現場交貨條件。

② FOB (Free On Board)：指定地點運輸工具上交貨條件。

③ FAS (Free Along Side)：在運輸工具旁交貨條件。

④ CFR (Cost and Freight)：運費在內條件。

⑤ CIF (Cost, Insurance, Freight)：運保費在內條件。

⑥ DEQ (Delivered Ex Quay... duty paid)：碼頭交貨條件。

(2)FOB 條件可用於內陸交貨，亦可用於裝運港交貨，甚且可用於進口地交貨，乃一應用甚廣之貿易條件。

(3)FOB 有六種形式，僅 FOB Vessel 條件與一般所認知之 FOB 條件，即國際商會 (International Chamber of Commerce, ICC) 所定義之性質類似，須

注意。在此將其六種形式之 FOB 條件列示如下：

① FOB (named inland carrier at named inland point of departure)：

使用本條件須在 FOB 之後列示國內運輸工具及國內起運點名稱。

② FOB (named inland carrier at named inland point of departure) Freight Prepaid to (named point of exportation)：

使用本條件須在 FOB 之後，除列示國內運輸工具及國內起運點名稱之外，尚須明示為運費預付條件（賣方預付）。

③ FOB (named inland carrier at named inland point of departure) Freight Allowed to (named point)：

使用本條件須在 FOB 之後，除列示國內運輸工具及國內起運點名稱外，尚須明示為運費到付條件（買方到付）。

④ FOB (named inland carrier at named point of exportation)：

使用本條件須在 FOB 後，列示國內運輸工具及出口地點。

⑤ FOB Vessel (named port of shipment)：

使用本條件須在 FOB 後列示 "Vessel" 一字及裝運港名稱。

⑥ FOB (named inland point in country of importation)：

使用本條件須在 FOB 後，列示進口國內之運輸工具及交貨地點名稱。

⑷美洲國家商人仍喜援用此解釋規則，須特別留意。

㈢國貿條規 (International Commercial Terms, Incoterms® 2010/ ICC rules for the use of domestic and international trade terms)

1.制定單位

國際商會。

2.規則特點

⑴明定不同運送工具適用之不同貿易條件，例如 FOB 僅適用於船舶運輸。

⑵完整界定風險移轉點、價格成本內容、手續承辦與費用負擔責任等。

⑶可適用於國際及國內買賣契約。

⑷有十一種貿易條件，並將其分為二組類型，茲將其類型及涵蓋之條件與特性列示如下：

任何或多種運送方式的規則類型

EXW　工廠交貨條件規則（填入指定交貨地）

FCA　貨交運送人條件規則（填入指定交貨地）

CPT　運費付訖條件規則（填入指定目的地）

CIP　運保費付訖條件規則（填入指定目的地）

DAT　終點站交貨條件規則（填入目的港或目的地的指定終點站）

DAP　目的地交貨條件規則（填入指定目的地）

DDP　稅訖交貨條件規則（填入指定目的地）

特點：適用任何或多種運送方式。

海運及內陸水運的規則類型

FAS　船邊交貨條件規則（填入指定裝船港）

FOB　船上交貨條件規則（填入指定裝船港）

CFR　運費在內條件規則（填入指定目的港）

CIF　運保費在內條件規則（填入指定目的港）

特點：僅適用於海運及內陸水運且為非貨櫃包裝的運輸方式。

三、貿易條件解釋規則的選擇

　　上述三種貿易條件解釋規則所涉及的範圍並不相同，對同一貿易條件的解釋亦不一致，甚至差異頗大。由於貿易條件解釋規則並不具國際法效力，因此買賣雙方於交易洽談時即應先確定所援引之貿易條件解釋規則，免得雞同鴨講，造成認知上的差異，影響商務談判行進效率，喪失了使用貿易術語之原始精神。

　　為避免交易雙方對於同一貿易條件解釋上的認定差異，在各解釋規則的序文中均提及，欲採用這些解釋規則的廠商，應於合約上載明該合約所適用之規則為何。如此該貿易條件解釋規則才能透過雙方簽訂之合約，對當事人產生法律上的約束效力。

　　因此，交易雙方於簽訂合約時，即應先行確認採用何種解釋規則，並於合約中作明確的規定，以避免無謂爭端，影響交易進行。如欲採用國際商會制定之 Incoterms® 2010 解釋規則，通常可於合約中註明下列條款：

　　"Unless otherwise expressly stipulated herein, this contract is subject to Incoterms® 2010, ICC publication No. 715E."

第二節　國貿條規 2010 逐條釋義

上節列舉之三種貿易條件解釋規則，於目前全球國際貿易實務裡運用最為普遍者，當屬由國際商會所制定之國際貿易條件解釋規則 2010 年版。因此茲將僅就此解釋規則逐條作一通盤介紹與說明，祈於國際貿易實務操作上能運用自如，讓貿易過程更加順暢圓滿。至於其他解釋規則與變形貿易條件，讀者行有餘力時可另行研究。不過在此建議，儘量少用國際間共識率低之其他解釋規則與變形貿易條件，以免產生解釋上的差異，滋生紛擾。

一、Ex Works 工廠交貨條件規則（填入指定交貨地）
EXW (insert named place of delivery)
Incoterms® 2010

(一)基本義涵

本條件稱為「工廠交貨條件」，"EXW" 為其國際標準縮寫用字，亦可簡稱為 X wks.。"EX" 是指「交貨、出貨」的意思，本條件係指在賣方營業處所或其他指定地點（即工場、工廠、倉庫等），將尚未裝上任何收貨運送工具且尚未辦理出口通關手續的貨物交由買方處置時，即屬賣方完成交貨。

於本條件下，賣方負擔的義務最小，買方則須負擔自賣方營業處所或其他指定地接受貨物時起所發生的一切費用及風險。

(二)買賣商品價格組成結構

(1)價格結構：「成本＋利潤」。

(2)成本：指產品製造成本或進貨成本，須考量製造費用分攤方式❷是否合宜，此將影響產品成本計算的真確性與競爭性。

(3)利潤：乃依公司預定之利潤率計算而得，利潤率高低端視產品本身的市場性❸。

(三)貨物風險移轉時點

(1)時間：於規定日期或期限前，買方接獲受貨通知時或賣方將標的貨物於指定地點交由買方處置時。

(2)地點：於賣方營業處所或其他指定地點（即工場、工廠、倉庫等）。

(四)相關手續承辦、文件提供與費用負擔責任

(1)進出口通關手續皆由買方負責。

(2)貨物移轉後之一切手續、文件取得及其相關費用皆由買方負擔。

(3)買方必須支付任何「裝運前檢驗 (Pre-Shipment Inspection, PSI)」費用，包括該檢驗係輸出國當局所強制實施者。

(4)賣方須提供文件：

①商業發票或等同的電子訊息。

②若契約要求，另須提供證明所交貨物與契約規定相符之文件。

③賣方必須依買方之要求，由買方負擔風險及費用，給予一切協助以取得買方為貨物輸出及／或輸入，及貨物必須通過任何國家時所需要，而在交貨國及／或原產國發行或傳輸的任何單據或等同的電子訊息。

---

❷ 成本會計上對於製造費用的分攤標準，有以直接人工時數基礎 (Direct Labor Hour Basis) 或機器時數分攤率 (Machine Hour Rate) 等標準。至於採何種分攤標準則依公司成本政策而定，某些公司基於市場競爭考量，外銷產品不予分攤製造費用，藉以加強其國際市場競爭能力。

❸ 市場性係指產品所屬的市場結構類型、市場對該產品的價值認定與公司的行銷策略而言。

㈤運用本條件注意事項

⑴若買方無法直接或間接辦理輸出通關手續時，不應使用本條件。此刻建議可採 FCA 條件，但須賣方同意負擔裝載的費用及風險。

⑵除另有規定，賣方不負責將標的貨物裝上買方所安排之運送工具。

⑶此交貨條件屬「現場交貨條件 (Loco Terms)」的一種，於國際貿易場合甚少使用此類條件。除非是買方在輸出國有分支機構或代理人來處理提貨與通關事宜。因此，本規則較適用於國內貿易，於國際貿易場合，採用 FCA 條件較為合宜。

⑷此貿易條件在運用上，儘可能於貿易條件之後列明交貨的詳細地址。例示如下：

"We offer to sell window-type Air Conditioner 10,000 BTU brand CHANG 600 sets USD500 per set EXW No. 100, Chi-Lin Rd., Taipei City, Taiwan, Incoterms® 2010, delivery during June."

二、Free Carrier 貨交運送人條件規則（填入指定交貨地）
FCA (insert named place of delivery) Incoterm® 2010

㈠基本義涵

本條件稱為「貨交運送人條件」，"FCA" 為其國際標準縮寫用字。本條件指賣方於賣方營業處所或其他指定地點辦妥輸出通關手續後，將貨物交付買方所指定的運送人或其他人。而所謂的「運送人」係指在運送契約中，承攬履行鐵路、公路、航空、海上、內陸水路運送，或結合前述運送方式的複合運輸，或安排履行前述各種運送之人。

若當事人有意於賣方營業處所交貨時，須以營業處所詳細地址作為確切的交貨地點。

(二)買賣商品價格組成結構

(1)價格結構:「EXW + 指定運送點之運輸與保險費 + 出口通關費」。

(2)指定運送點之運輸與保險費: 將貨物送交運送人之前所發生之運輸、保險與裝載費用。

(3)出口通關費: 包括通關手續費、出口關稅及其他相關稅捐與規費。

(三)貨物風險移轉時點

(1)時間: 賣方必須在指定地,於約定交貨日或期間內將貨物交付買方所指定或賣方所選定之運送人或其他人。

(2)地點: 於指定地完成交貨時有下述兩種情況:

①若指定地係賣方營業處所,則當貨物業已裝載於買方或其指定代理人所指定的運送人提供的運送工具上時。

②若指定地係賣方營業處所以外的任何地方,則將放在賣方運送工具上尚未卸載的貨物交由買方所指定或賣方所選定之運送人或其他人處置時。

(四)相關手續承辦、文件提供與費用負擔責任

(1)賣方須負責辦理貨物出口通關所需之一切手續與費用。

(2)賣方須提供文件:

①商業發票或等同的電子訊息。

②賣方必須自負費用向買方提供已交貨的通常證明,若此證明並非運送單據,則賣方必須依買方要求,並由買方負擔風險及費用,給予一切協助以取得有關運送契約的運送單據 (如可轉讓提單等)。

③賣方須自負風險與費用以取得輸出許可證或其他為貨物出口所需的官方文件。

④賣方必須依買方之要求,由買方負擔風險及費用,給予一切協助以取得買方為貨物輸出及/或輸入,及貨物必須通過任何國家時所需要,而在交貨國及/或原產國發行或傳輸的任何單據或等同的電子訊息。

⑶買方須負責辦理貨物進口通關所需之一切手續與費用。

⑷買方必須支付任何「裝運前檢驗」費用，但該檢驗係輸出國當局所強制實施者不在此限。

㈤運用本條件注意事項

⑴賣方並無義務為交易貨品安排運輸與保險契約，但若是買方要求或屬商業實務作法，且買方未於適當時間內作出相反指示時，則賣方得依買方之風險及費用，依一般條件代買方訂立運送契約。賣方若拒絕訂立此項契約，應迅速將其意思告知買方。

⑵買方若未能於指定地區內明確指示交貨地點，而且在其指示地區內有數處地點可資選擇時，賣方得在其中選擇其最有利的交貨地點。

⑶此貿易條件在運用上，儘可能於貿易條件之後列明交貨的詳細地址。例示如下：

"We offer to sell window-type Air Conditioner 10,000 BTU brand CHANG 600 sets USD500 per set FCA No. 100, Chi-Lin Rd., Taipei City, Taiwan, Incoterms® 2010, delivery during June."

三、Carriage Paid to 運費付訖條件規則（填入指定目的地）
CPT (insert named place of destination) Incoterms® 2010

㈠基本義涵

本條件稱為「運費付訖條件」，"CPT" 為其國際標準縮寫用字。本條件指賣方於指定地點辦妥輸出通關手續後，將貨物交付買方所指定的運送人並負擔貨物由裝運地（港）運至目的地（港）的運輸費用。但貨物滅失或毀損的危險，以及運送費用以外的任何費用，則於貨物交付第一運送人接收時，移轉予買方負擔，有別於 CFR 條件以船舷為風險移轉界線。

　　而所謂的「運送人」係指在運送契約中，承攬履行鐵路、公路、航空、海上、內陸水路運送，或結合前述運送方式的複合運輸，或安排履行前述各種運送之人。

　　本條件與 "CFR" 條件之價格內容相似，應用於非船運，如空運、鐵公路運輸或複合運輸；或雖為船運但係以貨櫃型態交運之運送情況所需。

(二)買賣商品價格組成結構

(1)價格結構：「FCA + 主要運費」。

(2)主要運費：係指由裝運地（港）至目的地（港）的運輸費用。

(三)貨物風險移轉時點

(1)時間：賣方必須在指定地，於約定交貨日或期間內將貨物交付買方所指定或賣方所選定的運送人。若利用相繼運送人運送至約定目的地，則風險於貨物交付第一運送人時轉移。

(2)地點：於指定地完成交貨時有下述兩種情況：（同 FCA 條件）

　①若指定地係賣方營業處所，則當貨物業已裝載於買方或其指定代理人所指定的運送人提供的運送工具上時。

　②若指定地係賣方營業處所以外的任何地方，則將放在賣方運送工具上尚未卸載的貨物交由買方所指定或賣方所選定運送人或其他人處置時。

(四)相關手續承辦、文件提供與費用負擔責任

(1)賣方須負責辦理貨物出口通關所需之一切手續與費用。

(2)賣方須負擔由裝運地（港）至目的地（港）的運輸費用。

(3)賣方須提供文件：

　①商業發票或等同的電子訊息。

　②賣方須自負風險與費用以取得輸出許可證或其他為貨物出口所需的官方文件。

　③賣方必須自費地向買方提供所訂運送契約有關的通常運送單據（例如：

可轉讓提單、不可轉讓海運貨單、內陸水路單據、空運提單、鐵路貨運單、公路貨運單、或複合運送單據）或等同的電子資料交換訊息，迅速提供給買方。

④賣方必須依買方之要求，由買方負擔風險及費用，給予一切協助以取得買方為貨物輸出及／或輸入，及貨物必須通過任何國家時所需要，而在交貨國及／或原產國發行或傳輸的任何單據或等同的電子訊息。

(4)買方須負責辦理貨物進口通關所需之一切手續與費用。

(5)買方必須支付任何「裝運前檢驗」費用，但該檢驗係輸出國當局所強制實施者不在此限。

伍運用本條件注意事項

(1)本條件亦常被誤認為是「送達契約」，須注意其具有兩個「分界點」之特性。

(2)本條件與 "CFR" 條件之價格內容相似，差別在於風險移轉點及適用之運輸工具與模式不同。

(3)此貿易條件在運用上，須於貿易條件之後列明目的地名稱。例示如下：

"We offer to sell Air Conditioners 500 sets USD300 per set CPT Tokyo delivery during June."

四、Carriage and Insurance Paid to 運保費付訖條件規則（填入指定目的地）
CIP (insert named place of destination)
Incoterms® 2010

㈠基本義涵

本條件稱為「運保費付訖條件」，"CIP" 為其國際標準縮寫用字。本條件賣方除了須負擔「運費付訖條件 (CPT)」下的義務之外，尚必須就買方所負貨物在運送中滅失或毀損的風險，為買方利益購買運輸保險。因此，賣方必須訂立

保險契約，並支付保險費。

　　買方須注意在「運保費付訖條件」下，賣方僅須投保最低承保範圍之保險。本條件適用於包括複合運送在內之任何運送方式。

(二)買賣商品價格組成結構

(1)價格結構：「CPT + 運輸保險費」。

(2)運輸保險費：此運輸保險費非如 CIF 條件之專指船舶運輸保險費，可能為空運、陸運亦或複合運輸之主要國際運送保險費。除非有明示相反約定，否則亦應按國際倫敦保險人協會所制定的協會貨物保險條款，即「ICC (C) 條款」或任何類似條款的最低承保範圍來投保。如買方擬獲得較大的承保範圍，如加保戰爭、罷工、暴動及內亂的風險，應與賣方做明確約定，由賣方以買方費用加以投保，或買方自行安排額外的保險。最低保險金額應為合約價金的 110%，並應以合約之計價幣別予以投保。

(三)貨物風險移轉時點（同 CPT 條件）

(1)時間：賣方必須在指定地，於約定交貨日或期間內將貨物交付買方所指定或賣方所選定的運送人。若利用相繼運送人運送至約定目的地，則風險於貨物交付第一運送人時轉移。

(2)地點：於指定地完成交貨時有下述兩種情況：（同 FCA 條件）
　　①若指定地係賣方營業處所，則當貨物業已裝載於買方或其指定代理人所指定的運送人提供的運送工具上時。
　　②若指定地係賣方營業處所以外的任何地方，則將放在賣方運送工具上尚未卸載的貨物交由買方所指定或賣方所選定運送人或其他人處置時。

(四)相關手續承辦、文件提供與費用負擔責任

(1)賣方須負責辦理貨物出口通關所需之一切手續與費用。

(2)賣方須負擔由裝運地（港）至目的地（港）的運輸費用。

(3)賣方必須訂立運輸保險契約，並支付保險費。

⑷賣方須提供文件：

①商業發票或等同的電子訊息。

②賣方須自負風險與費用以取得輸出許可證或其他為貨物出口所需的官方文件。

③賣方必須自費地向買方提供所訂運送契約有關的通常運送單據(例如：可轉讓提單、不可轉讓海運貨單、內陸水路單據、空運提單、鐵路貨運單、公路貨運單、或複合運送單據）或等同的電子資料交換訊息，迅速提供給買方。

④賣方必須依買方之要求，由買方負擔風險及費用，給予一切協助以取得買方為貨物輸出及／或輸入，及貨物必須通過任何國家時所需要，而在交貨國及／或原產國發行或傳輸的任何單據或等同的電子訊息。

⑤賣方須提供合於契約規定之保險單據或其他保險證明訊息。

⑸買方須負責辦理貨物進口通關所需之一切手續與費用。

⑹買方必須支付任何「裝運前檢驗」費用，但該檢驗係輸出國當局所強制實施者不在此限。

(五)運用本條件注意事項

⑴本條件亦常被誤認為是「送達契約」，須注意其具有兩個「分界點」之特性。

⑵本條件與 "CIF" 條件之價格內容相似，差別在於風險移轉點及適用之運輸工具與模式不同。

⑶此貿易條件在運用上，須於貿易條件之後列明目的地名稱。例示如下：

"We offer to sell Refrigerator 500 sets USD300 per set CHANG brand CIP Tokyo Incoterms® 2010 delivery during June."

五、Delivered at Terminal 終點站交貨條件規則 （填入目的港或目的地的指定終點站） DAT (insert named terminal at port or place of destination) Incoterms® 2010

(一)基本義涵

本條件稱為「終點站交貨條件」，"DAT" 為其國際標準縮寫用字。本條件係指在目的港或目的地的指定終點站，賣方將尚未辦理輸入通關手續的貨物從到達運送工具卸下交由買方處置時，即完成交貨義務。賣方必須負擔將貨物運至指定目的港或目的地的終點站及在碼頭上卸貨所產生的風險及費用。

本條件「終點站」係指碼頭、倉庫、貨櫃場或公路、鐵路或航空貨物站。如當事人有意將自該終點站至另一地方的貨物運送及處理的風險及費用亦歸屬賣方負擔時，則應使用「目的地交貨條件 (DAP)」或「稅訖交貨條件 (DDP)」。

(二)買賣商品價格組成結構

價格結構：「與 CIF（定期船）接近」。

(三)貨物風險移轉時點

(1)時間：於約定期日或期間內。

(2)地點：於目的港或目的地的指定終點站，若該終點站未經指定，或不能依實務作法決定，賣方得選擇在指定目的港或目的地最適合其本意之終點站。

(四)相關手續承辦、文件提供與費用負擔責任

(1)賣方須負責辦理貨物出口通關所需之一切手續與費用。

(2)賣方須負擔至目的港或目的地的指定終點站的運輸費用。

(3)賣方必須負擔在指定目的港或目的地的指定終點站從送達之運送工具上

卸貨之風險與費用。

(4)賣方須提供文件:

①商業發票或等同的電子訊息。

②賣方須自負風險與費用以取得輸出許可證或其他為貨物出口所需的官方文件。

③賣方必須自付費用提供買方小提單及／或通常運送單據（例如:可轉讓提單、不可轉讓海運貨單、內陸水路單據、或複合運送單據）或等同的電子資料交換訊息，俾使買方得於目的港碼頭提領貨物。

④賣方必須依買方之要求，由買方負擔風險及費用，協助買方為貨物輸入所需要，而在發貨國及／或原產國發行或傳輸的任何單據或等同的電子訊息。

(5)買方須負責辦理貨物進口通關所需之一切手續與費用。

(6)買方必須支付任何「裝運前檢驗」費用，但該檢驗係輸出國當局所強制實施者不在此限。

(五)運用本條件注意事項

此貿易條件在運用上，須於貿易條件之後列明目的港口名稱。例示如下:

"We offer to sell Refrigerator brand CHANG 500 sets USD300 per set DAT Tokyo Incoterms® 2010 delivery during June."

六、Delivered at Place 目的地交貨條件規則（填入指定目的地）
DAP (insert named place of destination) Incoterms® 2010

(一)基本義涵

本條件稱為「目的地交貨條件」，"DAP" 為其國際標準縮寫用字。本條件係指在目的地，賣方將尚未辦理輸入通關手續且尚未從到達之運送工具上卸下

的貨物交付買方時，即完成交貨義務。賣方必須負擔將貨物運至該地為止的風險及費用，在須辦理通關手續情況下，不負擔在目的地國家的任何輸入「稅負 (Duty)」。「稅負」一詞包括辦理通關手續的義務及風險，及支付通關手續費、關稅、稅捐及其他費用。買方必須負擔該「稅負」以及其未能及時辦理貨物輸入通關手續而衍生的任何費用與風險。

(二)買賣商品價格組成結構

價格結構：「CIP + 轉運費用」。

(三)貨物風險移轉時點

(1)時間：於約定期日或期間內。

(2)地點：於輸入國指定目的地，將裝載於運送工具上尚未卸下的貨物交由買方處置，或交由買方指定的其他人處置。

(四)相關手續承辦、文件提供與費用負擔責任

(1)賣方須負責辦理貨物出口通關所需之一切手續與費用。

(2)賣方須負擔至指定目的地的運輸費用。

(3)賣方須提供文件：

①商業發票或等同的電子訊息。

②賣方須自負風險與費用以取得輸出許可證或其他為貨物出口所需的官方文件。

③賣方必須自付費用提供買方接受貨物所需之小提單及／或通常運送單據（例如：可轉讓提單、不可轉讓海運貨單、內陸水路單據、空運提單、鐵路貨運單、公路貨運單、或複合運送單據）或等同的電子資料交換訊息。

④賣方必須依買方之要求，由買方負擔風險及費用，協助買方為貨物輸入所需要，而在發貨國及／或原產國發行或傳輸的任何單據或等同的電子訊息。

(4)買方須負擔在目的地從到達之運送工具上卸貨之風險與費用。

(5)買方須負責辦理貨物進口通關所需之一切手續與費用。

(6)買方必須支付任何「裝運前檢驗」費用，但該檢驗係輸出國當局所強制實施者不在此限。

(五)運用本條件注意事項

(1)本條件可使用於任何運送方式或複合運輸方式。

(2)此貿易條件在運用上，須於貿易條件之後列明目的地名稱。例示如下：

"We offer to sell Refrigerator brand CHANG 500 sets USD300 per set DAP Tokyo Incoterms® 2010 delivery during June."

七、Delivered Duty Paid 稅訖交貨條件規則
（填入指定目的地）
DDP (insert named place of destination)
Incoterms® 2010

(一)基本義涵

本條件稱為「稅訖交貨條件」，"DDP" 為其國際標準縮寫用字。本條件係指在目的地，賣方將已辦妥輸入通關手續而尚未從到達之運送工具上卸下的貨物交付買方時，即完成交貨義務。賣方必須負擔將貨物運至該地為止的風險及費用，在須辦理通關手續情況下，須負擔在目的地國家的任何輸入「稅負」。賣方必須負擔該「稅負」以及其未能及時辦理貨物輸入通關手續而衍生的任何費用與風險。

相較於 EXW 條件下，賣方負擔的義務最小，於本條件下，賣方負擔的義務則相對最大。

(二)買賣商品價格組成結構

(1)價格結構：「DAP＋稅負」。

(2)稅負：意指貨物輸入之相關稅捐與費用均須由賣方負擔，其間當然也包括進口國所徵收的加值稅 (VAT) 等費用。若出口商不願意負擔此屬國內消費性質的稅捐❹，應在該條件後明白表示："DDP exclusive of VAT"。

㈢貨物風險移轉時點（同 DAP 條件）

(1)時間：於約定期日或期間內。

(2)地點：於輸入國指定目的地，將已辦妥輸入通關手續仍裝載於運送工具上尚未卸下的貨物交由買方處置，或交由買方指定的其他人處置。

㈣相關手續承辦、文件提供與費用負擔責任

(1)賣方須負責辦理貨物出口通關所需之一切手續與費用。

(2)賣方須負擔至輸入國指定地點的運輸費用。

(3)賣方須負責辦理貨物進口通關所需之一切手續與費用。

(4)賣方須提供文件：

　①商業發票或等同的電子訊息。

　②賣方須自負風險與費用以取得輸出許可證或其他為貨物出口所需的官方文件。

　③賣方必須自付費用提供買方接受貨物所需之小提單及／或通常運送單據（例如：可轉讓提單、不可轉讓海運貨單、內陸水路單據、空運提單、鐵路貨運單、公路貨運單、或複合運送單據）或等同的電子資料交換訊息。

(5)買方須負擔在目的地從到達之運送工具上卸貨之風險與費用。

(6)買方必須支付任何「裝運前檢驗」費用，但該檢驗係輸出國當局所強制實施者不在此限。

---

❹ 加值型營業稅屬國內消費稅，原本不在海關徵收，但我國於 2002 年亦改由海關代徵（營業稅法第 41 條：貨物進口時，應徵之營業稅，由海關代徵之；其徵收及行政救濟程序，準用關稅法及海關緝私條例之規定辦理）。

(五)運用本條件注意事項

(1)若賣方於取得輸入許可證或進行報關手續有困難者，不宜使用本條件。

(2)若當事人希望由買方負擔輸入的一切風險及費用，則應採用「目的地交貨條件 (DAP)」。

(3)本條件可使用於任何運送方式，但如係於目的港或目的地的終點站交貨時，則應使用「終點站交貨條件 (DAT)」。

(4)此貿易條件在運用上，須於貿易條件之後列明目的地名稱。例示如下：

"We offer to sell Refrigerator brand CHANG 500 sets USD300 per set DDP Tokyo Incoterms® 2010 delivery during June."

八、Free Alongside Ship 船邊交貨條件規則（填入指定裝船港）
FAS (insert named port of shipment) Incoterms® 2010

(一)基本義涵

本條件稱為「船邊交貨條件」，"FAS" 為其國際標準縮寫用字。本條件係指賣方必須在指定裝運港，於約定日期或期間內，依該港口作業習慣，在買方所指定之裝運地，將貨物置於買方所指定的船舶邊時，即屬賣方完成交貨。自該時點起，買方即須負擔貨物滅失或毀損的一切費用及風險。賣方務必將貨物運交到船邊，或「購買」❺已如此交付運送的貨物。

(二)買賣商品價格組成結構

(1)價格結構：「EXW + 指定碼頭船邊之運輸與保險費 + 出口通關費」。

---

❺　「購買」係指貨物於運送過程中轉售的多層次買賣型態，此類型買賣常見於大宗物資交易裡。

⑵指定碼頭船邊之運輸與保險費：係指將貨物運送至指定碼頭船邊，可供船舶吊貨索具或岸上起重機或其他裝貨工具進行裝貨的地方，所發生之運輸與保險費用。

⑶出口通關費：包括通關手續費、出口關稅及其他相關稅捐與規費。

㈢貨物風險移轉時點

⑴時間：賣方於約定期日或期間內，在指定裝運港或買方所指定之裝載地點，將貨物置於買方所指定的船舶邊時。

⑵地點：買方所指定的船舶旁，所謂「船舶旁」，一般實務上係指船舶吊貨索具可及範圍內。

㈣相關手續承辦、文件提供與費用負擔責任

⑴賣方須負責辦理貨物出口通關所需之一切手續與費用。

⑵賣方須提供文件：

①商業發票或等同的電子訊息。

②賣方必須自負費用向買方提供已交貨的通常證明，若此證明並非運送單據，則賣方必須依買方要求，並由買方負擔風險及費用，給予一切協助以取得有關運送契約的運送單據（如可轉讓提單等）。

③賣方須自負風險與費用以取得輸出許可證或其他為貨物出口所需的官方文件。

④賣方必須依買方之要求，由買方負擔風險及費用，給予一切協助以取得買方為貨物輸出及／或輸入，及貨物必須通過任何國家時所需要，而在交貨國及／或原產國發行或傳輸的任何單據或等同的電子訊息。

⑶買方須負責辦理貨物進口通關所需之一切手續與費用。

⑷買方必須支付任何「裝運前檢驗」費用，但該檢驗係輸出國當局所強制實施者不在此限。

(五)運用本條件注意事項

(1)本條件僅適用於海運或內陸水運。

(2)若買方指定之船舶無法順利進港靠岸，只能於港內外拋錨停泊時，賣方必須雇用駁船將貨物接運到拋錨船舶旁邊，並負擔駁船的費用。風險的移轉亦為貨物運抵船邊時移轉給買方。

(3)若為貨櫃運輸，賣方通常於貨櫃場將貨物交給運送人，並非船邊，因此貨櫃運輸場合，即使為船運，亦不適用此規則，以採 FCA（貨交運送人條件規則）較為合宜。

(4)此貿易條件在運用上，須於貿易條件之後列明裝運港口名稱。例示如下：

"We offer to sell air conditioners 500 sets USD300 per set FAS Keelung delivery during June."

九、Free on Board 船上交貨條件規則（填入指定裝船港）
FOB (insert named port of shipment)
Incoterms® 2010

(一)基本義涵

　　本條件稱為「船上交貨條件」，大陸實務上稱「離岸價格條件」，"FOB" 為其國際標準縮寫用字。本條件係指在指定裝船港將貨物裝載於買方所指定的船舶上時，賣方即屬完成其交貨義務。即自該時點起，買方須負擔貨物滅失或損毀的一切費用及風險。賣方務必要將貨物裝載於船舶上，或購買已如此交付運送的貨物。

(二)買賣商品價格組成結構

(1)價格結構：「FAS＋裝船費用（非定期船）」。

(2)裝船費用：係指將貨物由船邊裝到船上所需之費用，就本條件精神而定，

該裝船費用應由賣方負擔。但就一般雜貨運送之定期船 (Liner) 而言,其裝卸條件多為碼頭條件 (Berth Terms),即裝卸費用由船方負責,其費用也已包含在運費之中。因而,當採定期輪運輸時,雖為「船上交貨條件」交易條件,裝船費用卻為買方所負擔。

(三)貨物風險移轉時點

(1)時間:賣方必須於約定期日或期間內,將貨物裝載於指定裝運港買方所指定之船舶上時。

(2)地點:裝運港指定船舶上。

(四)相關手續承辦、文件提供與費用負擔責任

(1)賣方須負責辦理貨物出口通關所需之一切手續與費用。

(2)賣方須提供文件:

①商業發票或等同的電子訊息。

②賣方必須自負費用向買方提供已交貨的通常證明,若此證明並非運送單據,則賣方必須依買方要求,並由買方負擔風險及費用,給予一切協助以取得有關運送契約的運送單據(如可轉讓提單等)。

③賣方須自負風險與費用以取得輸出許可證或其他為貨物出口所需的官方文件。

④賣方必須依買方之要求,由買方負擔風險及費用,給予一切協助以取得買方為貨物輸出及/或輸入,及貨物必須通過任何國家時所需要,而在交貨國及/或原產國發行或傳輸的任何單據或等同的電子訊息。

(3)買方須負責租船訂艙、支付運費,並將船名與船期及時通知賣方。

(4)買方須負責辦理貨物進口通關所需之一切手續與費用。

(5)買方必須支付任何「裝運前檢驗」費用,但該檢驗係輸出國當局所強制實施者不在此限。

(6)關於裝船費用的負擔,在定期船運輸 (Liner Shipping) 的情況下,已包括在運費中,因此由負擔運費的買方來負擔裝船有關費用,雖部分違反「船

上交貨條件」之精神，但於實務處理上，應無疑義。然而在不定期船運輸 (Tramper Shipping) 的情況下，裝船費用分擔的劃分相對複雜，因此產生以下「船上交貨條件」變形條件，期能準確劃分買賣雙方對於裝船費用的負擔責任。茲將「船上交貨條件」相關變形條件分述如下：

① FOB Liner Terms 定期船條件

指裝船相關費用係按照定期船條件辦理，即由買方負擔裝船的相關費用。

② FOB Stowed 含理艙條件

係指賣方負責將貨物裝入船艙，並支付包含理艙費在內的裝船費用。

③ FOB Trimmed 含平艙條件

係指賣方負責將貨物裝入船艙，並支付包含平艙費在內的裝船費用。

④ FOB ST 含理艙、平艙條件

係指賣方負責將貨物裝入船艙，並支付包含理艙和平艙費在內的裝船費用。

⑤ FOB Under Tackle 吊鉤下交貨條件

係指賣方僅負責將貨物交到買方所指定船舶的吊鉤可及之處，有關裝船的相關費用概由買方負擔。與 FAS 條件相仿。

以上「船上交貨條件」變形條件，僅為明確表達買賣雙方對於裝船費用與手續的責任劃分，並未改變交貨地點與風險移轉界線的基本定義。

(五)運用本條件注意事項

(1)本條件僅適用於海運或內陸水運。

(2)某些貿易業者使用 "FOB" 來表達任何交貨地點，如 "FOB factory"、"FOB Ex seller's works" 或其他內陸地點，因而背離了 FOB 一詞之原意：「在船舶甲板上交貨 (Free On Board)」。為避免混淆原意，應避免予以濫用。

(3)貨櫃運輸通常在貨櫃場交付，因此即使為海運亦不適宜採用「船上交貨條件」，應採「貨交運送人 (FCA)」條件較為合宜。

(4)目前實務界以空運方式交易時仍喜沿用「船上交貨條件」，如 FOB Taoyuan Airport，為免衍生不必要的糾紛，應予避免。應採較適於空運狀況的「貨交運送人 (FCA) 條件」。

(5)與美洲商人交易時，若採《1990 年美國對外貿易定義修正本》解釋規則時，僅 FOB Vessel 條件與一般所認知之 FOB 條件，即國際商會所定義之性質類似，須特別注意。

(6)賣方於完成交貨裝船後，須即時通知買方裝船相關訊息，裨益買方辦理相關投保與通關事宜。

(7)賣方須注意買方是否會有延誤或不履行租船訂艙義務之情事，最好於買賣合約中訂明相關的約制條款，例示如下：

① 「如果買方指定的船隻不能按時抵達裝運港口，因此而造成的損失，概由買方負責。」

② 「如果買方指定的船隻遲於規定到達時間，或到港時間已屆裝運期限而導致不能如期完成裝貨。此時買方須無條件修改信用狀的裝運期限與信用狀有效期，並承擔賣方因此所遭受的一切損失。」

(8)此貿易條件在運用上，須於貿易條件之後列明裝運港口名稱。例示如下：

"We offer to sell Air Conditioners 500 sets USD300 per set FOB Keelung delivery during June."

十、Cost and Freight 運費在內條件規則（填入指定目的港）
CFR (insert named port of destination) Incoterms® 2010

(一)基本義涵

本條件稱為「運費在內條件」，"CFR" 為其國際標準縮寫用字。本條件指當貨物在裝運港越過船舷時，賣方即完成交貨義務。賣方必須支付將貨物運至指定目的港所需之費用與運費，但交貨後貨物滅失或毀損的風險，以及因發生事

故所產生之任何額外費用，於貨物越過船舷時，即由賣方移轉給買方。此風險移轉點與「船上交貨條件」相同。賣方務必將貨物裝載於船舶上，或購買已如此交付運往目的港的貨物。

(二)買賣商品價格組成結構

(1)價格結構：「FOB + 主要運費」。

(2)主要運費：係指從裝運港至目的港的船舶運輸費用而言。

(三)貨物風險移轉時點（同 FOB 條件）

(1)時間：賣方於約定期日或期間內，將貨物裝載於指定裝運港買方所指定之船舶上時。

(2)地點：裝運港指定船舶上。

(四)相關手續承辦、文件提供與費用負擔責任

(1)賣方須負責辦理貨物出口通關所需之一切手續與費用。

(2)賣方須負擔至目的港的運輸費用。

(3)賣方須提供文件：

①商業發票或等同的電子訊息。

②賣方須自負風險與費用以取得輸出許可證或其他為貨物出口所需的官方文件。

③賣方必須自費將載明約定目的港的全套通常運送單據(如可轉讓提單、不可轉讓海運提單或內陸水路單據)或等同的電子資料交換 (EDI) 訊息，迅速提供給買方。

④賣方必須依買方之要求，由買方負擔風險及費用，給予一切協助以取得買方為貨物輸出及／或輸入，及貨物必須通過任何國家時所需要，而在交貨國及／或原產國發行或傳輸的任何單據或等同的電子訊息。

(4)買方須負責辦理貨物進口通關所需之一切手續與費用。

(5)買方必須支付任何「裝運前檢驗」費用，但該檢驗係輸出國當局所強制實施者不在此限。

⑹在 CFR 條件下，裝運港的裝船費用乃由賣方負擔應無疑義。但至目的港的卸貨費用負擔，除依運送契約由賣方負擔者外，包括駁船費與碼頭費用在內的卸貨費用應由買方負擔。若在定期船運輸的情況下，由於裝卸費用已包括在運費中，因此不會有裝卸費用負擔爭議產生。然在非定期船運輸的情況下，由於船方一般不負擔裝卸船費用，為避免買賣雙方對於裝卸船費用分擔的爭議，因此產生以下 CFR 的變形條件，期能準確劃分買賣雙方對於卸船費用的負擔責任。茲將「運費在內條件」相關變形條件分述如下：

① CFR Liner Terms 定期船條件

卸貨相關費用係按照定期船條件辦理，即由賣方負擔卸貨的相關費用。

② CFR Landed 卸至岸上條件

包括駁船費與碼頭費在內的卸貨費用，一併係由賣方負擔。

③ CFR Ex Tackle 吊鉤交貨條件

賣方負責將貨物從船艙吊起卸下離鉤，如船舶無法靠近碼頭而須以駁船接貨時，應由買方付費租用駁船，由賣方負責將貨物卸到駁船上。

④ CFR Ex Ship's Hold 艙底交貨條件

貨物運抵目的港後，將貨物從船艙底吊起，並卸至碼頭的卸貨費用均由買方負擔。

以上「運費在內條件」的變形條件，僅為明確表達買賣雙方對於卸貨費用負擔責任的劃分，並未改變交貨地點與風險移轉界線的基本定義。

㈤運用本條件注意事項

⑴本條件僅適用於海運或內陸水路運送。若當事人無法以越過船舷作為交付貨物的移轉點，則建議使用「運費付訖 (CPT)」條件。

⑵在本條件下雖由賣方負責訂立運送契約並支付運費，但其本質仍與 FOB 條件一樣，屬於「裝運地契約 (Shipment Contract)」。

⑶CFR 條件與其他 C 開頭的條件一樣，常被誤認為是「送達契約 (Arrival Contract)」，以為賣方負責訂立運送契約並支付運費即意味延伸賣方之

風險移轉時點至目的港。本類型貿易條件以其具有兩個「分界點 (Critical Point)」而異於所有其他貿易條件。其中一個分界點乃表明賣方須負責安排運送契約且負擔其費用，另一分界點則表示雙方風險分擔的界線所在。

⑷本條件會有明確的指定目的港，但通常不會特別規定裝船港，若裝船港對買方有其特殊利益，則最好能於契約中作明確訂定。

⑸貨櫃裝運的海運或內陸水運不適用本條件，應使用 CPT 條件。

⑹實務上常見以 C&F、C and F 或 C+F 之傳統表示方式來表達 CFR 條件。為避免解讀困難，宜使用全世界唯一普遍接受對 "Cost and Freight" 條件的標準縮寫字 "CFR"。

⑺此貿易條件在運用上，須於貿易條件之後列明目的港口名稱。例示如下：

"We offer to sell Refrigerator 500 sets USD300 per set CHANG brand CFR Tokyo Incoterms® 2010 delivery during June."

十一、Cost, Insurance and Freight 運保費在內條件規則（填入指定目的港）
CIF (insert named port of destination) Incoterms® 2010

㈠基本義涵

本條件稱為「運保費在內條件」，"CIF" 為其國際標準縮寫用字，法語亦稱為 CAF (Coût, Assurance, Fret)。本條件賣方除了須負擔「運費在內條件 (CFR)」下的義務之外，尚必須就買方所負貨物在運送中滅失或毀損的風險，為買方利益購買海上保險。因此，賣方必須訂立保險契約，並支付保險費。賣方務必將貨物裝載於船舶上，或購買已如此交付運往目的港的貨物。

買方須注意在「運保費在內條件 (CIF)」下，賣方僅須投保最低承保範圍之保險。本條件一般又稱「到岸價格」，是海關統計進口值之計價基準，亦是國際貿易中最具特色且使用最普遍之貿易條件。

(二)買賣商品價格組成結構

(1)價格結構：「CFR + 海上保險費」。

(2)海上保險費：除非有明示相反約定，否則應按國際倫敦保險人協會所制定的協會貨物保險條款（即「ICC (C) 條款」）或任何類似條款的最低承保範圍來投保。如買方擬獲得較大的承保範圍，如加保戰爭、罷工、暴動及內亂的風險，應與賣方做明確約定，由賣方以買方費用加以投保，或買方自行安排額外的保險。最低保險金額應為合約價金的 110%，並應以合約之計價幣別予以投保。

(三)貨物風險移轉時點（同 FOB 條件）

(1)時間：賣方於約定期日或期間內，將貨物裝載於指定裝運港買方所指定之船舶上時。

(2)地點：裝運港指定船舶上。

(四)相關手續承辦、文件提供與費用負擔責任

(1)賣方須負責辦理貨物出口通關所需之一切手續與費用。

(2)賣方須負擔至目的港的運輸費用。

(3)賣方必須訂立海上保險契約，並支付保險費。

(4)賣方須提供文件：

①商業發票或等同的電子訊息。

②賣方須自負風險與費用以取得輸出許可證或其他為貨物出口所需的官方文件。

③賣方必須自費地將載明約定目的港的全套通常運送單據（如可轉讓提單、不可轉讓海運提單或內陸水路單據）或等同的電子資料交換 (EDI) 訊息，迅速提供給買方。

④賣方必須依買方之要求，由買方負擔風險及費用，給予一切協助以取得買方為貨物輸出及／或輸入，及貨物必須通過任何國家時所需要，

而在交貨國及／或原產國發行或傳輸的任何單據或等同的電子訊息。

⑤賣方須提供合於契約規定之保險單據或其他保險證明訊息。

⑸買方須負責辦理貨物進口通關所需之一切手續與費用。

⑹買方必須支付任何裝運前檢驗費用，但該檢驗係輸出國當局所強制實施者不在此限。

⑺CFR 條件下，為解決卸貨費用問題所產生之相關變形條件，亦同樣適用於 CIF 條件。

㈤運用本條件注意事項

⑴本條件僅適用於海運或內陸水路運送。若當事人無法以越過船舷作為交付貨物的移轉點，則建議使用「運保費付訖 (CIP)」條件。

⑵在本條件下雖由賣方負責訂立運送與保險契約並支付運保費，但其本質仍與 FOB 條件一樣，屬於「裝運地契約」。

⑶CIF 條件亦常被誤認為是「送達契約 (Arrival Contract)」，以為賣方負責訂立運送與保險契約並支付其費用即意味延伸賣方之風險移轉時點至目的港。依 Incoterms 的解釋，此類型貿易條件以其具有兩個「分界點」而異於所有其他貿易條件。其中一個分界點乃表明賣方須負責安排運送契約且負擔其費用，另一分界點則表示雙方風險分擔的界線所在。

⑷本條件雖會有明確的指定目的港，但通常不會規定裝船港，若裝船港對買方有特殊的利益，則買賣雙方最好能於契約中作明確訂定。

⑸貨櫃裝運型態的海運或內陸水運不適用本條件，應採用 CIP 條件為宜。

⑹在 CIF 條件下，賣方於規定日期或期間內，在裝運港將貨交到船舶上，即完成交貨義務。本條件乃採「象徵性交貨 (Symbolic Delivery)」，此乃相對於 C 類型貿易條件以外之「實體交貨 (Physical Delivery)」而言。所謂「象徵性交貨」是指賣方依合約規定，在裝運港口完成貨物裝運並交付全套清潔單據，即屬完成交貨義務，無須保證實體到貨。若提供單據有瑕疵或不完全，即使實體貨物已到，亦不算完成交貨。

⑺由於本條件立基於「象徵性交貨」特性，須防賣方提供假提單欺騙買方之情事發生。

⑻此貿易條件在運用上，須於貿易條件之後列明目的港口名稱。例示如下：

"We offer to sell Refrigerator 500 sets USD300 per set CHANG brand CIF Tokyo Incoterms® 2010 delivery during June."

茲將國貿條規 (Incoterms® 2010) 內容彙整如下表，方便讀者記誦與查閱。

國貿條規內容彙整表

Incoterms® 2010 貿易條件			貨物風險移轉點	價格組成	備　註
任何或多種運送方式的規則類型	EXW	Ex Works	工廠交貨條件規則	賣方營業處所或其他指定地	成本 + 利潤	・適用任何或多種運送方式。 ・適用於國內買賣。
	FCA	Free Carrier	貨交運送人條件規則	交指定運送人	EXW+指定運送點運保費 + 出口通關費	・適用任何或多種運送方式。
	CPT	Carriage Paid to	運費付訖條件規則	同 FCA	FCA+主要運費	・同上。
	CIP	Carriage and Insurance Paid to	運保費付訖條件規則	同 FCA	CPT+運輸保險費	・同上。
	DAT	Delivered at Terminal	終點站交貨條件規則	目的港或目的地的指定終點站	CIP+卸貨費	・同上。
	DAP	Delivered at Place	目的地交貨條件規則	輸入國指定地點	CIP+轉運費用	・同上。
	DDP	Delivered Duty Paid	稅訖交貨條件規則	同 DAP	DAP+進口通關、稅捐及相關費用	・同上。
海運及內陸水運的規則類型	FAS	Free Alongside Ship	船邊交貨條件規則	指定船舶旁	EXW+指定碼頭船邊運保費 + 出口通關費	・僅適用於海運及內陸水運且為非貨櫃包裝運輸方式。
	FOB	Free on Board	船上交貨條件規則	裝運港指定船舶上	FAS+裝船費用	・同上。
	CFR	Cost and Freight	運費在內條件規則	同 FOB	FOB+主要運費	・同上。
	CIF	Cost, Insurance and Freight	運保費在內條件規則	同 FOB	CFR+海上保險費	・同上。

第三節　貿易條件的選用

經過以上各節次對於貿易條件所作之深入淺出的介紹與說明，相信對各貿易條件的意義、內容與用法，應已有初步的認識。但如何能熟稔並準確地運用各貿易條件，尚需一段時日的實務操作經歷來加以琢磨，方能得心應手。但由於各貿易條件本身即存在某些特性與限制，例如「船上交貨條件規則」就僅能應用於船舶運輸工具。所以就理論上而言，還是存有一些基本的運用原則可供參考，對這些原則應先予以瞭解並熟悉，以利於實務操作時，能迅速針對特定交易狀況採用最合宜的貿易條件。

國際行銷業務人員於洽商國際買賣合約，擬定適切的貿易條件時，須體認到每筆交易的時空環境皆不相同，應就每筆交易的特殊性，綜覽全局地多方考量後，選定最適合該筆交易的貿易條件，絕對不可緊拘某些原則不放，亦或堅持非採某一條件不可。須謹記在心的是，下述這些貿易條件選用原則，僅係提供決策參考依據；而貿易條件的本身，則係用來服務與促進交易的進行，切勿本末倒置了。

一、依貿易條件本身特性限制所產生的原則

依貿易條件既定之特性外觀來選用合適的條件，乃貿易條件針對各種不同的貿易外在環境條件之設計精神之表現，為求能契合不同貿易環境的需求。茲略舉設計特性如下：

> 考量基準點：須完全符合貿易條件設計外觀。

1. **依運輸工具不同的選用原則**
   (1)使用傳統船舶運輸工具時宜選用之條件：FAS、FOB、CFR、CIF、DAT。
   (2)使用非船舶運輸工具時宜選用之條件：EXW、FCA、CPT、CIP、DAT、DAP、DDP。

2.依包裝型態不同的選用原則

⑴海運貨櫃裝載時宜選用之條件：FCA、CPT、CIP。

⑵海運非貨櫃裝載時宜選用之條件：FOB、CFR、CIF。

二、依買賣雙方基本心理所產生的原則

 零　和

指參與者之間的利益完全相反，某一方得到利益必定會造成另一方損失，雙方互動報酬總和為零。

本此基本心理（自利心）原則來進行貿易條件選用的考量，在商言商，本無可厚非，但此舉容易陷入「零和 (Zero-Sum)」迷思，非商業永續經營之道。茲將列舉極端例子如下：

> 考量基準點：以自身利益考量為出發點選擇最有利的貿易條件。

1.以負擔「義務最少」、「風險最小」為原則選用之條件

⑴依買方心理選用之條件：DDP。

⑵依賣方心理選用之條件：EXW。

2.以掌控交易全局心態為原則之選用條件

⑴依買方心理選用之條件：EXW。

⑵依賣方心理選用之條件：DDP。

三、依商業務實精神選用貿易條件原則

以提高交易效率、促進交易效果、共創雙贏為最高原則考量，此乃貿易條件原始精神之所在。交易的永續進行，一定是交易雙方能互蒙其利，共存共榮。以下乃就商業實務觀點，對於如何選擇合宜的貿易條件，幫助交易圓滿達成之相關考量原則之提示與說明。

> 考量基準點：如何降低彼此的交易成本，共創雙贏。

㈠市場競爭性

　　商業交易的進行，不論是國際間買賣亦或僅是國內買賣，均須回歸到市場
競爭機制的討論。確切瞭解市場競爭態勢後，才能擬定正確的行銷策略，於國
際交易而言，當然包括貿易條件的選擇在內。

　　在討論市場競爭機制前，必需先行瞭解市場基本結構。先探討我們究竟身
處何種市場結構裡，再針對該市場結構特性，採取最適當的行銷策略。反之，
將猶如墜入市場的五里霧中，盲目前進，成敗就僅能端賴天意了。

　　就經濟學的定義，市場結構可分為四種型態，分別列述如下：

1.獨占市場 (Monopoly)

　　整個市場只有一家供應廠商，如電力、自來水、微軟 (Microsoft) 等公司。
交易買賣規則完全由這家廠商所主導制定，包括價格的訂定、貿易條件的選擇
等。在這種市場結構下，賣方可完全依據本身利益與需求來選用合宜的貿易條
件，買方則僅能順從 (Follow) 賣方所定的規則，毫無議價能力。

2.寡占市場 (Oligopoly)

　　這是目前市場上較常見的市場競爭結構模式，市場上僅存在少數供應廠商，
如汽車（BENZ、BMW 等）、個人電腦（HP、DELL、Acer 等）等產業即屬寡
占市場。這些少數廠商間具有牽制彼此訂價的能力，在這種市場結構下，賣方
議價能力相對買方來得大，因此賣方對貿易條件的選用會有較高的選擇能力。
惟可能受制於其他廠商的競爭而對買方在貿易條件的選擇上施予較大的空間。

3.獨占性競爭市場 (Monopolistic Competition)

　　類似完全競爭市場，但由於各廠商提供之產品或服務具有某些異質性，因
此對市場尚保有些許獨占能力，對於貿易條件的選擇具有部分議價能力，惟相
對於買方的議價能力可能略小。其代表性的產業有美髮廳、餐館。

4.完全競爭市場 (Perfect Competition)

原只是經濟學上討論的一種理論模型，於現實社會中並不存在。但現今發展迅速的網際網路 (Internet) 市場已愈來愈接近完全競爭市場的特質。在此市場裡，資訊的流通是完全的，廠商完全不具決定價格的能力，是市場「**價格的接受者 (Price Taker)**」，對貿易條件的選擇亦僅能接受市場的決定。

價格接受者

指沒有訂定或影響市場價格的能力，僅能接受市場所決定之價格，依市場價格進行交易。

市場競爭結構與貿易條件選擇關連彙整表

市場結構類型	市場特徵與內涵	買方可用條件	賣方可用條件
獨占市場	・僅一家供應廠商。 ・完全進入障礙。	無決定能力。	包括 EXW 在內所有貿易條件。
寡占市場	・少數幾家廠商。 ・高進入障礙。 ・廠商間高牽制能力。	議價能力相對較低，可選擇的貿易條件相對較少。	議價能力相對較高，可選擇的貿易條件相對較多。
獨占性競爭市場	・廠商數目很多。 ・產品少許異質。 ・廠商間少許牽制能力。 ・低進入障礙。	議價能力相對較高，可選擇的貿易條件相對較多。	議價能力相對較低，可選擇的貿易條件相對較少。
完全競爭市場	・廠商數目很多。 ・廠商間無牽制能力。 ・無進入障礙。	包括 DDP 在內所有貿易條件。	無決定能力。

(二)作業效率性

1.進出口通關手續辦理

一般情況下，由出口廠商負責辦理出口通關手續並繳納相關費用，應較由進口商負責來得方便與效率，反之亦然。因此：

(1)若賣方無法取得輸入許可證或辦理進口通關手續有困難者，即不可採用 DDP 條件。

(2)若買方無法取得輸出許可證或辦理出口通關手續有困難者，即不可採用 EXW 條件。

2. 運輸與保險的控管

雖然負責運輸與保險的安排並負擔其相關費用，將增加許多風險與義務的承擔，但由於出口商對出口相關資料的掌握較詳盡與迅速，因此由出口商來辦理出口相關手續，包括運輸、保險與出口通關安排等，相對於進口商而言具相對優勢。且由出口商負責運輸與保險的安排，出口商對於運輸與保險的情況較能掌控。因此，在增進買賣雙方交易效率與共創雙贏的考量上，出口商無須一定要選用對自己表面上最有利的貿易條件，如 EXW、FCA 或 FOB 等貿易條件。基於雙方互利的考量下，應考慮採用表面上須負擔較多義務的貿易條件，如CFR、CIF、CPT、CIP 等條件。但若進口商在運輸與保險上的安排成本較由出口商具優勢，則另當別論。

3. 與付款條件等交易內容的配合性

由於貿易條件裡內嵌風險移轉點機制，因此於貿易合約條款擬定時，須就各條款間作綜合性的考量，以免條款間存在相互矛盾的情況，徒增違約風險。茲列舉付款條件、品質數量條款與貿易條件的使用配合情況說明如下：

(1)與付款條件的配合表列如下：

付款條件	建議配合採用之貿易條件
訂貨付現 (C.W.D.)	EXW
憑單證付現 (C.A.D.)、付款交單 (D/P)、承兌交單 (D/A)	CIF、DAT
信用狀 (L/C)	CIF
寄售 (Consignment)	DDP
記帳 (O/A)	DDP
分期付款 (Installment Payment)	DDP

(2)與品質、數量條款的配合表列如下：

條款規定交貨時點之品質、數量	建議配合採用之貿易條件
在賣方工廠交貨時為準	EXW
以貨交運送人時為準	FCA、CPT、CIP
以在裝運港裝貨時為準	FAS、FOB、CFR、CIF
以在目的港交貨時為準	DAT
以在目的地交貨時為準	DAP、DDP

(三)地區特殊性

1.當地交易習慣

由於各地區的地理環境與風俗民情的不同，直接或間接地影響商業交易習慣。因此，某些地區的商業交易存有其相對偏好與習慣使用的貿易條件列舉三例如下：

(1)中東地區（如伊朗、科威特等）：CFR。

(2)美洲地區（如美國、加拿大等）：FOB。

2.當地政經情勢

於正常情況下，政治經濟較穩定及具有良好設施的貨櫃港口與溫和勤奮勞工條件的國家，因政治動亂罷工紛擾及港口擁塞而導致貿易進行中斷的風險較小。在這種狀況下，若出口商將其義務延伸至交貨目的地有助於提升買賣雙方利益時，則出口商可考慮選用 DAT、DAP、DDP 等條件。若目的地國家政經情勢與上述情況相反，則基於風險承擔上的考量，即便採用 DAT 等目的地條件於表面上對彼此有利，亦不可採用此類條件。此時應考慮採用裝運地條件，如 FAS、FOB、CFR、CIF、CPT 等條件，將此目的國的環境風險轉由目的國之進口商承擔，這才是合理公平的風險分擔方式。

(四)政府管制性

1.外匯控管考量

外匯短缺國家之政府當局，為增加外匯收入或減少外匯支出，常會以政策干預本國貿易商，採用有助於國家外匯增加的貿易條件。如：

(1)出口：採 CFR、CIF、CPT、CIP 等條件。

(2)進口：採 FAS、FOB、FCA 等條件。

2.產業扶植考量

各國的政府當局有時基於產業政策考量，會直接或間接地以政策法令來干預本國貿易商出進口採用的價格條件，藉以引導或鼓勵本國貿易商在運輸或保險上的安排，能儘量採用本國之運輸公司或保險公司，以達到保護扶植國內相

關產業發展的目的。例如規定本國貿易商於出口時或進口時，應採用如下列示的貿易條件：

　　⑴出口：採 CFR、CIF、CPT、CIP 等條件。

　　⑵進口：採 FAS、FOB、FCA 等條件。

四、貿易條件選用檢覈表 (Check List)

　　茲將上述貿易條件之選用原則，彙整如下頁之檢覈表，供實務作業參考。藉此文件控管工具，降低實務操作的錯誤率，提高外貿經營效率。

貿易條件選用檢覈表 (Check List)

詢價單 (Inquiry) 編號：＿＿＿＿＿＿＿＿＿　日期：＿＿＿＿＿＿＿＿＿
客戶名稱：＿＿＿＿＿＿＿＿＿＿＿＿＿＿＿＿＿＿＿＿＿＿＿＿
銷售地區：＿＿＿＿＿＿＿＿＿＿＿＿＿＿＿＿＿＿＿＿＿＿＿＿
運輸方式：＿＿＿＿＿＿＿＿＿＿＿＿＿＿＿＿＿＿＿＿＿＿＿＿

檢覈要項：
1.貨物運輸工具：＿＿＿＿＿＿＿＿＿＿＿＿＿＿＿＿＿＿＿＿＿
2.交易付款工具：＿＿＿＿＿＿＿＿＿＿＿＿＿＿＿＿＿＿＿＿＿
3.市場競爭特性：＿＿＿＿＿＿＿＿＿＿＿＿＿＿＿＿＿＿＿＿＿
4.作業效率衡量：＿＿＿＿＿＿＿＿＿＿＿＿＿＿＿＿＿＿＿＿＿
5.匯率走勢預估：＿＿＿＿＿＿＿＿＿＿＿＿＿＿＿＿＿＿＿＿＿
6.當地交易習慣：＿＿＿＿＿＿＿＿＿＿＿＿＿＿＿＿＿＿＿＿＿
7.當地政經情勢：＿＿＿＿＿＿＿＿＿＿＿＿＿＿＿＿＿＿＿＿＿

評估貿易條件可能選項：

起運條件：□ EXW
主要運費未付條件：□ FCA　　□ FAS　　□ FOB
主要運費付訖條件：□ CFR　　□ CIF　　□ CPT　　□ CIP
抵達條件：□ DAT　　□ DAP　　□ DDP
備註：

出口主管：	財務：	船務：	業務經辦：

是非題

( ) 1. CIP 條件適用於任何運輸方式。

( ) 2. 在 DAT 條件下，賣方須負責申請輸入許可證與辦理進口通關。

( ) 3. FOB 條件一般又稱「到岸價格」，是海關統計進口值之計價基礎。

( ) 4. 依 Incoterms® 2010 之規定，CIF 條件下，若貿易契約中未明訂保險金額，賣方至少應投保合約價金的 100%。

( ) 5. 在 DDP 條件下，賣方負擔的義務最大。

( ) 6. 在 DAP 條件下，在指定目的地卸貨的風險與費用由買方負擔。

( ) 7. 美國對外貿易定義 (American Foreign Trade Definitions) 的 CIF 條件有六種形式。

( ) 8. 依 Incoterms® 2010 之規定，FAS 條件下，賣方須負責辦理貨物出口通關所需之一切手續與費用。

( ) 9. FOB 條件與 CIF 條件的貨物風險移轉時點並不一樣。

( ) 10. 以 CIF 交易，交貨期訂為 1 月上旬，並已於 1 月初完成裝船出貨，貨物於 3 月中才運抵目的港，買方可以交期不符為由提出索賠。

選擇題

( ) 1. 賣方如無法直接或間接辦理進口通關手續，不應使用的貿易條件為 (A) EXW (B) FCA (C) DAP (D) DDP。

( ) 2. 以下何者僅適用於海運？ (A) CIP (B) CPT (C) DDP (D) FAS。

( ) 3. CIF Tokyo，此 Tokyo 指的是 (A) named port of shipment (B) named port of destination (C) named place of destination (D) named place。

( ) 4. 依 Incoterms® 2010 之規定，下列何種貿易條件的水險安排應由賣方負責？ (A) CIF (B) CFR (C) FOB (D) FCA。

( ) 5. 哪一條件又稱到岸價格，是海關統計進口值之計價基準？ (A) FOB (B) CFR (C) CIF (D) DDP。

( ) 6.貨物於裝船時決定品質是否符合雙方規定，適用於 (A) FCA (B) FAS (C) FOB (D) DAT 的價格條件。

( ) 7.賣方報價玩具一打為 15 美元，其最有利賣方的報價條件為 (A) FOB Keelung (B) FAS Keelung (C) CIF New York (D) DAT New York。

( ) 8.在 CIF 報價中，C 是指 (A)貨物製造成本 (B)出廠的廠價 (C) CFR (D) FOB。

( ) 9.下列哪一貿易條件的風險移轉點與 FCA 相同？ (A) FAS (B) CFR (C) CIF (D) CIP。

( ) 10.下列哪一貿易條件須由賣方辦理輸入通關手續？ (A) DES (B) DAT (C) DAP (D) DDP。

( ) 11.與 CIF 之價格內容相似，差別在於風險移轉時點及適用之運輸工具不同之貿易條件為 (A) DAT (B) DAP (C) CIP (D) CPT。

( ) 12.實務上，一般亦稱「離岸價格條件」為 (A) FCA (B) FOB (C) FAS (D) CIF。

( ) 13. CIF 條件的風險移轉時點與何條件相同？ (A) FCA (B) FOB (C) CPT (D) CIP。

( ) 14.海運貨櫃裝運，不適用的貿易條件為 (A) CIP (B) FCA (C) CPT (D) FOB。

( ) 15.採用 (A) FOB (B) CFR (C) CIF (D) FAS 貿易條件交易時，海運運費與保險費均含在出口價格費用中。

( ) 16.下列哪一個貿易條件不屬於裝運地契約？ (A) FAS (B) FOB (C) CIF (D) DAT。

( ) 17.以下哪一種貿易條件賣方責任最小？ (A) DDP (B) DAP (C) FOB (D) EXW。

( ) 18.現行國貿條規 (Incoterms) 為 (A) 2010 年 (B) 1990 年 (C) 1980 年 (D) 1970 年 所修訂。

( ) 19.以下何者不是 Incoterms® 2010 所解釋的貿易條件？ (A) Delivered Duty Paid (B) Free Carrier (C) Delivered at Frontier (D) Cost and Insurance。

( ) 20.以下何者僅適用於海運？ (A) CIP (B) DAP (C) FOB (D) DDP。

( ) 21.國貿條規 2010 十一種規則分為幾種類型？ (A)一種類型 (B)二種類型 (C)四種類型 (D)不分類型。

( ) 22. 2010 年版的國貿條規，以哪 2 條規則取代 2000 年版的 DAF、DES、DEQ、DDU 規則？ (A) DDT、DDP (B) DAT、DAP (C) CPT、CIP (D) FAS、FOB。

( ) 23.若進口國政經情況不穩,時有罷工或港口擁塞導致貿易進行中斷情況,出口商不宜採用　(A) DAT　(B) CIF　(C) CFR　(D) FAS。

( ) 24. CFR Tokyo, 此 Tokyo 指的是　(A) named port of shipment　(B) named port of destination　(C) named place of destination　(D) named place。

( ) 25.依 Incoterms® 2010 之規定,下列何種貿易條件的水險安排應由賣方負責?　(A) CIF　(B) CFR　(C) FOB　(D) FCA。

( ) 26. DAT Keelung, 此 Keelung 指的是　(A)出口港　(B)進口港　(C)通過港　(D)目的地。

( ) 27.(A) EXW　(B) FCA　(C) FOB　(D) FAS　條件,買方須自行負責辦理貨物出口通關手續。

( ) 28.價格組成結構為「EXW + 指定碼頭船邊運保費 + 出口通關費」之貿易條件為　(A) FAS　(B) FOB　(C) CFR　(D) CIF。

( ) 29.下列貿易條件中,交貨點與 FCA 非營業處所之交貨點不同者為　(A) CPT　(B) DAT　(C) DAP　(D) DDP。

( ) 30.臺灣出口商擬向國外客戶報價時,試問下列有關貿易條件敘述何者有誤?　(A) CFR Keelung　(B) FOB Taiwan　(C) CIF Durban　(D) FCA Taoyuan Airport。

( ) 31.貿易條件 CIF Keelung, Keelung 係指　(A)離岸港口　(B)目的港口　(C)裝貨港　(D)轉運港。

( ) 32.依 Incoterms® 2010 規定,在 EXW 條件下,賣方是否需要負責把貨物裝上買方所提供之運輸工具?　(A)需要　(B)不需要　(C)不確定　(D)由買方決定。

( ) 33.依 Incoterms® 2010 規定,FAS 貿易條件之出口通關手續係由下列何者辦理?　(A)買方　(B)賣方　(C)雙方指定　(D)船方。

( ) 34.下列何種貿易條件其風險移轉點相同?　(A) FOB、CIF　(B) FOB、FAS　(C) FOB、FCA　(D) DAT、DAP。

( ) 35.信用狀條款中註明 "Insurance to be covered by the Buyer." 時,應為下列哪一種貿易條件?　(A) CIF　(B) CFR　(C) DAT　(D) DAP。

配合題

試就下列 Incoterms® 2010 版之十一種貿易條件中選擇與下列敍述相配合之條件，填入括弧中：

EXW、FCA、FAS、FOB、CFR、CIF、CPT、CIP、DAT、DAP、DDP

（　）1. 乃 Incoterms® 1990 版 FRC、FOR/FOT、FOA 三條件合併。

（　）2. 價格結構：「FCA + 主要運費」。

（　）3. 自受貨日期起，已經指撥於契約項下貨物風險即移轉買方。

（　）4. 本條件稱為「目的地交貨條件規則」，意指在目的地，將到達的運送工具上準備卸載的貨物交由買方處置，即屬賣方交貨。

（　）5. 本條件與 "CIF" 條件之價格內容相似，差別在於風險移轉點及適用之運輸工具與模式不同。

（　）6. 價格組成為：「EXW + 指定碼頭船邊運保費 + 出口通關費」。

（　）7. 本條件稱為「終點站交貨條件規則」，係指在指定目的港或目的地的指定終點站，從到達運送工具卸下的貨物交由買方處置時，即屬賣方交貨。

（　）8. 本條件一般又稱「到岸價格」，是海關統計進口值之計價基準，亦是國際貿易中最具特色且使用最普遍之貿易條件。

（　）9. 意指貨物輸入之相關稅捐與費用均須由賣方負擔，其間當然也包括進口國所徵收的加值稅 (VAT) 等費用。

（　）10. 價格結構：「FOB + 主要運費」。

（　）11. 本條件稱為「船上交貨條件」，一般亦稱為「離岸價格條件」。

問答題

一、貿易條件 (Trade Terms) 之義涵與主要作用為何？與貿易條件等義的相關名稱有哪些？

二、何謂國貿條規？最新的國貿條規有哪些交易條件？試列出其全部英文名稱及簡稱。

三、較廣為世界工商團體所認可與接受的貿易條件解釋規則有哪三種？

四、貿易條件的選用有哪些考量原則及其考量基準點為何？

五、盛大公司對外報價通常使用 FOB HK 或 FOB Keelung，但盛大公司亦有雖以 FOB 交易，但仍負責洽訂船艙並安排保險，且與客戶分擔 50% 運費與保險費的情況。請就盛大公司這種 "FOB Additional Service" 作法提出見解。

第四章

貿易流程
與相關單據

Practices of
International
Trade

任何交易的進行均必須遵循著某種「程序 (Process)」，才得以完成。從遠古時期樸質的「日中為市」至現代的各種善巧交易型態，尤以國際間的交易買賣，因存在著許多天然或人為的交易障礙，諸如天候、地理、語言、文化、政治、通貨等，使得國際交易流程的複雜度相對於日中為市時期的交易不可同日而語。

　　本章將針對貿易流程作一整體性的概述，協助讀者建立國際貿易程序的整體概念。流程裡的細節則散落在其他各個章節裡，讀者對於國際貿易流程要「見林又見樹」，當然即須腳踏實地，亦步亦趨地詳讀本書各章節才能竟全功。

 ## 第一節　貿易流程整體概述

一、貿易流程與表單基本概念

　　現代管理學者特別強調「流程 (Processes)」與「表單 (Documents)」的設計與管控之重要性，國際貿易的流程可以公司本身為基準，而劃分為「外部流程 (Exterior Process)」與「內部流程 (Interior Process)」，其相關義涵與特性定義如下：

	外部流程	內部流程
範圍界定	·開狀 ·交運 ·報關	·市場調查 ·詢價報價 ·簽約生產
流程特性	·既定模式，廠商無力設計更改 ·強調對流程的瞭解與遵循	·廠商可自行設計修改 ·強調流程的有效性與效率性
表單種類	·提單等貨運單據 ·信用狀等金融單據 ·報關單等通關文件	·市調報告 ·行銷計畫 ·詢價／報價單 ·買賣合約 ·生產計畫
表單特性	·注意表單取得時效性與正確性	·表單設計強調功能性與內控性

二、貿易流程實務現況

　　茲將貿易進出口流程、相關單據及參與機構，以 CIF 交易為例，圖示如下，並於以下章節簡要說明各程序內容。

出口流程	相關單據	經辦單位	進口流程
國外市場調查研究	・市場調查報告書	⇨外貿協會 (TAITRA) 或公司行銷企劃單位	國內市場調查研究
訂定行銷計畫	・行銷企劃書	⇨公司行銷企劃單位	訂定行銷計畫
尋找交易對手	・招攬開發函 ・型錄價目表	⇨公司外銷業務單位	尋找國外進口貨源與交易對手
徵信調查	・徵信報告	⇨銀行 ⇨徵信機構	徵信調查
詢價／報價還價／接受	・報價單 ・詢價單 ・訂單 ・預示發票	⇨出口商 ⇨進口商 ⇨進口商 ⇨出口商	詢價／報價還價／接受
簽訂貿易契約	・售貨確認書 ・購貨確認書 ・買賣合約書	⇨出口商 ⇨進口商 ⇨進、出口商	簽訂貿易契約
	・輸入許可證	⇨國際貿易局 ⇨科學工業園區管理局 ⇨加工出口區管理處及所屬分處 ⇨自由貿易港區 ⇨農業科技園區	申請進口簽證
接受信用狀	・輸入許可證 ・信用狀開發申請書 ・信用狀 ・信用狀通知書	⇨相關經辦單位同上說明 ⇨進口商、開狀銀行 ⇨開狀銀行 ⇨通知銀行	申請開發信用狀

| 生產備貨 | • 生產計畫 | ⇨生產工廠 |
| | • 生產連絡單 | ⇨外銷業務單位 |

申請出口簽證	• 輸出許可證申請書	⇨國際貿易局
		⇨科學工業園區管理局
		⇨加工出口區管理處及所屬分處
		⇨自由貿易港區
		⇨農業科技園區
		⇨中華民國紡織業外銷拓展會

申請出口檢驗或公證	• 商品輸出報驗申請書	⇨經濟部標準檢驗局
	• 輸出檢驗合格證書	
	• 輸出動物檢疫證明書	⇨農委會動植物防疫檢驗局
	• 公證檢驗證明	⇨公證公司

| 洽訂艙位 | • 裝貨單 | ⇨船運公司 |

| 投保運輸保險 | • 保險單 | ⇨產物保險公司 |

出口報關與裝船	• 出口報單	⇨出口國海關
	• 裝貨單或託運單	⇨船公司
	• 輸出許可證	⇨國際貿易局等
	• 商業發票	⇨出口商
	• 包裝單	⇨出口商
	• 報關委任書	⇨出口商、報關行

| 發出裝船通知 | • 裝船通知單 | ⇨出口商 |

貿易單據取得與製作	• 提單	⇨船公司
	• 匯票	⇨出口商
	• 商業發票	⇨出口商
	• 包裝單	⇨出口商
	• 保險單	⇨保險公司
	• 產地證明	⇨商業公會

辦理押匯	• 印鑑登記卡	⇨押匯銀行
	• 出口押匯申請書	⇨押匯銀行
	• 出口押匯總質權書	⇨押匯銀行
	• 押匯文件	⇨押匯銀行、開狀銀行
	• 結售外匯申報書	⇨押匯銀行

付款贖單

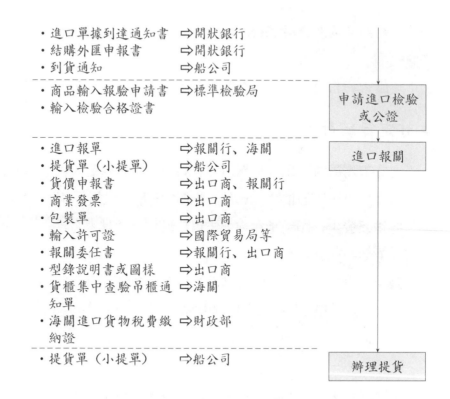

- 進口單據到達通知書　⇨開狀銀行
- 結購外匯申報書　　　⇨開狀銀行
- 到貨通知　　　　　　⇨船公司

- 商品輸入報驗申請書　⇨標準檢驗局
- 輸入檢驗合格證書

申請進口檢驗或公證

- 進口報單　　　　　　⇨報關行、海關
- 提貨單（小提單）　　⇨船公司
- 貨價申報書　　　　　⇨出口商、報關行
- 商業發票　　　　　　⇨出口商
- 包裝單　　　　　　　⇨出口商
- 輸入許可證　　　　　⇨國際貿易局等
- 報關委任書　　　　　⇨報關行、出口商
- 型錄說明書或圖樣　　⇨出口商
- 貨櫃集中查驗吊櫃通　⇨海關
  知單
- 海關進口貨物稅費繳　⇨財政部
  納證

進口報關

- 提貨單（小提單）　　⇨船公司

辦理提貨

第二節　出口貿易流程與單據

(一)國外市場調查研究

　　廠商在進入陌生市場前，很容易犯下的一個錯誤是，以自己的想法去設想該市場，用「自以為是」的方式切入市場，結果當然是付出慘痛代價，然後再自我安慰地說是繳學費。在市場導向的行銷觀念裡，市場是必須被尊重與瞭解的，廠商必須謙卑地面對市場，否則市場的反應絕對毫不留情。因此，廠商在進入市場之前的首要工作是進行市場的瞭解，亦即進行市場的研究調查。公司最好直接派遣行銷人員至國外市場作實際訪查，以取得「初級資料 (Primary Data)」進行研究。但若礙於經費考量，亦可退而參考外貿協會 (TAITRA) 等機構所編纂的各國市場調查

 次級資料

又稱為「桌上研究」，係指針對已發表資料，如以政府、徵信或研究機構的出版品進行研究。

報告，藉由「次級資料 (Secondary Data)」的研究來瞭解市場。

相關文件

・市場調查報告書：讀者可至貿協書廊參考貿協所出版的各國市場調查報告。

㈡訂定行銷計畫

完成市場調查，取得相關研究資料後，行銷企劃人員應即據以擬定行銷計畫，作為行銷作業的依循。所謂「謀定而後動」，擬定完整計畫並確切地執行，是降低錯誤發生，順利地在海外市場攻城掠地的基本方法。

相關文件

・行銷企劃書：一般完整的行銷企劃包含「6C 分析」與「5P 組合」，提供讀者參考如下：（請參閱第二章相關內容）

6C 分析	5P 組合
1. 脈絡 (Context) 分析	1. 產品 (Product)
2. 顧客 (Customer) 分析	2. 價格 (Price)
3. 競爭 (Competition) 分析	3. 定位 (Position)
4. 公司 (Company) 分析	4. 通路 (Place)
5. 配銷通路 (Channel) 分析	5. 促銷 (Promotion)
6. 成本 (Cost) 分析	

㈢尋找交易對手

出口商擬定行銷計畫後，根據規劃採行的溝通媒體 (Media)，找尋目標市場裡可能的交易對象。一般而言，出口商尋找交易對手所運用的溝通方式如下：

⑴透過廣告媒體（專業雜誌、廣告黃頁、貿易網站等）。

⑵參加國內外展覽。

⑶寄發招攬信函與型錄價目表。

⑷派員出國拜訪當地進口商、配銷商、相關商會等。

相關文件

・招攬開發函。

・型錄價目表。

㈣徵信調查

於市場中選定交易對手後，若因不十分瞭解對方信用狀況且交易金額較大時，應透過徵信公司或對方往來銀行取得客戶徵信資料，以確保交易安全性。惟透過徵信公司取得徵信報告的成本較高，而透過對方往來銀行進行徵信，則其可信度高且費用較低甚至無須費用，是徵信的好方式。但若交易金額不大或對方稍具知名度，則僅須透過付款方式的安排箝制即可。

徵信調查 6C

1. 品性 (Character)。
2. 能力 (Capacity)。
3. 資本 (Capital)。
4. 市場狀況 (Condition)。
5. 國別 (Country)。
6. 幣別 (Currency)。

相關文件

・徵信報告（表 4–1）（各相關表格參見本章第四節）。

㈤詢價、報價、還價與接受

於選定可能的交易對手後，雙方隨即遂行所謂的「意思表示」，也就是經過一連串的**詢價、報價與還價（要約與反要約）**的過程之後達成合意，於雙方接受協議結果時，即可進入簽訂書面合約的程序。

詢價、報價、還價

大陸用語為：詢盤、發盤、還盤。

詢價、報價、還價與接受過程：

相關文件

・詢價單（表 4–2）。
・報價單（表 4–3）。
・訂單（表 4–4）。
・**預示發票**（表 4–5）。

預示發票

又稱預估發票，係指賣方應買方要求，預擬買賣內容與金額所製作之發票，買方可用以確定進口成本或憑以申請進口簽證之用。

㈥簽訂貿易契約

書面契約並非合意成立的唯一要式，但恐「口說無憑」只好「白紙黑字」地各據一紙書面契約為憑。尤以國際貿易的複雜度甚於一般國內交易，因此買賣雙方達成交易後，一紙詳細記載雙方交易內容的書面合約，即成為達成買賣協議的主要形式。關於貿易契約簽訂的細節，請讀者詳參第七章內容。

相關文件

- 售貨確認書（表 4–6）：由賣方（出口商）草擬，買方（進口商）確認。
- 購貨確認書：由買方（進口商）草擬，賣方（出口商）確認。
- 買賣合約書：由買賣雙方擬定並簽署。

㈦接受信用狀

買賣雙方達成交易協議後，若約定以信用狀為付款方式，則出口商於接獲通知銀行的通知並領取信用狀後，須仔細審閱信用狀內容。若信用狀條款內容與當初協議有異，應即請對方修改信用狀後再進行備貨與出貨，以確保貨款的回收。詳細相關內容請參閱第八章內容。

相關文件

- 信用狀通知書（表 4–7）。
- 信用狀（表 4–8）。

㈧生產備貨

出口業務部門接受信用狀無誤後，隨即應透過公司內部正式的連繫管道，以制式書面方式通知生產部門進行備料生產。生產部門於接獲業務部正式連絡單後，亦須據以作成生產計畫以確保出貨時程與品質。若出口商為中介貿易商，則須逕行與生產供應廠商簽約下訂。

相關文件

- 生產連絡單。
- 生產計畫。

㈨申請出口簽證

　　我國目前對於貨品出口係採「原則自由；例外管理」的負面表列方式，當出口貨物屬「**負面表列**」商品時，出口前須填寫「輸出許可證申請書」向國際貿易局等有關單位申請核發「輸出許可證 (E/P)」以供出口報關之用。

> **負面表列**
>
> 指列於經濟部公告「限制輸出貨品表」上之貨物才須辦理出口簽證，未列於表上之貨品即無須辦理簽證。

相關文件

・輸出許可證。

㈩申請出口檢驗或公證

　　貨物如係屬應實施出口檢驗或檢疫項目，出口商須向檢驗機構洽取「報驗申請書」，連同「輸出檢驗合格證書」逐欄填寫後，持向貨品置放所在地的檢驗機構申請檢驗。若出口貨物約定須進行出口檢驗公證，則於貨物裝運出口前，由指定的公證機構進行檢驗。檢驗的時點應與貿易條件的交貨點相互配合。相關程序請參閱第十章內容。

相關文件

・商品輸出報驗申請書。

・輸出檢驗合格證書。

・輸出動物檢疫證明書。

・公證檢驗證明。

㈡洽訂艙位

　　當貿易條件為 CFR、CIF、DAT 等時，係由出口商負責找船訂艙，安排運輸事宜。因此出口商應按交易條件於裝運期限前，尋找適當船隻並洽訂艙位，於取得船公司發給之裝貨單後即可憑以辦理報關裝船，並向進口商發出裝船通知。

相關文件

・裝貨單（表 4–9）。

㈤投保運輸保險

　　由於國際交易貨物運送的距離通常較遠，使得運送期間貨物滅失的可能風險相對較高，因此透過運輸保險來排除可能的風險，即屬必須。尤以透過信用狀方式交易者，銀行通常要求提示貨物業經保險之保險單為必要押匯文件之一，因此不論係採何種貿易條件均須進行投保，只是投保責任歸屬有所不同而已，如 FOB 交易係由買方投保；CIF 交易則由賣方進行投保。

相關文件

・保險單（表 4–10）。

・保險證明文件 (Certificates of Insurance)。

㈤出口報關與裝船

我國通關方式

分為如下三種：
C1：免審文件免驗貨物。
C2：應審文件免驗貨物。
C3：應審文件應驗貨物。

　　報關人須於收貨截止日前，準時將貨物運至貨櫃貨物處理站、貨櫃場、碼頭倉庫或航空貨運站倉庫，完成進倉動作。報關人將報關資料，以電腦連線方式傳輸至海關，報關資料隨即進入海關電腦主機的專家系統，由電腦決定該批貨物應以 **C1、C2 或 C3 方式通關**。經海關電腦傳送放行訊息至報關行，即行辦理貨物裝櫃裝船，並於裝船後憑大副簽發之收貨單向船公司換領提單。

貨物出口通關流程

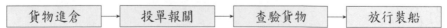

| 貨物進倉 | → | 投單報關 | → | 查驗貨物 | → | 放行裝船 |

相關文件

・出口報單（表 4–11）。

・裝貨單或託運單。

・輸出許可證。

・商業發票（表 4–12）。

・包裝單（表 4–13）。

・報關委任書。

㈮發出裝船通知

　　出口商在貨物裝運出口後，應隨即向進口商發出裝船通知，告知裝運相關事宜，諸如船名、航次、開航日、抵達日、貨品的名稱、數量等資訊，俾進口商安排提貨事宜與投保水險（如貿易條件為 FOB、CFR）。

相關文件

・裝船通知單（表 4–14）。

㈯貿易單據取得與製作

　　出口商完成貨物出口通關並裝船後，應檢齊取得之單據，如提單、保險單與產地證明等，同時並進行製發匯票、商業發票、包裝單等相關單據，備齊所有押匯必須單據後進行押匯手續。

相關文件

・提單（表 4–15）。
・匯票（表 4–16）。
・商業發票（表 4–12）。
・包裝單（表 4–13）。
・保險單（表 4–10）。
・產地證明（表 4–17）。

㈰辦理押匯

　　備妥押匯相關單據連同出口押匯申請書，至押匯銀行辦理押匯。若押匯單據在外觀上齊全無誤，則押匯銀行即於扣除押匯息等相關費用後，將押匯款匯入出口商帳戶。

相關文件

・印鑑登記卡。
・出口押匯申請書（表 4–18）。
・出口押匯總質權書。

- 押匯文件。
- 出口結匯申報書。

第三節　進口貿易流程與單據

　　進口貿易流程與出口貿易流程係屬一體兩面之關係，就整體程序而言並無不同之處，惟依進、出口廠商立場角度的不同而有部分差異。以下進口流程內涵與出口流程相似者即不再贅述。

㈠國內市場調查研究

　　進口商之主要業務為進口國外商品行銷於國內市場，因此進口商須進行瞭解的目標市場為國內市場。一般而言，廠商對國內市場較易掌握，不須再請專人進行市場基本資訊的調查與收集，只須研究何種國外商品適合引入國內市場即可。進口商較須努力的方向應是積極尋求國外商品獨家代理權的可能機會。

相關文件

- 市場調查報告書。

㈡訂定行銷計畫

　　市場行銷計畫內容的擬定，除脈絡 (Context) 分析內容有異之外，與前述出口程序相同。

脈絡分析

指對產品或服務所在環境作全面性的瞭解，如政治、經濟、法律、文化、種族等。

相關文件

- 行銷計畫書。

㈢尋找國外進口貨源與交易對手

　　根據行銷計畫所提出之目標商品，赴國外實地查訪或透過相關媒體搜尋適當的商品產地與供應廠商並發出詢價單表達交易意願。

相關文件

- 詢價單（表 4-2）。

㈣徵信調查

　　進口商對出口商的徵信重點，應較不在於付款能力而在於其交貨能力，如商品品質、交期確保與售後服務等，因此並不適合如前所述地透過銀行進行徵信。若進口商不願付費請徵信公司進行徵信，則可考慮與較具商譽的公司進行交易，雖然其議價空間較小，但相對交易風險卻較低。

相關文件

・徵信報告（表 4-1）。

㈤詢價、報價、還價與接受

　　與出口對應程序相同，不再贅述。

相關文件

・詢價單（表 4-2）。

・報價單（表 4-3）。

・訂單（表 4-4）。

㈥簽訂貿易契約

　　此段程序與出口流程相同，不再複述。

相關文件

・售貨確認書（表 4-6）。

・購貨確認書。

・買賣合約書。

㈦申請進口簽證

　　目前我國正逐步建立一套符合國際規範之進口貿易管理制度，即在符合國際貿易規範下，基於原則准許、例外限制之原則，給予最小程度之進口限制或管理，亦即僅負面表列商品須進口簽證。

相關文件

・輸入許可證 (I/P)。

㈧申請開發信用狀

　　在需要進口簽證的交易裡，進口商於取得簽證的有效期間內，填具信用狀開發申請書並檢具相關開狀文件，並繳交**開狀保證金(Margin)**，向往來銀行申請開發信用狀。

開狀保證金
．．．．．．．．．．．．．．．．．．．．
稱「第一次結匯」，銀行往來信用程度愈差者保證金成數愈高，亦有銀行要求進口商須全額結匯始予開狀之情況者。

相關文件

・開發信用狀申請書（表 4–19）。
・輸入許可證。

㈨付款贖單

　　開狀銀行對於押匯銀行寄來之相關單據進行審核無誤後，隨即通知進口商前來繳清進口結匯餘額，贖回貨運相關單據進行提貨手續。

相關文件

・進口單據到達通知書（表 4–20）。
・押匯文件。
・結購外匯申報書。

㈩申請進口檢驗或公證

　　政府為保護消費者權益及國內動植物的生態安全，對於進口動植物及其產製品施行必須的檢疫外，其他商品則由經濟部視實際需要，對特定商品施行的強制性檢驗。目前我國執行一般進口商品檢驗機構為經濟部標準檢驗局，關於動植物及其產品的檢疫則由行政院農委會動植物防疫檢疫局來執行。

相關文件

・商品輸入報驗申請書。
・輸入檢驗合格證書（表 4–21）。

㈪進口報關

　　由報關人填單報關，海關收單掛號。經電腦完成收單之報單資料後，均透

過專家系統核定係屬 C1、C2、C3 通關方式。核定為 C1 者，直接進入分類估價計稅作業；核定為 C2 者，報單送交分估單位進行分估作業；核定為 C3 者，報單送分估及驗貨單位辦理相關作業。

貨物進口通關流程

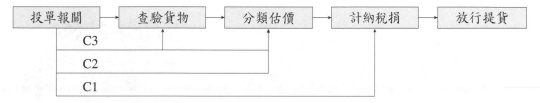

相關文件

- 進口報單（表 4–22）。
- 提貨單（表 4–23）。
- 貨價申報書。
- 商業發票（表 4–12）。
- 包裝單（表 4–13）。
- 輸入許可證。
- 報關委任書。
- 型錄說明書或圖樣。
- 貨櫃集中查驗吊櫃通知單。
- 海關進口貨物稅費繳納證（表 4–24）。

㈢辦理提貨

繳納關稅完成報關手續後，海關人員在進口報單及小提單簽放及加蓋關防。於報關行取得放行通知後，即可向倉庫貨櫃集散站 (CFS) 或貨櫃場 (CY) 進行提貨手續。

相關文件

- 提貨單（表 4–23）。

第四節　貿易單據實例樣式

表 4-1　徵信報告

CITIBANK⊕®

Re:　ABC, Inc.
　　××　N.W. 62nd Street
　　Miami, Florida 33136

August 11, 2010

To:　Whom It May Concern：

The above referenced company has been a valued customer of Citibank FSB for approximately four years. During that time we have enjoyed an excellent professional association with both the President, Mr. Chang and his company.

ABC has always handled their financial affairs in a highly professional and businesslike manner and they are considered by us to be a valued client. We look forward to working with ABC in the future as they continue to successfully grow their business.

Sincerely,

SPECIMEN

Donald Knowlton

Donald Knowlton
Vice President & Senior Trade Specialist

表 4-2　詢價單 (Inquiry)

Inquiry

TO：XYZ Company

Dear sir：

We are a group of stores that sell clothes, and on enquiry have learned you are a supplier with a wide range of clothes at competitive prices.

1. We would like to inquire about making large orders, and place under negotiation a discount of 20% off your quoted list prices if we place large orders. What are your terms of payment?
2. If these conditions are acceptable, and you can meet orders of over 2,000 pieces at the earliest delivery dates, we would like to make an inquiry for full particulars— a catalog, quotes on F.O.B. and C.I.F. Keelung, let minimum quantities and price list.

We look forward to hearing from you soon.

ABC Co., Ltd.

Jade Hung
Tel：886-2-2234-66××
Fax：886-2-2234-55××

E-mail：ABC@hinet.net
8th Floor, No.××, Sec. 1, Dunhua South Road Taipei City 105××, Taiwan, R.O.C.

表 4-3　報價單 (Quotation)

ABC TAIWAN CO., LTD.

6F., NO. ××, SEC. 2, MINQUAN E. RD.　　TEL：886-2-2511××
TAIPEI CITY 104××, TAIWAN, R.O.C.　　FAX：886-2-2511××

QUOTATION

Page：1

Messrs.：ABC (U.K.) LTD.
　　　　340 WHITEHOUSE INDUSTRIAL
　　　　ESTATE RUNCORN, CHESHIRE,
　　　　WA7 3BW ENGLAND RUNCORN.
　　　　MR. SATO

Date：OCT 28, 2010
Ref.：
Cust #：J002
Tel #：44-928-71-××
Fax #：44-928-71-××

Dear Sirs,

　　We have the pleasure to quote you for the undermentioned goods subject to our final confirmation with terms as follow：

Validity：Before MAR. 25, 2011
Payment：T/T REMITANCE WITHIN 60 DAYS AFTER B/L DATE
Shipment：From TAIWAN PORT To LONDON PORT, U.K.
Terms：FOB TAIWAN PORT
Min order：3,427.50 MTS.
Lead Time：2 Weeks

Seq.	Item No./Cust Item	Description	Quantity	Unit Price	Amount
					(US$)
1	CEB030F220-PT DY (ITEM CODE #0416161)	ELASTIC CORD	100 MTS	5.70/100 MTS	570.00
Total：			100 MTS	US$	570.00

SAY TOTAL U.S. DOLLAR FIVE HUNDRED AND SEVENTY ONLY.

OUR BANK：BANK OF TOKYO-MITSUBISHI/TAIPEI BRANCH
BANK ADDRESS：8th FLOOR, NO. ××, SEC. 3, MINSHENG EAST ROAD, TAIPEI CITY 104××, TAIWAN.
A/C NO.：532-1000-001228
A/C NAME：ABC TAIWAN CO., LTD.

SPECIMEN

ABC (U.K.) LTD.

Naoki Sato

Your Faithfully,
ABC TAIWAN CO., LTD.

T. Masuda

表 4–4 訂單 (Order)

ABC (U.K.)

ORDER SHEET

DATE： 2010/11/5

ABC TAIWAN CO.,LTD.

C/O MR. RICHARD LIN

ORDER NO.： 02−004131−3

FROM： ABC FASTENING PRODUCTS SALES INC.

SIGNATURE
ORDERED BY: *Naoki Sato*

MR. SATO

ELASTIC CORD

QUANTITY (MTS)	ITEM	COLOR #	UNIT PRICE US$/100MTS	TOTAL AMOUNT FOB TAIWAN	
3,427.50 MTS	CEB030F220−PT DY	078	5.70		195.37
				FOB TAIWAN US$	195.37
3,427.50 MTS	TOTAL			US$	195.37

<<CONSIGNEE>> & <<NOTIFY>>
ABC (U.K.) LTD.
340 WHITEHOUSE INDUSTRIAL ESTATE
RUNCORN, CHESHIRE, WA7 3BW
ENGLAND RUNCORN
TEL： 44−928−71−37✕✕
FAX： 44−928−71−87✕✕
<<PAYMENT CONDITION>>
T.T. REMITANCE WITHIN 60 DAYS AFTER B/L DATE
<<SHIPMENT>>

BY BOAT

TO RUNCORN

<<REQUIRED DELIVERY>>

BY 10TH OF JAN/2011 ET A RUNCORN!!
CONFIRMATION：
<<CASE MARK>>

ABC (U.K.)
RUNCORN
ELASTIC CORD
P/NO. 02−4131−3
C/NO. 1
MADE IN TAIWAN

<<SALES CONFIRMATION>>
CONFIRMED DELIVERY DATE： EX- FACTORY BY

SIGNATURE： *T. Masuda*

表 4-5　預示發票 (Proforma Invoice)

IKE RIKAGAKU CO., LTD.

2-15-16 KIKUZUMI MINAMIKU NOGOYASHI JAPAN.
Tel: (052)822-6636 Fax: (052)822-6638

PROFORMA INVOICE

MESSRS : ABC TAIWAN CO., LTD.		P/I NO : 404 003	
ATTN : RICHARD LIN		DATE : 17 MAR, 11	
TEL : 8862-2511-5156		PAGE : 1	
FAX : 8862-2521-5565		SALESMAN : OLIVIA	
		CUST. P/O : JPY-001	

DELIVERY SCHEDULE　: GOODS TO BE COMPLETED IN ABOUT A.S.A.P.
　　　　　　　　　　　UPON CONFIRMATION OF ORDER
CONSIGNEE DELIVERY　: ABC TAIWAN CO., LTD.
　　　　　　　　　　　No. 386, SEC. 2, CHUNG-HWA RD., CHUNG LI, TAOYUAN
　　　　　　　　　　　PREF TAIWAN. TEL: 886-3-451-4151 FAX: 886-3-452-9131
TRADING TERMS　　　: T/T REMITANCE WITHIN 60 DAYS AFTER B/L DATE SHIP.
SHIP MODE　　　　　: BY BOAT

NO	ITEM DESCRIPTION	QUANTITY	UNIT PRICE	AMOUNT
1	UP20-10R	20,000 MTS	33/MATER	JPY 660,000
	(PLASTOC PIPING)			
	- COLOR: CLEAR			

NET P/I AMOUNT　　　　　　　　　　　　　　　　　　　JPY 660,000
SAY TOTAL JAPAN YEN SIX HUNDRED SIXTY THOUSANDS ONLY.

REMARKS:　- PLS SIGN BACK FOR INN PRODUCTION
　　　　　- ORDER AS PER PO RCVD ON FEB 30, 11

FOR AND ON BEHAL OF　　　　　　　ACCEPTED BY CUSTOMER
IKE RIKAGAKU CO., LTD.

_____　　　　　　　T. Masuda

表 4-6　售貨確認書 (Sales Confirmation)

ABC ENTERPRISES CORPORATION

Tomson Industrial Park	TEL: 886-2-2 999 71
7F-9, No.×x, Lane ×x, Sec. 5	FAX: 886-2-2 999 5685/70
Chung Hsin Road, San Chung City	E-mail: ××@ms16.hinet.net
New Taipei City, Taiwan, R.O.C.	http://www.××.com.tw

SALES CONFIRMATION

Page：1

Messrs.: ×××××	Date : DEC. 12, 2010
MEDARSKA	Order : 9-02-2004
10090 ZAGREB	Ref. : 0312044
CROATIA.	Cust # : CRUD01
Mr. Rafael Culjak	Tel # : 385 1 38 96××
E-mail:×××××	Fax # : 385 1 38 87××

Payment : BY IRREVOCABLE L/C 90 DAYS FROM B/L DATE.
Shipment : WITHIN 45 DAYS FOR MESS PRODUCTION AFTER RECEIPT YOUR S/C CONFIRM
　　　　　 From SHANGHAI, CHINA To RIJEKA, CROATIA Via SEA FREIGHT
Terms 　: CIF RIJEKA, CROATIA
**THE ABOVE PERIOD OF PRODUCTION IS NOT INCLUDED THE LUNAR NEW YEAR HOLIDAY
　 DURING 15/01/11 TO 15/02/11. PLS HELP TO NOTE IT, THANK YOU!

Seq.	Item No./ Cust_Item	Description	Quantity	Unit Price	Amount
				(US$)	
1	YF3000C080	Y-STRAINER, ANSI CLASS 150# MATERIAL: ASTM A216 WCB SCREEN: SS304 SIZE: 3" FLANGED ENDS RF	4 PCS	52.00	208.00
2	A5080Q015	FORGED GLOBE VALVE, ANSI 800# MATERIAL: A105 TRIM: F6 SIZE: 1/2" SOCKET WELDED ENDS	30 PCS	9.00	270.00
3	A5080Q040	SIZE: 1-1/2"	15 PCS	24.45	366.75
4	A5090C150	GLOBE VALVE, ANSI 900#RTJ MATERIAL: ASTM A217 WC6 TRIM: F6 SIZE: 6" FLANGED ENDS RTJ acc. to ANSI B16.10	1 PC	1,182.32	1,182.32
5	A5015Q040	GLOBE VALVE, ANSI 1500#RTJ MATERIAL: ASTM A182 F11 TRIM: F6 SIZE: 1-1/2" FLANGED ENDS RTJ acc to ANSI B16 10	1 PC	313.72	313.72

SPECIMEN

...TO BE CONTINUED...

表 4-7　信用狀通知書

NO.　LA−3×89×7×4,000

BangkokBankLimited

(INCORPORATED IN THAILAND)
121, SUNG CHIANG RD., TAIPEI P.O. BOX 22419 TAIPEI, TAIWAN
CABLE ADDRESS:"BANKOKBANK" TELEX NO. 11289
SWIFT ADDRESS: BKKBTWTP
TEL：(02)507−3275

Our Ref. LA　94−3011A

To：

　××× AGRICULTURAL　MACHINE　CO.,　LTD.

Taipei＿＿June 5, 2010＿＿＿

In correspondent, please
always quote our Ref. No. LA
（任何查詢，請提示本行編號）

LETTER OF CREDIT NO. 311271/00814　　FOR USD72,750.00
ISSUED BY：　　B.B.L H.O.

Dear Sir(s):

At the request of the above bank, we enclose herewith the following document(s) marked "×"

☒ A preliminary cable/XXXXX advice of the above credit is for your information only.
☐ The original of the above credit.
☐ The cable/SWIFT confirmation of the above credit.
☐ A cable/SWIFT advice of the amendment to the above credit.
☐ The amendment to the above credit.
☐ The cable/SWIFT confirmation of the amendment.
☐ The full cable/SWIFT of the above credit.

SPECIMEN

　　Please note that the above is given to you in accordance with instructions of our correspondent and conveys
no engagement by us. It is understood that we assume no responsibility for the correctness of this message and
that upon receipt of mail confirmation, if any. It may be necessary to make corrections to this advice. If so, you will
be notified.

　　In case you have any questions in connection with this transaction, please feel free to call upon us.
　　This advice is subject to U.C.P. currently in force.

注　意　事　項

　請詳細校閱本函所附之信用狀內各
項條款，如有未能履行者務即逕洽買方
修改以利結匯手續。

Yours faithfully,
For BANGKOK BANK LTD., TAIPEI

Kevin

Authorized Signatures

表 4-8　信用狀 (Letter of Credit, L/C)

TELEX：11310 FIRSTBK
P.O. BOX 395 TAIPEI
SWIFT：FCBKTWTP
信用狀查詢專線：(02)23481726
100 臺北市重慶南路一段30號

◉ 第一銀行 First Bank

ABC OFFICE
TAIPEI, TAIWAN, R.O.C.

DATE：FEB. 24, 2011

Beneficiary

Our advice No. 　4003962

To →
ABC ENTERPRISES CORPORATION
TOMSON INDUSTRIAL PARK, 7F-9, NO. LANE
609, SEC. 5, CHUNG HSIN ROAD, SAN CHUNG
DISTRICT, NEW TAIPEI CITY, TAIWAN, R.O.C.

OSN：　317497　　　PAGE：　1

DEAR SIRS,
　　WITHOUT ANY RESPONSIBILITY OR ENGAGEMENT ON OUR PART WE HAVE THE PLEASURE OF ADVISING
YOU THAT WE HAVE RECEIVED AN AUTHENTICATED SWIFT MESSAGE FROM ZABAHR2XAXXX
　　(ZAGREBACKA BANKA DD　　　　　　　　　　　ZAGREB　　　　　　　　　　　　　　　)
READING AS FOLLOWS:
QUOTE
MT700 ISSUE OF A DOCUMENTARY CREDIT
F01FCBKTWTPAXXX5437317497
07001617040223ZABAHR2XAXXX20601765960402240436N
108：DOC
27 (SEQUENCE OF TOTAL)：1/1
40A (FORM OF DOCUMENTARY CREDIT)：IRREVOCABLE
20 (DOCUMENTARY CREDIT NUMBER)：4421-3-08590/01
31C (DATE OF ISSUE)：040223
31D (DATE AND PLACE OF EXPIRY)：040421ZAGREB
50 (APPLICANT)：UNIVERZAL D.O.O.
　　　　　　　　MEDARSKA 67
　　　　　　　　10090 ZAGREB
　　　　　　　　CROATIA
59 (BENEFICIARY)：ABC ENTERPRISES CORPORATION
　　　　　　　　TOMSON INDUSTRIAL PARK, 7F-9, NO. ✕✕
　　　　　　　　LANE 609, SEC. 5, CHUNG HSIN ROAD, SAN
　　　　　　　　CHUNG CITY, TAIPEI HSIN, TAIWAN, ROC
32B (CURRENCY CODE, AMOUNT)：USD17,328.60
39B (MAXIMUM CREDIT AMOUNT)：NOT EXCEEDING
41A (AVAILABLE WITH...BY...)：ZABAHR2XXXX
　　　　　　　　　　　　　BY DEF PAYMENT
42P (DEFFERED PAYMENT DETAILS)：90 DAYS FROM SHIPPED ON BOARD DATE
43P (PARTIAL SHIPMENTS): ALLOWED
43T (TRANSHIPMENT): NOT ALLOWED
44A (LOADING ON BOARD/DISPATCH/TAKING IN CHARGE AT/FROM...)
　　SHANGHAI PORT
44B (FOR TRANSPORTATION TO...):
　　RIJEKA
44C (LATEST DATE OF SHIPMENT): 110331
45A (SHIPMENT (OF GOODS)):
　　+17 PCS GATE VALVE SIZE 2", 3", 4", 6", 8"
　　+57 PCS FORGED GATE VALVE SIZE 1", 1-1/2", 3/4"
　　+5 PCS GLOBE VALVE SIZE 1-1/2", 3", 6"
　　+45 PCS FORGET GLOBE VALVE SIZE 1/2", 1-1/2"
　　+13 PCS SWING CHECK VALVE SIZE 8", 10", 1", 2", 3", 3/4"
　　+55 PCS PLUG VALVE SIZE 2", 1/2", 3/4", 1-1/2"
　　+4 PCS Y-STRAINER SIZE 3"

*** TO BE CONTINUED NEXT PAGE ***

SPECIMEN

表 4-9　裝貨單 (Shipping Order, S/O)

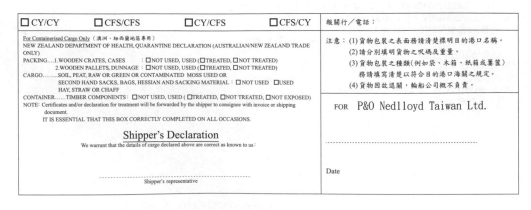

SHIPPING ORDER

Exporter (Name, Address and Tel. No.)

ABC　　　　　　　　　**(TAIWAN)**
LTD.
回傳 B/L 之 FAX NO.
地址：
統一編號：

Consignee (if "order" state notify party)

TEXPLANT CORP
C/O DOLPHIN LOGISTICS LIMITED.
5TH FLOOR NEW ENTERPRISE HOUSE

Notify party (only if not stated above, otherwise leave blank)

SAME AS CONSIGNEE

Tel.

TAICHUNG

P&O NEDLLOYD VESPUCCI V. 23W13

BIRMINGHAM VIA SOUTHAMPTON

SHIPPING MARK AS ATTACHMENT　　200 CTNS
vvvvvvvvv

SPECIMEN

SHIPPING ORDER SET

P&O　Nedlloyd

S/O NO.　　7152

To the CY/CFS operator:

Please received the undermentioned goods and/or containers for shipment as

WAREHOUSE DESTINATION: PETERBOROUGH

SUPPLIER NO. M547

ORDER#A41/857 CAT#62G409 BAR TABLE

ORDER#A41/883 CAT#62G409 BAR TABLE

G.W. : 3,900.00 KGS
vvvvvvvvvvvvv

FREIGHT COLLECT　　　　　M. : 1×20' CY

SAY TOTAL TWO HUNDRED (200) CTNS ONLY.

□ CY/CY	□ CFS/CFS	□ CY/CFS	□ CFS/CY	報關行／電話：

For Containerised Cargo Only（澳洲、紐西蘭地區專用）
NEW ZEALAND DEPARTMENT OF HEALTH, QUARANTINE DECLARATION (AUSTRALIAN/NEW ZEALAND TRADE ONLY)
PACKING....1.WOODEN CRATES, CASES　　: □NOT USED, USED (□TREATED, □NOT TREATED)
　　　　　2.WOODEN PALLETS, DUNNAGE : □NOT USED, USED (□TREATED, □NOT TREATED)
CARGO.........SOIL, PEAT, RAW OR GREEN OR CONTAMINATED MOSS USED OR
　　　　　SECOND HAND SACKS, BAGS, HESSIAN AND SACKING MATERIAL : □NOT USED □USED
　　　　　HAY, STRAW OR CHAFF
CONTAINER......TIMBER COMPONENTS : □NOT USED, USED (□TREATED, □NOT TREATED, □NOT EXPOSED)
NOTE: Certificates and/or declaration for treatment will be forwarded by the shipper to consignee with invoice or shipping document.
　　　IT IS ESSENTIAL THAT THIS BOX CORRECTLY COMPLETED ON ALL OCCASIONS.

Shipper's Declaration
We warrant that the details of cargo declared above are correct as known to us：

Shipper's representative

注意：(1) 貨物包裝之表面務請清楚標明目的港口名稱。
　　　(2) 請分別填明貨物之呎碼及重量。
　　　(3) 貨物包裝之種類(例如袋、木箱、紙箱或簍筐)
　　　　　務請填寫清楚以符合目的港口海關之規定。
　　　(4) 貨物因故退關，輪船公司概不負責。

FOR　P&O Nedlloyd Taiwan Ltd.

Date

表 4–10　保險單 (Insurance Policy)

富邦產物保險股份有限公司
Fubon Insurance Co., Ltd.

財政部核發營業執照號碼：臺保更第 028 號
HEAD OFFICE: 237, CHIEN KUO SOUTH ROAD, SEC. 1, TAIPEI, TAIWAN, R.O.C.
TELEPHONE (02) 2706–7890 FAX (02) 2704–2915　申訴電話 (02) 2706–7890（分機 866）

MARINE CARGO POLICY　　　　　　　ORIGINAL

POLICY NO. 00 4M-009678

ASSURED　　　　: x x

AMOUNT INSURED : US$5,715.37
　　　　　　　U.S. DOLLARS FIVE THOUSAND SEVEN HUNDRED FIFTEEN AND CENTS
　　　　　　　THIRTY SEVEN ONLY.

SHIP OR VESSEL　: P&O NEDLLOYD VESPUCCI V. 23W17 ON BOARD ABOUT APR5

FROM　　　　　　: KEELUNG, TAIWAN TO SOUTHAMTON

INVOICE NO.: TW–040413

SUBJECT-MATTER INSURED (WARRANTED ALL BRAND-NEW UNLESS OTHERWISE SPECIFIED)
　PAPER COVER
　TOTAL: 39784 PCS
　PACKED IN CARTONS

CONDITIONS　(FOR THE CONTENTS, PLEASE REFER TO THE APPENDIXES AS PER BACK HEREOF)
　INSTITUTE CARGO CLAUSES (A) 1/1/1982. FROM SHIPPER'S WAREHOUSE TO BUYER'S

CLAIM, IF ANY, PAYABLE AT/IN SHANGHAI IN U.S. DOLLARS
MCW MARINE SERVICES LTD. ROOM 302, APARTMENT 37, #567 KWEI LIN LU, XU HUI DISTRICT,
SHANGHAI MAINLAND CHINA TEL: (021) 6485 0743 FAX: (021) 6485 0743 MOBILE: 1350 1984 813
ATTN: MR. CHEN

Marks and Numbers as per INVOICE NO. specified above.　　Valued at the same AMOUNT INSURED.

SIGNED IN TAIPEI　ON APR. 13, 2010　NUMBERS OF POLICIES ISSUED IN DUPLICATE
☞The Assured is requested to read this Policy and if it is incorrect, return it immediately for alternation.

INSTITUTE REPLACEMENT CLAUSE (APPLYING TO MACHINERY)
In the event of loss of or damage to any part or parts of an insured
machine caused by a peril covered by the Policy, the sum recoverable shall
not exceed the cost of replacement or repair of such part or parts plus
charges for forwarding and refitting, if incurred, but excluding duty unless
the full duty is included in the amount insured, in which case loss, if any,
sustained by payment of additional duty shall also be recoverable.

Provided always that in no case shall the liability of Underwriters exceed the
insured value of the complete machine.

CO-INSURANCE CLAUSE
(applicable in case of Co-Insurance)

It is hereby understood and agreed that this Policy is issued by FUBON
INSURANCE COMPANY, LIMITED, on behalf of the co-insurers who, each
for itself and not one for the others, are severally and independently liable for
their respective subscriptions specified in this Policy.

Warranted shipped under deck unless otherwise specified or
containerized shipment.

☞ In the event of loss or damage which may involve a claim under the
insurance, no claim shall be paid unless immediate notice of such loss or
damage has been given to and a Survey Report obtained from this
Company's Office or Agents specified in this Policy.

In case of loss or damage, please refer to the "IMPORTANT" clause
printed on the attached hereto and please observe in compliance therewith.

This insurance does not cover any loss or damage to the property
which at the time of the happening of such loss or damage is insured
by or would but for the existence of this Policy be insured by any fire
or other insurance policy or policies except in respect of any excess
beyond the amount which would have been payable under the fire or
other insurance policy or policies had this insurance not been effected.

Notwithstanding anything contained herein or attached hereto to the
contrary, this insurance is understood and agreed to be subject to
English law and practice only as to liability for and settlement of any
and all claims.

We, FUBON INSURANCE COMPANY, LIMITED, hereby agree, in
consideration of the payment to us by or on behalf of the Assured of
the Premium as arranged, to insure against loss damage liability or
expense to the extent and in the manner herein provided.

In witness whereof, I the Undersigned of FUBON INSURANCE
COMPANY, LIMITED, on behalf of the said Company have
subscribed My Name in the place specified as above to the policies, the
issued numbers thereof being specified as above, of the same tenor and
date, one of which being accomplished, the others to be void, as of the
date specified as above.

For FUBON INSURANCE COMPANY, LIMITED
　Not Valid unless countersigned By

Monica Chen　　　　　　President

POLICY NO. 00 4M–009678

表 4–11　出口報單 (Export Declaration)

關01002

出口報單

| 類別代號及名稱(6)
G5國貨出口 | | 聯別 | | 共 2 頁
第 1 頁 | 收單 |

| 報單
號碼
(7) | （收單關別 出口關別 民國年度 船或關代號 裝貨單或收序號）
AA ／ ／ 100 ／ | 收單編號或託運單號碼(13)
NIL |

| 報關人名稱、簽章 | 專責人員
姓名、簽章 | 統一編
號(8) | 海關監管
編號(9) | 繳
(10) | 理單編號 |

貨物輸出、出售人（中、英文）名稱、地址

| | | | 報關日期（民國）(14)
100年 05月 20日 | 輸出口岸(15) TWKEL
KEELUNG |

| 三民報關有限公司
電話 25006600 | 張本怡 | 努多思企業有限公司
NOODLES' ENTERPRISE CO., LTD.
新北市板橋區文化路二段369巷11號3樓 | 離岸價格
(16) | TWD | 金額
××× |

案號
(11)

| | | | FOB Value | 幣別
USD | ××× |

| 176 (1) | 00543 (2) | 買方統一編號　(12)
（及海關監管編號）
名稱、地址 | 運費(17) | USD | ××× |

| 檢附文
件字號
(3) | | ×××××××××××××× | 保險費(18) | USD | ××× |

| 貨物存放處所(4)
KELE100F 聯興國際 | 運輸方式(5)
2 | | 應
加費用(19)
減(20) | - | - |

| 申請沖
退原料
稅(21) N | 買方國家及代碼(22) CN
CHINA | 目的地國家及代碼(23) HKHKG
HONG KONG | 出口船（機）名及呼號（班次）(24) V7DL9
YM PEARL RIVER I 92S | 外幣匯率
31.085 |

項 次 (27)	貨物名稱、品質、規格 製造商等(28)	商　標	輸出許可證號碼一項次(29) 輸出入貨品分類號列(30) 稅 則 號 別	統計 號別 (主管機關指定代號)	檢 查 號 別	淨重（公斤）(31) 數量（單位）(32) （統計用）(33)	簽審機關 專 用 欄	離岸價格(34) FOB Value （新臺幣）	統 計 方 式 (35)
		"NO BRAND" NIL				5,220			
1.	HIGH TEMPERATURE GREASE BT–866–0		2710.19.90.90-8			5,220 KGM		211,002	02
			( )		(	5,220 LTR) (	)		
		"NO BRAND" NIL				3,240			
2.	HIGH TEMPERATURE GREASE BT–860–0		"			3,240 KGM		129,026	02
			( )		(	3,240 LTR) (	)		
		"NO BRAND" NIL				1,800			
3.	HIGH TEMPERATURE GREASE BT–820–1		"			1,800 KGM		58,746	02
			( )		(	1,800 LTR) (	)		
		"NO BRAND" NIL				3,060			
4.	HIGH TEMPERATURE GREASE TN–280–2		"			3,060 KGM		121,858	02
			( )		(	3,060 LTR) (	)		

| 總件數(25)
230 | 單位
PKG | 總毛重（公斤）(26)
18,013 | 海關簽註事項 | | 商港建設費 | |
| | | | | | 推廣貿易
服務費 | 287 |

標記及貨櫃號碼

NO MARKS
MADE IN TAIWAN

EMCU3063057 2200 (1) FCL/FCL

| | 建檔 | 補檔 |

SPECIMEN

| | 合　計 | 287 |

| 分估計費 | 放行 |

繳納紀錄

| 核發准單 | 電腦審核 |

| 證明文件核發 | 聯別 | 份數 | 核發紀錄 |

其他申報事項

委任書: 17600249自990607至1011231日止

9405214 100/05/20 14:33 5444

| 通關方式
C1 | （申請）審驗方式 |

表 4-12　商業發票 (Invoice)

ABC INTERNATIONAL CO., LTD.

10F., NO. 19, WU-CHIUAN ONE RD., WU-GU INDUSTRIAL PARK,

HSIN CHUANG DISTRICT, NEW TAIPEI CITY, TAIWAN, R.O.C.

INVOICE

No： HD-0416C   Date： 03-04-2011

INVOICE of   GOODS AS BELOW：

For account and risk of Messrs.   HO CORPORATION LTD.

××-5 SANGDAEWON 1-DONG JUNGWON-KU SUNGNAM CITY KYUNGGI DO KOREA

Shipped by HERD INTERNATIONAL CO., LTD.   Per   HANSA ROSTOCK V. S165

sailing on or about 05-04-2011   From   HONG KONG   to   HOCHIMINH

L/C NO.   Contract NO.

Marks & Nos.	Description of Goods	Quantity	Unit Price	Amount
ASECO HOCHIMINH ITEM： P.O. NO： C/NO： MADE IN CHINA	L/C NO： M04P0403XU40099 LUGGAGE MATERIAL COUNTRY OF ORIGIN： CHINA PO NO： 24054 HS-A #HS980000 CORNER COVER, BK-R -DO-- L #HS981000 CORNER COVER, BK -DO - IRON BLUE #HS221300 HANDLE, BK -DO - IRON BLUE	 15,000 PCS 15,000 PCS 28,258 PCS 1,972 PCS 23,212 PCS 1,612 PCS	CIF HOCHIMINH @　USD0.021 @　　0.021 @　　0.021 @　　0.0213 @　　0.3073 @　　0.3065	 USD315.0 315.0 593.4 42.0 7,133.0 494.0
		85,054 PCS vvvvvvvvvv		USD8,892.4 vvvvvvvvvv

SAY U.S. DOLLARS EIGHT THOUSAND EIGHT HUNDRED NINETY TWO AND CENTS FORTY ONLY.

SPECIMEN

表 4-13　包裝單 (Packing List)

ABC INTERNATIONAL CO., LTD.

10F., NO. 19, WU-CHIUAN ONE RD., WU-GU INDUSTRIAL PARK,

HSIN CHUANG DISTRICT, NEW TAIPEI CITY, TAIWAN, R.O.C.

No ___HD-0416C___　　**PACKING　LIST**　　Date : ___03-04-2011___

PACKING LIST of _____ GOODS AS BELOW : _____

For account and risk of Messrs _____ HO CORPORATION LTD. _____

___-5 SANGDAEWON 1-DONG, JUNGWON-KU SUNGNAM CITY, KYUNGGI DO, KOREA___

Shipped by ___XYZ INTERNATIONAL CO., LTD._____

Per S. S. ___HANSA ROSTOCK V. S165_____

sailing on or about ___05-04-2011___

From ___HONG KONG___ to ___HOCHIMINH___

MARKS & NOS :

ASECO
HOCHIMINH
ITEM :
P.O. NO :
C/NO :
MADE IN CHINA

Packing No.	Description	Quantity	Net Weight	Gross Weight	Measurement
	L/C NO : M04P0403×U40099				
	LUGGAGE MATERIAL				
	COUNTRY OF ORIGIN : CHINA				
	PO NO : 24054 HS-A				
	#HS980000 CORNER COVER, BK-R				
1S-5S		@ 3,000 PCS	@ 19.00 KGS	@ 20.00 KGS	
		15,000 PCS	95.00 KGS	100.00 KGS	
12S-16S	-DO-- L	@ 3,000 PCS	@ 19.00 KGS	@ 20.00 KGS	
		15,000 PCS	95.00 KGS	100.00 KGS	
25S-33S	#HS981000 CORNER COVER, BK	@ 3,000 PCS	@ 19.00 KGS	@ 20.00 KGS	
		27,000 PCS	171.00 KGS	180.00 KGS	
34S	-DO-	1,258 PCS	8.00 KGS	8.50 KGS	
35S	-DO- IRON BLUE	1,972 PCS	12.50 KGS	13.00 KGS	
1-77	#HS221300 HANDLE, BK	@ 300 PCS	@ 21.50 KGS	@ 22.50 KGS	
		23,100 PCS	1,655.50 KGS	1,732.50 KGS	
78	-DO- =112 PCS	224 PCS	16.00 KGS	17.00 KGS	
	-DO- IRON BLUE = 112 PCS				
79-84	-DO- IRON BLUE	@ 250 PCS	@ 18.00 KGS	@ 19.00 KGS	
		1,500 PCS	108.00 KGS	114.00 KGS	
TOTAL :	105 CTNS	85,054 PCS	2,161.00 KGS	2,265.00 KGS	
	vvvvvvvv	vvvvvvvvvv	vvvvvvvvvvvv	vvvvvvvvvvvv	

SAY TOTAL ONE HUNDRED FIVE (105) CTNS ONLY.

SPECIMEN

表 4-14 裝船通知單 (Shipping Advice)

ABC CO., LTD.

6F., NO. 40, SEC. 2, MIN-CHUAN EAST ROAD, TAIPEI CITY, TAIWAN
Tel：(886)2511-5157 Fax：(886)2521-5565

SHIPPING ADVICE

TO	:	ABC (U.K.) LTD.	NO	:	1105
ATTN	:	ROSEMARIE	DATE	:	23 OCT, 2010
TEL NO	:	44-928-71-3737	FROM	:	FILEEN TSOU
FAX NO	:	44-928-71-8768	CC	:	
CC	:		TOTAL PAGES	:	1/3

Invoice No.　　　：　IE00091403

PO NO.　　　　　：　02-004131-3

PI NO.　　　　　：

Consignee.　　　：　ABC (U.K.) LTD.

No. of Packages　：　ONE (1) PACKAGE OF ELASTIC CORD

By　　　　　　　：　BOAT

B/L or AWB No.　：　LON9211-0126

Sailing on/about　：　27 OCT, 2010

SPECIMEN

Enclosed herewith following copies：

Invoice　　　　：　　　　　　　1

Packing List　　：　　　　　　　1

Bill of Lading　 ：

AWB　　　　　：

Remarks　　　　：

表 4-15 提單 (Bill of Lading, B/L)

EVERGREEN
EVERGREEN MARINE CORPORATION

BILL OF LADING

(2) Shipper/Exporter × × × × × × × × × × × × × × × ×	(5) Document No.
	(6) Export References
Shipper code	
(3) Consignee (complete name and address) × × × × × × × × × × × × × × ×	(7) Forwarding Agent-References

(4)Notify Party (complete name and address) SAME AS CONSIGNEE	(8) Point and Country of Origin (for the Merchant's reference only)
	(9) Also Notify Party (complete name and address)
Notify code SQF 260039	

(12) Pre-carriage by	(13) Place of Receipt/Date KEELUNG, TAIWAN	
(14) Ocean Vessel/ Voy. No. YM PEARL RIVER I 92S	(15) Port of Loading KEELUNG, TAIWAN	(10) Onward Inland Routing/Export Instructions (for the Merchant's reference only)
(16) Port of Discharge HONG KONG	(17) Place of Delivery TANGXIA, GUANGDONG	

Particulars furnished by the Merchant

(18) Container No. And Seal No. Marks & Nos.	(19) Quantity And Kind of Packages	(20) Description of Goods	(21) Measurement (M²) Gross Weight (KGS)
CONTAINER NO./SEAL NO. EMCU3063057/20'/EMCLC83834 NO MARK	230 PKGS 1×20'	HIGH TEMPERATURE GREASE COMPRESSOR OIL HIGH TEMPERATURE CHAIN OIL NON-IONIC ORGANIC ***CITY TEL: 86-755-84182149 FAX: 86-755-84182150 "OCEAN FREIGHT PREPAID" SHIPPER'S LOAD & COUNT 230 PACKAGES	25.0000 CBM 18,013.000 KGS
(22) TOTAL NUMBER OF CONTAINERS OR PACKAGES (IN WORDS)	ONE (1) CONTAINER ONLY		

NON-NEGOTIABLE COPY

(24) FREIGHT & CHARGES	Revenue Tons	Rate	Per	Prepaid	Collect
		AS ARRANGED			

(25) B/L NO. EISU × × 003500921	(27) Number of Original B(s)/L THREE (3)	(29) Prepaid at TAIPEI	(30) Collect at
	(28) Place of B(s)/L Issue/Date TAIPEI MAY 21, 2011	(31) Exchange Rate US$1=NT$31.615	(32) Exchange Rate
(26) Service Type/Mode FCL/FCL O/D	(33) Laden on Board MAY 21, 2011 YM PEARL RIVER I 92S KEELUNG	EVERGREEN INTERNATIONAL CORPORATION By _____ AS AGENTS FOR THE CARRIER EVERGREEN MARINE CORPORATION	

RM NO. DOC-1-002-00

表 4–16　匯票 (Bill of Exchange)

INTERNATIONAL BANK OF TAIPEI

No: _____　　　　　　　　　　Taipei _____

For ___USD9,924.80___

At ___45 DAYS AFTER___　　sight of this FIRST OF EXCHANGE (Second unpaid)

Pay to the order of **INTERNATIONAL BANK OF TAIPEI**

The sum of U.S. DOLLARS NINE THOUSAND NINE HUNDRED TWENTY FOUR AND CENTS EIGHTY ONLY. _____ value received

Drawn under L/C No. ___M04P0403XU40099___　　Dated ___100330___

Issued by INDUSTRIAL BANK OF KOREA (HEAD OFFICE SEOUL) SEOUL KR

To: INDUSTRIAL BANK OF KOREA　　　　　HERD INTERNATIONAL CO., LTD.
　　(HEAD OFFICE SEOUL) SEOUL 50, ULCHIRO
　　2-GA,CHUNG-GU SEOUL, KOREA, REPUBLIC OF

SPECIMEN

- -
Authorized signature

表 4-17　產地證明 (Certificate of Origin)

1. Exporter's Name and Address	CERTIFICATE NO.
	EC05CA0389　Page 1 OF 1
	CERTIFICATE OF ORIGIN
2. Importer's Name and Address	(Issued in Taiwan)
	APPLICATION

3. Shipped on Board	6. Port of Discharge　塘廈
4. Vessel/Flight No.　"YM PEARL RIVER I" V. 92S"	7. Country of Destination　CHINA
5. Port of Loading　KEELUNG, TAIWAN	

8. Description of Goods; Packaging Marks and Numbers	9. Quantity/Unit
N/M　HIGH TEMPERATURE GREASE COMPRESSOR OIL HIGH TEMPERATURE CHAIN OIL NON-IONIC ORGANIC SAY TOTAL TWO HUNDRED THIRTY (230) PKGS ONLY.	16,457.00 KGS VVVVVVVVV

本證不得塗改，其經塗改者，無效 • This certificate shall be considered null and void in case of any alteration.

申請人（出口人）切結：The exporter hereby declares that:
1. 本證明書內所列之貨品原產地為臺灣。
1. The goods listed in this certificate originate in Taiwan.
2. 上述內容均已據實填報，並遵守「原產地證明書管理辦法」之規定，如有不實或有違法情事，願依貿易法第 28 堤規定接受行政處罰。
2. This certificate is truthfully filled out and in compliance with the "Regulations Governing Issuance of Certificate of Origin." Any false statement made in this document or violation of the relevant laws is subject to administrative penalty in accordance with Article 28 of the "Foreign Trade Act."
申請人（出口人）統一編號
Applicant's Business Account Number
申請人（出口人）名稱、地址 Applicant's Name and Address

10. Producer's Name and Address

茲證明本證明書內所列之貨品原產地為臺灣，本證明書將建檔保存二年。
It is hereby certified that the goods described in this certificate originate in Taiwan, and that this certificate shall be preserved and filed for two (2) years.

Stamp of exporter

Authorized signature

表 4-18　出口押匯申請書

APPLICATION FOR NEGOTIATION OF DRAFTS UNDER L/C

台北國際商業銀行　公鑒
To: INTERNATIONAL BANK OF TAIPEI

敬啓者　　茲依照本公司所簽發提供　貴行存執之質押權利總設定書
Dear sir Subject to the General Letter of Hypothecation we signed and filed at your bank

規定檢送本公司根據由 ....　銀行開發信用狀第　　　　　　號
we send you herewith issued by .... drawn under L/C No. **M04P0403xU40**

規定之下列裝運文件與 / 或匯票號碼　　　金額
documents and/or our draft No. .... for　USD 9,924.80

連 同 信 用 狀 申 請 押 匯
accompanied by the attached documents：

Document	Draft	Invoice	B/L AWB	Packing List	Cert. of Origin	Insurance Cert.	Inspect Cert.	Benefit Cert.				
Copies	2	2	1	3		2/2		3				

本　　公　　司　　負　　責　　保　　證　　決　　不　　使　　貴　　行
In consideration of your negotiating the above mentioned draft and/or documents, we undertake

因　讓　購　上　款　押　匯　單　據　而
to hold you harmless and indemnified against any discrepancy as may be indicated hereunder

遭　受　任　何　損　害。　上　項　單　據　因　瑕　疵（　不　論　由
or subsequently found by you or the L/C issuing/drawee bank which may cause non-payment

本　公　司　所　示　或　由　貴　行　或　由　開　狀　行 / 付　款　行　舉　列　）　而　發　生
and/or non-acceptance of the said documents. We shall refund you in original currency or

拒　付　或　拒　絕　承　兌　該　匯　票　金　額　全　數　或　一　部　等　事　情，　本　公　司
equivalent New Taiwan dollar at your choice the whole and/or part of the draft amount with

於　接　獲　　貴　行　通　知　願　立　即　如　數　以　原　幣　或　等　值　之　新　臺　幣　加　息
interest and/or expense that may by accrued and/or incurred in connection with the above

償　還　並　願　負　擔　一　切　因　此　而　支　付　之　費　用。
upon receipt of your notice to that effect.

Discrepancies (瑕 疵 內 容 如 下)
☐LATE SHIPMENT　　☐LATE PRESENTATION　　☐L/C EXPIRED　　☐PARTIAL SHIPMENT
☐OVER DRAWN　　☐TRANSHIPMENT　　☐　　　　　☐

本　公　司　充　分　瞭　解　　貴　行　於　求　償　清　算　銀　行　或　開　狀　行　將　會
We further authorize you to debit our account concerning reimbursement charges, because

由　求　償　金　額　中，　逕　行　扣　除　電　報、　瑕　疵　等　各　種　費　用，　如　有　上　述　費　用
we understand that reimbursement bank or issuing bank may deduct cable/telex charges from

時，　　本　公　司　同　意　授　權　貴　行　得　憑　該　等
the proceeds of your reimbursement claim. Should any charge or expense levied by them, we

銀　行　之　電　報　或　對　帳　單　或　其　他　任　何　方　式　之　通　知　單，
authorize you to debit our account directly based on their telex/cable advice or

逕　行　於　本　公　司　帳　戶　內　扣　除。
statement or any from of their advice.

本筆出口案件　☐請以信用狀項下託收方式處理。
　　　　　　　☐請以出口押匯方式辦理。

款項處理方式如下：
☐　存入新臺幣帳號 ....
☐　存入外匯戶帳號 ....
☐　償付(☐A/P ☐BB)金額 ....
☐　匯出匯款 (附申請書) 　　　　　　　份
☐　按預售契約 .... 號折換新臺幣
☐　其他：償還 .... 項下貸款

SPECIMEN

聯絡人　　　　　聯絡電話

Yours faithfully.
For and on behalf of
HERD INTERNATIONAL CO., LTD.

經襄副理		覆核		經核辦章	
				日期	

_____ Authorized Signature
申請人簽章（請蓋原留印鑑）

匯 003b　92.7.1x50x100 本　模造 80P

表 4–19　開發信用狀申請書

國際部或外匯指定單位				
經理	副理	科長 襄理	副科長	經辦

開發信用狀申請書

APPLICATION FOR ISSUING AN
IRREVOCABLE DOCUMENTARY CREDIT

受理單位		
經理/主任	副襄理	經辦

申請日期 99 年 9 月 11 日

部、分行
辦事處

第一商業銀行 台照

受理單位：

TO: **FIRST COMMERCIAL BANK**

茲請貴行依下列條款開發不可撤銷信用狀一份
I/WE HEREBY REQUEST YOU TO ISSUE AN IRREVOCABLE
DOCUMENTARY CREDIT UPON THE FOLLOWING TERMS
AND CONDITIONS

通知銀行 Advising Bank（尚位指定，則由銀行填寫）
XX, RUE, l'AVENIR BP74, 42003
SAINT-ETIENNE CEDEX01, FRANCE

[59] 受益人 Beneficiary

[20] 信用狀號碼 Credit No.（由銀行填寫），　[31C]日期 Date
2NM2/00241/1145

[50] 申請人 Applicant（英文名稱及地址）
ABC ENTERPRISE CO., LTD.
4FL., NO. ××, SEC. 2, YEN JIOU YUAN RD, TAIPEI CITY, TAIWAN

To be advised by
☐ 航郵 Airmail　☐ 簡電 Brief Cable　☑ 全電 Full Cable

[31D] 信用狀有效日期及地點 Expiry date and place
2010.12.11

[32B]信用狀金額（小寫）: 25,535.46
Amount Say（大寫）: EURO TWENTY FIVE THOUSAND AND
FIVE HUNDRED THIRTY FIVE AND FORTY SIX CENTS
ONLY.

[41m] 以讓購／付款／承兌／延期付款方式在任一銀行／通知銀行使用憑受益人依商業發票金額簽發以責行／責行國外通
行為付款人之匯票，並於
Available with Any Bank／Advising Bank by Negotiation/Payment/Acceptance/Deferred Payment of beneficiary's draft at

☒☒ [42] ☐sight ＿＿ days after sight/shipment date for full invoice value drawn on you/your correspondent against the
following conditions and documents required: (marked with ☒)
見票／提單簽發＿＿＿日後付款，並須符合下列作☒記號之條件及檢附下列作☒記號之各項單據

[78] 對付款／承兌／讓購銀行之指示
Instructions to the Paying/Accepting / Negotiating Bank:
遠期信用狀利息由申請人／受益人負擔
Interest are for ☐ Applicant's ☐ Beneficiary's account.

本遠期信用狀利息由申請人負擔，請　貴行
☒ 對外開發即期信用狀，惟將內向　貴行融資　150　天。
☐ 對外開發受益人負擔＿＿天利息之遠期信用狀，另
自匯票到期日起向　貴行融資＿＿＿＿天。

☒☒ [43P] 分批裝運 Partial shipments: ☑准許 Allowed　☐不准許 Prohibited
☒☒ [43T] 轉運 Transhipment: ☑准許 Allowed　☐不准許 Prohibited
☒☒ [44] 裝載港、交貨地；卸貨港、目的地；最後裝運日
Shipment from ＿FRANCE PORT/AIR PORT＿ for transportation to ＿CKS PORT/KEELUNG＿ not later than ＿2010.11.20＿

☒☒ [45A] 貨物內容 Covering:（請概括綜列，勿太冗長，但仍須儘可能加註物品之數量及單價）
☑FOB ☐CFR ☐CIF ☐FCA ☐CIP （價格條件）
LOUDSPEAKERS AND PARTS

SPECIMEN

☒☒ [46A] 所需單據 Documents Required:
☒ 1. 商業發票六份標明本信用狀號碼
Signed commercial invoice in six copies indicating this credit number.
☒ 2. A.全套減一份／B.全套 海運提單以責行為抬頭人，以敝處為被通知人，註明運費付訖／付訖，並標明本信用狀號碼。
☑ Full set less one / ☐ Full set of clean on board marine Bills of Lading made out to the order of FIRST COMMERCIAL
BANK notify applicant, marked "Freight Collect/Prepaid" and indicating this credit number.
☐ 3. 空運提單以責行為抬頭人，以敝處為被通知人，註明運費付訖／付訖，並標明本信用狀號碼。
Clean air waybills consigned to FIRST COMMERCIAL BANK notify applicant, marked "Freight Collect/Prepaid" and
indicating this credit number.
☐ 4. 照發票金額百分之壹百壹拾投保之全套正本保險單，註明以同種貨幣賠償在臺灣給付並作空白背書，其保險範圍包括：
Insurance policy or certificate all the originals, endorsed in blank for 110% of invoice value stipulating that claims are payable
in Taiwan in the same currency and including:
1982 Institute Cargo Clauses ☐(A) ☐(B) ☐(C) ☐(AIR) 1982協會貨物保險條款(A)／(B)／(C)／(航空險)
☐ 1982 Institute War Clauses (Cargo) ☐ 1982 Institute Strikes Clauses (Cargo) 1982協會貨物保險條款兵變條款／罷工條款
☒ 5. 包裝單 Packing list in ＿＿＿4＿＿＿ signed by beneficiary.
☐ 6. 其他單據 Others:

☐ 7. 受益人證明書，證明　A.各單據副本和一份正本運送單據／B.各單據副本　已由受益人直接以航郵寄交信用狀申請人。
A certificate signed by beneficiary stating that ☐ one non-negotiable set of the stipulated documents and one original
transport documents/☐ one non-negotiable set of the stipulated documents have been airmailed directly to the applicant.
[47A] 附特別條款如下 Special Instructions:
☐ 本信用狀可轉讓並限由通知銀行辦理轉讓　　　　This Credit is transferable and to be transferred by Advising Bank only.

☒☒ [71B] 費用：所有國外費用由申請人負擔／所有國外費用除開狀費用外由受益人負擔。
Charges: ☐ All banking charges are for applicant's account.
☐ All banking charges except our opening charges are for beneficiary's account.
☒☒ [48] 提示期間：單據須於貨物裝運日後＿21＿日內且於本信用狀有效日期前提示。
Presentation period:Documents to be presented within ＿＿21＿＿ days after the date of shipment but within the validity of this
credit.
☐ [49] 保兌 Confirmed: 保兌費用由申請人／受益人負擔 Confirming charges are for ☐ Applicant's ☐ Beneficiary's account.
☐ [53s] 補償銀行 Reimbursement bank（由銀行填寫）

	主管
	核對
	打字
	經辦

表 4-20 進口單據到達通知書

第一商業銀行　　　　　進口單據到達通知書

UNPAID DEADLINE	OCT. 02, 2010								拒付截止日期：	
分行：145	21 EUR	☑未贖單 □已贖單 □即期 ☑遠期							日期：SEP. 25, 2010	

IMPORTER ABC ENTERPRISE CO., LTD.									ISSUING DATE	NEG. DATE
12310607									SEP. 11, 2010	SEP. 23, 2010
L/C NO.: 2NM2/00241/1145			IB NO. 003891						REIM. BANK NO.	B/L DATE
CITIFRPPXXX 6152263555									00000000000	SEP. 12, 2010
DRAWER					INT. FROM				TENOR 150 DAYS	MATURITY
					SEP. 23, 2010				AFTER SIGHT	FEB. 20, 2011

D O C U		DRAFT	INV.	B/L	INS.	BENE. CTF.	CTF. ORIG.	P/L	W. M/L	INSP CERT.	OTHER	c%R
	ORIG.	2	6	2/3+1C		1		4				1C
	DUP.											

DRAFT AMOUNT	預結匯 NO.	NEG.	CITIBANK INTERNATIONAL PLC	
25,535.46		BANK	19 LE PARVIS, CEDEX 36	

保證金抵用		貼現息　7.150 % PA		未結匯			
	0.00		760.74	金　額		25,535.46	0.00

DOCUMENTS ARE SHOWN THE FOLLOWING DISCREPANCY(IES)：		0.00
	25,535.46	
25,535.46		

敬啟者：

　　上列單據已到達，為維護　貴客戶之權益，請即來行檢視單據及在進口單據到達聲明書簽蓋原留印鑑，並請在右上角之拒付截止日期以前來行辦理贖單／承兌手續，以便提取單據；對於有瑕疵之單據，亦請於進口單據到達聲明書上註明是否接受，於該拒付截止日期以前送回本行，倘該日期內仍未見覆，視同貴客戶已同意接受單據並付款。至於信用狀所未規定之文件或單據，係屬受託轉交僅供貴客戶收執參考，本行不負認定審核之責。

　　25,535.46　　　　　　　　　　0.00　　　　　　　　　　　　　　COMMERCIAL BANK
　・11：26：12　　　　　NHTW
　　　　　　　　　　　　羅苑禎

SPECIMEN

　　　　　　　　　　　　　　　　　　　　　　　　　　　AUTHORIZED SIGNATURE

進127(6－3) 9 2/16 "×11"×6P 91.1.100箱

表 4–21 輸入檢驗合格證書 (Certificate of Import Inspection)

中華民國經濟部標準檢驗局
BUREAU OF STANDARDS, METROLOGY AND INSPECTION,
MINISTRY OF ECONOMIC AFFAIRS
REPUBLIC OF CHINA

輸入檢驗合格證書
CERTIFICATE OF IMPORT INSPECTION

發 證 日 期　　　　　　　　　　　　　　　　　　　　　證 書 號 碼
Date of Issue　NOV. 21, 2010 14:49　　　　　　　　　Certificate No. 207A2002183–00–7

1. 申請人(統一編號)
   Applicant　　　　　　　CO., LTD.　　　　　　　　　　　　　　　80307848

2. 品　　名　　　　　　　　　　　　　　　　　　　　　商品標準分類號列
   Commodity　　On List　　　　　　　　　　　　　　　C. C. C. Code　　On List

3. 規　　格
   Specification　　On List

4. 製 造 廠 及 其 代 號
   Manufactory & Code of manufactory　　UD. MINA SARI SEDANA

5. 數　　量　　Total: 23 CTN　　　　　　　On List
   Quantity　　(TWENTY-THREE CTN)

6. 總　淨　重
   Total net weight　　384 KGS

7. 起 運 地 點
   Port of Shipment　　ID INDONESIA

8. 原　產　國
   Original Country　　ID INDONESIA

9. 檢 驗 標 識 號 碼
   Inspection Label Nos.　　NIL

10. 檢驗日期
    Date of Inspection　　AUG. 26, 2010

11. 檢　驗　結　果
    Inspection results
    　　　　　　THIS ITEM IS OMITTED

12. 備　　註
    Remarks:　ALL BLACK

13. 本 證 所 載 商 品 經 檢 驗 合 格 ， 證 書 有 效 期 限 至 *** 年 ** 月 ** 日 止
    It is hereby certified that the commodity listed above has been inspected and passed. This certificate expires on
    　　　　　以下空白不填

　　　　　　　　　　　　　　　　　　　　　　　　　由經濟部標準檢驗局或所屬發證機關發證
　　　　　　　　　　　　　　　　　　　　　　　　　This certificate shall be issued by BSMI or its
　　　　　　　　　　　　　　　　　　　　　　　　　branches.

本證書必須加蓋發證機關鋼印後生效
This certificate will become effective
Only when stamped with this Bureau's seal

90.8.509,500

表 4-22　進口報單 (Import Declaration)

關01001

進口報單

類別代號及名稱(7) G1 外貨進口		聯別 進口證明用聯	共　1　頁　收單 第　1　頁

報關人名稱、簽章	專責人員 姓名、簽章	報單（收單關別 轉自關別 民國年度 船或關代號 擬單或收序號） 號碼 DA ／ ／ 99 ／ ／ (8)		理單編號	
三民報關有限公司	張本怡	統一編 號(9) ××× 納稅義務人(中、英文)名稱、地址 ××××××××××××××	海關監管 編號(10)	繳 (11) 1	進口日期(民國)(16) 99 年 04 月 18 日	報關日期(民國)(17) 99 年 04 月 19 日

				離岸價格(18) FOB Value	幣別	金　額 (本欄空白)
				運　費(19)		(本欄空白)
		案號 (12)	特 (13) N	保險費(20)		(本欄空白)
124 (1)	00190 (2)	賣方國家代碼、統一 編號、海關監管號 名稱、地址(14) ×××××× TRADING INC.	JP CCBLTG	加(21) 應 減(22) 費用		(本欄空白)
提單號數(3) USTAC7205				起岸價格(23)		(本欄空白)
貨物存放處所(4) TXG0342C34號碼頭	運輸方式(5) 2			CIF Value	TWD	(本欄空白)
起運口岸及代碼(6) OSAKA JPOSA		進口船(機)名及呼號(班次)(15) TS SHANGTAI V. 508S	ELYE8	國外出口日期(民國)(24) 99 年 04 月 14 日	外幣匯率 0.29490	

項 次 (27)	貨物名稱、牌名、規格等(28)	生產國別(29)	輸入許可證號碼─項次(30) 輸出入貨品分類號列(31) 稅 則 號 別	統計 號別 (主管機關指定代號)	檢查 查號 碼	單 價 金 額 (32)	條件、幣別 淨重(公斤)(33) 數量(單位)(34) (統計用)(35)	完稅 價格(36) 數量	進口稅率 (37)	從價 從量	納稅辦法 (38) 貨物稅率 (39)
		JAPAN–JP	NIL				32,000.00				
1.	USED MACHINES		8457.10.00.00–0				1 SET	(本欄空白)			
	"MAKINO" HORIZONTAL		( )			(本欄空白)	(1 SET			以下空白	
	MACHINING CENTER MODEL: H–1713 1985年製										
						TOTAL:	32,000.00 1 SET				
			( )				1 SET) vvvvv				

總件數(25) 11	單位 PKG	總毛重(公斤)(26) 32,000.00	海關簽註事項		進口稅	(本欄空白)
標 記 及 貨 櫃 號 碼	HSIUNG CHIEH CBT–CH–0152 TAI CHUNG NO. 1–1–11 MADE IN JAPAN CONT NO.: TCKU9515409/1/4500 　　　　　TSLU4507501 /1/4500 　　　　　TTNU3819361 /1/2200					(本欄空白)
			收單建檔補檔	核發稅單	推廣貿易 服 務 費	(本欄空白)
						(本欄空白)
		SPECIMEN	分估計稅銷證	稅款登錄		(本欄空白)
						(本欄空白)
其 他 申 報 事 項	本批須申請進口證明聯		分估複核	放行	稅費合計	(本欄空白)
					營業稅稅基	
			通關方式	(申請)查驗方式	滯納金 (日)	

表 4-23 提貨單 (Delivery Order, D/O)：俗稱小提單

copy

陽明海運股份有限公司
YANG MING MARINE TRANSPORT CORP.

小 提 單

D/o NO.

艙 單 號 碼
MANIFEST NO. ___5023___

受貨人：
MESSRS.

提單號碼
B/L NO. ___I304003344___

請於經上列受貨人背書並繳清一切費用後，請閣下將下開貨物交與
Please deliver the under-mentioned cargo to the above person upon endorsement and payment of all freight and charges.   GRACEL

船 名 Vessel: J8WO2 P&O NEDLLOYD VESPUCCI	航 次 Voy. No. V. 23W13	裝 貨 港 Port of Loading K	卸 貨 港 Port of Discharge KEELUNG
投單日期 Manifest Tendered on 2010/05/03	交貨地點 Place of Delivery 017A1030 (AA) 基隆陽明櫃場	海關掛號 Customs Reg. No. 942265	裝船日期 On Board Date 2010/04/30

托貨人所填報之貨物內容 Particulars furnished by Shipper

標 記 及 號 碼 Marks and Numbers	貨物件數 Number of Packages	包裝式樣 Description of Packages	貨色 Contents	重量 weight (kgs)	呎碼 Measurement (CBM)
N/M		38 PKG	38 PKGS (20 PLTS + 18 CTNS) COMPUTER PARTS DEM Free Days	KGS CBM DET Free Days	5,864.590 26.430
CAXU6342597 20DC	1/2200		SPECIMEN		

AMOUNT OF FREIGHT & CHARGE

ID P/C	AMOUNT

copy

貨物如發現短損請在提貨當時即以書面通知本公司。如短損並不顯著，則請在提貨後三天之內以書面通知本公司。所有索賠資料並請在通知後卅日內送達本公司，逾期恕不受理。

放貨憑章

Yang Ming Marine
Transport Corp. as carrier
By _____

表 4-24　海關進口貨物稅費繳納證

海關進出口貨物稅費繳納證 簡 5110 兼匯款申請書　　　　　　　　DA				繳款截止日期	99/04/02		第一聯：收據聯
				稅單號碼	DAI11138561047		
納稅義務人 或貨物輸出（出售）人　　ABC ENTERPRISE INC.				統一編號	04254342		交繳款人收執
進出口別 （I/E） I	貨物進口日期 100/03/14	出口收單日期	船（機）名及呼號（班次） BLBT	稅　費　項　目		金額（新臺幣：元）	
				進　口　稅		$23,652	
報關行箱號 146	提裝貨單號碼 0084009054	報單號碼 DA/　/93/F898/0003		商 港 建 設 費			
				推廣貿易服務費		$121	
應否查驗 N	出口貨物離岸價格（新臺幣：元）	貨名 68112000307					
件數 12 PLT	列印者代號 C1	核發機關					
2	1. 扣繳未成 2. 申請繳現 3. 先放後稅擔保額度 　不足 4. 申請 EDI 線上扣繳	填發日期 100/03/19	財政部臺中關稅局印				
		填發關員		營　業　稅		$15,782	
				稅　費　合　計		$39,555	
				營 業 稅 稅 基		$315,658	

利用通匯辦理繳款者請填列：

解款行：關貿網路股份有限公司　　戶名、帳號、地址、電話、繳款處詳見背面

代號：9950016

SPECIMEN

臺銀臺中港分行　臺中關稅局駐庫國庫代理收款章　①□壹

收款銀行戳記

銀行代號

徵稅機關 1 財政部臺中關稅局　電話：04-26565101~9

第五節　貿易單據的審核要點

一、單據的概念

　　國際間的買賣交易由於受到時空的限制,很難像在便利商店進行交易一樣,可以用「一手交錢,一手交貨」的方式來進行買賣。因此,單據就成了辦理貨物交付和貨款支付的一種依據。單據可以表明出口商是否履約與履約的程度。進口商以單據作為提取貨物的貨權憑證,握有單據,即握有貨物所有權。正確無誤的單據是貨款迅速求償的先決條件。

二、貿易單據處理要點

⑴依單據的不同來源,多方相互勾稽確認單據的正確性。

⑵貨物出口前,應傳真一份完整文件給客戶作最後確認,若有錯誤可及時予以修正。

⑶依國家別建立出口文件檔案供未來同類交易參考,這些文件檔案須隨時依出口國相關法令的變更進行更新。

⑷建立公司文件審核的內部控制機制。

⑸文件送出前,確認已至少保留一份完整且有效的文件,用以因應如類似文件遺失等意外事件之所需。

三、貿易單據的審核

(一)單據整體審核要項

(1)單據語言使用是否正確。

(2)單據上所有文字、數字是否正確無誤。

(3)單據間相關資料是否一致,是否單單相符、單據相符。

(4)單據需要的正確份數是多少。

(5)單據格式是否正確。

(6)單據是否須經領事或公證單位簽證。

(7)單據隨貨附送亦或須先行寄出。

(8)單據上須經何人簽署。

(9)單據出具或提示日期是否符合要求。

㈡個別單據審核要點

1.**匯票** (Bill of Exchange; Draft)

(1)匯票的付款人名稱、地址是否正確。

(2)匯票上金額的大、小寫必須一致。

(3)付款期限要符合信用狀或合約（非信用狀付款條件下）規定。

(4)檢查匯票金額是否超出信用狀金額，如信用狀金額前有「大約 (About; Approximately)」一詞，可有 10% 的增減❶幅度。

(5)出票人、受款人、付款人都必須符合信用狀或合約（非信用狀付款條件下）的規定。

(6)信用狀貨幣名稱應和發票上的一致。

(7)出票條款是否正確，出票所根據的信用狀或合約號碼是否正確。

(8)是否按需要進行背書。

(9)匯票是否由出票人進行簽字。

(10)匯票份數是否正確，如「只此一張」或「匯票一式二份，有第一匯票和第二匯票」。

2.**商業發票** (Invoice)

(1)抬頭人必須符合信用狀規定。

(2)簽發人必須是受益人。

(3)商品的品名描述必須完全符合信用狀的要求。

(4)商品的數量必須符合信用狀的規定。

(5)單價和價格條件必須符合信用狀的規定。

---

❶　相關規定請參閱信用狀統一慣例 (UCP 600) 第 30 條。

⑹提交的正副本份數必須符合信用狀的要求。

⑺信用狀要求表明和證明的內容不得遺漏。

⑻發票的金額不得超出信用狀的金額。

3. 保險單據

⑴保險單據必須由保險公司或其代理出具。

⑵投保加成必須符合信用狀的規定。

⑶保險險別必須符合信用狀的規定並且無遺漏。

⑷保險單據的類型應與信用狀的要求相符，除非信用狀另有規定，否則銀行不接受保險經紀人出具的暫保單。

⑸保險單據的正副本份數應齊全，如保險單據註明出具一式多份正本，除非信用狀另有規定，所有正本都必須提交。

⑹保險單據與信用狀上的幣別應相同。

⑺包裝件數、嘜頭等必須與發票和其他單據一致。

⑻運輸工具、起運地及目的地，都必須與信用狀及其他單據一致。

⑼如有轉運，保險期限必須包括運輸全程。

⑽除非信用狀另有規定,保險單的簽發日期不得遲於運輸單據的簽發日期。

⑾除非信用狀另有規定，保險單據一般應作成可轉讓的形式，以受益人為投保人，由投保人背書。

4. 運輸單證

⑴運輸單據的類型須符合信用狀的規定。

⑵起運地、轉運地、目的地須符合信用狀的規定。

⑶裝運日期、出單日期須符合信用狀的規定。

⑷收貨人和被通知人須符合信用狀的規定。

⑸商品名稱可使用貨物的統稱，但不得與發票上貨物說明的寫法相抵觸。

⑹運費預付或運費到付須正確表明。

⑺正副本份數應符合信用狀的要求。

⑻運輸單據上不應有瑕疵批註。

⑼包裝件數須與其他單據一致。

(10)嘜頭須與其他單據一致。

(11)全套正本都須蓋妥承運人的印章及簽發日期。

(12)應背書的運輸單據須予背書。

5. **其他單據**

如包裝／重量單、產地證明書、商檢證明等，均須先與信用狀的條款進行核對，再與其他有關單據核對，求得單單一致、單據一致。

四、常見單據錯誤

(1)匯票大小寫金額打錯。

(2)匯票的付款人名稱、地址打錯。

(3)發票的抬頭人打錯。

(4)有關單據如匯票、發票、保險單等的貨幣名稱不一致或不符合信用狀的規定。

(5)發票上的貨物描述不符合信用狀的規定。

(6)多裝或短裝。

(7)有關單據的類型不符合信用狀要求。

(8)單單之間商品名稱、數量、件數、嘜頭、毛淨重等不一致。

(9)應提交的單據提交不完全或份數不足。

(10)漏簽字或蓋章。

(11)匯票、運輸提單、保險單據上未依要求進行背書。

(12)逾期裝運。

習題

是非題

(　) 1. 我國關於動植物及其產品的檢疫，係由經濟部標準檢驗局執行。

(　) 2. 進口報關核定為 C1 通關者，即直接進入分類估價計稅作業。

(　) 3. 我國進出口貨品管制採「負面表列」方式，係指未列於表上者即須辦理進出口簽證。

(　) 4. 外貿協會 (TAITRA) 等機構所編纂的各國市場調查報告，為市場研究之初級資料。

(　) 5. 國際貿易很難一手交錢一手交貨，通常僅能藉由單據來表明出口商是否履約與履約的程度。

選擇題

(　) 1. 國際貿易交易中所牽涉到日期有 a.信用狀開狀日；b.信用狀有效日期；c.裝船日；d.結關日，其先後順序應為　(A) abcd　(B) acbd　(C) adcb　(D) dcab。

(　) 2. 下列哪一步驟應於進口贖單之後辦理?　(A)進口簽證　(B)開發信用狀　(C)進口報關　(D)押匯。

(　) 3. 下列哪一項單據為外部單據?　(A) Invoice　(B) Bill of Lading　(C) Packing List　(D) Draft。

(　) 4. 何者是貿易商進行市場調查時，蒐集初級資料的來源?　(A)外貿協會編纂的市場報告　(B)報章雜誌所發布的資料　(C)本國駐外使館提供的資料　(D)直接派遣行銷人員至國外市場實際查訪。

(　) 5. 下列何者為賣方應買方要求，預擬買賣內容與金額所製作的單據?　(A) Proforma Invoice　(B) Packing List　(C) Bill of Lading　(D) Bill of Exchange。

(　) 6. 出口商於何時取得 S/O?　(A)洽妥艙位時　(B)出口簽證時　(C)出口檢驗時　(D)貨物裝船時。

問答題

1. 試簡述進出口貿易流程及其相關單據。
2. 在信用狀交易下，出口商於貨物裝船報關後，一般須取得或製作的押匯單據有哪些？
3. 貿易單據的概念及其處理要點為何？
4. 貿易單據的整體審核要項為何？

第五章

商品名稱、品質、數量與包裝

學習目標

商品的經濟義涵與種類
商品名稱的作用與意義
品質的表示方式
數量的單位與計算
包裝的種類與作用

Practices of
International
Trade

所謂的「商品 (Commodity; Goods; Merchandise; Article)」，乃泛指可提高消費者「效用 (Utility) ❶」水準的財貨與服務 (Goods and Services)。依商品形態的不同，一般可將商品概分為兩大類型，一為具有實體形態之物質商品 (Material Goods)；另一則為不具形體的無形商品 (Intangible Goods)，亦即所謂的服務商品 (Services)。由於「**服務商品貿易 (Trade in Services)**」的重要性與日俱增，因此在「關稅暨貿易總協定 (GATT)」下的烏拉圭回合談判 (1986–1993) 即將服務貿易的相關議題納入討論，並於 1994 年簽訂了「服務貿易總協定 (GATS)」，在後繼之「世界貿易組織 (WTO)」中正式納入規範管理。

　　服務貿易的相關專業議題，並非本書所涵蓋的討論範圍。因此本章仍僅以一般傳統貿易標的──「實體商品」的相關事項為討論範疇。本章將就實體商品本身之於國際貿易實務裡所牽涉到的相關問題，諸如商品的名稱、品質、數量與包裝等有關問題，予以介紹與說明。

　　關於我國目前主要的進出口商品類別有哪些？其金額比例為何？根據財政部統計處「進出口貿易統計」資料進行整理，並試以如下之統計圖示，表達我國現行進出口商品類別的結構與其消長趨勢，方便讀者對於我國主要進出口商品的類型有一概略性的瞭解。

　　由下列圖表顯示，我國目前最大宗的進出口商品還是以電機電子類產品為主，惟該類產品的產值占整體進出口金額的比例，已逐年縮小。或許讀者可以望圖生義，從中發現臺灣產業結構的改變趨勢與可能的貿易商機所在。

服務商品貿易

「服務貿易」一詞來自於「關稅暨貿易總協定」1972 年的談判決議。1994 年簽訂的「服務貿易總協定」對服務貿易作了如下定義：⑴從一成員方的國境向任何其他成員方的國境提供服務，例如，外國律師所提供法律諮詢服務等。⑵在一成員方的國境內向任何其他成員方的服務消費者提供服務，例如旅遊、求學等。⑶通過一成員方的（服務提供實體）法人在另一成員方境內的商業存在提供服務，例如，外國分行或分公司所提供金融、保險服務等。⑷由一成員方的自然人在任何其他成員方境內提供服務，例如，境外勞務服務等。

「世界貿易組織」提出了以部門為中心的服務貿易分類方法，將服務貿易分為 12 大類：商業性服務、通訊服務、建築與相關的工程服務、銷售服務、教育服務、環境服務、金融服務、健康及社會服務、旅遊及相關服務、文化娛樂及體育服務、交通運輸服務、其他服務。

---

❶　經濟學上試圖以效用水準的高低來精確地衡量人類欲望的滿足程度。

我國主要出口貨品

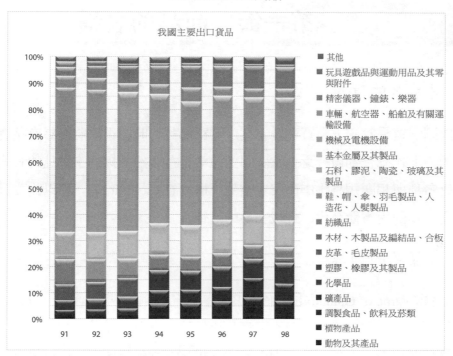

我國主要進口貨品

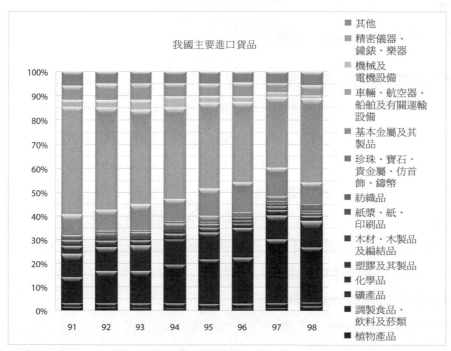

資料來源：「進出口貿易統計」，財政部統計處。

第一節 商品的名稱

(一)列明品名的意義

於國際貿易實務上，買賣雙方在訂定交易契約時，很難將交易商品實體置於合約之上作為合約履行之依據。因此通常是在合約上以文字敘述的方式，將商品之名稱與相關規格作準確與完整的「描述 (Description)」，藉以作為買賣合約上交易標的之實體替代，促成交易的進行。

(二)品名條款的內容

品名 (Name of Commodity) 條款乃涵蓋商品名稱、型號、等級、產地等，必須是能客觀、準確地描述買賣交易標的之述語。亦有將品質與規格等詳細資料概括於品名條款之中的作法，但若品質、規格描述較複雜時，則以另立品質條款詳述為宜。

(三)列述品名條款應注意問題

1. 品名的描述必須明確、具體

應避免使用空泛與籠統用語，例如將品名定為「空調設備 (Air Conditioning Equipment)」即可能過於空泛，應該具體明定為「窗型冷氣機 (Window-type Air Conditioner)」或「分離式冷氣機 (Split-type Air Conditioner)」較為合宜。

2. 儘可能使用國際上通用的名稱

應避免使用地方性名稱，以免造成買賣雙方解讀上的差異，例如行動電話國內慣稱為「大哥大」，於國際上正確名稱應為「蜂巢式行動電話 (Cellular Mobile Telephone)」，交易時應以國際通用名稱為宜。

3. 注意有無同名異物的情形

對於同名異物的情況，例如 "Coke" 這個名稱就可以是「可口可樂」、「焦煤」亦或是「古柯鹼」。為避免混淆，於品名訂定時，應就該商品的規格與形態等，

作具體描述並寄送樣品，以實體樣品作為交易依據。

4. 注意有無同物異名的情形

某些商品的名稱可能因國家或地區而不同，例如「電梯」這項產品於美國慣稱為 "Elevator"，在英國則慣稱為 "Lift"。於商訂買賣合約時，應於該商品之相關不同名稱裡，擇一買賣雙方認同的品名，之後即須以此名稱貫穿整個交易過程中所有涉及的相關文件，避免因援用不同名稱而產生無謂爭議。

5. 品名與關稅的關聯性

名稱的不同是否會影響其適用關稅率的高低，亦是決定商品名稱時應加以考慮的問題之一，例如「靜相攝影機 (Still Image Video Cameras)」若以「數位靜相攝影機 (Digital Still Image Video Cameras)」報關，其關稅為免稅 (Free)。但若以「其他靜相攝影機 (Other Still Image Video Cameras)」名稱報關，其關稅則為 4.5%。基本上，品名須與產品實質內容一致。廠商欲利用品名差異獲取關稅利益，須注意的是，品名的認定可能因海關或關員的不同而有差異，並非廠商可一廂情願地自行認定貨品名稱。

6. 品名與運費的關聯性

品名的不同亦可能影響到運費成本的高低，此狀況的發生以美國線為主，因其運費計算方式乃隨貨品單價計價，例如「一般用紙」若以「廢紙」名義託運，其運費可能僅為原運費的 1/2 至 1/3。

第二節 商品的品質

一、品質的含義及重要性

所謂商品的品質 (Quality)，應泛指商品內在規格等級（如材質的良窳、尺寸的大小等）、功能表現質量（如精密度、耐用性等）與外觀形態的完整性（如色彩、包裝等）。若交易之商品不符原先約定的品質規範，即產生了所謂的品質瑕疵，違反合約的基本條款。根據經濟部國際貿易局的統計資料顯示，絕大部分的索賠糾紛即是肇因於品質的瑕疵問題。

二、品質的表達方式

(一)憑實物表達品質方式

1. 憑樣品交易 (Trade by Sample)

(1)憑賣方樣品交易 (Trade by Seller's Sample)

係由賣方提供樣品，經由買賣雙方認可並據此簽訂合約完成交易後，於交貨時的品質依據，即以賣方當時提供的樣品為準。在交易過程中可能的樣品形式如下：

①代表性樣品 (Representative Sample)

指賣方所提供之可代表日後整批交易貨物品質的少量實體貨品。

②複樣 (Duplicate Sample)

當賣方寄送代表性樣品予買方時，應至少留存一份相同的樣品，以備將來交貨或處理爭議時核對之用。賣方對於寄出的樣品與複樣均應編上相同的樣號 (Sample No.) 並註明寄發日期，以利買賣雙方聯繫查核之用。

(2)憑買方樣品交易 (Trade by Buyer's Sample)

係憑買方所提供的樣品，作為買賣貨物的品質依據，此類憑買方樣品進行交易的方式，在中國大陸亦稱為「來樣成交」。賣方於收到買方所提供的樣品後，須根據買方樣品製作一相同的樣品，供買方作確認之用，以利交易的進行並避免日後發生爭議。此經買方確認後的樣品稱「確認樣品 (Confirming Sample)」，又稱「對等樣品 (Counter Sample)」，於中國大陸亦稱為「回樣」。

(3)憑樣品交易應注意事項

①取樣應具有代表性，切勿以異於實際交貨品質的樣品作為成交樣品。

②成交樣品應留存「複樣」。

③如樣品係買方所提供者，應將來樣成交方式改為對等樣品成交。

④為避免貨樣無法完全一致，應於合約中敘明「品質與樣品大致相同

(Quality to be considered as being equal to the sample.)」字樣。

⑤為防止發生樣品智慧財產侵權問題，應於合約中規定「如由於買方所提供的樣品侵犯第三者權利時，由買方承擔一切法律責任。」

⑥寄送樣品時，為便於通關之用，通常於包裹內附上發票並於發票上註明「無商業價值 (No Commercial Value, N.C.V.)」與「僅供品質認定之用 (For quality valuation only.)」字樣。

2.憑現場看貨交易 (Trade by Inspection)

某些庫存品或須實地進行審視鑑定品質的貨品，如字畫、工藝品等，其品質的認定方式即是採取現場看貨的方式，於現場確認品質後進行交易。

㈡憑文字說明表達品質方式

1.憑規格、等級或標準交易 (Trade by Specification, Grade or Standard)

大部分農、工產品均有相關團體或政府訂定有關的品質標準規格，供業界作為買賣標準依據。以標準規格買賣商品時，無須以實物作為品質依據，僅以公認的標準規格或等級作為買賣品質標準。國際上常見的標準規格列舉如下：

(1) CNS (National Standards of the Republic of China)：中華民國國家標準。

(2) JIS (Japanese Industrial Standards)：日本工業標準。

(3) JAS (Japanese Agriculture Standards)：日本農林標準。

(4) ANS (American National Standards)：美國國家標準。

(5) BS (British Standards)：英國國家標準。

(6) DIN (Deutsche Industrie Normen)：德國國家標準。

(7) ISO (International Organization for Standardization)：國際標準組織。

(8) CE (Conformité Européenne)：歐盟強制性安全合格標誌。

2.憑中等平均品質交易 (Trade on Fair Average Quality, F.A.Q.)

憑 F.A.Q. 品質條件交易，主要乃運用於農產品的交易買賣。該條件係指交貨商品的品質以裝運時、裝運地當季所裝運商品的中等平均品質，為交貨品質條件之意，中國大陸稱此類貨品為「大路貨」或「統貨」。

可銷品質

....

美國統一商法 (Uniform Commercial Code, UCC) 中對於「可銷品質 (Merchantable Quality)」的釋義如下：

UCC §2-314 (2):

Goods to be merchantable must be at least such as:
(a) pass without objection in the trade under the contract description;
(b) in the case of fungible goods, are of fair average quality within the description;
(c) are fit for the ordinary purposes for which goods of that description are used;
(d) run, within the variations permitted by the agreement, of even kind, quality and quantity within each unit and among all units involved;
(e) are adequately contained, packaged, and labeled as the agreement may require;
(f) conform to the promise or affirmations of fact made on the container or label if any.

3. **憑良好適銷品質交易** (Trade on Good Merchantable Quality, G.M.Q.)

G.M.Q. 則係指賣方須保證所交付貨物的品質於商業上是良好可銷的品質水準。此條件多運用於無法藉由樣品或無國際公認標準物可循的情況下，如冷凍魚蝦、在途貨物 (Afloat Goods) 等。依此條件買賣，賣方只須保證其所售商品在品質上具有「**可銷性 (Merchantability)**」。

4. **憑品牌或商標交易** (Trade by Brand or Trade Mark)

品牌（中國大陸稱「牌號」）與商標均具有傳遞商品品質訊息的功能，因此當買方對於商品的品質訊息相對不足，亦即處於「資訊不對稱 (Information Asymmetric)」情況，無法掌握品質時，即通常藉由品牌的認知來確認該商品的品質水準。品牌與商品品質成功連結的商品，例如「大同 (Tatung) 電鍋」、「豐田凌志 (Toyota Lexus) 汽車」等。

5. **憑產地名稱交易** (Trade by Name of Origin)

某些商品因產地的自然條件與傳統加工技術等因素，所生產出具有地方性特色的產品，一般消費者對其品質的認知，係以該產地名稱為依據者，如新竹米粉、淡水魚丸等。

6. **憑規格說明書或型錄圖樣交易** (Trade by Specification or Catalog)

係以規格說明書與圖樣的方式來進行買賣磋商，此種交易方式適用於賣方難以提供實體樣品之大型或單價昂貴的商品，如機器設備、工業電腦等。於製作說明書或圖樣時，內容應力求周延與完整，期能充分表達產品的外形、規格、功能與注意要項等。

三、品質誤差幅度與公差 (Quality Tolerance)

㈠品質誤差幅度

1. 規定品質的容許誤差範圍

   例如：

   鴨毛含絨量 20% ± 1% (Duck Feather Down Content 20%, 1% more or less)。

2. 規定可接受的品質極限值

   例如：

   交易商品：大豆 (Soya Beans)。

   最高含水量：16% (Moisture 16% Max)。

   最低含油量：18% (Oil Content 18% Min)。

   最高混雜物：1% (Admixture 1% Max)。

   最高不完全豆粒：8% (Imperfect Grains 8% Max)。

㈡品質公差

係指國際間同業所公認的產品品質誤差水準，例如標示「全羊毛 (All Wool)」者，必須含有 90% 以上羊毛 (Wool)，否則極易導致貿易糾紛。

四、決定品質的時間與地點

關於交易貨物的品質認定時點，買賣雙方應依商品的特性與彼此協商地位的優劣態勢，於買賣合約上作明確的規範，以釐清雙方的責任義務範圍，避免滋生無謂的貿易紛爭。品質認定時點的規範，一般常見條件如下：

1. 出廠品質條件 (Maker's Quality Terms)

   貨物僅依製造廠商檢驗通過之品質為標準，此條件對製造廠商最為有利。

2. 裝船品質條件 (Shipped Quality Terms)

   以裝船時的品質為認定標準，一般乃以公證人或檢驗機構出具之報告書為證明。此條件下，賣方僅負擔至裝船時點的品質責任。

3. **起岸品質條件** (Landed Quality Terms)

　　指賣方須負責貨物於目的港卸落岸上時的品質能符合約定的標準，其品質水準的認定，一般亦可委由公證單位檢驗並出具證明。

4. **買方品質條件** (Buyer's Quality Terms)

　　係指貨物須送至買方處，並經買方檢驗符合約定標準。此條件當然對買方最有利。須經安裝試車的機械設備通常採用此法。

5. **若未於契約中明定以何種條件為品質確認依據時，通常以貿易條件的貨物風險移轉點為準。依貿易條件不同，其品質確認時點如下：**

貿易條件	品質確認時點
EXW	以在工廠交貨時的品質為準
FCA, CPT, CIP	以交給承運人時的品質為準
FAS, FOB, CFR, CIF	以在裝貨港裝運時的品質為準
DAT	以在目的港卸貨時的品質為準
DAP, DDP	以在目的地交給買方時的品質為準

第三節　商品的數量

一、計量單位

　　商品交易數量的核算基礎,應以該商品的物理形態或產品特性為決定基準。一般常見的計量單位有，個數、重量、長度、面積、體積等。計量單位決定的考量重點，應以能充分表現產品特性與有利於交易價格的計算為主，茲將各類計量單位的詳細名稱分述如下：

㈠個數 (Number)

　　此度量單位適用於一般雜貨與工業產品等商品交易，常見的單位如下：件 (Piece, PC)、套 (Set)、單位 (Unit)、打 (Dozen, DZ)、籮 (Gross)、大籮 (Great Gross，等於 12 籮)、捲 (Roll; Coil)、令 (Ream)、雙 (Pair, PR)、箱 (Case) 等。

㈡重量 (Weight)

此度量單位適用於穀物、棉花、羊毛等商品交易，其常見的單位如下：磅 (Pound, LB)、公斤 (Kilogram, KG)、公克 (Gram)、盎司（Ounce，等於 1/16 磅）、公噸（Metric Ton, M/T，等於 1,000 公斤或 2,204.6 磅）、長噸（Long Ton, L/T，或稱為英噸，等於 2,240 磅）、短噸（Short Ton, S/T，或稱為美噸，等於 2,000 磅）等。茲將重量的計算方法列述如下：

1. 按毛重 (Gross Weight, G.W.) 計算

毛重是指含包裝材料的重量，一般稱為「皮重 (Tare) 在內」的重量，毛重適用於單位價值不高的貨物，如海鹽等單位價值不高的貨品，可採以毛重作為計算價格基礎，此種以毛重作為計價基礎的方法，在國際貿易上慣稱為「以毛作淨 (Gross for Net)」。

2. 按淨重 (Net Weight, N.W.) 計算

若合約中或信用狀上未明確規定以毛重或以淨重作為計價基礎時，按慣例應以淨重計。

計算公式：

淨重 (Net Weight) = 毛重 (Gross Weight) − 皮重 (Tare)

3. 公量 (Conditioned Weight)

公量指用科學方法抽出貨品中的水分後，再加上標準含水量所得到的重量。此計重方式通常用於吸濕性強的商品，如棉花、生絲、羊毛等。

計算公式：

$$\text{公量} = \frac{\text{實際重量} \times (1 + \text{標準含水率})}{1 + \text{實際含水率}}$$

4. **理論重量** (Theoretical Weight)

指具有固定規格、形狀和尺寸的商品，如馬口鐵、鋼板等，只要規格一致，每件商品重量大致相同，故可以其件數來推算出商品總重量。

(三)長度 (Length)

此度量單位適用於電纜、繩索、布匹等商品交易，常見的單位如下：

碼 (Yard, Y)、英呎 (Foot, FT)、英吋 (Inch)、公尺 (Meter, M)、公分 (Center Meter, CM) 等。

(四)面積 (Area)

此度量單位適用於木板、皮革等商品交易，常見的單位如下：

平方碼 (Square Yard, Y^2)、平方英呎 (Square Foot, FT^2)、平方公尺 (Square Meter, M^2) 等。

(五)體積 (Volume)

此度量單位適用於木材、化學氣體等商品交易，常見的單位如下：

立方英呎 (Cubic Foot, FT^3; CUFT; CFT; 俗稱一才)、立方公尺 (Cubic Meter, M^3; CBM; 俗稱一材積噸，等於 35.315 立方英呎或才)、板呎 (Board Measurement Foot; BMF，等於 831/3 FT^3，此為原木丈量單位) 等。

(六)容積 (Capacity)

此度量單位適用於汽油、牛乳等液態商品交易，常見的單位如下：

加侖 (Gallon, GAL，等於 4 夸脫 Quarts 或 8 品脫 Pint 或 4.5461 蒲式耳 Bushel)、公升 (Liter)、立方釐米 (Cubic Centimeter, CC)、蒲式耳 (Bushel，等於 8 加侖或 36.369 公升) 等。

(七)其　他

如化學藥品常以百分比 (%) 為數量單位。

二、決定數量的時間與地點

交貨數量計算基準時點的決定，乃是買賣雙方協商議定的結果。決定數量的條件與上述的品質條件類似，買賣雙方均希望能採取對己方較有利的條件，惟究採何條件端視雙方議價能力而定。為避免發生爭議，數量條件的訂定應儘量能與貿易條件一致。一般而言，有下列三種數量決定條件：

㈠依裝船時的數量條件 (Shipped Quantity Terms)

此條件係指，以貨物裝船時之交貨數量為標準。此條件可免除貨物於長途運輸中滅失的風險，對於賣方較為有利。賣方多於裝船時取得經買方同意之公證公司簽發的數量證明文件，作為單證之一寄交買方，明其責任。

㈡依卸貨時的數量條件 (Landed Quantity Terms)

本條件乃以到達目的港之實際數量為計量基準，貨物在運輸過程中的減損概由賣方負責，買方僅接受起岸時的數量，此條件較有利於買方。惟買方若怠於提貨，未能於約定日期前完成提貨手續，因而所發生的貨物減損則由買方負擔。

㈢依貿易條件 (Trade Terms) 為基準

若未於契約或信用狀中明定以何種條件為數量確認基準時，通常以貨物的風險移轉點為準。依各貿易條件的不同，其數量決定的時間與地點如下：

貿易條件	數量確認時點
EXW	以在工廠交貨時的數量為準
FCA, CPT, CIP	以交給承運人時的數量為準
FAS, FOB, CFR, CIF	以在裝貨港裝運時的數量為準
DAT	以在目的港卸貨時的數量為準
DAP, DDP	以在目的地交給買方時的數量為準

三、數量差異允許幅度

商品買賣交易數量本應明確規定，以為履約之依據，但在實務上，由於某些商品的物理特性或受包裝與運輸條件上的限制，於實際交貨時的數量往往不易做到絕對準確無誤差，如易蒸發之液態商品等。為使交易容易進行與達成，買賣雙方得以在合約中規定可接受之交貨數量誤差幅度。

㈠溢短裝條款 (More or Less Clause, M/L Clause)

此條款又稱「寬容條款 (Allowance Clause)」，乃允許交貨數量不足或過多之相關規定，若差異未超過規定範圍，則視同賣方已照約履行。

㈡「約」數

儘量少用此類相關字眼，以避免履約上的爭議。信用狀統一慣例 UCP 600 第 30 條規定，於信用狀中所載數量前使用「約 (About)」、「大概 (Approximately)」或類似用語時，解釋為容許該數量 10% 以內之差額。若無上述「約」、「大概」等相關字眼時，5% 以內差額是可容許的。但若信用狀上明確規定貨物數量不得增減，或數量單位為明確之包裝或個別件數單位時，則不容許有任何數量差異存在。

第四節　商品的包裝

廠商往往容易忽略商品包裝之於品質的重要性。嚴格說來，商品包裝的良窳亦應被界定為商品品質的一環。就消費者立場而言，品質認定的時點應在貨品送交消費者接收之時。因此貨物於工廠出貨後，歷經各種運輸方式，直至貨物送達客戶端為止，在貨物流通的過程（運輸、保管、配送等）裡，如何能確保貨物的出廠品質，即端賴包裝的功能是否能有效地發揮。

一、包裝的種類和作用

(一)運輸包裝 (Shipping Packing)，亦即外包裝 (Outer Packing)

外包裝的目的在於，便於運輸、裝卸、辨識並能確保商品在長程運送過程中，免於損傷外觀亦或直接造成產品功能或結構的破壞。根據「海牙規則 (Hague Rules)❷」及一般運輸契約的規定，倘因貨物的包裝不良，致使貨物於運送過程中發生損傷，船公司可不負賠償責任。就外包裝的保護功能而言，其作業考量點在於商品的保護能力，因此包裝材料與形式的選用，即須符合產品特性並足以保護商品免於運輸過程中因上下、左右、前後震動、推擠或旋轉所造成的損壞。貨物置於貨櫃中或運輸工具上可能產生的運動狀況，茲以如下貨櫃拖車圖例列示並加以說明：

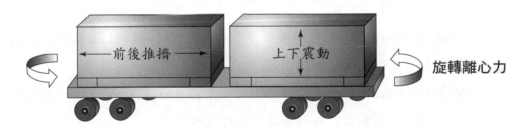

由如上圖例得知，貨物於運送過程中所可能產生的運動狀況，茲將廠商於進行外包裝設計、包裝材質與包裝形式的選擇時須注意的要點列示如下：

1. 外包裝尺寸設計

儘可能以貨櫃尺寸大小來設計外包裝尺寸，以期提高貨物裝櫃數量，降低貨物單位運費並減少填塞貨櫃空隙的作業與成本。貨物裝櫃後若存有空隙，須以適當的填充物❸將空隙填滿，以避免上圖所示的狀況發生時，造成商品損傷。

---

❷　海牙規則係 1924 年於比京布魯塞爾簽訂，全文共計 16 條。關於運送人免責事項，詳見海牙規則第 4 條第 2 項規定。

❸　須注意某些國家對於包裝材料的限制，如美國即禁止以稻草、新聞報紙或棉絮為包裝材料來包裹進口貨品。

2.包裝材質與形式的選擇

外包裝的材質與形式的選用主要考量點在於，廠商須依商品的特性與形態來選擇最適切的包裝方式與材質。除此之外，決定包裝種類時尚須將運送環境（氣候、裝卸次數、碼頭設備、海關規定等）與運送成本（包裝材料費、運費等）一併納入綜合考量，以期能以最經濟有效的方式，確實達成保護商品的目的。

茲將外包裝選用考量的原則揭示如下：

> 在確保包裝達成保護功能的情形下，尋求最低的包裝成本與運費

包裝形式的選擇，主要類型歸納如下：

(1)箱裝 (Case, C/S)：一般出口雜貨以箱裝的包裝形式最為普遍，其常見類型有下列三種：

　　①紙箱 (Carton)：是出口貨品最常使用的包裝方式，其特性為質輕、經濟、美觀且易於印刷標誌與說明等。

　　②木箱 (Wooden Case)：適用於須加強保護的商品，較紙箱成本高出許多，且由於其材質較重，亦可能增加運費成本。

　　③板條箱 (Crate, CT)：係以木條構成堅固不封閉的框架，適用於須通風或僅需堅固保護框架但無須密封的商品，如機械設備等。

(2)袋裝 (Bags)：適於包裝顆粒或粉狀貨物，如稻米或奶粉等。

(3)簍裝 (Basket, B'kts)：以竹片或樹枝編成的簍筐，用於包裝蔬菜、生果等貨物，此乃東方國家特有的包裝方式。

(4)桶裝 (Barrel, BBL)：適於包裝液體或粉狀貨品，如油料或酒類貨品。

(5)捆包裝 (Bale, B)：適合用於包裝蓬鬆貨品，如棉花、羽毛、羊毛等。

(6)散裝 (Bulk)：適用於無須包裝或無法包裝的商品，如礦砂等。

茲將包裝類型及適用商品參考表列式如下：

包裝類型及適用商品參考表

包裝名稱	適用商品
木箱 (Wooden Case)	一般雜貨、機件、食品等
紙箱 (Carton)	輕質雜貨等
板條箱 (Crate)	玻璃、機械設備等
茶箱 (Chest)	茶葉等
格子箱 (Skeleton Case)	洋蔥、馬鈴薯等
布袋 (Sack)	麵粉等
塑膠袋 (P.E. Bag)	粉狀化學品、穀類、飼料等
麻袋 (Gunny Bag)	玉米、小麥、雜糧等
紙袋 (Paper Bag)	水泥、肥料
大型桶 (Barrel)	酒、醬油等
中型桶 (Cask)	染料、醬油等
小型桶 (Keg)	鐵釘、螺絲帽等
大木桶 (Hogshead)	煙葉等
大鐵桶 (Drum)	油料、液體染料、電石等
罐 (Can)	油漆、藥品等
錫罐 (Tin)	罐頭食品、煤油罐等
瓶 (Bottle)	液體、貨品等
鐵筒 (Cylinder)	藥品、化妝品等
耐壓筒 (Bomb)	液化瓦斯、氧氣、氫氣等
籠罈 (Demijohn)	硫酸、鹽酸等
籠 (Cage)	鳥獸、家禽等
檻 (Kennel)	牛、羊等
簍筐 (Basket)	蔬菜、水果等
捆包 (Bale)	棉花、羊毛、羽毛等
捆束 (Bundle)	鋼筋、木材等

㈡銷售包裝 (Marketing Packing)，又稱內包裝 (Inner Packing)

內包裝之主要目的在於提高消費者對商品的價值認定，藉以促進銷售量或提高銷售價格。內包裝的目的主要側重於行銷功能，有異於外包裝的保護功能。由於是基於行銷上的考量，因此往往為了提高消費者的價值認定而進行過多華而不實的花俏包裝，製造許多不必要的垃圾。過去某些日本商品即被批評包裝過度，於環保意識抬頭的今日，過度的包裝不盡然能博取消費者的青睞，如某些歐美國家已立法管制廠商過度包裝的行為。

二、包裝標誌

㈠運輸標誌 (Shipping Mark)

通稱「嘜頭」，是指為易於辨識與裝卸而印製於貨品的外包裝上之文字及圖形的統稱。於外包裝上印刷的位置有正面（正嘜）與側面（側嘜）之分，茲將外包裝刷嘜圖例與內容要項列示說明如下：

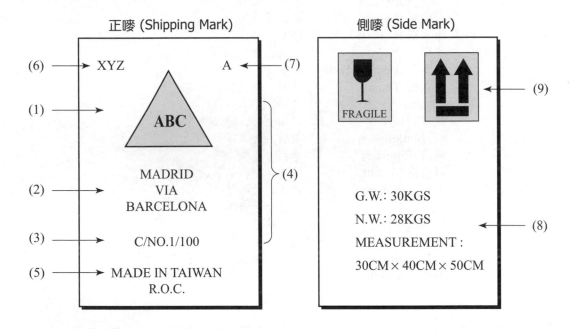

⑴主嘜 (Main Mark)

主嘜通常由兩部分所組成，一為圖形，有三角形、菱形、四方形等，若買方無特別規定，則由賣方決定採用何種圖形亦或不使用任何圖形。須注意的是應避免使用有地區性禁忌的圖形，如輸往中東地區貨物的包裝上應避免使用十字標誌✚等。主嘜的另一組成部分則為文字敘述，一般為買方公司名稱，如上圖所示買方為 "ABC" 公司。

⑵卸貨港與目的地標誌 (Port Mark; Destination and Routing Mark)

此標誌乃為表明該批貨物的運送目的地為何，以免遭到誤卸，如正嘜圖中所示："MADRID VIA BARCELONA" 意指「經由 (VIA) 巴塞隆納運往

馬德里」，巴塞隆納為卸貨轉運港，而馬德里則為該批貨物的最終運送目的地。

⑶箱號 (Carton Number)

箱號的表示方式，通常須將本件號數與同批貨品的總箱數一起列示出來，以利搬運工人作業上的參考，例如上圖例示 "C/NO.1/100"，即指本批貨物共有 100 箱，而本件乃箱號為第 1 號的貨品。

⑷基本要項

以上 3 個標誌項目（主嘜、卸貨港與目的地標誌、箱號）為製作運輸標誌時，不可或缺的基本要項。

⑸原產國標誌 (Country of Origin Mark)

表明貨物生產國別的標誌。如上圖所示 **"MADE IN TAIWAN R.O.C."** 即表示該貨品在中華民國臺灣製造，大多數國家海關規定未標示原產國的貨物不准進口，我國政府規定貨物出口，原則上亦須於外包裝上標示原產地❹。

⑹副嘜 (Sub-Mark)

副嘜通常用以表達賣方公司，如上圖所示賣方為 "XYZ" 公司。

⑺品質嘜 (Quality Mark)

用來表彰貨物品質的等級標誌，其印刷位置通常與副嘜相對應，如圖所示，本商品為 "A" 級貨品。

⑻重量與體積標誌 (Weight and Measurement Mark)

此乃表明每件貨品的毛重 (G.W.)、淨重 (N.W.) 與外形尺寸大小 (Measurement)，方便運送人安排艙位與計算運費。須注意的是，重量與體積度量單位的選用，必須配合進口國海關的規定或買方的要求。

⑼指示性、警告性標誌 (Caution Mark)

此類標誌乃指示搬運工人，關於貨物的搬運方式與應注意事項，避免貨物於運送過程中受到損傷。茲將常見的指示與警告圖例及其不同語文的表達方式整理表列如下：

---

❹　我國產地標示規定相關規定，請參閱「貨品輸出管理辦法」第五章產地之標示。

標語 / 圖示	中文	英文	西班牙文	法文	義大利文	德文
FRAGILE	當心破碎	Fragile	Frágil	Fragile	Fragile	Zerbrechlich
HANDLE WITH CARE	小心搬運	Handle With Care	Manéjese Con Cuidado	Attention	Attenzione	Vorsicht
USE NO HOOKS	請勿用鉤	Use No Hooks	No Se Usen Ganchos	Manier Sans Crampons	Manipolare Senza Graffi	Ohne Haken Handhaben
THIS SIDE UP	此端朝上	This Side Up	Este Lado Arriba	Cette Face En Haut	Questo Lado Su	Diese Seite Oben
KEEP DRY	保持乾燥	Keep Dry	Manténgase Seco	Protéger Contre Humidité	Preservate Dall'Umidità	Vor Nässe Schützen
KEEP FROZEN	保持冷藏	Keep Frozen	Manténgase En Lugar Fresco	Garder En Lieu Frais	Conservare In Luogo Fresco	Kühl Aufbewahren

三、指定品牌 (Branding)

指定品牌（中國大陸稱「定牌」），係指買方下訂單時通常會指定品牌／商標的標示，若該品牌／商標為賣方所有，交易當順理成章地進行。但若該指定的品牌／商標並非賣方所有，如「代工生產 (OEM)」模式，則賣方即須進行品牌／商標所有權的確認，確定該品牌／商標的所有權確為買方所有，否則將有觸犯商標權❺之虞。

四、中性包裝 (Neutral Packing)

所謂的中性包裝，意指某些國外買主要求在商品的內外包裝上，不標示生產國別。此種作法的目的在於順應國外市場與交易的特殊需求，或規避進口國的貿易歧視與限制等。目前我國相關規定為出口商品必須於商品本身或內外包裝上標示生產國別，若貨物是輸往抵制我國產品的國家，廠商欲採中性包裝的方式出口時，須檢附相關文件向經濟部國貿局申請免標產地。中性包裝又可分為下列兩種：

(1)指定品牌中性包裝

　　是指在商品的本身或包裝上，使用買方指定的品牌或商標，但不標示生產國別。

(2)無指定品牌中性包裝

　　是指在商品的本身或包裝上，均無標示任何品牌或商標且亦未標示生產國別。

---

❺　關於我國對於商標標示的相關規定，請參閱「貨品輸出管理辦法」第三章商標之標示之第 10–14 條之規定。

是非題

( )　1. 根據海牙規則 (Hague Rules) 及一般運輸契約的規定，倘因貨物包裝不良，致使貨物於運送過程中發生損傷，船公司可不負賠償責任。

( )　2. 「銷售包裝」又稱為「內包裝」，其目的主要側重於行銷功能。

( )　3. 中性包裝係指在商品的內外包裝上，不標示品牌。

( )　4. 「嘜頭」係指為增加產品包裝美觀而印製於外包裝上的圖案。

( )　5. UCP 600 規定，數量單位為明確之包裝或個別件數單位時，不容許有任何數量差異存在。

選擇題

( )　1. 以下何者不是嘜頭的必要記載項目？　(A)主標誌　(B)目的地標誌　(C)件號　(D)原產國標誌。

( )　2. 下列何者為嘜頭的作用？　(A)易於辨識　(B)可知道貨物原產國　(C)提醒搬運人員注意搬運　(D)以上皆是。

( )　3. (A)賣方樣品　(B)買方樣品　(C)裝貨樣品　(D)相對樣品　是賣方提出樣品，供進口商購買參考。

( )　4. 如貨物包裝外欲標示，全批 100 箱貨物中的第 34 箱，其箱號標誌為　(A) C/NO. 34–100　(B) C/NO. 34/100　(C) C/NO. 1–100　(D) C/NO. 100/34。

( )　5. 所謂中性包裝係指商品的內外包裝上不標示　(A)產品特性　(B)生產廠商　(C)產品種類　(D)生產國別。

( )　6. 具有相當知名度的貨物廠牌或商標，其決定品質時只須靠　(A) Catalog　(B) Sample　(C) Brand　(D) Standard　告知即可。

( )　7. 俗稱「一才」為　(A)一立方英呎　(B)一立方公尺　(C)一加侖　(D)一品脫。

( )　8. 以下何種商品最適合憑標準品交易？　(A)成衣　(B)黃豆　(C)玩具　(D)珠寶。

(　) 9. 1 公噸為　(A) 1,016 公斤　(B) 1,000 公斤　(C) 907 公斤　(D) 900 公斤。

(　) 10.信用狀未規定裝運數量不得增減時，下列何種貨物計算單位容許有 5% 的上下差異？　(A) KGS　(B) PCS　(C) DOZENS　(D) SETS。

問答題

一、商品品名的意義為何？列述品名條款時應注意的問題有哪些？

二、憑樣品交易時，應注意哪些事項？

三、對於交貨品質決定的時點有哪幾種條件？

四、對於交貨數量決定的時點有哪幾種條件？

五、出口商品的包裝分哪幾種？其作用分別為何？

六、何謂嘜頭 (Shipping Mark)？其作用及其基本組成要項為何？

七、何謂中性包裝 (Neutral Packing)？採用中性包裝的目的為何？

第六章

國際商品價格訂定

Practices of
International
Trade

價格乃買賣雙方之間互相溝通的首要訊息，價格的訂定 (Pricing) 在行銷學的討論上亦屬高難度的層次範圍。一般行銷業務人員若非根本完全不知道定價的重要性，而未去碰觸鑽研此議題，即是雖然知道定價的重要性，但由於太複雜、太難以理解，而乾脆避而遠之。上述狀況，均非專業行銷人員應有的態度與素養。本章即將帶領讀者遠離駝鳥心態，一窺定價專業堂奧，強化定價的基礎概念與技能。

　　本章對於商品價格訂定所討論的重點，除了關於定價之相關基本概念的闡述與說明外，另一重點即是進出口商品成本核算的說明，其間將會涉及到貿易條件（亦稱為價格條件）的相關基礎知識，因此讀者若未曾涉獵過貿易條件的相關概念，建議先行研讀「第三章貿易條件」，以利本章的學習與瞭解。

第一節　定價的相關基礎概念

一、價格的經濟義涵

　　「價格 (Price)」，是市場機能的展現；是經濟學之父亞當斯密所說的那隻「看不見的手」，引導著經濟資源的配置，讓有限的經濟資源產生最大的效用。

　　透過對價格的認識，讓我們瞭解到為什麼臺商會不顧政府的禁令，競赴中國大陸投資？為什麼美國的資訊業大廠，紛採代工的模式，委託臺灣廠商來進行生產製造？凡此種種，均說明了價格在市場上所扮演的角色與機能，這是自由經濟市場價格機能的展現，當然也說明了國際貿易發生的原因。

二、價格訂定相關基礎概念

(一)成本的種類與概念

1. 直接成本 (Direct Cost)

　　可直接歸屬為某一產品之生產成本者，如直接人工、直接原料。成本高低取決於採購部門的議價能力與設廠地區之勞力成本。

2.**間接成本** (Indirect Cost)

無法直接歸屬為某一產品之生產成本者，但卻為生產該產品所必須分攤之成本，如廠房租金、廠長薪資等。此部分成本核算牽涉到公司成本會計政策、產品市場競爭性與產品定價策略，須特別留意。

3.**變動成本** (Variable Cost)

隨著產量的增加而增加的成本，如直接材料或直接人工的投入。

4.**固定成本** (Fixed Cost)

此類成本的特性乃於投入時即予固定，不會隨產量的增加而增加，如廠房、機器設備等。此類成本一經投入即很難再予回復，故亦有將之稱為「沉沒成本 (Sunk Cost)」者。

5.**產品成本 = 直接成本（變動成本）+ 間接成本（固定成本攤銷）**

6.**廠商成本 = 產品成本 + 服務成本** ❶

7.**消費者成本 = 產品價格 + 交易成本** ❷

㈡**彈性 (Elasticity) 的概念**

1.**價格需求彈性** (Price Elasticity)

⑴定 義

產品市場價格的變動，所導致消費者對該產品需求量變動的增減程度。

⑵公 式

$$價格需求彈性\ (E_D) = \frac{需求量變動率}{價格變動率}$$

⑶價格需求彈性在售價調整策略上的應用

例如：一般而言，國際市場的價格需求彈性較大，採降價策略即可有效地增加營收。

---

❶ 服務成本的增加，必須是伴隨著該產品附加價值 (Value Added) 的提高，才有意義。

❷ 如何降低消費者與公司的交易成本，是公司管理階層應戮力思考的方向。

價格需求彈性 (E_D)	價格調整	總銷售額變動
$E_D > 1$	降低售價	總銷售額上升
	提高售價	總銷售額下降
$E_D = 1$	降低售價	總銷售額不變
	提高售價	
$E_D < 1$	降低售價	總銷售額下降
	提高售價	總銷售額上升

2. **所得彈性** (Income Elasticity)

(1)定　義

所得水準的變動，導致消費者對該產品需求量變動的增減程度。

(2)公　式

$$所得彈性 (E_I) = \frac{需求量變動率}{所得變動率}$$

(3)所得彈性在策略上的應用

所得彈性 (E_I)	產品性質	行銷上的意義
$E_I > 0$	正常財 (Normal Goods)	隨著所得的提高有助於產品的銷售
$E_I < 0$	劣等財 (Inferior Goods)	所得的提高反而不利於產品的銷售

正常財 vs. 劣等財

就經濟學上的定義，所謂「正常財」，即消費者會隨著所得提高而增加其需求量的產品。而所謂的「劣等財」其特性與正常財相反。

3. **交叉彈性** (Cross Elasticity)

(1)定　義

B 產品市場價格的變動，所導致消費者對 A 產品需求量變動的增減程度。

(2)公　式

$$交叉彈性 (E_{AB}) = \frac{A \text{ 產品需求量變動率}}{B \text{ 產品價格變動率}}$$

(3)交叉彈性在策略上的應用

交叉彈性 (E_{AB})	產品性質	行銷上的意義
$E_{AB} > 0$	A、B 兩種財貨為相互替代性質。（例如：公車與捷運）	採取降低價格的策略,可有效擴展市場規模。例如 LCD 螢幕調降價格即可有效地侵蝕甚或取代 CRT 螢幕的市場。
$E_{AB} < 0$	A、B 兩種財貨為互補性質。（例如：汽車與汽油）	降低互補性質的耗材價格,可有效提升產品本身的銷售量。例如噴墨印表機與墨水匣即屬此行銷特性。

第二節　市場定價類型

一、成本驅動型 (Cost Driving Method)

　　成本驅動型的定價方式，乃是定價者完全以成本考量為定價出發點，並未將市場需求面因素納入考量範圍裡。此法因簡便易行，所以絕大部分廠商即採此法來訂定價格，即便是某知名的德國汽車廠，亦曾採此類定價方式，但也付出了損傷公司形象與利益的代價。因此若公司在資源上行有餘力時，應儘量避免採此簡略粗糙的定價方法，專業的行銷人員也應試著跳出此類過於簡化的定價模式，採用較貼近市場精神的需求驅動型定價模式。以下是成本驅動型定價一般常見方法：

㈠成本加成定價法 (Cost-Plus Pricing)

　　係以產品成本加上預訂毛利率，若為外銷品，則再加上出口作業費用，即為產品出售價格。此法乃一般企業最常使用的定價方法，據調查，美國約有70% 左右的出口廠商採用此法，相信以製造業為主的臺灣廠商採用此法的比例會更高。

　　如上所述，此法雖簡便易行，但並非是符合行銷精神的定價方式，惟一般中小企業囿於營業資源的限制，亦或是以製造代工為主的廠商，均還是採用此法來訂定售價。

(二)變動成本定價法 (Variable Cost Pricing)

差別取價

成本相同的產品，廠商對不同的消費者訂定不同的價格。例如，微軟公司 (Microsoft) 在臺灣、中國大陸、日本等國的相同產品有不同的價格。

　　此法並不常用，但於爭奪外銷市場時可策略性地加以運用。一般而言，國際市場的競爭程度較國內市場來得大，以「**差別取價 (Price Discrimination)**」的概念定價，外銷市場訂定的價格即應較內銷市場價格來得低。最極端的定價方式，即是僅以「變動成本」為定價基準，只要價格能吸收變動成本即可，不必考慮「固定成本」的攤銷數額，此乃公司為積極拓展外銷市場的目標下，以「內銷補貼外銷」的行銷定價策略。

二、需求驅動型 (Demand Driving Method)

　　需求驅動型的定價法，即是定價者完全以市場需求的強度，亦即消費者對產品主觀上的認定價值作為定價的依據。採用此法，於定價前必須經過複雜的市場調查與評估的程序，以確切掌握市場的需求內涵，定出貼近消費者效用水準的價格，儘可能地將「**消費者剩餘 (Consumer Surplus)**」吸納於所訂定的價格之中。

消費者剩餘

消費者對某一商品主觀上願意付出的價格比實際付出的價格高，其間的差額讓消費者覺得好像賺到了，此一部分即是所謂的「消費者剩餘」。

　　運用此法須先拋開成本的慣有思考，先暫時忘了產品成本所在，否則如前所述名牌皮件公司如何能將成本僅數百元的皮件定價數千元，產生的利潤率可能高達 1,000% 以上。若該名牌皮件公司以成本基礎作為定價考量，則極可能捨棄 1,000% 的利潤率，而以一般利潤率（如 30%）來訂定價格。以下僅就需求驅動型定價法中典型的定價方式，一般稱之為「價值定價法 (Value Pricing)」，為讀者進行介紹與說明。

　　價值定價法的參考流程與說明如下：

價值評定與定價流程	說　明

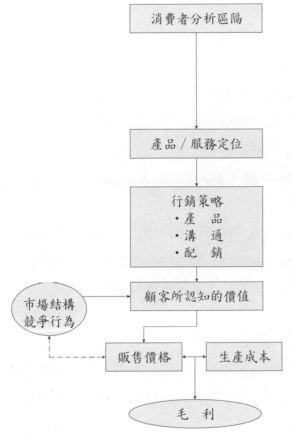

(1)實施價值定價法的第一個步驟，即是對潛在消費者的購買習性與消費行為進行分析，期能瞭解是誰 (Who) 會購買我們的產品、什麼時間 (When) 會購買、如何 (How) 購買與為什麼 (Why) 購買，並據以進行消費群的區隔。

(2)公司對所提供的產品／服務，欲於潛在消費者心中之價值定位為何? 價值建構策略為何?

(3)透過產品 (Production)、溝通 (Communication)、配銷 (Distribution) 等相關行銷策略的擬定，藉以創造並強化顧客對公司的價值認知。

(4)顧客對本公司產品的價值評定與市場結構競爭力量的交互作用，擬定出以市場需求為基礎的產品銷售價格。

(5)毛利（未扣除管銷費用）
＝販售價格 − 生產成本

第三節　價格訂定策略

一、市場結構分析與價格策略

　　關於市場結構的分類與定義，請參閱第三章第三節，本小節不再複述。本小節將僅就市場結構與價格策略擬定的相關要點略述如後，祈以建立讀者對於市場認知與價格訂定的基本概念。

㈠獨占 (Monopoly)

獨占廠商可採取「差別定價」的方式，針對不同消費者的需求狀況來訂定不同的價格。在此種市場結構下，消費者剩餘完全為該獨占廠商所掠奪，是對消費者最為不利的市場結構，相對地即是對廠商最為有利的市場結構。例如，現今獨霸個人電腦作業系統的微軟公司 (Microsoft)，其定價策略即對不同的國家訂定不同的價格，藉以獲取最大的利潤。

㈡寡占 (Oligopoly)

在此市場結構下，廠商的定價除了須探究市場需求外，尚須考量市場的競爭狀況，亦即市場中其他廠商的價格策略反應，避免捲入割頸式競爭的困境。例如，不同品牌的加油站之間的競爭，即常見上述狀況的發生。

㈢獨占性競爭 (Monopolistic Competition)

由於廠商提供之產品或服務存在少許差異性，所以在市場上仍具有些微的獨占力，也因此於市場上尚具有訂定價格的能力，惟此能力並不足以影響市場價格的決定。此市場最典型的例子，即是大街小巷中常見的小型的美髮廳，各美髮廳的髮型設計可能受某些消費者鍾愛，使其對這些消費者具備價格訂定的能力。在此類型市場結構裡的廠商，於行銷管理上的積極態度，即是設法提高所提供的產品或服務的差異性，藉以提高市場定價能力。

㈣完全競爭 (Perfect Competition)

完全競爭市場，係指不存在廠商「超額利潤 (Excess Profit)」與社會「無謂損失 (Deadweight Loss)」的完美市場。此類市場目前仍僅止於經濟學上作學理上的描述，於現實社會中尚不存在。但目前發展迅速的網際網路 (Internet) 市集，已展露出部分完全競爭市場的特性，或許隨著網路環境的日趨成熟，將來能在網路上實現一向僅存在於經濟學教科書上的完全競爭市場。

二、市場角色定位與價格策略

於寡占市場中的廠商，如前所述均具有影響市場價格的能力，但於市場現實狀況中常並存所謂的「龍頭廠商 (Dominant Firm)」，亦即存在一線廠商與二線廠商，於寡占市場上不同地位的廠商，其定價的策略考量即有所差別，茲將其定價考量策略分述如下：

㈠市場領導者 (Price Leader)

位居市場領導地位的廠商於價格訂定時，將完全以自身條件為出發點，配合市場需求狀況與市場競爭態勢，據以擬定市場價格。此廠商有能力主導市場價格的走向。

㈡市場追隨者 (Price Follower)

以領導廠商所訂定的價格為基準，藉以擬定產品的銷售價格。此法可省卻擬定價格所須付出的成本 (如市場調查等)，卻也已將市場競爭因素納入定價策略裡。此乃搭領導廠商便車之省時省力的定價策略。

三、產品生命週期階段的界定與價格策略

於「行銷學 (Marketing)」上，一般將「產品生命週期 (Product Life Cycle)」劃分為如下的 4 個階段，每一階段的定價策略考量點均不相同，因此行銷人員於訂定價格策略時，須先進行瞭解公司產品目前所處階段為何？以期能制定出適切的價格策略。以下是產品生命週期裡各階段所涉及之相關定價策略的說明。

㈠導入期 (Introduction Stage)

當公司將一新商品推入市場時，此刻公司可選擇採取高價的「吸脂式定價策略」或低價的「滲透式定價策略」，茲將此二種定價方法義涵略述如下：

1.吸脂式定價策略 (Skimming Strategy)

新產品上市時，採用高價的吸脂式定價策略，其目的在於能快速回收生產

該新產品所投入的相關成本，並藉以保有較高的利潤，讓公司能繼續投資在研發、行銷等活動上，以拉大與競爭對手的距離。

2.**滲透式定價策略** (Penetrating Strategy)

當公司採取較低價的滲透式定價策略時，其目的乃在於短時間內激發消費者需求，迅速滲透侵占整個市場，讓潛在競爭者覺得切入此市場將無利可圖。此策略通常適用於該產品市場的價格需求彈性較大的情況。

㈡成長期 (Growth Stage)

若新產品於導入期順利為消費者所認同並接受後，接著銷售量將呈快速成長，以滿足市場需求。此高成長的有利機會將會吸引新的競爭者進入市場搶食市場大餅。若公司於導入期是採高價的吸脂式定價策略，則此刻應迅速降價以阻隔新競爭者的進入。

㈢成熟期 (Maturity Stage)

當該產品銷售成長率穩定下來時，該產品即進入成熟期。此刻須藉由更積極的促銷 (Promotion) 活動，來刺激市場的需求並加強消費者品牌認同度，以維護市場現況。

㈣衰退期 (Decline Stage)

當產品的市場需求已明顯下降時，則該產品可能已進入衰退時期。此刻廠商應評估是否仍繼續投入公司資源於此一產品上，或應全面退出市場。

四、國際價格管理策略

產品進行跨國行銷時，對不同國家市場的價格訂定策略，在管理上存在兩股相左的力量，影響公司進行國際定價時的策略考量。至於究竟應偏向何種策略考量，當視公司本身條件、市場狀況、國際環境等因素進行綜合考量。茲將兩種國際定價管理策略之相關影響因素羅列如下，供國際行銷人員決策參酌。

㈠差異性定價管理策略

⑴消費者偏好與需求。

⑵市場競爭狀況。

⑶成本狀況。

⑷通貨膨脹率與匯率的變動。

⑸關稅與非關稅障礙。

㈡一致性定價管理策略

⑴行銷全球化與標準化趨勢。

⑵貿易障礙的消除。

⑶運輸成本的降低。

⑷真品平行輸入。

⑸資訊流通的進步。

真品平行輸入

係指政府對於國外某一商標的商品，除了其在國內的總代理外，也允許他人輸入同品牌、同品質的商品制度。

第四節　出口商品價格的計算

本節與下節關於出進口商品價格的計算，係以成本為基礎的計算與說明。重點在讓讀者瞭解出進口商品價格核算時的相關成本要項有哪些，期能計算出正確的產品進出口相關成本，以利報價的進行與「會計利潤 (Accounting Profit)」❸的估算。

一、出口商品成本的核算

㈠商品出廠成本

1.商品製造成本 (Production Cost; Purchase Cost)

若出口的商品為公司自身製造生產的產品，則該商品的製造成本即為「直

---

❸　即未將機會成本納入考量，僅以會計帳上所顯示利潤數額為準。

接成本（變動成本）」加上「間接成本（固定成本攤銷）」。在製造成本的計算上須特別注意的是間接成本（固定成本攤銷）的分攤問題，此涉及了產品市場價格競爭問題，是價格策略擬定時的考量重點，必須慎重其事。若該出口商品乃購自其他製造商（三角貿易型態），則依其進貨價為計價基準 (Base Price)。

2. 出口包裝費用 (Export Packing Cost)

商品的出廠成本除了上述的製造成本外，尚包括因應出口作業所需的出口包裝費用，例如：特殊包裝材料費（木條、鐵皮、鉛皮等）、刷嘜費、標籤費等。

㈡出口相關費用

1. 儲存與處理費 (Storage and Handling Expenses)

此即某些商品於出口前必須先進倉整理、揀選與過磅，因此所產生的相關費用。如倉租、揀選費、整理費等。

2. 國內運輸費 (Inland Freight)

將商品運至出口碼頭或運送人 (Carrier) 處所需的運費，如鐵路運費、公路運費、內陸水運費、裝卸費、內陸運輸保險費等。

3. 檢驗及證明書費 (Inspection and Certificate Fees)

包括品質檢驗費、公證費、原產地證明、商會證明書費等。

4. 裝船費用 (Shipping Charges)

係指於輸出港將貨物裝上船舶所需的費用。包括裝貨費、駁船費、過磅費、墊艙費等。

5. 出口關稅 (Export Duty)

為促進出口與轉口貿易，我國目前對於出口與轉口貿易並不課徵關稅。

6. 出口退稅 (Export Rebates)

政府為獎勵出口增加外銷競爭力，於貨物出口時退回該貨物已繳之貨物稅，或退回該出口貨物所使用之進口原物料於進口時所繳的關稅。

7. 商港服務費 (Harbor Dues)

自 2002 年 1 月 1 日起商港建設費改為商港服務費，且不再由海關代徵。為促進商港建設及發展，商港管理機關應就入港船舶依其總登記噸位、離境之上

下客船旅客依其人數及裝卸之貨物依其計費噸量計算，收取商港服務費，並全部用於商港建設。至於商港服務費收取費率依「商港服務費收取保管及運用辦法」第 6 條規定如下：

國際航線之貨物商港服務費，按散雜貨、整櫃貨、併櫃貨三類，依下列規定收取：

⑴散雜貨及整櫃貨：依附表之規定計收。

⑵併櫃貨：依該貨櫃內不同貨物之計費噸數量，以每噸新臺幣 80 元，分別計收；其每一筆報單應繳納金額，依附表所定整櫃貨 20 呎以下第 3 等級費率計收之金額為限；不足新臺幣 100 元者，不予計收。

國內航線之貨物商港服務費，依國際航線之貨物商港服務費費率之四成計收。

散雜貨、整櫃貨貨物商港服務費收費等級費率表

單位：新臺幣元

項次	貨品名稱	費率等級	散雜貨每計頓費率	整櫃貨	
				20 呎以下	21 呎以上
1	米、麥、麥片、麵粉、麩皮、米糠、豆、豆粉、玉米、澱粉、豆餅、花生、花生餅、菜籽、棉籽、茶餅、飼料、漁粉、瓜子、胡桃、芝麻、糖、鹽、工業鹽、廢料及廢品柴薪、木片、空油桶、廢膠及其製成品、硫磺、石墨、磚、瓦、土製品、石製品、石棉及其製品、焦炭、柏油、紙漿、紙類及其製品（粗製）、化學肥料（粗製）、化工原料（粗製）	1	7	274	547
2	廢料及廢品（屬棉、麻、毛、絲、皮、人造纖維）、棉及其製品、麻及其製品、毛髮及其製品、豬鬃及其製品、草及其製品、廢金屬及廢品、鋼鐵及其製品、化工原料（細製）、紙類及其製品（細製）、石油及其煉製液體燃料、麥芽釀造酒類、蔬菜、鮮果	2	13	547	1,094
3	不屬第 1、2 等級貨類者，皆列為第 3 等級	3	19	684	1,368

註：1.礦砂、煤炭、硫酸、土、石、砂、石灰、石膏、水泥、廢紙、松類原木、造紙用木片、以廢紙原料製成紙箱用紙（包括牛皮紙、紙板、芯紙）、竹簍（菜農使用）、製造飼料原料、

糖蜜等貨類，以散雜貨輪裝卸者，每計費噸 2.8 元，每一筆報單之貨量若超過 5 萬公噸者，超過部分，每計費噸 1.4 元；以貨櫃輪裝卸者，倘裝載於 20 呎以下整櫃者，每櫃計收 100 元，裝載於 21 呎以上者，每櫃計收 136 元。

2. 貨物等級跨兩等，無法辨別者，以較低等級貨物計算。

3. 同一裝貨單或提單內包含兩種以上貨物者，按較高等級貨物計收。

4. 整櫃貨於商港服務費收費系統無法辨識貨櫃尺寸時，以每整櫃貨 20 呎以下收費規定先行計收，俟通關網路公司補正資料後，經查證以 21 呎以上貨櫃裝載者，由商港管理機關另行發單補收差額。

5. 散雜貨每一筆報單應繳金額不足新臺幣 100 元整，不予計收。

8. 推廣貿易服務費 (Trade Promotion Service Charges)

自 2006 年 10 月 1 日迄今，推貿費收費標準為出進口價格萬分之四 (0.04%) 計算。出口係以 FOB 價為計算基礎，進口則以完稅價格 (DPV) 為計算基礎。

9. 報關費用 (Declaration)

一般係指報關手續費、海關規費、驗關車資、理貨工資等。

10. 電話、電報費 (Communication Charges)

買賣雙方因溝通、協商、通知等需要所產生的通訊費用，此部分費用可透過目前普遍應用的網際網路傳輸方式，節省可觀費用。

11. 主要運費 (Main Freight)

包括海運、空運、陸運運費與吊櫃或裝櫃費用。

12. 運輸保險費 (Transportation Insurance Premium)

若雙方約定運輸保險費由賣方負擔（CIF、CIP 等）時的費用核計，若無特別約定，出口商以 CIF 價的 110% 為保險金額投保平安險即可。

13. 輸出保險費 (Export Insurance Premium)

即確保輸出貨款回收的保險費用，費率的高低端視對方信用評等與風險高低而定。此費用一般由出口商負擔，但亦可能由買方負擔，視雙方議價能力大小而定。

14. 銀行手續費 (Banking Charges)

押匯銀行收取千分之一 (0.1%) 的押匯手續費，若須轉押，則加倍收取手續費用，即千分之二 (0.2%)。

15.**銀行押匯息** (Discount Charges)

由於押匯銀行先行墊付押匯款，因此會收取 7 至 12 天的押匯息，若有轉押情形時則再加收 7 天利息。

16.**買方回佣** (Return Commission)

此乃事先議訂給予買方或代理商的回扣或佣金，一般以 FOB 價為計算基礎。

二、出口商品價格的訂定

㈠出口商品價格計算法

本小節介紹之出口商品價格的計算，乃採前述成本加成定價概念。依市場競爭態勢的不同，可分為如下兩種計算方式：

1.**順算法**

⑴計算方式：出口價格＝商品出廠成本＋出口相關費用＋加成利潤。

⑵適用時機：賣方市場 (Seller's Market)。

2.**逆算法**

⑴計算方式：出口價格＝出口相關費用＋商品出廠成本＋剩餘利潤。

①剩餘利潤＝出口價格－（出口相關費用＋商品出廠成本）。

②剩餘利潤 ≤ 0：檢討商品出廠成本裡的「間接成本（固定成本攤銷）」是否存在壓縮空間，提供可能的策略報價。

⑵適用時機：買方市場 (Buyer's Market)。

㈡貿易條件價格的計算與轉換

1.**貿易條件價格計算**

⑴ $\text{FOB}_{淨價}$ ＝商品出廠成本＋出口包裝費＋儲存及處理費＋國內運輸費＋檢驗及證明書費＋裝運費用＋海關通關費＋電話電報費＋商港服務費－出口退稅

(2) $\text{FOB}_{售價} = \dfrac{\text{FOB}_{淨價}}{1 - \left(\begin{array}{l}銀行手續費率 + 推廣貿易服務費率 + 銀行押匯貼\\現利率 + 加成利潤率\end{array}\right)}$

(3) $\text{CFR}_{淨價} = \text{FOB}_{淨價} + 主要運費$

(4) $\text{CFR}_{售價} = \dfrac{\text{CFR}_{淨價} + 推廣貿易服務費}{1 - (銀行手續費率 + 銀行押匯貼現利率 + 加成利潤率)}$

(5) $\text{CIF}_{淨價} = \text{CFR}_{淨價} + 運輸保險費$

(6) $\text{CIF}_{售價} = \dfrac{\text{CIF}_{淨價} + 推廣貿易服務費}{1 - (銀行手續費率 + 銀行押匯貼現利率 + 加成利潤率)}$

2. 不同貿易條件價格換算

(1) FOB 價格換算為其他價格

① $\text{CFR} = \text{FOB} + 主要運費$

② $\text{CIF} = \dfrac{\text{FOB} + 主要運費}{1 - 保險費率 \times (1 + 保險金額加成率)}$

(2) CFR 價格換算為其他價格

① $\text{FOB} = \text{CFR} - 主要運費$

② $\text{CIF} = \dfrac{\text{CFR}}{1 - 保險費率 \times (1 + 保險金額加成率)}$

(3) CIF 價格換算為其他價格

① $\text{FOB} = \text{CIF} \times [1 - 保險費率 \times (1 + 保險金額加成率)] - 主要運費$

② $\text{CFR} = \text{CIF} \times [1 - 保險費率 \times (1 + 保險金額加成率)]$

3. 含佣價的計算方法

佣金的計算一般係以 FOB 價為計算基礎，此亦為較合理的計算方式，其計算方式如下：

$$\text{FOB C\%} = \dfrac{\text{FOB}_{淨價}}{1 - 佣金率}$$

佣金 $= \text{FOB C\%} \times 佣金率$

㈢出口商品價格計算表例

ABC 有限公司
出口報價計算明細表

進口商：	XYZ 有限公司	日期：	2010.7.30
品名：	Mini Projector	包裝：	Carton
數量：	1,000 sets	價格：	CIF New York
規格：	USA AD	付款條件：	Sight L/C

項目	說明	小計	FOB	CFR	CIF
1. 貨品成本	出廠價： @TWD6,000 × 1,000 sets		TWD6,000,000		
2. 內陸運費		TWD2,000			
3. 檢驗費		500			
4. 郵電費		400			
5. 報關費		2,400			
6. 商港服務費	20 呎櫃 TWD684	684			
7. 其他費用	產地證明	250	6,234		
			TWD6,006,234 (FOB 淨價)		
		（匯率：R: 34）	USD176,653.94		
8. 銀行費用	銀行手續費：0.1% 出口押匯息：0.23%				
9. 出口稅捐	貿易推廣服務率：0.04%				
10. 利潤率	10%				
11. 佣金率	N/A				
$FOB_{售價} = \dfrac{176,653.94}{1-(0.1\%+0.04\%+0.23\%+10\%)}$		= USD197,092.42 →	USD197,092.42		
			USD197.09 (FOB 單價)		
12. 主要運費	20 呎櫃 USD1,000			USD1,000	
				USD177,653.94 (CFR 淨價)	
	貿易推廣服務費：FOB×0.04%=USD78.84				
$CFR_{售價} = \dfrac{USD177,653.94 + USD78.84}{1-(0.1\%+0.23\%+10\%)}$		= USD198,207.63		USD198,207.63	
				USD198.21 (CFR 單價)	
13. 保險費	ICC (A) 保險費率：0.5% 保險費 $=\dfrac{CFR\,售價 \times 1.1 \times 0.5\%}{(1-1.1 \times 0.5\%)}$				USD1,096.17
					USD178,750.11 (CIF 淨價)
$CIF_{售價} = \dfrac{USD178,750.11 + USD78.84}{1-(0.1\%+0.23\%+10\%)}$		= USD199,430.08 →			USD199,430.08
					USD199.43 (CIF 單價)

報價金額：@USD ___199.43___ ☐ FOB ☐ CFR ☑ CIF ☐ ___34___ （匯率：USD/TWD ___34___ ）

核准：　　　　複核：　　　　製表：

第五節　進口商品價格的計算

一、進口商品成本的核算

(一)完稅價格 (Duty Paying Value, DPV)

　　進口商品的成本核算，乃以關稅法第二章第二節所定義的「完稅價格」為計算基礎，茲將關稅法第 29 條對於完稅價格計算內容列述如下：

　　　　完稅價格 = 實付或應付價格

　　　　　　　　　　+ 由買方負擔之佣金、手續費、容器與包裝費

　　　　　　　　　　+ 關稅法第 29 條第 3 項第 2 款規定由買方無償或減價提供賣方之金額

　　　　　　　　　　+ 依交易條件由買方支付之權利金及報酬

　　　　　　　　　　+ 買方使用或處分進口貨物，實付或應付賣方之金額

　　　　　　　　　　+ 運至輸入口岸之運費、裝卸費及搬運費

　　　　　　　　　　+ 保險費

(二)進口相關費用

　　(1)離岸價（FOB 價）

　　　　即買賣貨物起運港的船上交貨價格。

　　(2)主要運費

　　　　若貿易條件為 FOB 條件時，主要之運輸費用即由買方負擔，並列計於進口相關費用裡。若貿易條件為 CFR 或 CIF 條件時，則其主要運輸費用已包含於交易價格中，無須另行列計費用。

　　(3)保險費

　　　　若貿易條件未包括保險費在內時（如 FOB、CFR 等），運輸保險費用即須另行核算，費用的大小端視保險金額的高低與險種類別而定。

(4)進口關稅 = 完稅價格 (DPV) × 關稅法規定之稅率。

(5)商港服務費：參照第四節內容。

(6)貨物稅 =（完稅價格 + 進口稅 + 商港服務費）× 貨物稅率。

(7)加值營業稅 (VAT) =（完稅價格 + 進口關稅 + 商港服務費 + 貨物稅）× 5%。

(8)推廣貿易服務費 = 完稅價格 (DPV) × 0.04%。

(9)銀行利息

　　如銀行墊款利息，此部分費用僅可作為產品報價估算參考，於會計作業上不可列為產品成本的❹一部分。

(10)銀行費用

　　如開狀費、郵電費等透過銀行完成交易的相關費用。

(11)起岸費用

　　即指將貨物自船上卸至岸上的相關費用，包括起重費用、過磅費等。若為定期船運送，此項費用已內含於運費中，不必另行計算。

(12)其他費用

　　如委託報關行報關費用等。

(13)內陸運費

　　即由起岸港口至公司倉庫的內陸貨運費用。

(三)進口成本計算表例

　　進口成本計算明細表列示如下頁：

XXX 有限公司
進口成本計算明細表

出口商：＿＿＿＿＿＿＿＿＿＿＿＿＿＿　日期：＿＿＿＿＿＿＿＿＿＿＿＿＿＿

品名：＿＿＿＿＿＿＿＿＿＿＿＿＿＿＿　包裝：＿＿＿＿＿＿＿＿＿＿＿＿＿＿

數量：＿＿＿＿＿＿＿＿＿＿＿＿＿＿＿　價格：＿＿＿＿＿＿＿＿＿＿＿＿＿＿

規格：＿＿＿＿＿＿＿＿＿＿＿＿＿＿＿　付款條件：＿＿＿＿＿＿＿＿＿＿＿＿

項目	說明	小計	合計
1.貨品成本			

---

❹　依一般公認會計原則 (GAAP) 規定，利息費用須列為非營業費用科目。

2. 主要運費			
3. 保險費			
4. 進口稅費			
進口關稅			
商港服務費			
貨物稅			
營業稅			
推廣貿易服務費			
5. 銀行利息			
6. 銀行費用			
7. 起岸費用			
8. 其他費用			
9. 內陸運費			
核　准：	複　核：	製　表：	

二、進口商品價格的訂定

於實務上，一般進口商為了便於進口產品售價的計算與報價，通常於首次進口時所作的進口售價核算後所得出的「該進口產品的國內新臺幣售價與國外供應商的原幣報價之倍數比率」後，於面對國內配銷商或直接消費者報價時，只要有國外的外幣報價資料，即可快速地算出國內市場的新臺幣報價金額。若匯率有大幅變動或利潤率須作調整時，則再重新核算此換算倍數比率即可。例如國外出口商報價為 CIF 美金價格 100 元，在匯率條件為 1:40 的情況下，所核算出的進倉成本為新臺幣 4,000 元，假設加成利潤率為 30% 時，則國內銷售報價即為新臺幣 5,200 元，該進口產品的國內新臺幣售價與國外供應商的原幣報價之倍數比率即為 52 倍。若匯率與其他條件變動不大時，只要取得國外供應商的原幣報價即可馬上換算為國內報價金額，此法對於國內業務部門報價作業助益頗大，是實務上普遍運用的作法。

習題

是非題

( )1.所謂「完稅價格 (DPV)」，係指貨物課完稅之後的價格。

( )2.推廣貿易服務費出口係以 FOB 價為計算基礎，進口則以 CIF 價為計算基礎。

( )3.經濟學之父亞當・斯密所說的那隻「看不見的手」，指的就是「價格」。

( )4.一般而言，國際市場的價格需求彈性較大，採降價策略即可有效地增加營收。

( )5.「價值定價法」較能定出貼近消費者效用水準的價格，儘可能地將「消費者剩餘」吸納於定價中。

選擇題

( )1.目前商港服務費係依　(A)計費噸計　(B) DPV 價計　(C) FOB 價計　(D) CIF 價計。

( )2.進口關稅，是以　(A) DPV　(B) FOB　(C) CFR　(D) CIF　作為計算的基礎。

( )3.現行推廣貿易服務費對進口商的收費計算基礎為何者之 0.04%？　(A) FOB　(B) CIF　(C) DPV　(D) CFR。

( )4.我國目前一般行業營業加值稅稅率為　(A) 5%　(B) 0.5%　(C) 0.05%　(D) 0.03%。

( )5.設 FOB 售價為 USD1,000，而 CIF 價格為 USD1,200，則出口商應繳付多少推廣貿易服務費？　(A) USD0.4　(B) USD0.415　(C) USD0.48　(D) USD0.498。

( )6.大部分出口廠商採用的定價法為　(A)成本加成定價法　(B)價值定價法　(C)變動成本定價法　(D)固定成本定價法。

( )7.買方回佣一般以何價格條件為計價基礎？　(A) EXW　(B) FOB　(C) CIF　(D) DAT。

( )8.下列何者為「一致性國際定價管理策略」的影響因素？　(A)市場競爭狀況　(B)消費者偏好　(C)匯率的變動　(D)真品平行輸入。

( )　9.積極搶奪國際市場的定價方式為　(A)成本加成定價法　(B)價值定價法　(C)變動成本定價法　(D)固定成本定價法。

( )　10.較有能力以「差別取價」概念定價的廠商為　(A)獨占廠商　(B)寡占廠商　(C)獨占性競爭廠商　(D)完全競爭廠商。

問答題

一、商品定價 (Pricing) 方式有哪些類型？試分別說明其特性。

二、出口商品價格計算法有哪幾種？其適用時機分別為何？

三、出口商品成本的核算一般包含哪些成本及費用？

四、何謂完稅價格 (DPV)？其計算內容為何？

五、進口商品價格的訂定，一般在實務上如何操作？

計算題

一、出口商擬向國外報價木製傢俱 300 件，試以下列資料製作該批傢俱的出口價格估算表，並計算 FOB、CFR、CIF 之出口報價金額（以 USD 計價）。

⑴出口商：Taipei Trading Co., Ltd.

⑵進口商：New York Trading Co., Ltd.

⑶商品：Knock–down wooden furniture#A–123

⑷數量：300pcs

⑸包裝：每件裝一箱，每箱體積 100cm × 80cm × 60cm；每箱毛重 18kgs

⑹付款條件：Sight L/C

⑺出廠成本：@TWD3,600

⑻國內運輸費：TWD4,000

⑼倉儲費：TWD3,200

⑽檢驗、查證及公證等相關費用：TWD2,000

⑾裝貨及通關費用：TWD5,000

⑿郵電費：TWD1,000

⒀商港服務費：依現行標準

⒁銀行手續費：依出口金額 0.1% 計收

⒂銀行押匯利息：7.25%p.a., 收 12 天

⒃推廣貿易服務費：依現行標準

⒄海運費：USD76 per W/M at ship's option

⒅保險：ICC(A) 費率 1% 保額依慣例

⒆出口利潤：售價的 15%

　　匯率：USD/TWD=1:33

二、出口商 W 公司擬向紐約進口商 M 公司報價文具一批，包裝為八打裝一箱，箱子尺寸為 H:18" W:24" D:18"; GW:1.96 kgs，向 M 公司報價為 USD95 per dozen FOB Keelung，M 公司要求改報 CIF New York，保險金額為按 CIF 價格加一成，投保 ICC(A)。經 W 公司向船公司查詢 Keelung 至 New York 運費為 USD100 per W/M at ship's option，向保險公司查詢保險費率為 1%，請計算每打文具 CIF New York 的價格？

第七章

國際貿易契約

學習目標

貿易契約的意義與功能

簽訂貿易契約的基本原則

貿易契約條款結構與內容

貿易契約的類型與特性

Practices of
International
Trade

「契約 (Contract)」一詞，我國俗稱「合約」，於中國大陸則慣稱為「合同」。契約係指「要約人 (Offer)」與「被要約人 (Offeree)」之間的「合意 (Agreement)」達成後，若有一方不遵守約定時，即能透過法律的約束力，促使對方遵守約定。因此，稱契約者，除須有契約當事人之間的合意外，尚須具備法律上的約束效力，如此才是契約實務上的完備定義，茲將契約定義揭示如下：

契約 ≡ 合意 + 法律約束力

第一節　貿易契約的意義與功能

一、簽訂書面貿易契約的意義

由於國際貿易的複雜程度較高，因此在交易進行之前，契約當事人須就各交易條件作詳細的協商與承諾，並將所有經協商後認可的交易條件，以書面形式作詳盡的記錄並作成認可簽署。此經契約當事人簽署認可的書面記錄，即成為一般國際貿易契約成立的基本形式。

契約自由原則

指除違反公序良俗外，契約的進行立基於下列原則：
1. 契約締結自由。
2. 契約相對人之選擇自由。
3. 契約內容自由。
4. 契約方式自由。
5. 契約廢棄或變更自由。

根據「**契約自由原則**」，契約的成立並無任何特定形式的要求，可以口頭、書面，或明示、暗示等形式進行，我國民法上亦有表現契約自由原則的相關明文規定❶。雖然契約的成立不限於特定形式，但由於契約的成立與執行，必須具有法律上相當的約束力，並可訴諸於法院來進行強制執行，如此契約才具有實務上的效用。然而法院的裁判，必須有證明契約當事人合意的相關證據，因此實務上契約的成立，通常是

---

❶　我國民法第 153 條第 1 項：「當事人互相表示意思一致者，無論其為明示或默示，契約即為成立。」

以書面方式為之，否則口說無憑，法院將無從判定孰是孰非，亦即無法藉由法院的強制執行力來賦予契約法律約束力。

二、貿易契約書功能

1. 法律上的證據

如上所述，書面的貿易契約是契約當事人發生糾紛時，訴諸法律解決的主要證據。所謂「口說無憑」，惟有「白紙黑字」的書面契約，方能作為判定對方違反當初約定的證據。

2. 契約內容的確定

藉由書面的記錄，來確定雙方對於交易條件協商結果的認可。並藉由確認後的契約內容，作為交易協商過程中，所有相關協議的最後定案。

3. 交易執行備忘之用

國際貿易的交易過程，不但冗長而且複雜，因此極易於交易的執行過程裡，忘卻或漏失某項重要交易細節。事前詳細規劃的書面合約，即可於冗長的交易過程中，發揮備忘的功能，協助交易的順利進行。

4. 裁判紛爭的依據標準

在契約執行的過程裡發生爭議與糾紛，契約當事人欲訴請裁判人（如仲裁機構或法院等）作糾紛裁定時，裁判人所依據的基準，即是當初簽訂的契約條款內容。

5. 避免通訊誤傳或誤譯

國際貿易通常以英文或其他外國語文為溝通工具，而且從交易的起始直至結束，須藉由雙方不斷的連繫來完成交易。因此在通訊的過程裡，不論是口頭的溝通或是文書的往來，可能由於語言的障礙與繁複的連絡，產生誤傳或誤譯的情況。為避免因此而發生爭議，雙方的通訊往來應以合約內容為依歸，有歧異時應立即澄清。

6. 進口簽證結匯之用

貿易契約書通常亦為申請進口簽證或向銀行辦理結匯時所需的文件之一。

第二節　簽訂貿易契約的相關原則

一、契約簽訂與執行的基本原則

1.雙贏原則 (Win-Win Principle)

　　立足點的不同,對於契約內各條款的價值認定即不盡相同。如何各取所需地交換條件,使買賣雙方對於該筆交易所產生的「**效用 (Utility)**」程度能同時提高,促成所謂的雙贏局面而圓滿地達成交易,這是契約談判協商的基本原則所

效用

經濟學上用以衡量消費者「滿足程度」的專有名詞,此乃藉以表達買賣雙方對於特定交易的滿足程度。在此須特別強調與提醒讀者的是,「滿足程度」的高低為一「主觀」認定與衡量的結果。

在。談判者在堅持己方利益的同時,亦須儘可能地瞭解對方的利益需求點為何? 需求強度大小如何? 是否可在不損及我方利益的前提下來滿足對方的需求,進而促成交易。若僅知一味地壓制對方的利益,讓對方因無利可圖而拒絕交易,就失卻了談判的根本目的所在。契約談判協商的基本原則示意圖:

雙方主觀上認為:

利益 (Take) > 損失 (Give) → 達成雙贏 (Win-Win)

2.誠信原則 (The Principle of Honesty and Good Faith)

　　誠信原則乃亙古不變的經商法則。就國際貿易而言,從「要約 (詢價、報價)」開始,直至整個交易的完成,其過程均應置於誠信原則的「平臺 (Platform)」上來進行,否則在資本主義制度下的廠商,極易受到傳統經濟學的不當引導,以「**利潤最大化**」為追求目標,致使市場上劣質品充斥、環境汙染、詐欺、強迫推銷等不公平交易事件層出不窮。

　　藉由誠信原則的強調與應用,並配合完備的法律制度❷,當可彌補資本主

---

❷　我國法律上對於誠信原則的適用,請參閱我國民法第 148 條第 2 項之規定。

義制度的不足之處，使資本主義的核心力量「自利心」能成為人類進步的動力
而非貪婪的展現。

貿易契約應用誠信原則示意圖：

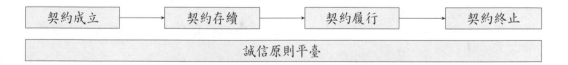

二、貿易契約書撰寫應注意事項

1.注意契約內容的完整性與周延性

契約的條款內容是否已經涵蓋了整個交易進行
的所有必要環節，並對於交易過程中所有可能發生變
動的事項（如匯率的變動等），互相約定明確的處理
方式。

2.注意契約條款的一致性

擬定契約條款時須注意條款之間是否具有一致
性，若條款之間存在互相矛盾的情況時，契約的執行
即無法順利進行，違約糾紛的發生，也就難以避免。
例如，所採用的貿易條件之相關規範與合約其他條款
內容有相互抵觸的情況。

利潤最大化

經濟學以下列函數來表現廠
商追求利潤最大化的行為特
質：
　Max π = (TR – TC)
符號說明：
　Max = 極大化
　π = 利潤
　TR = 總收益
　TC = 總成本
讀者是否可由上式中看出，
資本主義社會裡諸多為人詬
病現象的產生原因？

3.契約標的和內容都必須合法

契約標的及其內容必須符合法律相關規範，亦不得違背公序良俗❸，否則
契約成立的法律行為無效。尤其須注意的是，進出口買賣合約的標的商品是否
為政府管制商品，是否有許可簽證與配額的相關問題存在。

4.契約的形式必須符合法律規定的要求

依據契約自由原則，我國民法第 153 條亦規定，當事人互相表示意思一致
者，契約即為成立，因此買賣契約的成立，並無須遵行一定的形式。然若買賣

---

❸　請參閱我國民法第 71、72 條之相關規定。

要 式

法律上稱要式者，即法律規定其一定方式，凡法律行為，必須依此方式始能發生效力。關於要式契約相關規定，請參閱我國民法第 758、422、730 條之規定。

雙方特別約定，締結契約須以一定方式者，則其意思非專為證據之用，乃以該約定方式為契約成立之要件，在方式未完成之前，推定其契約為不成立❹。為顧及契約法律效力的行使，法律上亦規範某些交易契約須以特定的形式成立方具效力，此即所謂的「**要式**」契約。

三、貿易契約書簽訂應注意事項

1. 當事人必須在自願和真實的基礎上達成協議

契約當事人經過要約與承諾的程序，對於交易條件內容達成合意時，若是其中一方係以詐欺或脅迫的方式，迫使對方在非自願與真實狀況下簽訂契約，此契約無效。我國民法第 92 條第 1 項規定❺，因被詐欺或被脅迫，而為意思表示者，表意人得撤銷其意思表示。但詐欺係由第三人所為者，以相對人明知其事實或可得而知者為限，始得撤銷之。

2. 當事人應具有相應的行為能力

簽約的當事人，無論是自然人或法人代表，須具備法律上定義之行為能力者❻。我國民法第 75 條規定❼，無行為能力人之意思表示，無效。雖非無行為能力人，而其意思表示，係在無意識或精神錯亂中所為者，亦同。

3. 必須是互為有償的

契約的成立必須存在「約因 (Cause)」，亦即買賣契約的成立須存在「對價 (Consideration)」關係，買賣雙方同時享有權利並負擔義務，是一種互為有償行為。依我國民法第 345 條第 1 項規定❽，稱買賣者，謂當事人約定一方移轉財

---

❹　請參閱我國民法第 73、166 條之相關規定。

❺　請參閱我國民法第 86、87、92 條之相關規定。

❻　無行為能力者係指未滿七歲之未成年人及受監護宣告之人，相關規定請參閱我國民法第 13、15 條。

❼　請參閱我國民法第 75 至 85 條之相關規定。

❽　請參閱我國民法第 345 條之相關規定。

產權於他方，他方支付價金之契約。

4.注意簽約人的資格權限

簽約人必須是具有法律上代表人的身分，契約經其簽署後方具效力。依我國公司法第 8 條規定❾，可代表公司的負責人，在無限公司、兩合公司為執行業務或代表公司之股東；在有限公司、股份有限公司為董事。公司之經理人或清算人，股份有限公司之發起人、監察人、檢查人、重整人或重整監督人，在執行業務範圍內亦為公司負責人。在中國大陸則須是擁有外貿經營權的企業或其他組織才具有訂定國際貨物買賣合約的資格。

5.注意簽約手續的完備

契約簽訂的完成，須遵循契約條款上規定的簽約完成手續的程序。如合約上約定，本合約一式兩份，須經雙方簽署後，各執一份為憑。

四、貿易契約書製作檢覈表單

下列貿易契約檢覈登記表 (Check List)，乃筆者就一般交易情況下所設計的內控表單。於實務應用上，讀者可自行依行業交易特性，對內容作適度增刪，以期更貼近實務操作上的需求。

貿易契約檢覈登記表

登 記

契約名稱		契約編碼	
客戶名稱		登記日期	

基本檢覈

契約條款項目		確認內容
約 首	□契約名稱	□名稱是否名實相符
	□前　文	□訂約日期　□訂約地點　□訂約緣由　□訂約當事人的名稱及地址　□公司設立與存續的準據法

---

❾　請參閱我國公司法第 8 條與民法第 27、553、554 條相關規定。

契約本文	☐定義條款		☐
	☐基本條款	☐品名條款	☐使用國際通用名稱 ☐同名異物問題 ☐同物異名問題 ☐品名與運費關聯性 ☐品名與關稅關聯性
		☐品質條款	☐品質決定方法 ☐品質決定的時點
		☐數量條款	☐計量單位 ☐數量認定時點 ☐數量差異解決方法
		☐價格條款	☐價格條件 ☐計價幣別 ☐價格結構 ☐計價單位
		☐付款條款	☐付款方式 ☐付款時點 ☐付款幣別
		☐交貨條款	☐交貨時間 ☐交貨地點 ☐交貨方法 ☐交貨通知
		☐包裝條款	☐嘜頭製作 ☐外包裝種類 ☐內包裝方法 ☐包裝填充物 ☐包裝尺寸與重量 ☐包裝內容量
		☐保險條款	☐保險種類、金額與幣別 ☐投保人與保險公司 ☐理賠地點
	☐一般條款	☐契約有效期間條款	☐期　間＿＿＿＿
		☐契約終止條款	☐終止條件 ☐法定解除權 ☐約定解除權
		☐不可抗力條款	☐不可抗力事故原因 ☐不可抗力事故通知的時限及方法 ☐免責事項 ☐證明文件
		☐通知條款	☐通知時間 ☐通知方式 ☐通知效力
		☐契約讓與條款	☐不可轉讓 ☐可轉讓 ☐轉讓條件 ☐轉讓手續
		☐仲裁條款	☐仲裁的範圍 ☐仲裁地 ☐仲裁機構 ☐仲裁人選定 ☐仲裁費用負擔
		☐裁判管轄條款	☐管轄法院 ☐法院地點
		☐準據法條款	☐我國法律 ☐外國法律＿＿＿國（地區）
		☐商標與專利權條款	☐商標與專利權所有權證明 ☐授權相關文件
		☐契約修正與變更條款	☐修正與變更形式 ☐修正與變更手續
		☐檢驗條款	☐檢驗機構 ☐檢驗時點 ☐檢驗項目與方法 ☐檢驗費用
		☐索賠條款	☐索賠解決原則 ☐索賠提出期限 ☐索賠通知方式 ☐索賠證明文件 ☐退貨全喪失原因 ☐索賠與付款關係
		☐其他條款	☐副本條款 ☐語言條款 ☐完整契約條款 ☐可分離性條款 ☐稅捐條款 ☐標題條款

約尾	□結尾條款	□正本份數＿＿＿　□簽約日期＿＿＿
	□簽　署	□簽署權限　□簽署完整性
備忘附註：		

整體檢覈（業務主管須特別關注下列事項）

項　目	核對內容
□契約整體結構	□契約內容的完整與周延性　□契約條款的一致性
□契約適法性	□簽約人的權限　□簽約手續的完整性　□契約標的是否合法　□契約型式是否符合相關法律要求
□契約執行性	□是否存在無法達成之事項　□是否違反公司基本政策
備忘附註：	

業務主管：	財　務：	法　務：	業務經辦：

第三節　貿易契約條款結構與內容

　　貿易契約的基本結構，係由買賣標的、買賣價金與買賣條件三者架構而成。此即一般貿易契約裡所稱的「基本條款 (Basic Conditions)」內容。環繞著這些基本條款並秉持合約的完整性與周延性，再加上「一般條款 (General Conditions)」所建構而成的，就是一份完整的貿易契約條款。

　　一般國際商品買賣契約的完整條款結構，大致如下頁表所示。下頁表可供擬約人員於契約擬定時，作為檢視契約完整性參酌之用。

一、貿易契約條款結構

貿易契約條款結構表

```
貿易契約條款結構
├─ 約首
│   ├─ 契約名稱
│   └─ 前文
│       ├─ 訂約日期
│       ├─ 訂約地點
│       ├─ 訂約當事人的名稱及地址
│       └─ 訂約緣由
├─ 契約本文
│   ├─ 定義條款
│   ├─ 基本條款
│   │   ├─ 品名條款
│   │   ├─ 品質條款
│   │   ├─ 數量條款
│   │   ├─ 價格條款
│   │   ├─ 付款條款
│   │   ├─ 交貨條款
│   │   ├─ 包裝條款
│   │   └─ 保險條款
│   └─ 一般條款
│       ├─ 契約有效期間條款
│       ├─ 契約終止條款
│       ├─ 不可抗力條款
│       ├─ 通知條款
│       ├─ 契約讓與條款
│       ├─ 仲裁條款
│       ├─ 裁判管轄條款
│       ├─ 準據法條款
│       ├─ 商標與專利權條款
│       ├─ 契約修正與變更條款
│       ├─ 檢驗條款
│       ├─ 索賠條款
│       ├─ 完整契約條款
│       ├─ 語言條款
│       ├─ 可分離性條款
│       ├─ 稅捐條款
│       ├─ 標題條款
│       └─ 署名權限條款
└─ 約尾
    ├─ 結尾條款
    └─ 簽署
```

二、貿易契約條款內容說明

㈠約首 (Head of Contract)

1.契約名稱 (Title)

契約名稱的擬定，應儘量與契約內容一致，方便使用者的辨識與利於文件檔案管理者的文件管理作業。

> **例示**
>
> "Sales Confirmation"（售貨確認書）
>
> "Sales Contract"（售貨契約書）
>
> "Distribution Agreement"（經銷協議書）

2.前文 (Preamble)

契約書的前文正如章回小說的「楔子」一般，係用以說明故事發生的時間、主角與緣由等。契約的前文通常由下列要項構成：

⑴訂約日期 (Date of Signing)

一般契約書均於約尾簽署處標示簽約日期，但英文契約書則習慣於約首前文處即標明簽約日期。

> **例示**
>
> "This Agreement, made and entered into this first day of January, 2011 by and between..."（本契約乃由……雙方於 2011 年 1 月 1 日簽訂。）

⑵訂約地點 (Place of Signing)

由於國際貿易契約的訂約人之訂約地點通常難以一致，此亦非契約成立關鍵要件，故對於訂約地點通常略而不提。

⑶訂約當事人的名稱及地址 (Name and Address of Parties)

由於訂約當事人須受法律約束，因此當事人無論其為自然人或法人，均須對其身分作明確的界定與記載，包括國籍、組織形式❿、營業地址等。為顧及契約當事人冗長的公司名稱，可能須於契約條款間重複列示，故

---

❿　依公司法第 2 條第 2 項規定：「公司名稱，應標明公司之種類。」

除於契約前文首次記載全名，得於其後加上括號載明簡稱外，亦可以類似「Seller（賣方）」等普通名詞代替簡稱。

> 例示
>
> "ABC Corporation (hereinafter referred to as 'SELLER'), a Chinese corporation having their principal office at 6F., No. 29, Sec. 3, Nanking E. Rd., Taipei City, Republic of China."（ABC 公司（以下稱賣方）為一設址於中華民國臺北市南京東路三段 29 號 6 樓之公司組織。）

(4)訂約緣由 (Recitals or Whereas Clause)

此條款乃為說明當事人的訂約經過與訂約目的，通常以「Whereas（鑑於）」為開頭，一般較為單純或英美法系外的契約書通常省略此類條款。

> 例示
>
> WITNESSETH ⓫
>
> "WHEREAS, ABC is a company manufacturing home appliances (hereinafter referred to as the 'Products'), and"（鑑於 ABC 為家電產品（以下稱「本產品」）製造商）
>
> "WHEREAS, XYZ is desirous of purchasing Products from ABC, and ABC is desirous of selling said products to XYZ under the terms and conditions herein contained,"（鑑於 XYZ 欲從 ABC 購買本產品，而 ABC 亦欲依本契約之條件銷售本產品予 XYZ，）
>
> "NOW, THEREFORE, in consideration of the mutual covenants and agreements herein contained, the parties hereto agree as follows:"（從而以本契約中所載之相互約定與合意為約因，雙方當事人茲合意如下：）

㈡契約本文 (Body of Contract)

1.定義條款 (Definition Clause)

對於契約書中經常出現的用語 (Terms)，為避免重複解釋，以簡化契約內容，宜設立一定義條款。於此條款裡統一定義與解釋，貫穿於合約中重複使用的相關用語。

> 例示
>
> "The terms 'X' means...."（"X" 一詞係表示……。）

⓫　"WITNESSETH" 為古英文 "WITNESS" 的第三人稱單數形，一般僅用於英文契約書中。

2. **基本條款** (Basic Conditions)

民法第 153 條第 2 項：「當事人對於必要之點，意思一致，而對於非必要之點，未經表示意思者，推定其契約為成立，關於該非必要之點，當事人意思不一致時，法院應依其事件之性質定之。」

凡違反基本條款者即屬重大違約 (Fundamental Breach of Contract)。

關於各基本條款之詳細內容論述，請讀者參閱各相關專題章節，以下乃就貿易契約基本條款結構內容與例示說明之：

⑴品名條款 (Name of Commodity Clause)

品名條款乃規範並描述契約交易標的物的相關事項，包括商品名稱、型號、等級、產地等。此條款為契約整體條款的基礎所在，亦即其他條款的訂定應以此條款為基礎加以考量制定。

> 例示

"COMMODITY:"（貨品名稱：）

"Window-type Air Conditioners for 9,000 Btu/h."（冷房能力 9,000 Btu/h 的窗型冷氣機。）

⑵品質條款 (Quality Clause)

在品質確保的情況下，品名條款所規範的買賣標的物，才具有實質交易價值。然品質條款對於品質的定義，係依據標的商品的特性，就下列兩點進行明確的規範。

①約定商品品質水準。

②確定商品品質的時點（與貿易條件配合）。

> 例示

"QUALITY:"（貨品品質：）

"Quality to be guaranteed equal to description and/or SELLER's samples, as the case may be."（貨物的品質與狀況必須保證與描述說明及／或賣方樣品相符。）

⑶數量條款 (Quantity Clause)

買賣雙方依據商品的物理型態（固體、液體、氣體）來決定核計商品數量的使用單位，如個數 (Number)、重量 (Weight)、長度 (Length)、面積 (Area)、體積 (Volume) 等，並加以確定數量核算認可的時點。故一般數

量條款須包含下列兩點：

①確立計量單位。

②確定商品數量的時點（與貿易條件配合）。

例示

"QUANTITY:"（貨品數量：）

"1,000 (one thousand) set only."（數量為 1,000 臺整。）

(4)價格條款 (Price Clause)

價格條款乃標的商品對價關係的一種表達，一般應於價格條款中敘明下列 4 個要項：

①價格屬性。

②貿易條件。

③計價幣別。

④計價單位。

例示

"UNIT PRICE:"（貨品價格：）

"USD200 per set net CIF New York; Total amount: USD2,000,000 (Say US Dollars two million only) CIF New York."（每臺價格為 CIF 紐約淨價 200 美元，總金額為 CIF 紐約 200 萬美元整。）

(5)付款條款 (Payment Clause)

貨款的回收是買賣交易過程裡，最令賣方掛心的主要項目。究應以何種工具支付？是 L/C 或是 D/A、D/P？什麼時候付款？是 Sight 或是 Usance？凡此種種，皆應於此條款中做下列明確規範：

①付款方式（工具）。

②付款時間。

例示

"PAYMENT:"（付款方式：）

"Payment to be effected by BUYER by usual negotiable, confirmed and irrevocable letter of credit, to be opened 30 days before shipment in favor of SELLER, providing for payment of 100% of the invoice value against a full set of shipping documents."（買方

必須於裝運日前 30 天開發以賣方為受益人之經保兌、可讓購之不可撤銷信用狀，憑以支付 100% 發票金額，取得整份貨運單據。）

⑹交貨條款 (Delivery Clause)

前面提過，國際貿易很難以一手交錢一手交貨的方式進行。因此對於如何交錢、如何交貨均須作詳細規範。交錢的方法於上述的付款條件裡交代清楚後，即須對如何交貨作一番明確的約定。一般須於交貨條款中訂明事項如下，惟須注意的是，與數量條件、品質條件一樣，本條款的訂定儘可能與貿易條件相配合。

①交貨時點（與貿易條件配合）。

②交貨方法。

③交貨通知。

例示

"SHIPMENT:"（裝運:）

"All commodities sold in accordance with this Agreement shall be shipped within the stipulated time. The date of Bill of Lading is to be taken as conclusive proof of the day of shipment. Unless expressly agreed to, the port of shipment is at the SELLER's option."（所有依據本合約所銷售的貨品，必須在約定的時間內完成交運，並依提單上的日期作為已如期完成交運的證明。除非特意規定，裝運港係由賣方所決定。）

⑺包裝條款 (Packing Clause)

商品的包裝涉及品質水準的評定與商品數量的核算，亦是交易過程中相當重要的一環，不可輕忽。擬定本條款應考量並涵蓋的可能項目如下：

①外包裝種類。

②包裝尺寸與重量。

③嘜頭。

④內包裝方法。

⑤填充物。

例示

"PACKING & MARKING:"（包裝與刷嘜:）

"Typical Export Carton."（以標準出口紙箱包裝）

"SHIPPING MARK:"（運輸嘜頭：）

NEW YORK
C/NO. 1–1,000
MADE IN TAIWAN
R.O.C.

(8)保險條款 (Insurance Clause)

國際間貨物運送往來，通常須經過漫長的運程。運程愈長，不可控制的因素就愈多，貨物滅失的風險當然相對愈高。此刻只有藉由保險的方式，來排除運送過程裡的可能風險。於保險條款中通常須敘明的要項如下，惟條款的規範內容亦須配合貿易條件的相關規定。

①保險投保人。

②保險種類。

③保險金額及幣別。

④保險公司。

⑤理賠地點。

例示

"MARINE INSURANCE:

Seller shall effect marine insurance against All Risks (ICC (A)) and War Risk for 110%of the CIF value and to provide for claims if any, payable in Taipei in U.S. Currency."（海上保險由賣方按 CIF 金額 110% 投保全險及兵險，並規定如發生索賠時，應於臺北以美元支付。）

3.一般條款 (General Terms and Conditions)

「一般條款」係指契約書中，一般共有的相關規定，亦或是針對基本條款所作的補充說明。買賣雙方於首次交易時，應就一般條款的內容進行磋商談判，俟內容確定後，即可適用於彼此間爾後之同類型交易，不必費時於每次交易前，重複談判鮮少變動的一般條款。同類型的交易僅須就每次交易變動的相關基本條款來進行磋商即可。

實務上亦有將一般條款印定於契約書上者 (通常印於背面)。由賣方印定者稱「賣方一般條款」，由買方印定者則稱為「買方一般條款」。由賣方印定者，

其內容當然有利於賣方，反之亦然。買賣雙方所套用的一般條款，若為對方所印定者，通常係因對方議價能力較強，亦即談判姿態較高所致。在此態勢下，我方須於確切瞭解對方的條款內容，審慎評估其之於我方權益的影響程度與執行上的可行性後，才可決定是否全盤接受。常見的一般條款列示並說明如下：

(1)契約有效期間條款 (Duration; Period of Contract Clause)

一般的買賣契約，因每次交易條件的不同，一份契約的規範效力通常僅及於一次交易的完成即告終止，因此並無規定契約期間的必要。但若是屬於經銷契約等持續性類型的契約，則有訂定契約期間的必要性。

例示

"Unless terminated as provided in Article D below or by mutual consent, this Agreement shall continue in full force and effect for an initial term expiring three (3) years after the effective date hereof and thereafter, upon expiration of the then-current term, shall be automatically renewed for successive one (1) year terms unless either party provides written notice of its intention to terminate this Agreement at least three (3) months prior to the expiration of the initial term or any renewed term hereof."（除依下列 D 條款之規定或雙方同意解約外，本契約之初始有效期間，始於生效日起 3 年，爾後至屆滿日時，得每次自動更新 1 年。惟當事人之任一方，於初始或更新後之有效期屆滿至少 3 個月前，以書面通知解除本契約者，不在此限。）

(2)契約終止條款 (Termination Clause)

契約生效後，將因契約期間屆滿或法定解除權的行使而終止其效力，無須再於契約中訂定契約終止條款。但若契約當事人之間，對於約定解除權的行使與解除條件的達成，有特別的約定時，即應於契約中明訂相關的規範條款。造成契約效力終止的情況如下：

①契約期間屆滿。

②法定解除權的行使。

③解除條件的達成。

④約定解除權的行使。

例示

"This Agreement may be terminated prior to the expiration of the initial term or any renewal term by either party upon service of prior written notice to the other party as follows:"（本契約如有以下情況時，任一方當事人於初始有效期或更新有效期屆滿前，向他方當事人發出事前的書面通知，始得解除:）

(a) "In the event the other party should fail to perform any of its obligations hereunder and should fail to remedy such nonperformance within twenty (20) calendar days after having received written notice requesting cure thereof, upon the lapse of such twenty days;"（如他方當事人不履行或不遵守本契約所規定之義務，經書面通知要求其改正，而於接到通知後超過 20 天仍未予改正時;）

(b) "Effective immediately, if there is any change in the ownership of forty percent (40%) or more of the assets or equity interest in the other party."（他方當事人的資產或持股變更超過 40% 以上者，立即生效。）

(3)不可抗力條款 (Force Majeure Clause)

「不可抗力」的外文用語，一般係採用法文的 "Force Majeure" 一詞，亦有使用字義貼切的「Act of God（上帝意旨）」者，泛指個人力量所無法抗拒的情況。於貿易契約的內涵上，係指於契約簽訂後，非因任一契約當事人的疏失或故意，而是由於不可預知事件的發生，致使契約無法履行或不能完全履行。相關當事人可根據契約或法律的規定，免除不履約或延期履約的責任。

例示

"The Seller shall not be responsible for the delay of shipment or non-shipment in all case of force majeure, including fires, floods, earthquakes, tempests, strikes, lockouts, mobilization, war, riot, hostilities, prohibition of export and any other contingencies which prevent shipment within the stipulated period. In the event of any of the aforesaid causes arising, documents proving its occurrence or existence shall be sent by the seller to the buyer without delay."（在所有不可抗力狀況下，賣方可免除交貨延遲或不交貨的責任，包括火災、水災、地震、暴風雨、罷工、工廠封鎖、動員、戰爭、暴動、敵對、禁止出口以及於約定期間內妨礙交貨的其他意外事件。如果發生前述任一事件時，證明事件發生或存在的文件，應由賣方迅速寄給買方。）

⑷通知條款 (Notice Clause)

若雙方於契約進行期間，有相互通知以維繫契約進行的需要時，即必須於契約上明定通知的相關規範，如通知方法、通知地址與通知效力等。關於通知效力發生時點的認定，有「發信主義」與「到達主義」兩種慣例，我國相關法令規定係採「到達主義」⑫來認定通知效力的發生。

例示

"All notices under this Agreement shall be in English, in writing, and sent by registered or certified airmail, postage prepaid, return receipt requested, by private courier delivery service, or by facsimile (with a copy sent by airmail) addressed to the parties at the addresses set forth below or to such other address of which either party may advise the other in writing in accordance with this Article."（關於本契約之所有通知，均應以英文書面為之，並以掛號郵件或存證信函郵資付訖的方式，或利用民營快遞服務，或電話傳真方式寄至下列當事人之地址，或雙方當事人根據本條款以書面通知之其他地址。）

If to ABC（如通知 ABC 公司）

Address（地址）

Facsimile No.（電話傳真號碼）

If to XYZ（如通知 XYZ 公司）

Address（地址）

Facsimile No.（電話傳真號碼）

"Notice shall be deemed given on the earlier of the date of receipt or (7) days after dispatch if sent by mail or telecopier and on the date of delivery if sent by courier."（通知若以郵寄或電話傳真寄交時，應以受件日或發件日後 10 日，擇一較早日期為送達日，若以快遞寄交，則以當日為送達日。）

⑸契約讓與條款 (Assignment Clause)

為避免交易關係的複雜化，對於契約的轉讓最好予以限制。但若契約當事人同意契約可予轉讓時，則應於條款中訂明轉讓的條件與手續，以確定因轉讓所生之權利義務關係。

---

⑫　請參閱我國民法第 95 條相關規定。

例示

"No assignment of this Agreement or any right hereunder shall be made, in whole or in part, by either party, without the prior written consent of the other. Upon any permitted assignment, this Agreement shall inure to the benefit of and be binding upon the successors and assigns of both parties."（未獲取對方當事人之書面同意前，任一方均不得將本契約或依本契約所生之權利的全部或一部分轉讓予第三人，一旦獲得同意轉讓時，雙方當事人之繼承人或受讓人，應繼續接受本契約所生之權利並受其約束。）

⑹仲裁條款 (Arbitration Clause)

商務糾紛的處理，以具有迅速、經濟、保密、有效、和諧、專家判斷等多項優點的商務仲裁作為糾紛的裁定方式，已是商業界處理糾紛的主要途徑。例如國內知名的商務案例，捷運局與馬特拉案、高鐵與歐鐵聯盟案，即係透過仲裁的途徑來解決彼此紛爭。若交易雙方欲以仲裁的方式解決將來可能發生的爭議，則須於簽訂契約時訂立下列仲裁條款，言明將來若發生爭議時的處理方式。

例示（中華民國仲裁協會範例）

"All disputes, controversies, difference or claims arising out of, relating to or connecting with this contract, or the breach, termination or invalidity thereof, shall be finally settled by arbitration referred to the Arbitration Association of the Republic of China in accordance with the Arbitration Law of the Republic of China and the Rules for the Arbitration Procedure of the Arbitration Association of the Republic of China. The place of arbitration shall be in Taiwan. The award rendered by the Arbitrator(s) shall be final and binding upon both parties concerned."（有關於本契約所引起的所有糾紛、爭議、歧見或索賠，應依中華民國仲裁法與中華民國仲裁協會的仲裁程序規則，於臺灣當地進行仲裁。仲裁人的判斷具有最後裁決的效力，並具有約束當事人雙方的效力。）

⑺裁判管轄條款 (Jurisdiction Clause)

若雙方未約定以仲裁方式解決糾紛時，即須於契約中約定解決糾紛的訴訟管轄法院。以訴訟的方式來解決商務紛爭，不但曠日廢時，且所費不貲，與商業界習慣要求的快速、經濟、效率的精神背道而馳。因此建議商務上的紛爭還是以仲裁途徑處理為宜。

例示

"The parties hereby submit to the jurisdiction of the courts of Taiwan."（本合約當事人須服從臺灣地方法院的裁判管轄。）

(8)準據法條款 (Proper Law or Applicable Law Clause)

準據法係契約的成立、履行與解釋的依據。買賣雙方均希望能以自己國家的法律作為契約規範的法律基礎，若以對方國家法律為準據法時 [13]，通常須委由熟悉該國法律的律師協助契約的訂定。除此之外，準據法中亦須對於國際貿易相關慣例，如國貿條規、信用狀統一慣例等慣例的適用，作明確的描述。

例示

"The formation, validity, construction and the performance of this contract are governed by the laws of Republic of China."（本契約的成立、效力、解釋以及履行均受中華民國法律管轄。）

"The trade terms under this Contract shall be governed and interpreted by the provisions of International Commercial Terms (Incoterms 2010; ICC)."（本契約之貿易條件係根據國際商會 2010 年版國貿條規之解釋與約制。）

(9)商標與專利權條款 (Trade Mark and Patent Clause)

於 OEM 型式之國際貿易實務上，賣方往往須應買方要求，於買賣商品標的上，標示其所指定的商標或特定式樣。此時賣方須特別注意的是，此舉是否有涉及商標權、**專利權**、設計及標籤等關於智慧財產權侵害之虞。賣方於簽約時，應要求買方提供該智慧財產權之所有權的相關證明文件，並於契約條款裡增訂下列類似條款，避免涉入侵權爭訟。

專利之類型

依我國專利法規定，專利可分為下列三種類型：
1. 發明專利。
2. 新型專利。
3. 新式樣專利。
請參閱專利法第 2、第 19、第 97、第 106 之相關規定。

---

[13] 如以美國法律為準據法時須確認下列兩點：

1. 是以何州的法律為準據法。

2. 貿易條件的定義與解釋是採用國貿條規或是美國對外貿易定義。

"Seller shall not be held responsible for infringement of the right of trade mark, patent, design and label which are caused out of the observance of Buyer's instructions to Seller and any disputes or claims raised thereon shall be settled by Buyer for his account."（賣方為遵照買方指示，所引致關於商標權、專利權、設計及標籤的侵害，不負擔責任，如因此而招致糾紛或索賠時，應由買方自行負責。）

(10)契約修正與變更條款 (Amendment Clause)

於契約簽訂後，若因客觀因素的改變，須對於原契約內容做部分修改以利契約的執行時，若原契約以書面方式成立，則須以與原契約相同形式，即書面的形式來訂定契約修改書。該契約修改書經契約當事人簽署認可後，即成為原契約的一部分。

"This Agreement must not be changed, modified or amended by the parties of this agreement provided that such change, modification or amendment must be in writing and be signed by both parties."（本契約非經當事人雙方書面簽署同意，不得變更或修改。）

(11)檢驗條款 (Inspection Clause)

檢驗條款的訂定，可間接協助確認品質與數量條款的履行程度。買方透過檢驗證明文件配合 L/C 的操作，將可有效降低其交易風險，確保買賣權益。一般檢驗條款內容的擬定，包含下列項目：

①檢驗機構。

②檢驗時點。

③檢驗項目與方法。

④檢驗費用。

⑤檢驗效力。

"Inspection on quality, quantity and packing of the contracted cargo shall be performed at the port of discharge by independent inspector. The inspector's certification shall be final, and inspection fee and charges shall be for seller's account."（貨品的品質、數量與包裝的檢驗，由獨立檢驗公司於卸貨港執行。其出具之檢驗證明應為最後標準，

而檢驗的相關費用則由買方負擔。）

⑿索賠條款 (Claim Clause)

當買賣雙方於契約執行時，若未能確切地履行契約條款內容，致使另一方遭受損害時，受損害之一方即可依索賠條款的相關規範，向對方提出索賠 (Claim) 的請求。索賠條款裡一般須規範的要項如下：

①索賠提出的時限。

②索賠提出的通知方法。

③索賠提出須檢附的證明文件。

④索賠處理的方式。

例示

"Claims, if any, shall be submitted by teletransmission within fourteen days after arrival of goods at destination. Reports by recognized surveyors shall be sent by airmail without delay. At least 30% of the original unopened packages must be available to seller in the event of dispute regarding quality etc, otherwise, claim will not be valid."（如欲索賠，買方應於貨物到達 14 日內以電傳方式提出，公證報告應以航空郵件即時寄出。若爭議點是出自品質方面等問題，則原封未開箱件數至少須有 30% 供賣方檢查，否則索賠無效。）

⒀完整契約條款 (Entire Agreement Clause)

完整契約條款的英文名稱亦有稱之為 "Sole Understanding Clause"、"Integration Clause"、"Superseding Clause" 等。此條款係指，為了避免有關契約書內容的解釋於日後發生爭議，而在契約書中約定，本契約書之內容係代表各當事人間，就簽訂有關本契約所作的一切合意與瞭解，用以取代本契約締結前已簽訂之有關本契約所作的一切書面或口頭的談判、意思表示或承諾。除了依契約書中的變更條款所作的變更或修正之外，契約書締結前後當事人間相互交換的文件或約束均不發生效力，而須完全以契約書中的約定為準。

例示

"This Agreement represents the entire agreement between the parties with regard to the subject matter hereof and supersedes all prior discussions, agreements and understandings of every kind and nature between them; provided that any orders or debts which exist as of the date of this Agreement shall be enforceable in accordance with the terms thereof. No modification of this Agreement shall be effective unless in writing and signed by both parties."（本契約係當事人之間就本契約有關事項所作之全部合意，先前雙方當事人間所為之一切類型與性質之商討、協議與瞭解等，均為本契約所取代。惟於本契約締結日已存在之訂單或債務，均得受本條款約制。本契約之修改除經雙方當事人簽署書面同意外，均屬無效。）

⑭語言條款 (Language Clause)

契約內容撰寫語言的採用，首先當然是以我方熟悉的本國語言為優先考量。但交易的進行，很難僅以自身利益為唯一考量，尚須考慮彼此接受意願。目前國際間的交易往來的使用語言，還是以英文的國際通用程度最高。契約當事人若決定以英文為契約撰寫語文時，為防日後爭議，應於契約中載明本契約乃以英文為主要使用語文，若有其他語文的翻譯文本，係僅供契約當事人參考之用。

例示

"The governing language of this Agreement shall be English, and any translation into any other language shall be solely for the convenience of the parties."（本契約以英文為主要使用語文，其他語文的翻譯文本，僅供契約當事人參考之用。）

⑮可分離性條款 (Severability Clause)

此條款乃為防範對方因某一對其有利條款失效後，遂而提出整體契約無效，有損及我方權益之虞時使用 ⑭。

例示

"If any provision of this Agreement is held by a court of competent jurisdiction to be illegal or invalid, the remainder of this Agreement shall remain in effect."（當本契約中的任一條款，經具管轄權的法院判斷其違法或無效時，本契約之其他條款仍屬有效。）

⑯稅捐條款 (Taxes and Duties, etc. Clause)

稅捐與規費的負擔，一般由產地國課徵者即由賣方負擔，若由目的國課徵者則由買方負擔，如下列條款所示。若買賣雙方未作特別約定時，則

---

⑭　請參閱我國民法第 111 條之相關解釋。

應以合約所採用的貿易條件之相關規定作為依循規範。

例示

"Any duties, taxes or levies imposed upon the goods, or any packages, material or activities involved in the performance of the contract shall be for account of seller, if imposed by the country of origin, and for account of buyers if imposed by the country of destination."（任何因貨物、包件、原料或履約的相關事項所徵收的稅捐或規費，如由產地國徵收者，由賣方負擔，若由目的國課徵，則由買方負擔。）

(17)標題條款 (Heading Clause)

於撰擬契約書時，習慣上會在各條款的抬頭處加上標題，其目的乃在方便條款檢索之用。因標題使用的文句較為簡短，不易完全表達條款內容。為避免因標題與條款內容的些微差異，導致條款的解釋與認知上的歧異，事先即行約定如下條款，以說明標題於契約的解釋上，並無特別的義涵。

例示

"Headings of the Articles used in this Agreement are inserted for convenience of reference only and shall in no way affect the interpretation hereof."（本契約中之條款標題，僅供參考方便之用，完全不影響本契約之解釋。）

(18)署名權限條款 (Right of Signature Clause)

契約簽署人是否為公司代表人並具有締結契約的權限，應於簽約前加以確認。一般以公司負責人為簽約人較無疑義並易確認身分。本條款即是對於契約簽署人是否具締約權限，作一明確表示之規範。

例示

"Each of the undersigned represents and warrants that he or she holds the designated office with the respective party and is duly authorized to execute this Agreement and thereby bind such party, and that all required approvals have been obtained."（以下各署名者保證，分別具有各方所指定的職銜與合法締結約束各方之本契約的權利，並保證已獲得必要的許可。）

(三)約尾 (Ending of Contract)

1. **結尾條款** (Witness Clause)

於契約本文之後，應以此契約的結尾文句表達關於：

(1)本契約正本繕製份數。

(2)簽約日期。

> 例示

"IN WITNESS WHEREOF, the parties hereto have executed this contract in duplicate by their duly authorized representative as on the date first above written."（本契約書一式兩份，業經雙方法定代理人訂定並於前文日期簽署。）

2. 簽署 (Signature)

由契約當事人的法定代表簽署後，即完成整個契約訂定的程序。大部分的簽名除本人外，其他人未必能正確判讀，因此簽署處除簽名外，尚應以打字方式載入公司名稱、簽署人姓名與職稱，以利權責的確認。

> 例示

<table>
<tr><td>ABC Co., Ltd.</td><td>XYZ, Inc.</td></tr>
<tr><td></td><td></td></tr>
<tr><td>Michael Chang</td><td>Sharon Hong</td></tr>
<tr><td>President</td><td>CEO</td></tr>
</table>

第四節　貿易契約的類型與特性

一、貿易契約書的簽訂型式

㈠確認書型式

由契約當事人之一方，將買賣契約內容作成確認書型式寄交對方，俟對方確認簽署後，合約即行成立。一般依確認書製作人的不同，確認書的類型如下：

1. 購貨確認書 (Purchase Confirmation)

「購貨確認書」亦可稱之為「購貨單 (Purchase Note)」或「訂單 (Order; Indent)」，此類型確認書係由買方所撰擬製作，契約條款內容當然傾向維護買方利益。在「買方市場」常見以此方式進行交易，惟賣方接受此類方式交易時，須先詳閱對方的印定條款內容是否損及自身權益，或自身是否有足夠能力執行條款內容。

2. **售貨確認書** (Sales Confirmation)

亦稱之為「售貨單 (Sales Note)」，與上述情況相反，此類確認書係由賣方所草擬製作，當然是以賣方利益角度來撰擬製作。售貨確認書通常用於「賣方市場」，買方於接受契約內容簽署認可前，亦須詳究條款內容以維護自身權益。

㈡契約書型式

1. **購貨契約** (Purchase Contract)

購貨契約係由買方所草擬，亦有稱為「輸入契約 (Import Contract)」。

2. **售貨契約** (Sales Contract)

售貨契約係由賣方所草擬，亦有稱為「輸出契約 (Export Contract)」。

3. **買賣契約** (Sales and Purchase Contract)

買賣契約係由買賣雙方共同草擬製作，亦有稱為「輸出入契約 (Export and Import Contract)」。

二、貿易契約書範例

茲列舉下列各類型貿易契約書的空白格式，其中包括臺灣目前最大貿易對手國，中國大陸簡體版的貿易契約書，供讀者於實務運作上參考應用。

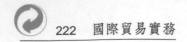

1. 購貨確認書

ABC Co., Ltd.

6F, No. 29, Sec. 3, Nanking E. Rd., Taipei, Taiwan

No. _____

PURCHASE CONFIRMATION

Messrs: _____

Date: _____

Dear sirs,

We confirm having this day ordered from you the following:

Item No.	Description	Quantity	Price	Amount

PRICE:
SHIPMENT:
PACKING:
INSURANCE:
OCEAN FREIGHT:
PAYMENT:

SELLER   BUYER

                                                ABC Co., Ltd.

_____   _____
(Please return the duplicate with your signature)   (Authorized)

2. 售貨確認書

ABC Co., Ltd.

6F, No. 29, Sec. 3, Nanking E. Rd., Taipei, Taiwan

No. _____

SALES CONFIRMATION

Messrs: _____

Date: _____

With reference to your esteemed _____ dated _____

We are pleased to _____ , under the following terms and conditions.

Item No.	Description	Quantity	Price	Amount

PRICE:
SHIPMENT:
PACKING:
INSURANCE:
OCEAN FREIGHT:
PAYMENT:

1. Seller has the option of Shipping _____ percent more or less on contract quantities, the difference to be settled at contract prices.
2. Any dispute arising out of contract, which cannot be amicably adjusted, is to be settled by arbitration. Unless otherwise especially stipulated, such an arbitration will be conducted by the Taiwan Commercial Arbitration Association.
3. Any claim or claims after a lapse of _____ days from date of final discharge shall be considered as null and void.

You may rest assured that we will do our utmost to give you an entire satisfaction in every respect, but we cannot hold ourselves responsible for non-delivery or delay of shipment caused by "Act of God" such as earthquakes, hurricanes, flood, etc., and "Force Majeure" such as Government restrictions, strikes, riots, seizures and other warlike operations, etc., all of which are beyond our control.

Yours very truly,

SELLER   BUYER

ABC Co., Ltd.   Confirmed by:

_____   _____
(Authorized)   (Please return the duplicate with your signature)

3. 買賣契約

CONTRACT

This contract is made this 16th day of June, 20– by＿＿＿＿. (hereinafter referred to as "SELLERS"), a corporation having their principal office at ＿＿＿＿, who agree to sell, and ＿＿＿＿ (hereinafter referred to as "BUYERS"), a corporation having their principal office at ＿＿＿＿, who agree to buy the following goods on the terms and conditions as below:

1. COMMODITY:
2. QUALITY:
3. QUANTITY:
4. UNIT PRICE:
5. PACKING:
6. SHIPPING MARK:
7. SHIPMENT:
8. PAYMENT:
9. INSURANCE:
10. INSPECTION:

   Goods is to be inspected by an independent inspector and whose certificate inspection of quality and quantity is to be final.

11. FLUCTUATIONS OF FREIGHT, INSURANCE PREMIUM, CURRENCY, ETC.:

   (1) It is agreed that the prices mentioned herein are all based upon the present IMF parity rate of NT$35 to one US dollar. In case, there is any change in such rate at time of negotiating drafts, the prices shall be adjusted and settled according to the corresponding change so as not to decrease SELLERS' proceeds in NT Dollars.

   (2) The prices mentioned herein are all based upon the current rate of freight and/or war and marine insurance premium. Any increase in freight and/or insurance premium rate at the time of shipment shall be for BUYERS' risks and account.

   (3) SELLERS reserve the right to adjust the prices mentioned herein, if prior to delivery there is any substantial increase in the cost of raw material or component parts.

12. TAXES AND DUTIES, ETC.:

   Any duties, taxes or levies imposed upon the goods, or any packages, material or activities involved in the performance of the contract shall be for account of origin, and for account of BUYERS if imposed by the country of destination.

13. CLAIMS:

   In the event of any claim arising in respect of any shipment, notice of intention to claim should be given in writing to SELLERS promptly after arrival of the goods at the port of discharge and opportunity must be given to SELLERS for investigation. Failing to file such prior written notification and opportunity of investigation within twenty one (21) days after the arrival of the carrying vessel at the port of discharge, no claim shall be entertained. In any event, SELLERS shall not be responsible for damages that may result from the use of goods or for consequential or special damages, or for any amount in excess of the invoice value of the defective goods.

14. FORCE MAJEURE:

Non-delivery of all or any part of the merchandise caused by war, blockage, revolution, insurrection, civil commotions, riots, mobilization, strikes, lockouts, act of God, severe weather, plague or other epidemic, destruction of goods by fire or flood, obstruction of loading by storm or typhoon at the port of delivery, or any other cause beyond SELLERS' control before shipment shall operate as a cancellation of the sale to the extent of such non-delivery. However, in case the merchandise has been prepared and ready for shipment before shipment deadline but the shipment could not be effected due to any of the above mentioned causes, BUYERS shall extend the shipping deadline by means of amending relevant L/C or otherwise, upon the request of SELLERS.

15. ARBITRATION:

Any disputes, controversies or differences which may arise between the parties, out of/or in relation to or in connection with this contract may be referred to arbitration. Such arbitration shall take place in Taipei, Taiwan, Republic of China, and shall be held and shall proceed in accordance with the Arbitration Law of the Republic of China.

16. PROPER LAW:

The formation, validity construction and the performance of this contract are governed by the laws of Republic of China.

IN WITNESS WHEREOF, the parties have executed this contract in duplicate by their duly authorized representative as of the date first above written.

BUYERS   SELLERS

_____   _____
        (Title)   (Title)

4. 經銷契約書

簡式代理合約 (Short Form of Agency Agreement)

AGENCY AGREEMENT

This Agreement by and between_____ , known as the Company, and _____ , known as the Manufacturers' Agent is in accordance with and subject to the following:

1. The products which the Manufacturers' Agent is authorized to sell, and the prices and terms, are as shown on the addenda to this Agreement, or as specified in subsequent price books, bulletins, and other authorized documents.
2. The prices of sale at which the Manufacturers' Agent is to sell such products, shall be those currently in effect and established from time to time in the Company's price books, bulletins and other authorized releases.

3. Said Manufacturers' Agent further agrees to abide and comply with all sales policy and operating regulations of the Company, as issued from time to time and will not obligate or contract on behalf of the Company without first having received written authority to do so from an Executive of the Company.

4. The territory in which the Manufacturers' Agent is to work is as follows:＿＿＿＿＿ This territory is exclusive unless otherwise stated in writing. The Manufacturers' Agent shall be credited with all orders accepted by the Company from this territory, as long as this Agreement remains in force.

5. Commissions due to the Manufacturers' Agent shall be payable before the 15th day of the month following (date of shipment by the Company) OR (date of payment by the purchaser) OR (date of acceptance by the Company). If orders are returned to and accepted by the Company for credit, commissions paid or credited to the Manufacturers' Agent for such orders shall be deducted from the amount of other commissions due to the Manufacturers' Agent, if that amount is sufficient; otherwise, commissions due to the Manufacturers' Agent, if that amount is sufficient; otherwise, commissions paid on such returned-for credit orders shall be refunded to the Company by the Manufacturers' Agent within 30 days of written request by the Company.

6. The Company reserves the right at all times to reject any and all orders because of unsatisfactory credit rating of the purchaser. On sales of unrated new accounts, the Manufacturers' Agent may be required to furnish local credit information and submit full information with orders. The Manufacturers' Agent will also assist in the collection of past due accounts owing the Company by customers located in said Manufacturers' Agent's territory.

7. When an order originates in one agent's territory for shipment into another agent's territory, or in any case when the commission is divided between two or more of the Company's agents, the commission shall be divided according to the schedule shown on the addendum to this Contract, with no port of the commission being retained by the Company.

8. During the first year, this Agreement may be terminated for any reason by either party upon 30 days' notice to the other by registered mail. After this Agreement has been in force for one full year, it may be terminated by either party, for any reason upon six months' notice to the other by registered mail. The Manufacturers' Agent shall be paid commissions on all orders from his territory accepted by the Company prior to the effective termination date, even though such orders may be shipped or paid for after the effective termination date.

COMPANY APPROVAL:

By ＿＿＿＿＿＿＿＿＿＿＿＿＿＿＿＿

    Signature

    ＿＿＿＿＿＿＿＿＿＿＿＿＿＿

    Title

    ＿＿＿＿＿＿＿＿＿＿＿＿＿＿

    Date

    ＿＿＿＿＿＿＿＿＿＿＿＿＿＿

    Manufacturers' Agent

5. 中國大陸貿易契約書（簡體版參考本）

中外货物买卖合同（FOB 条款）

合同号：_____ 日期：_____ 地点：_____

买方：_____

地址：_____ 电报：_____ 电传：_____

卖方：_____

地址：_____ 电报：_____ 电传：_____

本合同由买卖双方商订，在合同项下，双方同意按下列条款买卖下述商品：

第一条　品名、规格、数量及单价_____

第二条　合同总值

第三条　原产国别及制造厂商

第四条　装运港

第五条　目的港

第六条　装运期

　　　　分运：_____　　　　转运：_____

第七条　包装

所供货物必须由卖方妥善包装，适合远洋和长途陆路运输，防潮、防湿、防震、防锈、耐野蛮装卸，任何由于卖方包装不善而造成的损失由卖方负担。

第八条　唛头

卖方须用不褪色油漆于每件包装上印刷包装编号、尺码、毛重、净重、提吊位置及「此端向上」、「小心轻放」、「切勿受潮」等字样及下列唛头：

第九条　保险

装运后由买方投保。

第十条　付款条件

⑴买方在收到备货电传通知后或装运期前 45 天，开立以卖方为受益人的不可撤销信用证，其金额为合同总值的___%，计___。中国银行收到下列单证经核对无误后，承付信用证款项（如果分运，应按分运比例承付）：

a. 全套可议付已装船清洁海运提单，外加两套副本，注明「运费待收」，白抬头，空白肩书，已通知到货口岸中国对外贸易运输公司。

b. 商业发票一式五份，注明合同号，信用证号和唛头。

c. 装箱单一式四份，注明每包货物数量，毛重和净重。

d. 由制造厂家出具并由卖方签署的品质证明书一式三份。

e. 提供全套技术文件的确认书一式两份。

f. 装运后即刻通知买方启运日期的电报／电传副本一份。

⑵卖方在装船后 10 天内，须挂号航空邮寄三套上述文件（f 除外），一份寄买方，两份寄目的港中国对外贸易运输公司。

⑶中国银行收到合同___中规定的，经双方签署的验收证明后，承付合同总值的___%，金额为_____。

(4)買方在付款時，有權按合同第15、18條規定扣除應由賣方支付的延期罰款金額。

(5)一切在中國境內的銀行費用均由買方承擔，一切在中國境外的銀行費用均由賣方承擔。

第十一條　裝運條款

(1)賣方必須在裝運期前30天，用電報／電傳向買方通知合同號、貨物品名、數量、發票金額、件數、毛重、尺碼及備貨日期，以便買方安排租倉。

(2)買方須在預計船抵達裝運港日期前10天，通知賣方船名、預計裝船日期、合同號和裝運港船方代理，以便賣方安排裝船。如果需要更改載貨船只，提前或推後船期，買方或船方代理應及時通知賣方。如果貨船未能在買方通知的抵達日期後30天內到達裝運港，從第31天起，在裝運港所發生的一切倉儲費和保險費由買方承擔。

(3)船按期抵達裝運港後，如果賣方未能備貨待裝，一切空倉費和滯期費由賣方承擔。

(4)在貨物越過船舷脫離吊鉤前，一切風險及費用由賣方承擔。在貨物越過船舷脫離吊鉤後，一切風險及費用由買方承擔。

(5)賣方在貨物全部裝運完畢後48小時內，須以電報／電傳通知買方合同號、貨物品名、數量、毛重、發票金額、載貨船名和啟運日期。如果由於賣方未及時電告買方，又致貨物未及時保險而發生的一切損失由賣方承擔。

第十二條　技術文件

(1)下述全套英文本技術文件應隨貨物發運：

a. 基礎設計圖。

b. 接線說明書，電路圖和氣／液壓連接圖。

c. 易磨損件製造圖紙和說明書。

d. 零備件目錄。

e. 安裝、操作和維修說明書。

(2)賣方應在簽訂合同後60天內，向買方或用戶掛號航空郵寄本條(1)款規定的技術文件，否則買方有權拒開信用證或拒付貨款。

第十三條　保質條款

賣方保證貨物系用上等的材料和一流工藝製成、嶄新、未曾使用，並在各方面與合同規定的質量、規格和性能相一致，在貨物正確安裝、正常操作和維修情況下，賣方對合同貨物的正常使用給予＿＿天的保證期，此保證期從貨物到達＿＿起開始計算。

第十四條　檢驗條款

(1)賣方／製造廠商必須在交貨前全面、準確地檢驗貨物的質量、規格和數量，簽發質量證書，證明所交貨物與合同中有關條款規定相符，但此證明不作為貨物的質量、規格、性能和數量的最後依據。賣方或製造廠商應將記載檢驗細節和結果的書面報告附在質量證明書內。

(2)在貨物抵達目的港之後，買方須申請中國商品檢驗局（以下稱商檢局）就貨物質量、規格和數量進行初步檢驗並簽發檢驗證明書。如果商檢局的檢驗發現到貨的質量、規格或數量與合同不符，除應由保險公司或船方負責外，買方在貨物到港後＿＿天內有權拒收貨物，向賣方提出索賠。

(3)如果發現貨物質量和規格與合同規定不符，或貨物在本合同第13條所規定的保證期內證明有缺陷，包括內在缺陷或使用不良的原材料，買方將安排

商检局检验，并有权依据商检证书向卖方索赔。

(4)如果由于某种不能预料的原因，在合同有效期内检验证书来不及办妥，买方须电告卖方延长商检期限＿＿天。

第十五条　索赔

(1)如果卖方对货物不符合本合同规定负有责任且买方按照本合同第 13 条和第 14 条规定，在检验和质量保证期内提出索赔时，卖方在征得买方同意后，可按下列方法之一种或几种理赔：

　　a. 同意买方退货，并将所退货物金额用合同规定的货币偿还买方，并承担买方因退货而蒙受的一切直接损失和费用，包括利息、银行费用、运费、保险费、检验费、仓储、码头装卸及监管保护所退货物的一切其它必要的费用。

　　b. 按照货物的质量低劣程度，损坏程度和买方蒙受损失的金额将货物贬值。

　　c. 用符合合同规定规格、质量和性能的部件替换有瑕疵部件，并承担买方所蒙受的一切直接损失和费用。新替换部件的保质期为卖方接受索赔。

(2)如果卖方在收到买方索赔书后一个月之内不予答复，则视为卖方接受索赔。

第十六条　不可抗力

(1)签约双方中任何一方受不可抗力所阻无法履约，履约期限则应按不可抗力影响履约的期限相应延长。

(2)受阻方应在不可抗力发生或终止时尽快电告另一方，并在事故发生后 14 天内将有关当局出具的事故证明书挂号航空邮寄给另一方认可。

(3)如果不可抗力事故持续超过一百二十天，另一方有权用挂号航空邮寄书面通知，通知受阻方终止合同。通知立即生效。

第十七条　仲裁

(1)双方对执行合同时发生的一切争执均应通过友好协商解决。如果不能解决，则可诉诸仲裁。

(2)仲裁应提交中国国际经济贸易仲裁委员会，根据该会的仲裁程序进行仲裁，也可提交双方同意的第三国仲裁机构。

(3)仲裁机构的裁决具有最终效力，双方必须遵照执行，仲裁费用由败诉方承担，除非仲裁机构另有裁定。

(4)仲裁期间，双方须继续执行合同中除争议部分之外的其它条款。

第十八条　延期和罚款

如果卖方不能按合同规定及时交货，除因不可抗力者外，若卖方同意支付延期罚款，买方应同意延期交货。罚款通过在议付行付款时扣除，但罚款总额不超过延期货物总值的 5%，罚款率按每星期 0.5% 计算，少于七天者按七天计。如果卖方交货延期超过合同规定船期十星期时，买方有权取消合同。尽管取消了合同，但卖方仍须立即向买方交付上述规定罚款。

第十九条　附加条款（如果上述任何条款与下列附加条款不一致时，应以后者为准）此鉴：

本合同由双方于＿＿年＿＿月＿＿日用＿＿文签署。原文一式＿＿份，买卖双方各执＿＿份。本合同以下述第（＿＿）款方式生效：

(1)立即生效。

(2)合同签署后＿＿天内，由双方确认生效。

买方：＿＿＿＿＿＿＿＿＿＿　　　　卖方：＿＿＿＿＿＿＿＿＿＿

签名：＿＿＿＿＿＿＿＿＿＿　　　　签名：＿＿＿＿＿＿＿＿＿＿

是非題

( ) 1. 嘜頭屬於契約書的一般條款。

( ) 2. 品名條款為契約條款的基礎所在。

( ) 3. 不可抗力條款與仲裁條款,均為契約書之基本條款。

( ) 4. 根據契約自由原則,契約的成立並無任何特定形式的要求。

( ) 5. Sales Confirmation 係由買方所撰擬製作。

選擇題

( ) 1. 下列何者是貿易契約一般條款? (A)交貨條款 (B)保險條款 (C)準據法條款 (D)價格條款。

( ) 2. 下列何者是貿易契約的基本條款? (A)不可抗力條款 (B)仲裁條款 (C)檢驗條款 (D)包裝條款。

( ) 3. 凡違反即屬重大違約者為 (A)定義條款 (B)基本條款 (C)一般條款 (D)結尾條款。

( ) 4. 為防範對方因某一對其有利條款失效後,逐而提出整體契約無效,有損及我方權利之虞時使用之條款為 (A)索賠條款 (B)契約修正與變更條款 (C)完整契約條款 (D)可分離性條款。

( ) 5. 下列何者可代表有限公司對外簽約? (A)董事 (B)公司經理人 (C)公司清算人 (D)以上皆是。

問答題

一、簽訂書面貿易契約的意義及功能為何?

二、貿易契約書的撰擬與簽訂應注意哪些事項?

三、何謂基本條款 (Basic Conditions)? 貿易契約中常見的基本條款有哪些?

四、何謂一般條款 (General Consditions)？貿易契約中常見的一般條款有哪些？

五、貿易契約書的簽訂有哪幾種形式？請分別列述並簡要說明之。

六、請譯述下列付款條款並評析買賣雙方的可能風險。

Payment shall be made as the following manner:

  ⅰ. Advance Payment:

Ten(10) percent of the Contract price shall be paid within thirty(30) days of signing of the contract, and upon submission of claim and a bank guarantee for equivalent amount valid until the Goods are delivered and in the form provided in the bidding documents or another form acceptable to the Purchaser.

  ⅱ. On Shipment:

Eighty(80) percent of the Contract Price of the Goods shipped shall be paid within thirty(30) days of receipt of the documents specified in this contract clause. The payment will be through a direct payment from the World Bank to the supplier Bank account upon instruction from the purchaser.

  ⅲ. On Acceptance:

Ten(10) percent of the Contract Price of Goods received shall be paid within thirty(30) days of receipt of the Goods upon submission of claim supported by the acceptance certificate issued by the Purchaser.

第八章

國際貨款的收付與確保

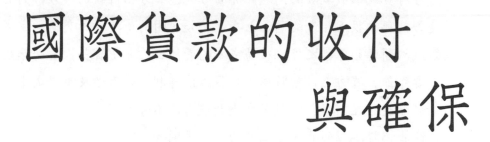

學習目標

貨款回收風險的認知與控管

國際貨款收付的方式

貿易金融相關工具與操作技巧

如何確保國際貨款的回收

如何降低貿易財務操作成本

Practices of
International
Trade

　　貨款的回收問題，一直是行銷業務人員的心頭夢魘。整個銷售流程必須是等到貨款確定回收至公司的戶頭裡，才能算是大功告成。否則「為山九仞，功虧一簣」，輕則升遷無望，重則導致公司營運困難，甚至因而宣告破產倒閉。業務人員必須銘記在心的是，當壞帳發生時，你必須再完成數倍於壞帳的業務量才能弭平此筆壞帳的損失❶。因此，對於貨款的收付方式與確保，應事先周延思考，慎重行事。國內買賣交易如此，涉及風險因素更為複雜多變的國際間買賣更應如此。

　　賣方有貨款回收風險的問題，那買方呢？買方為付款的一方，對於貨款的收付是否就無須投入相當的關注？在此必須說明的是，一筆交易的完成，除了上述的風險問題須掌握之外，交易成本的管控❷，亦是貿易人員必須瞭解與重視的重要環節。買方在付款時是否付得經濟有利，此乃涉及市場成本競爭的問題，會影響企業在市場上的競爭與獲利能力，不可不察。

　　在此我們提綱挈領的揭示本章的核心準則如下：

$$C \text{ (Risk)} \rightarrow \text{Min (Transaction Cost)}$$

將風險控制在可承受的範圍內，進而致力於交易成本的降低。

第一節　貨款回收風險的認知與管控

　　國際貨款的收付，除了必須對相關貿易金融工具有相當的認識外，最重要的就是對於風險的認知與控管。本節將針對風險的基本概念作一粗略性的介紹與說明，祈使讀者能具備風險的基本知識，進而有能力處理風險相關的控管問題。這是身為國際行銷業務人員所應具備的基本技能與責任。

---

❶　例如交易毛利為10%，則須再成交十倍於本筆交易的金額，方能彌補本筆壞帳損失。

❷　交易成本基本上存在著無謂損失 (Dead Weight Loss) 的特質，因此，可能的話，愈小愈好。

一、風險的意義與認知

(一)風險的定義

不同的學門對風險各有其專屬的定義，茲將相關風險定義羅列如下：

(1)表示「**不利事件**」發生的可能性。

(2)風險是發生損失的「不確定性 (Uncertainty)」程度。

不利事件

例如銀行蓄意拒付、買方公司倒閉等不利貨款回收之事件。

(3)風險是指從作決策到結果發生這段等待的期間內，非預期事件對決策結果產生衝擊的可能性。

(二)風險的認知

消費者在便利商店裡購買商品時，所採取的「一手交錢，一手交貨」的交易行為模式，對於買賣雙方而言，可謂是沒有任何交易風險存在。但在從事國際間的交易買賣時，則由於時空距離而產生了許多難以掌握的變數，導致許多企業面臨無法控制或難以承受的損失風險。

國際貿易所面臨的損失風險主要來自兩方面，一方面為交易標的貨物本身所衍生的相關風險，如品質、運輸等風險，另一方面則為本章所闡述的貨款回收壞帳風險。

貨物本身所涉及的相關風險，將於其他章節詳述。本章僅就貨款回收壞帳風險這個主題來進行說明。首先將貨款回收的風險概念，圖示如下：

二、如何對風險進行管控

㈠面對風險的處置方法

1. 迴避 (Avoidance)

避開可能的危險，是處置風險的方式之一，例如避開戰亂地區等。但若過度地採用此風險控管方式，將極易導致因噎廢食之消極態度，喪失開拓市場的積極行動。

2. 控制損失 (Loss Control)

控制損失乃指致力於降低損失發生的頻率與程度，其主要目標如下：

⑴預防損失 (Loss Prevention)

預防損失所著眼之處，乃在如何降低損失發生的機率，進而減少產生損失的頻率。

⑵降低損失 (Loss Reduction)

若損失頻率雖已降低，但久久發生一次的嚴重損失，亦可能讓公司無法維繫下去。因此如何降低損失的程度，亦為控制損失的重要目標之一。

3. 保留 (Retention)

即個人或公司保留一部分或全部的既定風險，以保留的方式來處置風險，其處理方式可分為下列兩種情況：

⑴主動保留 (Active Retention)

主動保留乃指個人或公司非常清楚風險的情況，並有詳細計畫來保留部分或全部風險。採取主動保留的處置風險方式，其主要原因可能為了減少保險費用支出或根本無商業保險對該風險予以承保時。

⑵被動保留 (Passive Retention)

被動保留則係因個人或公司並不清楚風險的情況下，由於疏忽或怠惰，被動地把風險保留下來，這是非常危險的風險處置方式。

4. 非保險性移轉 (Noninsurance Transfers)

即風險的移轉並非透過保險的方式將風險移轉給保險公司承擔，而是由下

列方式來轉移風險：

(1)合約移轉風險 (Transfer of Risk by Contracts)

以簽訂合約方式將不願承擔的風險轉移出去，例如出口商將一筆「應收帳款賣斷 (Factoring)」給「應收帳款收買公司 (Factor)」，預先將進口商的「債信風險 (Credit Risk)」與進口國「國家風險 (Country Risk)」移轉出去。

(2)價格避險 (Hedging Price Risks)

價格避險乃運用如「期貨 (Futures)」等金融工具，來規避價格波動的風險。例如製造食用油廠商購買黃豆期貨，以規避生產原料價格波動的風險，或購買遠期外匯來規避匯率風險等。

(3)股份化商業組織 (Incorporation of a Business Firm)

成立公司法人來進行商業活動，可以將公司債務與個人財產區隔開來，亦即規避公司可能的債務風險。依我國公司法規定，「股份有限公司」組織的股東，僅就其所認股份對公司負其責任❸。

5. 保險 (Insurance)

保險是用來轉移風險最常見的方式，保險的基本原理即是透過「**大數法則 (Law of Large Numbers)**」推測事件發生的機率，使被保險人可以合理的保費，以分攤風險的方式來降低損失程度。於國際貿易上常見到的保險應用為「海上貨物運輸保險 (Marine Cargo Insurance)」與「輸出保險 (Export Insurance)」等。

大數法則

為統計概念之一，取樣愈多則每一樣本之影響力就愈低。於保險上的運用即是，保險群體人數愈多，每人的保險費用負擔就愈低。

㈡風險管理矩陣 (Risk Management Matrix)

茲將上列對於風險處置方法之運用適切時機以矩陣方式羅列如下，俾於風險管理決策之參考依據：

---

❸　請參閱公司法第 2 條之相關規定。

損失類型	損失頻率	損失嚴重性	適切的風險管理方法
1	低	低	保　留
2	高	低	控制損失與保留
3	低	高	保　險
4	高	高	迴　避

㈢風險管理的程序步驟 (Steps in the Risk Management Process)

綜上所述，茲將風險管理的程序步驟列示如下，供貿易業務管理人員於思考貿易風險規劃與管理時之參考依據。

第二節　國際貨款收付的方式

由於國際間貿易的複雜程度較高，其貨款收付的方式也就相對複雜許多。因此產生了許多不同的付款方式與工具，即用以滿足各種國際貨款收付之特殊狀況所需，協助國際交易的進行。本節首先將國際貨款結算的各種方式與工具羅列如下表，方便讀者對於國際貨款收付整體概念的吸收與瞭解。

貨款結算方式歸類表

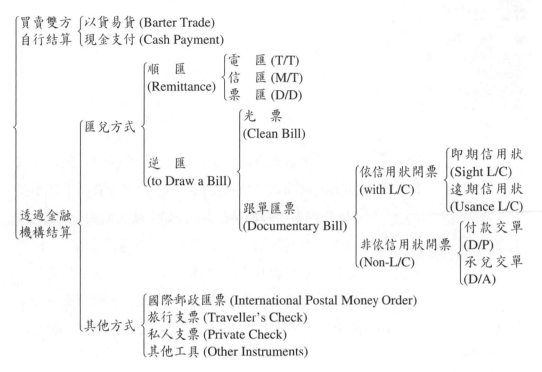

一、買賣雙方自行結算

(一)以物易物 (Barter Trade)

　　以物易物的買賣方式，原為人類尚未發明「**通貨 (Currency)**」之前所採用的古老交易模式，於貨幣發明並應用為交易媒介後，易貨方式的買賣行為便日漸式微。而國際間的貿易，在二次世界大戰後，由於各國均缺乏外匯，通常稱為「美元不足 (Dollar Short)」，即常採用這種易貨貿易的方式，以交換彼此所需之貨品。

　　易貨貿易這種古老的貿易方式，發展至今已成為一種特殊的貿易型式，屬於「**相對貿易 (Counter Trade)**」裡的型式之一。配合「擔保信用狀」的運用，

通　貨

通貨指流通於社會上的貨幣，其須具備下述功能：
1. 交易的媒介。
2. 計價的單位。
3. 價值的儲藏。
4. 延期支付的標準。

相對貿易

傳統定義的相對貿易包括：易貨 (Barter)、相對購買 (Counter Purchase)、補償交易 (Compensation)、抵補交易 (Offset)、投資助銷 (Investment Performance Requirements) 及交換 (Swap)，而廣義的相對貿易尚包括清算 (Clearing)、轉移交易 (Switch)、總體協定 (Global Agreement) 及管制帳戶 (Evidence Account) 等類型。在實務操作上一筆相對貿易可能同時兼具數種類型。

這種交易方式較易進行。由於易貨貿易存在先天上的缺點，如難以確定交易貨品相對等值與貨品交換比率缺乏市場效率性等。因此，易貨貿易除應用於上述缺乏外匯地區之國家外並不多見。

㈡現金支付 (Cash Payment)

即捧著現金，當場一手交錢一手交貨。這種像在國內便利商店買賣的交易模式，於國際貿易上並不多見。但尚有些較落後的地區，如中國大陸內地等地區，因金融機制的缺乏，貿易商在當地進行採購時，即須以現金支付為其貨款清償工具，所謂的「紅色條款信用狀」即適用於此類交易狀況所需。這種買賣雙方以現金自行結算的方式，僅能適用於小金額的買賣，若是大金額的採購，在實務上即很難執行。

二、透過金融機構

貿易採購人員捧著大把現金進行交易，無論是在安全性或成本考量上，均不是合宜的交易方式。在商業實務上，包括了國內外的買賣交易，均是以透過金融機構的方式來進行貨款的結算工作。茲將透過金融機構的優點略述如下：

⑴可以產生經由第三者（金融機構）證明之公正客觀的交易記錄。

⑵可以藉由金融機構的融資取得貿易周轉資金。

⑶可以藉由金融機構設計之相關貿易金融工具促進交易的進行。

茲將透過金融機構的結算方式與工具詳細說明如下：

㈠順匯 (Remittance)

一般稱為「匯款」，係指債務人或付款人，透過銀行將款項匯交債權人或收款人的結算方式。以此方式匯付，結算工具的傳遞方向與資金流動的方向一致，故稱此為順匯。

1.順匯操作概念圖示

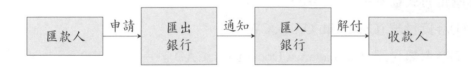

2.順匯相關當事人

⑴匯款人 (Remitter)

　　即債務人，通常為進口商。

⑵收款人 (Payee; Beneficiary)

　　即債權人，通常為出口商。

⑶匯出銀行 (Remitting Bank)

　　即受進口商委託匯出款項的銀行，通常為進口商所在地的銀行。

⑷匯入銀行 (Paying Bank)

　　即受匯出銀行委託解付匯款的銀行，通常為出口商所在地的銀行。

3.順匯種類

⑴電匯 (Telegraphic Transfer, T/T)

　　係指匯出銀行應匯款人的申請，以電報或電傳通知國外往來銀行，將一特定金額解付給收款人的一種匯款方式。匯出銀行在電報上應加注押碼 (Authenticating Code)，以便匯入銀行核對電報真偽。

⑵信匯 (Mail Transfer, M/T)

　　係指匯出銀行應匯款人的申請，將信匯委託書郵寄給國外匯入銀行，將一特定金額解付給收款人的一種匯款方式。匯入銀行於接獲匯出銀行寄來的信匯委託書後，應核對匯出銀行的簽字或印鑑，證實無誤後才能解付款項給收款人。

⑶票匯 (Demand Drafts, D/D)

　　係指匯款人向匯出銀行購買銀行即期匯票，票面列明收款人抬頭與金額等，由匯款人自行寄交取款人。取款人憑此銀行即期匯票向匯入銀行取款。

4.順匯於國際貿易上的運用

匯付方式通常用於下列交易模式：

⑴訂貨付現 (Cash with Order, CWO)。

⑵憑單證付現 (Cash against Documents, CAD)。

⑶貨到付現 (Cash on Delivery, COD)。

⑷寄售 (Consignment)。

⑸記帳 (Open Account, O/A)。

㈡逆匯 (Honour of Draft)

係指由債權人以出具票據的方式，委託銀行向國外債務人收取一定金額的結算方式。此種結算方式，由於結算工具的傳遞方向與資金流動的方向相反，故稱此為逆匯，又稱為「出票」。

1.逆匯操作概念圖示

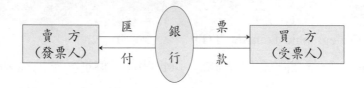

2.逆匯相關當事人

⑴發票人 (Drawer)

即債權人，通常為出口商。

⑵受票人 (Drawee)

即債務人，通常為進口商。

⑶託收銀行 (Remitting Bank)

即受出口商委託收取款項的銀行，通常為出口商所在地的銀行。

⑷代收銀行 (Collecting Bank)

即執行收款業務的銀行，通常為進口商所在地的銀行。

3.逆匯種類

⑴光票 (Clean Bill)

「光票」又稱為「商業淨票 (Fine Trade Paper)」，係指賣方或債權人為收取國外款項所簽發以買方或債務人為付款人的匯票，將其讓售予當地銀行以換取現金。

⑵跟單匯票 (Documentary Bill; Document Bill; Documentary Draft)

「跟單匯票」係指賣方為收取貨款，所簽發之以買方或付款銀行為付款人的匯票，並以貨運單證作為擔保或質押，讓售予銀行。銀行再通知買方前來付款或承兌後，將該匯票與相關單證交予買方。其於國際貿易付款方式上的運用一般有下列類型：

①跟單信用狀 (Documentary L/C)。

②承兌交單 (D/A)。

③付款交單 (D/P)。

三、結算票據類型介紹

㈠匯票 (Draft; Bill of Exchange)

匯票英文稱為 "Draft" 或 "Bill of Exchange"（簡寫為 B/E），係賣方收取貨款的重要工具之一。是由一人向另一人簽發的書面無條件支付命令，要求對方（接受命令的人）即期、定期或在可以確定的未來時點，向某人、指定人或持票人支付一定金額。

1.匯票功能

⑴付款前的命令。

⑵付款後的收據。

2.匯票關係人

⑴發票人 (Drawer)

即簽發匯票之一方，於進出口貿易業務上，通常為出口商。

(2)被發票人 (Drawee)

即匯票付款之一方，於進出口貿易業務上，通常為進口商，或其指定的銀行。在以信用狀為付款方式的情況下，若信用狀未指定付款人，則依據信用狀統一慣例 (UCP600) 的規定，開狀銀行即是付款人。

(3)受款人 (Payee)

即匯票規定可受領金額之一方，於進出口貿易業務上，若信用狀沒有特別指定受款人時，通常為出口商或其指定的銀行。

3. 匯票在法律上的定義

各國對於匯票的法律定義大同小異，茲列舉兩岸與美國定義如下：

- 我國票據法

   「稱匯票者，謂發票人簽發一定之金額，委託付款人於指定之到期日，無條件支付與受款人或執票人之票據。」

- 中國大陸票據法

   「匯票是出票人簽發的，委託付款人在見票時或者在指定日期無條件支付確定的金額給收款人或者持票人的票據。匯票分為銀行匯票和商業匯票。」

- 美國票據法

   "A Bill of Exchange is an unconditional order in writing addressed by one person to another, signed by the person giving it, requiring the person to whom it is addressed to pay on demand or at a fixed or determinable future time, a certain sum in money, to order or to bearer."

4. 匯票應具備法定要件

依國際匯票公約規定，只要發票人（出口商）係依據出口國票據法的法定要件製作匯票，該匯票在付款國即應被承認。

(1)依我國票據法第 24 條規定：

   「匯票應記載下列事項，由發票人簽名。

   ①表明其為匯票之文字。

   ②一定之金額。

   ③付款人之姓名或商號。

   ④受款人之姓名或商號。

⑤無條件支付之委託。

⑥發票地。

⑦發票年月日。

⑧付款地。

⑨到期日。

未載到期日者，視為見票即付。

未載付款人者，以發票人為付款人。

未載受款人者，以執票人為受款人。

未載發票地者，以發票人之營業所住所、或居所所在地為發票地。

未載付款地者，以付款人之營業所住所、或居所所在地為付款地。」

(2)依中國大陸票據法第 22、23 條規定：

「匯票必須記載下列事項：

①表明「匯票」的字樣。

②無條件支付的委託。

③確定的金額。

④付款人名稱。

⑤收款人名稱。

⑥出票日期。

⑦出票人簽章。

匯票上未記載前款規定事項之一的，匯票無效。」

「匯票上記載付款日期、付款地、出票地等事項，應當清楚、明確。匯票上未記載付款日期者，為見票即付。匯票上未記載付款地時，付款人的營業場所、住所或者經常居住地為付款地。匯票上未記載出票地者，出票人的營業場所、住所或者經常居住地為出票地。」

由以上匯票的法律要件得知，匯票上應禁用下列用語：

- The Sum of U.S. Dollars One thousand plus interest; or so. (only.)
  匯票上的金額必須是確定的，若有利息約定則須明確計算利息金額並計入總額內。
- Please pay to the order of Mr. Chang.
  匯票乃無條件支付委託，須避用 "Please" 等非確定性語彙。

5. 匯票的格式:

(1)單張式印有 "SOLA" 字樣。

(2)兩張式（第一張：正本；第二張：副本，正本已付，副本即不付。）

匯票樣張（兩張式）

No. （匯票號碼）

Exchange for （匯票金額 小寫）

Taipei, （發票地點與日期）

（到期日）_____ Sight of this First of Exchange (Second Unpaid)

Pay to the order of **THE INTERNATIONAL COMMERCIAL BANK OF CHINA** （受款人／押匯銀行）

SAY （匯票金額 大寫）

Value received / Drawn under （開狀銀行／國家❹）／（匯票條款）

To

（付款人）   （發票人）

2×50×100 宜藏

6. 匯票的種類

(1)按出票人的不同分為：

①商業匯票 (Commercial Bill)

是出票人為公司、商號或者個人，付款人為其他公司、商號、個人或者銀行的匯票。

②銀行匯票 (Banker's Bill)

是出票人和付款人均為銀行的匯票。

(2)匯票按照有無隨附商業單證分為：

①光票

匯票本身不附帶貨運單證，銀行匯票多為光票。

②跟單匯票

又稱信用匯票、押匯匯票，是需要附帶提單、倉單、保險單、包裝單、商業發票等單證，才能進行付款的匯票，商業匯票多為跟單匯票，於

---

❹ UCP 600 第 3 條：一銀行在不同國家之分行，認其係分立之銀行 (Separate Banks)。

國際貿易中經常使用。

(3)按照付款時間的不同分為：

①即期匯票 (Sight Bill; Demand Draft)

指持票人向付款人提示後，對方立即付款，又稱「見票即付匯票」。

②遠期匯票 (Usance Bill; Time Bill)

是在出票一定期限後或特定日期付款。在遠期匯票中，記載一定的日期為到期日，於到期日付款者，為定期匯票；記載於出票日後一定期間付款者，為計期匯票；記載於見票後一定期間付款的，為注期匯票；將票面金額劃為幾份，並分別指定到期日的，為分期付款匯票。

(4)按承兌人不同分為：

①商業承兌匯票 (Trader's Acceptance Bill)

是以銀行以外的任何公司、商號或個人為承兌人的遠期匯票。

②銀行承兌匯票 (Banker's Acceptance Bill)

承兌人是銀行的遠期匯票。

7.匯票的使用

使用匯票來支付貨款，一般須經過出票、提示、付款等程序。若該匯票為遠期匯票，則付款人尚須辦理承兌手續。如須轉讓則須經「背書 (Endorsement)」程序。若匯票遭到拒付，則尚涉及作出「拒絕證書 (Certificate of Protest)」與行使追索權等法律行為。茲將匯票使用之一般程序說明如下：

(1)出票 (To Draw)

係指出票人於匯票上填寫付款人、付款金額、付款日期、付款地點與受款人等項目，經簽字後交給受票人之行為。

(2)提示 (Presentation)

係指持票人將匯票提交付款人，要求承兌或付款。

(3)承兌 (Acceptance)

係指付款人對遠期匯票表示承擔到期付款責任之行為，承兌手續是由付款人在遠期匯票上表明「承兌」字樣，註明承兌與付款日期並由付款人簽字後交還持票人。

⑷付款 (Payment)

　　若為即期匯票，在持票人提示匯票時，付款人即應付款。但如為遠期匯票，付款人於承兌後在匯票到期日付款。

㈡支票 (Check; Cheque)

　　以銀行為付款人的即期匯票，是出票人（銀行存款人）對銀行（受票人）簽發的，要求銀行見票時立即付款的票據。出票人簽發支票時，應在付款銀行存有不低於票面金額的存款。如存款不足，持票人提示時會遭拒付，這種支票稱為空頭支票。

　　支票的法律定義如下：

・我國票據法第 4 條

　「稱支票者，謂發票人簽發一定之金額，委託金融業者於見票時，無條件支付與受款人或執票人之票據。前項所稱金融業者，係指經財政部核准辦理支票存款業務之銀行、信用合作社、農會及漁會。」

・大陸票據法第 82 條

　「支票是出票人簽發的，委託辦理支票存款業務的銀行或者其他金融機構在見票時無條件支付確定的金額給收款人或者持票人的票據。」

　　支票類型如下：

1. 記名支票

　　是出票人在收款人欄中註明「付給某人」或「付給某人或其指定人」。這種支票轉讓流通時，須由持票人背書，取款時須由收款人在背面簽字。

2. 不記名支票

　　又稱「空白支票」，抬頭一欄註明「付給來人」。這種支票無須背書即可轉讓，取款時也無須在背面簽字。

3. 劃線支票

　　在支票的票面上畫兩條平行的斜向線條,此種支票的持票人不能提取現金,只能委託銀行收款入帳。

4. 保付支票

　　為了避免出票人開空頭支票，收款人或持票人可以要求付款行在支票上加

蓋「保付」印記，以保證到時一定能得到銀行付款。

5.轉帳支票

發票人或持票人在普通支票上載明「轉帳支付」，以對付款銀行在支付上加以限制。

㈢本票 (Promissory Note)

由一人向另一人簽發，保證即期或在可以預料的將來時間，由自己無條件支付給持票人一定金額的票據。

本票的法律定義如下：

・我國票據法第 3 條

「稱本票者，謂發票人簽發一定之金額，於指定之到期日，由自己無條件支付與受款人或執票人之票據。」

・大陸票據法第 73 條

「本票是出票人簽發的，承諾自己在見票時無條件支付確定的金額給收款人或者持票人的票據。本法所稱本票，是指銀行本票。」

本票的類型：

1.商業本票

是由工商企業或個人簽發的本票，也稱為一般本票。商業本票可分為即期和遠期的商業本票，一般不具備再貼現條件，特別是中小企業或個人開出的遠期本票，因信用保證不高，因此很難流通。

2.銀行本票

銀行本票則都是即期的，在國際貿易結算中使用的本票大多是銀行本票。

票據比較表

票據種類 比較項目	匯　票	支　票	本　票
法律效力	無條件支付命令	無條件支付命令	無條件支付承諾
相關當事人	出票人、收款人、付款人	出票人、收款人、付款人	出票人、收款人
份　數	一張或一式數份	一　張	一　張

第三節　貿易金融工具的介紹與說明

　　國際貿易的買賣雙方，由於在習性、文化、背景、環境等諸多條件上均存在著極大的差異，因此，在彼此資訊相對不足的情況下，很難相互瞭解並取得互信。所以國際間貿易的進行，並不容易在互信的基礎上順利地完成交易。有鑑於此，聰明的金融創新人員便創造出許多可促進交易進行的貿易金融工具。其基本設計概念，即是將具有公信力的銀行機構嵌入交易的機制裡，藉由銀行信用資產所創造出的金融工具來促進交易的進行。茲將其設計概念圖示如下：

 資訊缺口

原謂資訊技術的國際差距，此藉以闡釋資訊相對不足之部分。

　　如上圖所示，由於買賣雙方彼此的隔閡導致資訊相對不足，產生所謂的「**資訊缺口 (Information Gap)**」，阻礙了交易的進行。透過銀行信用所創造的相關貿易金融工具，跨越買賣交易雙方彼此認知上的資訊缺口，讓買賣雙方得以在資訊相對不足的情況下，亦即在缺乏互信的基礎上仍能進行交易。以下將就各種貿易金融工具作一詳細說明，藉以瞭解如何將這些不同的金融工具，運用於其適切的貿易場合裡，在交易成本最低的情況下協助貿易的達成。

一、信用狀 (Letter of Credit, L/C)

㈠信用狀的義涵

　　「信用狀 (L/C)」的使用開始於十九世紀，是國際貿易支付方式上的一大革命。這種支付方式乃是將具有公信力的銀行拉進來交易的進行過程裡，由銀行

出具保證，賣方出貨後只要備齊相關單證，銀行即行付款。在形式上可較接近「一手交錢，一手交貨」的現場交易模式，解決了雙方互不信任的矛盾。在我國實務上，以信用狀進行交易的比率已隨著企業型態的轉變❺，逐年降低。取而代之者為銀行費用等交易成本較低的其他付款方式，如記帳匯款。由下列付款方式的消長圖示，我們可以清楚地看出付款工具的使用趨勢。信用狀的使用比率已在逐年降低中，目前的低使用比率與其過去為國際貿易主要金融工具有天壤之別。時至今日，運用比率最大的金融工具已是「匯款」這個可搭配「記帳」或「寄售」等交易模式的貨款結算方式。

出口結算方式消長趨勢

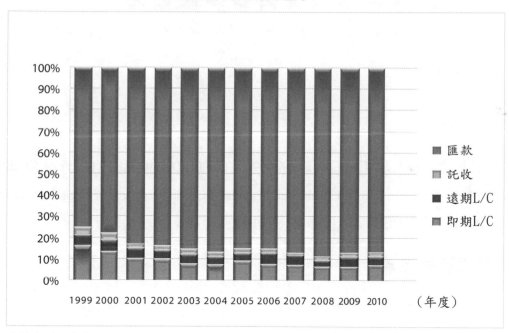

資料來源：中央銀行。

---

❺　我國產業結構已由過去的中小企業轉變為跨國性企業或為其他國際大廠的代工廠。在此種產業結構下，廠商間的相互瞭解與依存度較高，因此無須使用銀行費用較高的信用狀來進行交易。信用狀的使用比率也就逐年降低了。

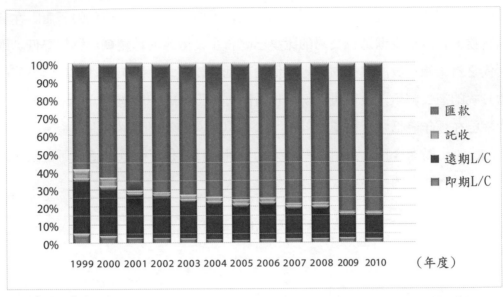

進口結算方式消長趨勢

資料來源：中央銀行。

(二)信用狀的名稱

其英文名稱有： "Letter of Credit (L/C); Credit; Documentary Letter of Credit; Documentary Credit (D/C); Commercial Letter of Credit"，一般常見者為 "Letter of Credit (L/C)"，中國大陸則慣稱為「信用證」。

(三)信用狀的定義

關於信用狀的基本定義，依國際商會訂定之信用狀統一慣例第 2 條（UCP 600 Article 2 Definitions）定義如下：

⑴信用狀意指任何約定，不論其名稱或描述為何，其係不可撤銷 (Irrevocable) 且因而構成開狀銀行對符合之提示 (Complying Presentation) 須負兌付 (Honour) 之確定承諾。

⑵所謂「符合之提示」係指受益人提示之單據須符合下列規定：

①信用狀規定之條款。

②信用狀統一慣例 (UCP 600) 之規定。

③國際標準銀行實務 (ISBP) 之規定。

㈣信用狀交易流程與關係人

首先將信用狀交易流程與關係人圖示如下，並依照圖示順序說明信用狀交易的基本流程，與相關當事人之內涵特質。

信用狀交易流程與關係人圖示

賣方 (Seller) 受益人 (Beneficiary)	←(1)→	買方 (Buyer) 開狀人 (Applicant)
(4)↑ (5)↓		(7)↓ (2)↑
通知銀行 (Advising Bank) 押匯銀行 (Negotiation Bank) 保兌銀行 (Confirming Bank)	(6)← (3)→	開狀銀行 (Opening Bank) 付款銀行 (Paying Bank)

1. 信用狀交易流程說明如下

⑴買賣雙方簽訂買賣合約。

⑵買方向所在地往來外匯銀行申請開發信用狀。

⑶開狀銀行用郵寄或電傳方式將信用狀送達賣方所在地外匯銀行。

⑷通知銀行於辨識信用狀真偽後，通知受益人前來領取或郵寄給受益人。

⑸賣方於貨物裝運出口後，備妥信用狀上規定的相關單據，持向押匯銀行申請押匯。單據經押匯銀行審核無誤後，即予讓購，將貨款結付給賣方。

⑹押匯銀行將信用狀規定單據寄送開狀銀行，並指示開狀銀行或其指定償付銀行償付出口貨款。

⑺開狀銀行通知買方來行付款贖單以便進行提貨事宜。

2. 信用狀交易關係人說明

⑴開狀申請人 (Applicant)

開狀申請人又稱開狀人 (Opener)，其他相關名稱有 Accountee、Principal、Accreditor 等，係指向其往來銀行申請開發信用狀的人。於國際貿易場合上一般為進口商 (Importer)。

⑵受益人 (Beneficiary)

受益人又稱受信人 (Accreditee)，係指有權依據信用狀開發匯票及／或提示信用狀上規定之相關單據以兌取信用狀款項之人。於國際貿易場合上一般為出口商 (Exporter)。

⑶開狀銀行 (Issuing Bank)

開狀銀行又稱為 Opening Bank、Credit Writing Bank、Establishing Bank、Grantor Accrediting Party 或 Issuer，係指循開狀申請人的請求與指示開發信用狀的銀行。

⑷通知銀行 (Advising Bank)

通知銀行又稱為 Notifying Bank 或 Transmitting Bank，係指接受開狀銀行的委託將信用狀轉交給受益人，或將以電報開發的信用狀內容轉達給受益人的銀行。通知銀行並不涉及信用狀上相關約定，但對其所通知之信用狀仍須負責辨識其外觀的真實性。

⑸押匯銀行 (Negotiating Bank)

押匯銀行又稱為讓購銀行，即循信用狀受益人的請求承購或貼現信用狀項下匯票或單據的銀行。

⑹轉押匯銀行 (Re-negotiating Bank)

轉押匯銀行亦稱再押匯銀行，係指於限制押匯信用狀中指定的押匯銀行並非受益人的往來銀行，因此受益人仍須向其往來銀行辦理押匯，再由其往來銀行向信用狀限定之押匯銀行辦理轉押匯，此信用狀限定之押匯銀行即是所謂的轉押匯銀行。

⑺付款銀行 (Paying Bank)

付款銀行係指信用狀上規定負責付款的銀行，在須簽發匯票的情況下又稱為 Drawee Bank。付款銀行可能為開狀銀行亦可能是開狀銀行所委任的另一銀行。

⑻償付銀行 (Reimbursing Bank)

償付銀行又稱為歸償銀行、清償銀行或補償銀行，係指經開狀銀行授權或指示，代開狀銀行償付信用狀項下款項的銀行。償付銀行的作用乃是

因應開狀銀行資金的調度或資金集中於該銀行的緣故，因此償付銀行多為國際金融中心的大銀行。

(9)保兌銀行 (Confirming Bank)

保兌銀行又稱為 Confirmatory Bank，係指開狀銀行以外的銀行，接受開狀銀行的委託對於開狀銀行所開發的信用狀加以保兌 (Confirmation) 的銀行。

(10)轉讓銀行 (Transferring Bank)

轉讓銀行係指在可轉讓信用狀下，接受第一受益人申請辦理信用狀轉讓手續的銀行。此銀行必須為信用狀上指定銀行 (Nominated Bank)，若該信用狀並未指定押匯銀行，則信用狀上須明示 "This credit is transferable at ×××　Bank."，此信用狀才得以轉讓。

(11)受讓人 (Transferee)

受讓人又稱第二受益人 (Second Beneficiary)，係指在可轉讓信用狀下，受益人可以將該信用狀之全部或一部分轉讓給第三人，此第三人即是所謂的受讓人或第二受益人。

㈤買賣雙方與開狀銀行的法律關係

如前所述，買賣雙方由於開狀銀行的介入，促成了國際交易的進行。然而買賣雙方與開狀銀行三方面之間的連結是如何透過相關的法律形式來達成的？透過下列圖示，瞭解到各關係人完成法律形式連結的方式，並說明如後。

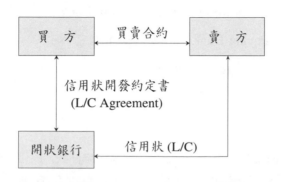

1. **買賣雙方法律連結要式：買賣合約** (Contract)

買賣雙方經過要約與承諾的程序後所簽訂的買賣合約書，即明確地規範了買賣雙方權利義務的法律關係。連結買賣雙方的買賣契約書樣式與內容請詳第七章內容說明。

2. **買方與開狀銀行法律連結要式：信用狀開發約定書** (L/C Agreement)

買賣雙方於簽訂買賣契約後，依契約規定，買方須於規定期間內向開狀銀行申請開發信用狀，買方於申請開發信用狀時所簽訂的「信用狀開發約定書」便規範了買方（開狀人）與開狀銀行之間權利義務關係。

信用狀開發約定書一般由銀行印定樣式，內容如下頁表 ❻。

3. **開狀銀行與賣方法律連結要式：信用狀** (L/C)

賣方於接受開狀銀行所開發的信用狀後，賣方（受益人）與開狀銀行即據此發生法律上的權利義務關係。

至於信用狀的格式與內容，各家銀行雖略有不同，但大同小異。一般來說，一張跟單信用狀大多含有下列項目：

(1)信用狀相關當事人（其相關用詞）

①開狀申請人 (The Applicant for the Credit; Principal; Accountee; Accreditor; Opener)。

②受益人 (Beneficiary; in Your Favor; in Favor of)。

③開狀銀行 (Opening Bank; Issuing Bank; Establishing Bank)。

④通知銀行 (Advising Bank; Notifying Bank)。

⑤押匯銀行 (Negotiation Bank; Honoring Bank)。

⑥付款銀行 (Paying Bank; Drawee Bank)。

⑦保兌銀行 (Confirming Bank)。

⑧承兌銀行 (Accepting Bank)。

---

❻　讀者仔細參閱附例「信用狀開發約定書」之前 3 條條款，即可明瞭開狀銀行開狀前已將其責任限縮在最小範圍內，完全展現信用狀交易的「獨立性」、「文義性」與「無因性」。

信用狀開發約定書

約　定　書

正面開發信用狀之申請，倘荷　貴行核准，立約人願遵守下列各條款：

一關於本信用狀下之匯票及（或）有關單據等，如經　貴行或　貴代理行認爲在表面上尚屬無訛，立約人一經　貴行通知或提示匯票時，應立即贖單及付款或承兌並屆期照付。

二上項匯票或單據等縱在事後證實，其爲非眞實，或屬僞造，或有其他瑕疵，槪與　貴行及　貴代理行無涉，其匯票或有關債務仍應由立約人照付。

三本信用狀之傳遞錯誤、遲延或其解釋上之錯誤，及關於上述單據或單據所載貨物或貨物之品質或數量或價値等之全部或一部滅失、遲遞或未經抵達交貨地，以及貨物無論因在洋面、陸上運輸中，運抵後或因未經保險或保額不足或因承辦商或任何第三者之阻滯或扣留及其他因素各等情以致喪失或損害時，均與　貴行或　貴代理行無涉，該匯票仍應由立約人兌付，所生一切債務仍應由立約人負責清償。

四與上述匯票及與匯票有關之債務，及立約人對　貴行不論其現已發生或日後發生，已到期或尚未到期之其他債務，在未清償以前，　貴行得就本信用狀項下所購運之貨物逕行處分，賣得價金用以償還對　貴行之債務。立約人所有其他財產，例如存在　貴行及分支機構或　貴行所管轄範圍內之保證金、存款等，均任憑　貴行處分，用以清償票款及其他債務。

五立約人並同意將本信用狀項下，以　貴行爲受貨人之貨物單據返還請求權及結匯保證金未用款項返還請求權，設定質權予　貴行，以擔保立約人依本約定書所負之一切債務。

六如上述匯票或債務到期而立約人不能照兌或給付時，或　貴行因保障本身權益認爲必要時，　貴行得不經通知，有權決定將上述財產（包括貨物在內）以公開或其他方式自由變賣，就其賣得價金扣除費用後抵償　貴行借墊各款，毋庸另行通知立約人，且債務之抵充順序任由　貴行決定。

七本申請書內容確與有關當局所發給之輸入許可證內所載各項條件及細則或有關交易文件絕對相符，倘因立約人疏忽，致信用狀未能如期開發，　貴行槪不負責，　貴行且有刪改本申請書內容，俾與輸入許可證所載者相符之權，此外，立約人應遵守國際商會於一九九三年所修訂信用狀統一慣例之規定。

八本信用狀如有展期或重開及修改任何條件之情事，立約人對於以上各款願絕對遵守，不因展期重開或條件之修改而發生異議。

九本申請書之簽署人如爲二人或二人以上時，對於本申請書所列各項條款自當共同負連帶責任，並負責向　貴行辦理一切結匯手續。

十連帶保證人願就立約人所簽署約定書、申請書及有關文件負連帶清償責任，且事前同意嗣後申請書所列各項之允諾及協議行爲並包括其展期、重開及修改事項、債權人債務之延期或分期清償等行爲在內，連帶保證人放棄民法保證節除消滅時效以外之一切抗辯權。

土立約人同意銀行得將對立約人之徵信調查報告、立約人之財務及票據資料及其他有關授信之資料（含逾期、催收及呆帳紀錄）提供予財團法人金融聯合徵信中心、財團法人中小企業信用保證基金及與立約人往來之金融機構建檔，該二中心並得將上開資料提供予其會員機構。

立約人之負責人及連帶保證人同意與其往來之金融機構（含　貴行），財團法人金融聯合徵信中心及財團法人中小企業信用保證基金，依其各該特定目的，得蒐集、電腦處理、國際傳遞及利用立約人之負責人及連帶保證人之個人資料。

圡本申請書並作爲向　貴行動用購料借款之申請文件。

圥如因本約定書有所涉訟時，立約人及連帶保證人同意以　貴行所在地方法院爲管轄法院。

亩本信用狀項下所提示之匯票（或）單據如爲歐元或歐洲經濟及貨幣聯盟參加國之貨幣者，立約人同意依據國際商會一九九八年四月六日4701822REV決議辦理。

廠商統一編號：

地址：

電話：

立約人及其負責人（簽章）

連帶保證人及其負責人（簽章）

⑵信用狀有效期與到期地點 (Validity and Place of Expiry)

　常見的條款如下：

　①直接註明到期日與到期地點

　　"Expiry date: SEP. 8, 2011 in Taiwan of the beneficiary for negotiation." （到期日：受益人押匯到期日為臺灣的 2011 年 9 月 8 日。）

　②以交單日期或匯票日期等表達信用狀的有效期限

　　"Draft must be negotiated within 15 days from the date of Bill of Lading but not later than SEP. 8, 2011." （匯票必須於提單日後 15 日內予以提示讓購，但不得遲於 2011 年 9 月 8 日。）

⑶金額與計價貨幣表達形式

　"Amount: USD ×××."

　"Up to an aggregate amount of USD ×××."

⑷關於匯票的條款 (Clause on Draft/Bill of Exchange)

　"Drafts drawn under this credit must be presented for negotiation in Taiwan on or before SEP. 8, 2011." （本信用狀項下之匯票必須於臺灣的 2011 年 9 月 8 日以前予以提示讓購。）

⑸商品的描述 (Description of Goods)

　商品說明內容一般包括商品名稱、規格、數量、單價及價格條件。價格條件最常見的有 FOB、CFR、CIF、FCA 等。商品描述例示如下：

　　"600 sets of CHANG brand window-type Air Conditioner 10,000 BTU USD500 per set FOB Keelung." （600 臺 CHANG 牌 10,000 BTU 的窗型冷氣機，每臺價格為 500 美元 FOB 基隆。）

⑹單據相關條款 (Clause(s) on Documents)

　於信用狀上一般要求提交的單據：商業發票 (Commercial Invoice)、包裝單 (Packing List)、提單 (Bill of Lading)、保險單 (Insurance Policy)、匯票 (Draft)、產地證明 (Certificate of Origin) 等。常見條款例示如下：

　"Documents required: ...available against surrender of the following documents bearing out credit number and the full name and address of the applicant." （要求單據：以下有效單據均須明示信用狀號碼與開狀申請人之全名及地址。）

　"in duplicate (triplicate/quadruplicate)...signed commercial invoices in 3 copies." （2 份

（3 份／ 4 份）某某單據……經簽署的商業發票 3 份。）

⑺裝運相關條款 (Clauses on Shipment)

　　裝運條款一般包括了裝運期限、是否可分批裝運或轉運，以及裝運的起訖地點等相關規定。常見的條款例示如下：

　　①裝運日期 (Date of Shipment)

　　　　"Latest date of shipment: SEP. 8, 2011." （最後裝運日：2011 年 9 月 8 日。）

　　②分批裝運／轉運 (Partial Shipment/Transhipment)

　　　　"With (Without) partial shipment/Transhipment" （可（不可）分批裝運／轉運。）

　　　　"Transhipment is authorized at Hong Kong." （可於香港轉運。）

⑻特別條款 (Special Clauses; Conditions)

　　特別條款乃是根據每筆交易或外在經濟環境的特殊狀況，所制定的特別規定。常見的條款有：

　　①佣金 (Commission)

　　　　"Signed invoices must show 6% commission." （簽署的發票上必須明示 6% 佣金。）

　　②折扣 (Discount)

　　　　"The price quoted include a discount of 7% which must be shown on your Final Invoice but is to be the subject of a separate credit note, the amount of which is to be deducted from your draft." （最終發票所報價格須內含7% 折扣，但須於信用狀裡作分別註記，匯票的總金額須扣除此折扣金額。）

　　③費用 (Charges)

　　　　"All banking charges for seller's account." （所有銀行費用由賣方負擔。）

⑼開狀銀行的保證 (Warranties of Issuing Bank)

　　常見的條款如下：

　　"We hereby undertake to honour all drafts drawn in accordance with terms of this credit." （我們在此承諾兌付所有依據本信用狀所開立之匯票。）

⑽跟單信用狀統一慣例文句

　　"This credit is subject to the Uniform Customs and Practice for Documentary edits–UCP (2007 Revision) International Chamber of Commerce publication No. 600." （本信用狀遵循國際商會 600 號出版品跟單信用狀統一慣例（2007 修訂）的規定。）

信用狀樣張

```
2011FEB22 17:37:56                                        LOGICAL    V47K
                                                         TERMINAL
MT S700                    ISSUE OF A DOCUMENTARY CREDIT  PAGE    00001
                                                         FUNC    S470P1
BASIC HEADER          F   01    TPBKTWTPA470 0000 000000
APPLICATION HEADER    I 700     SHBKKRSEXXXX N
                                *SHINHAN BANK
                                *SEOUL
USER HEADER           SERVICE CODE      103 :
                      BANK. PRIORITY    113 :
                      MSG USER REF.     108 :
SEQUENCE OF TOTAL     *27      : 1/1
FROM OF DOC. CREDIT   *40 A    : IRREVOCABLE
DOC. CREDIT NUMBER    *20      : F2ATTB2071770USO
DATE OF ISSUE         31 C     : 110222
EXPIRY                *31 D    : DATE 110522 PLACE KOREA
APPLICANT BANK        51 D     : TAIPEIBANK SUNG CHIANG BR
                                 NO. 200 SUNG CHIANG RD., TAIPEI
                                 TAIWAN, R.O.C.
APPLICANT             *50      : xxxxxxxxxxxxxxx
                                 xxxxxxxxxxxxxxx
                                 xxxxxxxxxxxxxxx
BENEFICIARY           *59      : xxxxxxxxxxxxxxx
                                 xxxxxxxxxxxxxxx
                                 xxxxxxxxxxxxxxx
AMOUNT                *32 B    : CURRENCY USD AMOUNT 81,000.00
AVAILABLE WITH/BY     *41 D    : ANY BANK
                                 BY NEGOTIATION
DRAFTS AT…            42 C     : DRAFT AT SIGHT
DRAWEE                42 D     : TAIPEI BANK,
                                 TAIPEI
PARTIAL SHIPMENTS     43 P     : PROHIBITED
TRANSSHIPMENT         43 T     : PROHIBITED
LOADING IN CHARGE     44 A     :
                      KOREAN PORT / PHILIPPINE PORT
FOR TRANSPORT TO…     44 B     :
                      KEELUNG PORT, TAIWAN
LATEST DATE OF SHIP.  44 C     : 110315
DESCRIPT. OF GOODS    45 A     :
                               xxxx BRAND COLOR TELEVISION
        ORDER NO.    MIDEL NO     QUANTITY    UNIT PRICE      AMOUNT
        S1-00957     ST-21EF1     600 SETS    USD xxx/SET     USD xxxx
        F.O.B.       KOREAN PORT / PHILLIPINE PORT
DOCUMENTS REQUIRED    46 A     :
                      +SIGNED COMMERCIAL INVOICES IN 5 COPIES,INDICATING L/C NO.
                      +2/3 SET OF CLEAN ON BOARD OCEAN BILLS OF LADING MADE OUT TO THE
                       ORDER OF TAIPEIBANK, TAIPEI MARKED FREIGHT COLLECT, NOTIFY
                       APPLICANT INDICATING L/C NO. F2ATTB2071770USO.
                      +PACKING LIST IN 3 COPIES.
                      +BENEFICIARIES CERTIFICATE STATING THAT ONE SET OF THE ABOVE
                       MENTIONED ORIGINAL DOCUMENTS INCLUDING 1 / 3 SET OF ORIGINAL B/L
                       HAVE BEEN AIRMAILED DIRECTLY TO APPLICANT BY BENEFICIARY AND THE
                       POST RECEIPT MUST BE ATTACHED WITH.
ADDITIONAL COND.      47 A     :
                      +THE SHIPMENT MUST BE EFFECTED BY "WAN HAI LINES" OR "UNIGLORY
                       LINES"
DETAILS OF CHARGES    71 B     : ALL BANKING CHARGES EXCEPT ISSUING
                                 FEE INCLUDING ADVISING REIMBURSING
                                 TELETRANSMISSION AND PAYMENT
                                 CHARGES, IF ANY ARE FOR ACCOUNT
                                 OF BENEFICIARY
CONFIRMATION          *49      : WITHOUT
INSTRUCTIONS          78
                      UPON RECEIPT OF DOCUMENTS ALONG WITH DRAFT(S) STRICTLY COMPLYING
                      WITH TERMS OF THIS CREDIT WE WILL REMIT THE PROCEEDS AS INSTRUCTED.
                      DISCREPANCY FEE OF USD50.00 AND ANY RELATED CABLE CHARGES FOR
                      EACH SET OF DISCREPANT DOCTS ARE FOR BENEFICIARY'S A/C.
                      DRAFT AND ALL DOCTS ARE TO BE DESPATCHED IN TWO SETS BY
                      CONSECUTIVE COURIER SERVICE TO THE ADDRESS SPECIFIED ON THE FIELD
                      51D.
                      PLS DO NOT RELEASE ORIGINAL LC / AMENDMENTS UNTIL YOUR FEES HAVE
                      BEEN PAID BY THE BENEFICIARY.
TRAILER                        :

213438  S470DE  0000110222140834V47A
```

㈥信用狀交易的特性

1. 獨立性

以下信用狀統一慣例 (UCP 600) 對於信用狀交易特性的相關規定，明確地表達了信用狀交易的「獨立性」。

L/C 交易為單據交易 (Transaction of Documents)：

⑴ UCP 600 第 4 條 (a) Credits v. Contracts

①信用狀在本質上與買賣或其他契約係屬分立之交易行為，信用狀或以該等契約為基礎，但銀行與該等契約全然無關，亦決不受該等契約之拘束，縱該信用狀含有參照該等契約之任何註記者亦然。因此，銀行在信用狀下所為之兌付、讓購或履行其他任何義務之承諾，不因申請人以其與開狀銀行或申請人以其與受益人之關係所衍生之主張或抗辯而受影響。

②受益人決不得援用存在於銀行間或申請人與開狀銀行間之契約關係。

⑵ UCP 600 第 5 條 Documents v. Goods/Services/Performances

在信用狀作業上，有關各方所處理者為單據 (deal with documents)，而非與該等單據可能有關之貨物、勞務及／或其他履約行為。

2. 文義性

信用狀當事人間之權利義務，僅能就 L/C 所規定條款為準以判定單據之妥當性。就銀行而言，銀行亦僅能就單據之「表面真確性」予以審查，以確定該等單據是否符合信用狀規定之條件。銀行不得以信用狀條款以外之相關事項，作為審查單據之依據；賣方也不得以所差無幾或極為類似等理由搪塞。換言之，信用狀交易中，信用狀當事人間之法律關係均應依據該信用狀所載條款之文義為憑，加以權衡，規範其權利義務，不許當事人以信用狀文義以外之證明方法加以變更，這種法律性質稱為信用狀之文義性。

3. 無因性

或稱為無色性，即無須證明其合法原因存在，始得主張其權利。縱令其對價關係在法律上無效或有瑕疵，信用狀債務人仍應依照信用狀文義負擔保債務之責任。

4.確約性

信用狀統一慣例 (UCP 600) 第 10 條規定，信用狀非經開狀銀行、保兌銀行（如有者）、及受益人之同意，不得修改或取消。因此跟單信用狀一經開出，於有效期內未經信用狀諸當事人的同意，開狀銀行對已開出的信用狀不得作片面的修改或撤銷。只要受益人提供的諸單據符合信用狀上的規定，開狀銀行或付款銀行必須履行其付款的責任，此為信用狀交易確約性之表現。

(七)信用狀之類型

信用狀依其不同的功能與特性，通常予以分類說明如下：

■ 依匯票之兌付期限，分類為：

1.即期信用狀 (Sight Credit)，其義涵與特性如下：

(1)即期信用狀係指受益人按即期信用狀規定之條款簽發即期匯票，又稱見票即付信用狀，亦稱即期匯票付款。

(2)有些國家對於即期信用狀的使用,在其條款中明確規定須提交即期匯票,但有些國家則不要求提交匯票。認為提交即期匯票手續繁雜，而且增加費用（如印花稅），只須提交單據或收據，並遵照信用狀所列條款，即可付款。因此目前實務上大都已不要求提交匯票。

(3)見票即付時由誰付款，應依信用狀上規定的條款為準。若信用狀規定由開狀申請人付款，即開狀申請人見票即付，銀行向開狀申請人提示後應立即付款。若按信用狀規定由開狀銀行或指定付款銀行付款，則由付款銀行見票即付，並要求開狀申請人償還墊付款。

(4)採用即期信用狀，不論匯票的付款人是開狀銀行還是開狀申請人，或是其他的付款銀行，只要是所開出的匯票（或只提供單據）符合信用狀所列條款，一經提示，開狀銀行或付款銀行即須立刻付款，開狀申請人也須立即向開狀銀行或付款銀行償還該款項。

(5)匯票的付款人是進口商時，當墊款銀行向付款人索償墊款而被正當合理的原因予以拒絕時，墊款銀行可向出票人索回墊款。

(6)即期信用狀係出口商依信用狀所列條款之規定簽發即期匯票,匯票可直接

取得貨款。在即期信用狀中，有時載明「電報償付條款 (T/T Reimbursement Clause)」，押匯銀行在讓購單據後，當天即可用電報要求付款銀行或付款人償付，亦稱電匯償付。若規定的付款人即開狀銀行或付款銀行收到匯票及單據，審核無誤後以電匯方式匯付。

2. **遠期信用狀** (Usance Credit)，**其義涵與特性如下：**

　(1)遠期信用狀係指開狀銀行或付款銀行收到遠期匯票或單據後，在規定的期間內保證付款的信用狀。

　(2)遠期信用狀中如規定票據貼現息

　　①由賣方負擔者稱為「賣方遠期信用狀 (Seller's Usance Credit)」。

　　②由買方負擔者稱為「買方遠期信用狀 (Buyer's Usance Credit)」，大陸又稱其為「假遠期信用狀 (Usance Credit Payable at Sight)」。對賣方而言，與即期信用狀無異。

　(3)另有一種不要求受益人開發匯票的遠期信用狀稱為「延期付款信用狀 (Deferred Payment Credit)」，因其特性又稱為「無匯票遠期信用狀」。延期付款信用狀的功能與遠期信用狀的功能相同，只是在期限上不同而已。

　(4)茲將「延期付款信用狀」特性說明如下：

　　①有的國家和地區頒布的票據法規定，凡超過 6 個月期限的承兌匯票，或超過 1 年以上的遠期匯票，不得在市場上貼現。同時對遠期匯票的期限不得超過 180 天，在這種情況下為了解決遠期至 1 年以上或數年時間後的支付方式，在國際貿易的實務上，延期付款信用狀乃應運而生，而且被廣泛地加以運用。

　　②延期付款信用狀適用於進出口大型機電成套設備，為了加強競爭條件可採用延期付款、賣方中長期貸款或賒欠出口等措施。但期限較長，出口商不必提示匯票，開狀銀行也不承兌匯票，只是於到期日由銀行付款。

　　③延期付款信用狀的延期期限是由交單日期起到指定付款日期，這段時間的間隔稱之為有效期，亦即於受益人在提示單據後的規定期限內由開狀銀行履行其付款責任。從交單日期到付款日期的時間較長，如 1

年以上或 2 年不等，這對進口商有利，可獲得較長時間融通資金的機
會。但對出口商來講，只要提交符合信用狀規定的單據，銀行就必須
按期付款，不得以任何理由，更不能以產品質量有問題等而拒絕付款。

④延期付款與遠期承兌的不同點是，延期付款信用狀項下受益人不開立
遠期匯票，不能在市場貼現。為了受益人貨款得到保證，由開狀銀行
在信用證中載明銀行的承諾條款，保證到期付款。

⑤延期付款是在出口商依契約規定完成交貨後，貨物所有權由出口商轉
移至進口商。進口商於取得所有權後若干時間或若干年內償清貨款。
這種付款方式對出口商而言，風險較大，故必須在進口商信譽卓著的
條件下方可採用此種付款方式。若進口商取得貨物所有權後，不履行
償還貨款義務時，則出口商只能依法追還貨款，而不能得到貨物的所
有權。

■ 依其是否有「加保兌」，分類為：

1. 保兌信用狀 (Confirmed Credit)，其義涵與特性如下：

⑴保兌信用狀係指開狀銀行開出的信用狀經另一特定銀行加以保兌，保證
兌付受益人所開具的匯票，此稱為保兌信用狀。凡在信用狀上載明願意
承擔保兌者稱保兌銀行，通常是由通知銀行擔任。

⑵信用狀統一慣例 (UCP 600) 第 8 條對保兌信用狀列有如下規定，若開狀
銀行授權或委請另一家銀行對不可撤銷信用狀予以保兌，凡同意對信用
狀加以保兌者應承擔對受益人簽發的即期、遠期匯票的讓購、承兌或付
款的責任。

⑶保兌銀行為另一家銀行開具的信用狀加保，必須收取保證金和銀行費用。
若開狀銀行不提供保證金，保兌銀行可要求開狀銀行提供對等的保兌義
務作為條件，方可承擔保兌的責任。

⑷信用狀是否需要保兌，乃是進出口廠商經談判協商而決定的。若進口商
同意對信用狀予以加保，銀行收取的保兌費用一般來說是由進口商承擔，
但這並非固定，由誰負擔乃視買賣雙方的議價能力而定。

⑸若開狀銀行委託通知銀行予以加保，稱「委託保兌」，但亦有特殊情況，

保兌銀行是由出口商指定的銀行對信用狀來加以保兌的，此保兌銀行不是經開狀銀行所指定的銀行予以保兌，此稱為「無委託保兌」。這種作法只有在開狀銀行有相當信譽的條件下才能作到。一般信用狀之保兌，如係於原信用狀上附記保兌字樣者，則該保兌銀行所承擔之義務即以原信用狀條款為準；至於若係以另立信用狀保兌書或另開列保兌文義方式辦理者，則該保兌銀行所承擔之義務自當以該文書之文義解釋為準。

⑹在國際貿易實務中採用保兌信用狀時,其保兌的責任不同於一般的擔保,乃屬「主債務關係」，非「保證的從屬債務」。擔保的責任是原當事人不能履行其責任時，要求擔保人負連帶責任。亦就是說，原當事人不履行其責任時才由擔保人承擔其責任。保兌信用狀中則是保兌銀行直接向受益人負責，即保兌銀行亦為第一付款人。換言之，保兌銀行充當和承擔第一付款人的責任，不是受益人向開狀銀行要求付款，被開狀銀行拒絕後，才向保兌銀行要求償付。不能把保兌信用狀視為擔保信用狀。

⑺在貿易實務中若出現下列情況可斟酌考慮採用保兌信用狀，但須特別注意的是，保兌之保證標的乃是開狀銀行會不會倒閉，若該開狀銀行雖位於信用狀況較差的國家（如菲律賓），但不可能倒閉，因菲律賓的銀行屬特許行業，仍享有暴利，銀行倒閉的機率反比國家信用良好的美國低上許多。在此情況下仍予保兌，實徒增交易成本，違反本章開宗明義所揭示的基本法則，非明智之舉。

①因進口商不能依出口商所確認的或指定的銀行開具信用狀，或開狀銀行與出口商所在地的任何銀行無業務往來，或開狀銀行所在地的政治、經濟不穩定，或因契約金額大，超出開狀銀行一般業務的支付能力等。

②進出口商所處地理位置遙遠，進出口商所在地的法律及有關規定有特殊之處，再加上商業習慣和作法不同等原因。

⑻為了表示信用狀具有保兌功能，應載明如下條款：

- "The Advising Bank is restricted from adding their confirmation."
   （委請通知銀行保兌。）

- "We (Issuing Bank) are authorized to add your (Advising Bank's) confirmation."

（本銀行（開狀銀行）授權貴銀行（通知銀行）對本信用狀加以保兌。）

・"Please notify beneficiary and add your (Advising Bank's) confirmation."

（請通知受益人本信用狀由貴銀行（通知銀行）加以保兌。）

・"The Advising bank is authorized to add its confirmation to this credit No.＿＿＿."

（茲授權通知銀行對第＿＿＿號信用狀加以保兌。）

(9)開狀銀行委請通知銀行對已開出信用狀加以保兌，通知銀行必須同意承擔保兌的責任和義務，兩者必須相匹配，才能表示保兌的功能。通知銀行兼保兌銀行的責任和義務，通常在信用狀的右下角會有通知銀行的通知欄，在此欄內通知銀行必須作出文字說明，同意保兌的條款，此條款稱「開狀銀行以外的保證條款」。茲將保兌銀行承擔保兌的條款例示如下：

"At the request of the correspondent (Issuing Bank) we (Advising Bank) have been requested to add our confirmation to this credit and we hereby undertake that all drafts drawn by you (Beneficiary) in accordance with the terms of the credit will be duly honored by us."（本銀行（通知銀行）受通匯銀行（開狀銀行）的委託，對本信用狀加以保兌，並在此保證，凡提交貴公司（受益人）依信用狀條款簽發的匯票，屆時由本銀行兌付。）

(10)關於保兌手續費，保兌銀行以其信用提供保兌並承擔風險，故必然要收取保兌手續費用（Confirming Charges 或 Confirmation Charges）。收取費用的多少，一般來講是依據信用狀有效期限的長短而定，通常是以每季來計收保兌費（一般約為信用狀金額的 0.875%），保兌費以銀行規定或依協商數額收費。至於保兌費用應由誰負擔，則依買賣雙方議價能力而定。

2. **無保兌信用狀** (Unconfirmed Credit)，**其義涵與特性如下：**

凡在信用狀中未註明「保兌信用狀」字樣者，皆屬「無保兌信用狀」。

■ 依其是否為「可轉讓」，分類為：

1. **可轉讓信用狀** (Transferable Credit)，**其義涵與特性如下：**

(1)可轉讓信用狀係指經出口商之請求，進口商同意由開狀銀行開立可轉讓信用狀，並載明授權受益人（即原信用狀受益人）有權將信用狀所列金額的全部或部分轉讓給出口商以外的第三者，即第二受益人有權使用轉

讓後的權利。這種轉讓稱一次轉讓，但第二受益人不得再作轉讓。

⑵第二受益人稱「受讓人」，承擔交貨的職責。但原信用狀受益人（即第一受益人）仍對契約所列的諸條款承擔責任。凡可轉讓信用狀必須載明如下文句，以示其功能：

①本信用狀可轉讓 (This Credit is Transferable)。

②本信用狀允許轉讓 (Transfer to be Allowed)。

⑶關於信用狀統一慣例第 38 條對於可轉讓信用狀相關規定如下：

①可轉讓信用狀係指在信用狀上特別規定（敘明）其係 "Transferable"（可轉讓）之信用狀，「可轉讓」僅限以 "Transferable" 表達，其他用語概不理會。

②若信用狀允許部分動支或部分裝運，則該信用狀得部分轉讓予一個以上之第二受益人。已轉讓信用狀 (A Transferred Credit) 不得應第二受益人之請求轉讓予任何後續之受益人，第一受益人不視為後續之受益人。

③除下列各項外，信用狀僅能依原信用狀所規定之條款轉讓：

a. 信用狀之金額。

b. 所載之任何單價。

c. 有效期限。

d. 單據提示期間。

e. 最遲裝運日或規定之裝運期間。

以上任何一項或全部均得予以減少或縮短。

保險須投保之百分比得酌予增加，以配合原信用狀或本慣例有關應投保金額之規定。

⑷遵照信用狀統一慣例第 38 條規定，出口商可要求進口商開具可轉讓信用狀，可轉讓信用狀的受益人作為轉讓人 (Transferer)，透過轉讓銀行將信用狀金額 (Amount) 的全部或部分，一次轉讓給出口商所在地或異地口岸的分支機構，或給異地各貨源的供應商，即第二受益人，第二受益人按規定交運貨物，於規定的時間內分批裝船，製單結匯。第二受益人不得作再次轉讓，分割轉讓的金額不得超過原信用狀的總金額。

(5)中間商從國外接到訂單並收到由國外進口商開具的可轉讓信用狀，以中間商為受益人。第一受益人將訂單交給生產廠，並將信用狀金額的全部或部分轉讓給第二受益人。第一受益人不願將供貨生產廠商的相關資料及交易條件等資訊透露給進口商，乃為保護商業機密與商業競爭的機會。採此作法對中間商有兩點好處，一是可保商業秘密，二是可賺取中介佣金。第一受益人所簽發的商業發票比第二受益人所出具的發票金額大，兩者的差額即為中間人所得的利潤。

(6)可轉讓信用狀適用的貿易方式

①普遍存在於臺灣的國際貿易實務操作裡的三角貿易操作方式，尤以現今的「臺灣接單；大陸出貨」的模式為甚。如上所述，信用狀轉讓具有保密與費用較低等優點，因此信用狀轉讓的付款方式，相當適用於此類貿易操作模式。

②若進出口廠商簽約成交的訂單，係屬規格化商品、標準化包裝、程式化檢驗而且數量多、金額大、貨源分散各地，亦就是一份訂單的貨源須從不同地方的港口予以出口。這種貿易方式為了使合約貨物 (Contract Products) 與計價貨幣 (Price Currency) 相對換，作到簡便、易辦、順利裝貨和安全結匯，可採用可轉讓信用狀。

③若進口商派員到國外採購所需商品，或委託國外代理商採購商品，進口商可開具以貨源地的代理商為受益人的可轉讓信用狀。國外代理商可向一地或多地的各供應商為第二受益人予以分割轉讓其信用狀的全部或部分金額。可轉讓的信用狀係由國外的通知銀行承擔轉讓銀行的職責。

④從一個國家生產的商品，運輸到另一個國家或地區去銷售，經過國際間的多層次的交換，其特點是商品的生產者與銷售者之間的地理位置遙遠，交易數量大，簽約複雜，須有中間商介入，因此便適合採此付款方式。

(7)可轉讓信用狀的功能與轉讓方式

①依信用狀金額可分為全部金額與部分金額轉讓。

a. 轉讓全部金額 (Total Transfer)

　　第一受益人根據貨源的分布情況，若貨源僅來自一家廠商，而且貨物不准分批裝運，只能一次裝運時，必然將開具信用狀的全部金額轉讓給第二受益人。

b. 轉讓部分金額 (Partial Transfer)

　　若只將可轉讓信用狀所列金額的一部分轉讓給第二受益人，稱部分金額轉讓。信用狀統一慣例第 38 條規定,若原信用狀允許分批裝運,則第一受益人可將信用狀金額的一部分轉讓給第二受益人，並由受讓人分別裝運，分別依信用狀規定辦理押匯、承兌或付款。

②依是否替換商業發票，可分為不替換發票與替換發票轉讓。

a. 不替換發票轉讓 (Transfer without Substitution of Invoice) 之轉讓方式係信用狀的原受益人（即第一受益人）將信用狀金額的全部或一部分轉讓給受讓人，即由第二受益人裝運貨物並備妥所需單據，透過第一受益人或以第一受益人的名義直接向押匯銀行辦理讓購或付款。此種方式較為簡便，在國際貿易的實務中通常予以採用。

b. 替換發票轉讓 (Transfer with Substitution of Invoice) 係指，作為第一受益人的中間人，不願讓第二受益人知悉最終買主的相關資訊，第一受益人就可採用此替換發票式的信用狀轉讓。其具體作法是，由第二受益人裝運貨物後，第二受益人以自己的名義向銀行提示單據辦理讓購或付款。銀行以第一受益人提供的商業發票等單據用以替換第二受益人所提示之發票等相關單據。第一受益人所提示的發票金額須較高，兩張發票的差額即為中間人所賺取的佣金。讓購銀行於讓購後，將第一受益人所提示的發票及其他單據一併寄往開狀銀行求償。

③依是否變更轉讓信用狀所列條件,可分為原條件轉讓或變更條件轉讓。

a. 原條件轉讓係指使用信用狀權利的轉讓，一般來講，應依照原信用狀所列條件予以轉讓，稱原條件轉讓。這種作法簡便易辦，風險較小。凡原條件轉讓應載明如下文句，以示其轉讓功能：

"This Credit can be transferred only on the terms and conditions specified in the Original Credit." (本信用狀僅依原信用狀所列之條件轉讓。)

b. 變更條件轉讓，則指信用狀權利轉讓後，原信用狀所列條件已作變更，例如：

- 金額和單價比原金額和單價降低。
- 信用狀期限，提示單據日期及裝運期限，比原信用狀條件提前。
- 投保金額比原信用狀投保的百分比增加。

除變更上述條件外，若有需要變更其他條件就視情況而定。

④依轉讓地點，可分為國內轉讓和國外轉讓。

a. 國內轉讓係指第一受益人將信用狀的使用權利轉讓給第二受益人，其地點係同一國境，稱國內轉讓。在信用狀中應載明如下文句：

"This Credit is transferable only to a second Beneficiary in the same country." (本信用狀轉讓僅限同一國境轉讓給第二受益人。)

b. 國外轉讓係指第一受益人將信用狀使用的權利轉讓給另一國境的第二受益人，稱國外轉讓。在信用狀中應載明如下文句：

"This Credit is transferable to a second Beneficiary in the ×××." (本信用狀轉讓於×××國家的第二受益人。)

⑤依由誰來轉讓，可分為銀行轉讓與私下轉讓。

a. 銀行轉讓指凡是依照信用狀所列條款明文規定由銀行轉讓或透過銀行辦理轉讓手續者，由第一受益人向銀行提出申請書，經銀行審查同意後，則銀行應給予第二受益人轉讓通知書 (Advice of Transfer)。

b. 私下轉讓則指經協商第一受益人和第二受益人同意作私下轉讓，第一受益人必須給第二受益人書面的私人轉讓通知書 (Letter of Personal Transfer)。採用私下轉讓方式，必須是第一受益人與第二受益人有長期合作的基礎，互相信任，而第一受益人須作兩件事，一是將收到信用狀的原複製本提供給生產廠商，以資證明可轉讓信用狀已收到，使生產廠商放心。二是於生產廠商交貨裝船後，第一受益人、第二受益人共同簽署轉讓申請書，請銀行將款項轉給生產廠商。

2.**不可轉讓信用狀** (Non-transferable Credit)，**其義涵與特性如下：**

即於信用狀上無 "Transferable（可轉讓）" 字樣時屬之，若該信用狀無法轉讓時，就其交易特性，可採用的其他貿易金融工具如下：

(1)背對背信用狀 (Back-to-Back L/C)。

(2)承兌交單 (D/A)。

(3)記帳交易 (O/A)。

(4)押匯款讓與 (Assignment of Export Proceeds)。

■ **依其是否「隨附商業單證」，分類為：**

1.**跟單信用狀** (Documentary Credit)，**其義涵與特性如下：**

(1)跟單信用狀係指該信用狀上規定受益人於向銀行請求讓購 (Negotiation)、付款 (Payment) 或承兌 (Acceptance) 時，須檢附符合信用狀條款規定之完整單據，一般商業信用狀多為此類信用狀。

(2)相關單據一般係指提單 (B/L)、保險證明書 (Certificate of Insurance)、發貨通知書 (Consignment Notc)、領事發票 (Consular Invoice)、產地證明書 (Certificate of Origin) 等。

2.**無跟單（光票）信用狀** (Clean Credit)，**其義涵與特性如下：**

(1)係指該信用狀上規定受益人於向銀行請求讓購、付款或承兌時，無須檢附相關貨運單據，僅憑一紙光票（金融單據）即可之信用狀類型。

(2)於實務上常見的光票信用狀如下：

①供作押標金 (Bid Bond)、履約保證金 (Performance Bond) 和還款保證 (Repayment Guarantee) 的保證信用狀皆屬之。

②銀行為其顧客在國外旅行中能隨時取得所需資金為目的而開發以旅行者本身為受益人的光票信用狀，亦即所謂的「旅行信用狀 (Traveler's Credit)」。

■ **依其是否「限定保付銀行」，分類為：**

1.**讓購信用狀** (Negotiation Credit)，**其義涵與特性如下：**

(1)讓購信用狀係指開狀銀行允許受益人向某一指定銀行交付讓購的信用狀。

(2)讓購信用狀依是否自由讓購分為：

①自由讓購信用狀 (Freely Negotiable Credit) 或稱一般信用狀 (General Credit)。

②限制信用狀 (Restricted Credit) 或特別信用狀 (Special Credit)。

2. **直接信用狀** (Straight Credit)，**其義涵與特性如下：**

(1)直接信用狀又稱為託付信用狀 (Domiciled Credit)，係指開狀銀行特別規定受益人須將匯票及相關單據直接提交開狀銀行或其指定的銀行辦理兌付事宜者稱之。

(2)凡在信用狀中未註明有關公開讓購 (Open Negotiation) 或限定讓購 (Restricted Negotiation) 字樣者，皆視為付款取單的直接信用狀，不允許任何銀行予以讓購，此種信用狀稱不可讓購信用狀。

(3)若進口商將欲支付的貨款，已存入出口商所在地的銀行（如通知銀行），則開狀銀行開具的信用狀一般來講，應採用直接信用狀項下付款贖單的方式，以減少匯票及單據的轉遞流程並可節省銀行費用。

(4)直接信用狀通常規定受益人所在地的通知銀行兼付款銀行，而且付款銀行直接付款的對象僅限受益人，此乃直接信用狀的特徵。於直接信用狀項下由通知銀行兼付款銀行或另外指定銀行對匯票予以付款，而付款銀行一經付款，則無權追索。

(5)表達直接信用狀功能的條款例示如下：

"We hereby agree with you (Beneficiary) that all drafts drawn under and in conformity with the terms of this credit will be duly honored on presentation and on delivery of documents as specified to the Drawee Bank." （本銀行向貴公司（受益人）表示同意，凡依本信用狀條款規定所開具的匯票與單據，於到期提交付款銀行時應予以付款。）

■ 依其有無「限定押匯銀行」，分類為：

1. **一般信用狀** (General Credit)，**其義涵與特性如下：**

(1)於讓購信用狀中無特別限定押匯銀行的讓購信用狀稱為「一般信用狀」，亦即「自由讓購信用狀」。由於「一般信用狀」並無限定押匯銀行，出口商可選擇自己往來銀行辦理押匯事宜，可避免須轉押匯而徒增押匯成本

之情況。

(2)凡屬自由讓購之信用狀，一般在信用狀的議付條款中須註明「自由讓購 (Free Negotiation)」字樣。但有的信用狀不載明此字樣，而載明「邀請 (Invitation)」或「建議 (Order)」自由讓購條款。

(3)邀請自由讓購的條款係指開狀銀行或付款銀行作出保證或承諾，凡匯票出票人、背書人或正當持票人，持有按信用狀所列條款而簽發之匯票者，付款銀行屆時予以付款。此條款係付款銀行向持票人發出普遍的、公開的、自由讓購的書面邀請。凡開具自由讓購信用狀的銀行，一般來講係信用良好、手續簡便、費用較低的銀行。

(4)開狀銀行開立的信用狀是通過其承諾條款 (Undertaking Clause) 或稱保證條款來表達其自由讓購的功能。凡信用狀中列有如下承諾條款即為自由讓購：

"We (Issuing Bank) hereby engage with the drawers, endorsers and bona fide holders of draft(s) drawn under and in compliance with the terms of the credit that such draft(s) shall be duly honored on due presentation and delivery of documents as specified." （本銀行（開狀銀行）向出票人、背書人及正當持票人保證，凡依本信用狀所列條款開具的匯票，於提交時承擔付款責任。）

2. **限制信用狀** (Restricted Credit)，**其義涵與特性如下：**

(1)開狀銀行在信用狀中指定由某特定銀行押匯者，此類信用狀稱為「限制信用狀」。一般而言，指定押匯銀行通常是開狀銀行在出口商所在地的分行、代理業務銀行、往來銀行，或通知銀行。其優點是開狀銀行與指定押匯銀行往來密切，手續較簡便，同時可讓指定押匯銀行賺取相關手續費。

(2)凡在信用狀中列明「限制押匯 (Restricted Negotiation)」字樣者，非指定之銀行不能接受押匯，若接受押匯，即屬違背信用狀規定的限制議付條款，則付款銀行將不予兌付。於實務上，若受益人因某種原因，如限押銀行手續繁瑣，銀行工作效率低或限押銀行非為受益人之往來銀行時，受益人不願或無法前往該限押銀行辦理押匯業務時，受益人可透過熟悉

的往來銀行代為辦理押匯業務，此銀行稱轉押銀行 (Processing Bank)，然後該銀行再向議付銀行辦理押匯，受益人負擔轉押銀行和限押銀行費用。

(3)其於信用狀上表示的條款例示如下：

- "Negotiation under this Credit is restricted to Advising Bank."（本信用狀限由通知銀行議付。）

- "Draft(s) drawn under this Credit are negotiable through ××× Bank."（依本信用狀簽發的匯票限某地名稱銀行議付。）

■ 依其是否「可循環使用」，分類為：

1. 循環信用狀 (Revolving Credit)，其義涵與特性如下：

(1)「循環信用狀」亦可稱為「迴圈信用狀」，循環信用狀是指受益人在一定時間內使用規定的金額後，能夠恢復再度使用其金額，周而復始，直至使用到規定的次數和金額終止時為止。

(2)當交易條款中明確約定時程、數量、規格的契約貨物，而且只限同一個貿易夥伴提供同一貨物時，即可採用循環信用狀。在實務中，如出口商長時間向進口商分批、定量、定時提供大型設備的零配件、易損件等業務，可以採用循環信用狀。

(3)採用循環信用狀的優點是，無須分批逐次由不同的銀行開狀和押匯，對買賣雙方可節省銀行費用，達到簡便易行的功效，使買賣雙方都願意接受循環信用狀。

(4)循環信用狀的類別

①循環信用狀按「時間」依次循環可分為

a. 自動循環 (Automatic Revolving)

受益人按規定的時間裝運貨物並押匯後，信用狀可自動恢復到原金額供再度使用。將其相關條款列示如下：

"The total amount of this credit shall be restored automatically after date of negotiation."（本信用狀項下總金額，於每次押匯後自動循環。）

"The amounts paid under this credit are again available to you automatically until the total of the payments reaches USD ____."（本信用狀項下支付金額，於每次押匯後自動恢復循環，直至用完金額，____美元為止。）

b. 通知循環 (Notice Revolving)（最常見）

通知循環，顧名思義，受益人於每次裝運並押匯後，須等待和收到開狀銀行對受益人通知後，才能恢復到原金額再度使用，亦稱非自動循環 (Non-Automatic Revolving)。其相關條款列示如下：

"The amount shall be reinstated after each negotiation only upon receipt of Issuing Bank's notice stating that the credit might be renewed."（於每次裝運並押匯後，須收到開狀銀行的通知，才可恢復到原金額使用。）

"The amount of each shipment shall be reinstated after each negotiation only upon receipt of credit-writing importer's issuing bank's notice stating that the credit might be renewed."（受益人於每次裝貨押匯後，須待收到進口商或開狀銀行發出的通知，才可恢復到原金額使用。）

c. 定期循環 (Periodic Revolving)

定期循環是指受益人於貨物裝運並押匯後，須經過一定期間方可恢復原金額再度使用。定期循環是依契約的規定，可按月、季循環使用，亦稱半自動循環 (Semi-Automatic Revolving)。茲將其相關條款列示如下：

"Should the Negotiating Bank not be advised of stopping renewal within seven (7) days after each negotiation, the unused balance of this credit shall be increased to the original amount."（每次押匯後於 7 天之內，押匯銀行未接到停止循環的通知時，本信用狀項下尚未用完的餘額，可累積於原金額中使用。）

②循環信用狀按「金額」循環可分為

a. 累積循環 (Cumulative Revolving)

累積循環是指上期未使用之餘額可轉入下期使用。其相關條款列示如下：

"Per three (3) calendar months cumulative commencing with 15th March 20＿＿,revolving on the first business day of each successive month and ending with 15th December 20＿＿."（每三 (3) 個日曆月累積循環一次，由 20＿＿ 年 3 月 15 日，從達成第一筆交易之日起至 20＿＿ 年 12 月 15 日循環終止。）

　　b. 非累積循環 (Non-cumulative Revolving)

　　　係指本期尚未使用的餘額，不能轉入下期使用。不能轉入下期使用
的未使用餘額視為過期、放棄和作廢的金額處理，故稱非累積循環。
其相關條款列示如下：

　　　"The unused balance of each shipment is not cumulative to the following
shipment."（每批貨物所支付的金額，尚未滿額時不得累積使用。）

2. 非循環信用狀 (Non-revolving Credit)，其義涵與特性如下：

　　凡信用狀所列的金額不可循環使用者，皆為非循環信用狀。在實務中，一
般的信用狀都屬非循環信用狀。但可循環的信用狀必須在信用狀中註明，凡未
註明者皆為非循環信用狀。

■ 依其是否有「追索權」，分類為：

1. 有追索權信用狀 (With Recourse Credit)，其義涵與特性如下：

⑴有追索權信用狀，其英文字彙中的 "Recourse" 表示「追索」與「請求償還」
之意。為了準確地表示其意，常以「追索權 (Right of Recourse)」一詞來加
以表達。有追索權的信用狀須在信用狀中載明 "With Right of Recourse"
（有追索權）字樣。但在實務中，凡未載明 "Without Recourse"（無追索
權）字樣者，皆為有追索權信用狀。

⑵研究和運用有追索權信用狀的功能，須從兩方向加以考量，即拒付與追
索，若無拒付，當然就無所謂追索的問題。而拒付 (Refuse to Honor) 即
指付款人拒絕付款 (Refuse to Honor by Non-payment) 或拒絕承兌
(Refuse to Honor by Non-acceptance) 之意。當用票據作出正式提示
(Presentation) 要求付款或承兌時，被付款人拒付或拒絕承兌時，即應行
使追索權。

⑶持票人向出票人行使追索權

①在國際貿易中，採用有追索權信用狀作為支付方式，是以跟單匯票為
支付手段要求予以兌付，押匯銀行對跟單匯票予以押匯後，押匯銀行
已成為跟單匯票的持票人。但押匯銀行不是付款人而僅是墊付款項者。
若持票的押匯銀行遭到付款銀行或進口商拒付時，在這種情況下墊付

款項的銀行有權向出票人或受益人行使追索權，追回墊款。

②押匯銀行若持有即期匯票，於有效期限內，付款銀行或進口商以單據不符為理由予以拒付時，押匯銀行可行使追索權，向出票人追回墊款。

③押匯銀行對遠期信用狀項下跟單匯票承兌押匯後，押匯銀行只有一紙遠期匯票，其他單據已轉由進口商持有並憑單提貨。此時單據與匯票已分離，故不存在單據不符的問題。若遠期匯票遭到付款人拒付時，墊款的押匯銀行可向出票人或背書人（前手人）行使追索權，追回墊付款。

(4)押匯銀行向其他銀行行使追索權

①出口商依信用狀規定的條款簽發跟單匯票，同一套跟單匯票經過一家或兩家，如經轉交銀行和再押匯銀行先後議付，最後一家押匯銀行向開狀或指定付款銀行請求償還墊支款時，若被拒付，則最後一家銀行可向其前手銀行行使追索權，追回墊款。

②若因某種原因，開狀銀行（即付款銀行）須委託代理付款銀行或代理償付銀行對押匯銀行償付其墊款。但代理付款銀行和代理償付銀行只接受委託辦理業務，對跟單匯票作審查，亦不承擔責任。若開狀銀行兼付款銀行收到跟單匯票後，發現單據與匯票不符或發現問題予以拒付。此時，付款銀行可以向押匯銀行行使追索權，追回代償付銀行的款額。

③押匯銀行遇下列情況時也可行使追索權

　a. 付款人失蹤，持票人找不到付款人。

　b. 付款銀行倒閉，付款人破產或死亡。

　c. 付款人無視商業信譽或詐欺行騙。

若發生上述情況，即視為拒付款，則押匯銀行或持票人應該向誰行使追索權，就向誰追回墊款，若遇有糾紛可採取適用的法律手段追回墊款。

2.**無追索權信用狀** (Without Recourse Credit)，**其義涵與特性如下：**

凡採用無追索權信用狀，在信用狀中應載明 "**Without Recourse**"（無追索權）字樣，以明示其義。無追索權信用狀係指出口商簽發對出票人免責 (Drawn without Recourse) 字句的跟單匯票,若遭到拒付時,持票人或押匯銀行不得向出票人或背書人行使追索權。換言之,押匯銀行不得要求出票人退還所墊之款額,所遭損失只由押匯銀行承擔。

■ 背對背信用狀 (Back-to-Back Credit)

茲將其義涵與特性說明如下:

本地信用狀

與專為國內廠商間交易所使用的「國內信用狀 (Domestic Credit)」不同,此種信用狀乃由銀行國內放款部門辦理且以本國文字表達信用狀內容。

(1)「背對背信用狀」又可依其開發對象稱為「轉開信用狀」或「**本地信用狀 (Local Credit)**」,其他名稱尚有 Secondary Credit、Sub-Credit、Subsidiary Credit、Ancillary Credit、Overriding Credit 或 Supplementary Credit。本類型信用狀係指,中間商憑國外開來的信用狀向本地銀行申請開發另一張以供應商為受益人的信用狀,一般係運用於三角貿易或中介貿易(Intermediary Trade) 的場合。茲將其操作概念圖示如下:

主信用狀 (Master Credit; Original Credit; Primary Credit)

本地銀行 —— 轉開 ——
國外: 背對背信用狀 (Back-to-Back Credit)(三角貿易)
國內: 本地信用狀 (Local Credit)(中介貿易)

(2)當製造供應商與最終買主因某種原因,如語言障礙、買賣雙方所處地理位置遙遠、市場訊息不夠充分與無適當的商業管道等因素,而無法直接簽約交易時,即必須透過中間商 (Middle Men) 介入來達成交易,而中間商為了完全阻隔製造供應商與最終買主的直接接觸以保護商業機密,維持自己在交易過程裡的存在價值,以期從中獲取商業利潤或收取佣金,此時中間商即須分別對製造商與最終買主簽訂兩份合約。一般而言,中間商應對製造供應商生產的產品之性能、數量、價格等條件瞭若指掌後,積極代為尋求買主。一旦成交時,先由中間商與最終買主簽訂合約,稱

第一份合約。依第一份合約之條款所開立的信用狀稱「原信用狀 (Original Credit)」或「主信用狀 (Master Credit)」。原信用狀的開狀申請人是最終買主，受益人是中間商。中間商與製造商簽訂的合約，稱第二份合約。依據第二份合約與原信用狀所開發出來的信用狀，即為「背對背信用狀」，此信用狀的開狀申請人則為中間商，受益人則是製造供應商。

(3)原信用狀與轉開出之背對背信用狀的不同之處在於：

①貨物單價和總金額不同，原信用狀所列的價格較高，背對背信用狀所列價格較低，兩者的差額即為中間商的利潤或佣金所在。

②裝貨日期的不同，亦即背對背信用狀項下的裝貨日期在前，原信用狀項下的裝貨日期在後，這種安排可以確保製造供應商按時交貨。除此之外，如須列有其他條款，則視交易情況而定。

③原信用狀的通知銀行，往往是背對背信用狀的開狀銀行。

(4)開發背對背信用狀的銀行為了減少風險，保護其權益，故在信用狀列有如下條款：

"The credit amount is payable to you upon our receipt from the above accountee of the documents required under the Bank (Issuing Bank of Original Credit) L/C No.＿＿＿ dated."（憑原受益人提示於×年×月×日×××銀行（原信用狀的開狀銀行）開立的第×××號原信用狀規定的單據之後，才兌付背對背信用狀項下的匯票。）

上述條款稱限制性條款，凡不能滿足此條款所列的要求，背對背信用狀的受益人就得不到貨款。

(5)中間商使用背對背信用狀的風險在於，不論進口商因故倒閉或死亡，或對契約貨物不能付款，或出口商（即製造商）因故不能交貨，或貨物的品質達不到規定的標準等，其中間商都要承擔責任。

(6)背對背信用狀的開發雖係依據原信用狀所開立，但此並非意指以原信用狀作為抵押來充作開發背對背信用狀的額度。因此中間商欲開發背對背信用狀，仍須在銀行有開狀額度的情況下，才可為之。對於財力不夠充足的小貿易商，或須動用銀行開狀額度但只賺取微薄的中間利潤的貿易商而言，背對背信用狀即非適當的貿易金融工具。此時若以僅須押匯額

度即可操作，且財務成本較小的信用狀轉讓的方式，應是較為適切的工具選擇。

■ 對開信用狀 (Reciprocal Credit)

茲將其義涵與特性說明如下：

(1)此類信用狀係指交易雙方互相開發信用狀，亦即第一張信用狀的開狀人和受益人就是第二張信用狀的受益人與開狀人。兩張信用狀的金額相等或大致相同，這種信用狀一般用於對銷貿易。

(2)在國際貿易實務上，進出口雙方願意採用補償貿易、合作生產、來料加工和來件裝配等貿易方式合作時，為了配合這類貿易形式即可採用「對開信用狀」。合作雙方須訂立兩份契約，一份是進口原料或零配件的合約，一份是產品出口的合約，以確保進出口平衡。簽訂兩份合約須開立兩份信用狀來執行合約條款。

(3)第一份信用狀的通知銀行是第二份信用狀的開狀銀行。第一份信用狀和第二份信用狀所列條款係按雙方簽訂的出口和進口貨物合約，故兩份信用狀所列的合約貨物係兩批不同的進出口貨物。第一份信用狀所列金額與第二份信用狀所列金額大致相同，在貿易實務中可略高或略低，應於信用狀條款中明確表示。

(4)第一份信用狀首先開出，暫不生效，待開立第二份信用狀後，兩份信用狀都能被對方接受時，通過銀行予以通知，於指定日期兩份信用狀同時生效。

(5)在第一份信用狀開立時，應列有下列文句的條款，以示其功能：

"This credit shall not be available unless and until the reciprocal credit is established by ××× Bank in favour of ××× for a sum of ××× covering shipment from ××× to ×××. This reciprocal credit in effect shall be advised by telex from ××× Bank to Beneficiary." （本信用狀待×××銀行開具對開信用狀後生效，對開信用狀以×××為受益人，金額為×××，貨物由×××運至×××。本信用狀的生效將由×××銀行用電傳通知受益人。）

■ 擔保信用狀 (Stand-by Credit)

茲將其義涵與特性說明如下：

(1)「擔保信用狀」又稱為「保證信用狀 (Guarantee Credit)」、「履約信用狀 (Performance Credit)」或「商業票據信用狀 (Commercial Paper Credit)」，係指不以清償因商品交易所產生的貨款為目的，而以融通資金或保證債務為目的所開發出的信用狀。信用狀統一慣例第 1 條述明擔保信用狀亦適用其相關規定。

(2)一般商業信用狀的開狀與付款乃屬正常運作之情況，但「擔保信用狀」則以開狀後不被要求償付才屬常態。因此，就履行義務上而言乃屬「或有」性質，亦即只有在開狀申請人不履行契約義務時，銀行才須負起信用狀項下之付款義務。其可適用的標的已超越一般國際貨物買賣的範疇。

(3)與一般商業信用狀相異點

①與商品運送移轉無直接關聯。

②不須提供提單等貨運相關單據。

③受益人可逕自行使其權利，無須取得外來協助的準備文件。

④受益人行使權利時僅憑藉本身作成的書面聲明即可，無須第三者的確認。

(4)擔保信用狀的用途

擔保信用狀具有融資與債務保證等多重功能，茲將其可運用之相關功能列述如下頁表。

擔保信用狀之相關功能

項目	用途	受益人
投標押標金保證 (Bid or Tender Bonds)	擔保申請人於得標後會執行契約義務。	開標人
履約保證 (Performance Bond)	擔保非款項支付履約義務，包括申請人在基礎交易中不履約所致的賠償。	開標人
融資保證 (Banking Facility)	擔保借款人之還款義務。	融資銀行
預付貨款保證 (Advance Payment Bonds)	擔保預收貨款的供應商能履約交貨。	預付貨款之買方
保固保證 (Maintenance Bonds)	擔保工程承包商無法於約定期間內維持合約規定之品質水準所致之賠償義務。	業　主
關稅保證 (Customs Bonds)	擔保進口記帳之進口商支付關稅之義務。	海　關
寄售保證 (Consignment Bonds)	擔保被寄售者無法按期結清支付寄售人貨款所致之賠償義務。	寄售人
供貨保證 (Supplier Bonds)	擔保賣方無法如期履行供貨義務所致之損失賠償。	買　方
品質保證 (Quality Bonds)	擔保賣方產品不良所致之賠償義務。	買　方
付款保證 (Payment Guarantee)	擔保記帳採購之買方到期付款義務。	賣　方

■ 預支信用狀 (Anticipatory Credit)

茲將其義涵與特性說明如下：

⑴預支信用狀的特點是進口商先付款，出口商後交貨的貿易方式，是進口商給予出口商一種融通資金的便利優惠。凡欲採用預支款的信用狀，買賣雙方於協商談判時，出口商須向進口商提出支付條款、預支款額和預支方法列明於信用狀內。經進口商同意後，進口商於填寫並簽署開立信用狀申請書中予以明示。

⑵預支信用狀適用的貿易方式

①合約標的商品係市場上供不應求的短缺商品，進口商採用較優惠具競爭性的支付方式，以求能儘速取得商品以滿足市場的強烈需求。

②出口商資金短缺或資金周轉不靈時，出口商要求採用預支信用狀，但

進口商可利用此機會以提供優惠的支付方式為理由壓低價格。

③進口商為及時掌握貨源並搜括貨源，將預支信用狀開至出口地的代理商或委託商，祈能及時靈活地抓住熱銷商品貨源，藉此預支貨款的方式提高其市場競爭能力。

(3)預支信用狀的種類

①預支全部金額信用狀 (Clean Payment Credit)

預支全部金額信用狀的作法是，由出口商開出光票來預支全部貨款，亦稱預付貨款的方式。除開具光票外還須附上一張保證書 (Statement)，保證書的內容規定出口商負責交付信用狀所規定的單據，保證按時交貨。若受益人事後未補交單據或將預支款挪作他用，或未採購契約規定的標的貨物而產生損失風險時，墊款銀行不承擔責任，其風險應由進口商或開狀銀行按信用狀規定的條款償還已墊款的本息。

②紅色條款信用狀 (Red Clause Credit)

紅色條款信用狀係用於預支信用狀所列金額的部分款項，預支部分金額條款以紅色列印字體，以示明確、醒目，故稱紅色條款信用狀。在國際貿易實務中，近年來對預支部分款項的條款亦未用紅色字體，也可通用。紅色條款內容須表明允許出口商預支部分金額，然後在指定日期補交單據後，銀行扣除預支款的本息，付清餘額。進口商同意採用紅色條款信用狀，一旦出現風險，其預支款應由進口商承擔責任，故採用紅色條款信用狀時應慎重其事。

③綠色條款信用狀 (Green Clause Credit)

綠色條款信用狀與紅色條款信用狀的功能相類似，但綠色條款信用狀所含的內容與作法比紅色條款信用狀更為嚴格。採用綠色條款信用狀的作法，係出口商須將預支資金所採購的合約貨物，以銀行的名義存放於倉庫，將倉庫單據交付銀行持有，以保證該預支金額係依信用狀規定所使用，並受到控制以減少資金被挪用的風險。在國際貿易的實務中，進口商同意採用綠色條款信用狀時，須向開狀銀行提供擔保或抵押。

④打包信用狀 (Packing Credit)

打包信用狀又稱打包放款 (Packing Loan)，其功能係指出口商接到信用狀後，憑信用狀所列條款向銀行預支一定數量的金額用於購買合約貨物和打包裝運，裝運後預支款額的本息於押匯時扣除。這種作法是出口商所在地銀行給予出口商的一種「裝運前融資 (Pre-Shipment Finance)」。融通銀行須承擔融資預支款的風險，銀行為了減少風險，有時於預支款時要求出口商提供抵押品並辦理相關手續。

㈧信用狀統一慣例一般性條件解釋

1. 關於信用狀金額、數量及單價之寬容範圍，信用狀統一慣例第 30 條規定如下：

   (1)當信用狀上使用 "About"、"Approximately" 等字或類似之用語於有關信用狀之金額、數量或單價者，解釋為容許不高於或低於該金額、數量或單價 10% 之差額。

   (2)除非信用狀上規定特定貨物之數量不得增減外，5% 上下的差異應屬容許，但以動支之總金額不超過信用狀金額為限。但若信用狀係以包裝單位或個別件數規定數量者，此差異額度即不適用。

2. 關於部分裝運／部分動支，信用狀統一慣例第 31 條規定如下：

   (1)當信用狀沒有表明貨物是否可以分批裝運時，應視為可分批裝運。同樣地，信用狀沒有表明貨物是否可分數次支領信用狀金額時，應解釋為容許受益人分批支領。

   (2)受益人所提示的貨運單據，即使裝運日期不一致或裝運港不同或兩者皆不同時，只要明示其貨物乃裝載於同一運輸工具、同一航次且運往相同目的地時，即不應視為分批裝運。

   (3)受益人所提示的一套或數套貨運單據，如果顯示係在相同運輸方式下，經由一個運輸單位以上之運輸工具裝運，即使該等運輸工具係於同一日出發，運往同一目的地，仍將被視為部分裝運。

3. 分期裝運／分期動支，信用狀統一慣例第 32 條規定如下：

(1)如信用狀上規定，在所定各期間內辦理分期動支及／或裝運，而有任何一期未能按期動支及／或裝運時，則信用狀對該期及其後各期均終止使用。

(2)若前後期貨物並無時間關聯性，可要求買方於信用狀上加註「慣例第 32 條不適用」，以排除交易中斷的可能情況。

4. **有效期限及提示地點，信用狀統一慣例第 6 條規定如下：**

(1)信用狀必須敘明提示單據的有效期限，敘明為了兌付或讓購之有效期限，將被視為提示之有效期限。

(2)可以有效使用信用狀的銀行所在地點即為單據提示地。可在任何銀行使用之信用狀，係以任何銀行之所在地為提示地。

5. **有效期限之限制，信用狀統一慣例第 14 條規定如下：**

(1)信用狀上除須規定提示單據的有效期限外，要求運送單據之每一信用狀亦應規定「裝運日」後依信用狀條款提示單據之特定期間。此一特定期間不得遲於裝運日後 21 個日曆日始向其提示之單據。

(2)單據之提示決不得遲於信用狀之有效期限。

6. **提示時間，信用狀統一慣例第 33 條規定如下：**

銀行無義務在其營業時間外受理單據的提示。

7. **裝運期日之一般用語，信用狀統一慣例第 3 條規定如下：**

(1)不應使用 "prompt"、"immediately"、"as soon as possible" 等類用語來規定交貨日期。

(2)若使用 "on or about" 或類似用語來表示裝運日期時，銀行將解釋為自特定期日前 5 日迄特定期日後 5 日（含首尾日）之期間內，應辦理裝運之規定。例如："on or about SEP. 16, 2011" 意指 9 月 16 日為基準日，交貨有效期間為 9 月 11 日至 9 月 21 日。

8. **裝運期間之期日用語，信用狀統一慣例第 3 條規定如下：**

(1) "to"、"until"、"till"、"from"、"between" 等用語及其他類似文字，如用於信用狀任何有關裝運之期日或期間，則解釋為包括所提及之期日，但 "before"、"after" 之用語，則不包括所提及之期日。

⑵ "from" 及 "after" 一字用於決定到期日時，將解釋為不包括所提及之期日。

⑶上半月 (first half of a month)：指該月之首日至第 15 日（含首尾日）。

　　下半月 (second half of a month)：指該月之第 16 日至該月最後一日（含首尾日）。

　　上旬 (beginning of a month)：指該月之首日至第 10 日（含首尾日）。

　　中旬 (middle of a month)：指該月之第 11 日至第 20 日（含首尾日）。

　　下旬 (end of a month)：指該月之第 20 日至該月最後一日（含首尾日）。

㈨使用信用狀的主要風險及預防措施

以信用狀作為支付工具雖比較能為買賣雙方所共同接受，但其固有的相關特性（如文義性等）常為不法商人行騙假冒所利用，客觀上也存在一系列的風險，從出口貿易業務的角度分析，出口廠商的風險主要有以下幾個方面：

⑴進口商不依循合約條款內容開發信用狀。

⑵進口商蓄意設下陷阱。

⑶進口商偽造信用狀，或竊取其他銀行已印好的空白格式信用狀，或與已倒閉或瀕臨破產銀行的職員惡意串通開出信用狀等逕寄出口商。出口商收到信用狀時須注意下列情況：

　　①信用狀的格式很陳舊，信封無寄件人地址，且郵戳模糊不清，無法辨認從何地寄出。

　　②信用狀限制通知銀行。

　　③收單銀行的詳細地址在銀行年鑑上查無相關資料。

　　④信用狀的簽名為印刷體，而非手簽，且無法核對。

⑷進口商規定要求不易獲得的單據的信用狀。

⑸信用狀規定的要求與有關國家的法律規定不一或有關部門規章不一。

⑹塗改信用狀詐騙。

⑺偽造保兌信用狀詐騙。

⑻規定必須另行指示之才能生效的信用狀。

⑼規定要求的內容已非信用狀交易實質。

針對上列使用信用狀的主要風險其預防措施如下：

⑴慎選貿易對手。

⑵預先在買賣合約中明確規範信用狀的內容。

⑶慎重安排信用狀的開發方式及條件。

⑷信用狀審查須確實、嚴謹與完整。

㈩審查信用狀內容要領

1. 出口廠商審核信用狀注意要項

⑴將信用狀與買賣契約內容核對一致。

⑵開狀銀行的可靠性。

⑶信用狀的真偽。

⑷是否為不可撤銷信用狀？

⑸有無遵照現行信用狀統一慣例的文字？

⑹是否為保兌信用狀？

⑺是否為正本信用狀？

⑻受益人名稱、地址應與賣方名稱、地址完全相符。

⑼開狀申請人名稱、地址應與買方名稱、地址完全相符。

⑽有關貨物的記述，例如貨物名稱、品質、數量等，應與契約所約定者完全相符。

⑾信用狀金額、幣別、貿易條件、單據等應與契約所規定者完全相符。

⑿在遠期信用狀，如約定貼現息由買方負擔時，信用狀上應載明該事項（如無該項記載，則須由賣主負擔）。

⒀有關保險的規定是否正確？

⒁裝運條件是否與契約相符？

⒂按照契約可分批裝運者，信用狀上不能有禁止分批裝運的條款。

⒃按照契約可轉運者，信用狀上不能有禁止轉運的條款。

⒄信用狀所要求的各種單據是否均可獲得？尤其是檢驗證明書必須為契約

所約定者，或提供無困難者。

(18)裝運期限應與契約所規定者相符，或適當。

(19)提示押匯、付款或承兌期間必須適當。

(20)信用狀有效期限，應與契約所規定者相符，或適當。

(21)限定在某一銀行押匯或付款的條款，原則上不宜接受。

(22)不能含有牴觸我國外匯貿易管制法令的條款。

(23)必須能保持對貨物的控制權。

(24)各條款之間，不可有互相矛盾或牴觸的情形。

(25)不能載有限制信用狀效力的條款。

(26)信用狀種類與條款是否與買賣合約或訂單相符？如不相符，應即要求修改信用狀。

(27)信用狀金額是否足以涵蓋合約上所有條款之履行成本？

2. 審單銀行常見的單據瑕疵

以下為審單銀行歸納之常犯的單據瑕疵，出口廠商最好作成備忘錄，供出口作業人員於準備押匯文件時或寄單前，逐項比對查核，以確保單據的正確與完整，降低被開狀銀行拒付的風險。

(1)此信用狀已過期或已過了最後裝船期限。

(2)商業發票或匯票的金額超過信用狀金額。

(3)商業發票內含非信用狀認可之相關費用。

(4)保險金額或風險涵蓋內容不對。

(5)保險生效日晚於提單日期。

(6)因貨品本身或包裝上的瑕疵，造成提單上有註記而成為不清潔提單。

(7)產品的名稱、標記與數量在所有的相關文件或信用狀中的標示並不一致。

(8)對於信用狀下規定之文件，未能作完整無缺的提示。

(9)發票內涵蓋了使用過的二手商品或重製商品，但信用狀條款裡卻未對此特定狀況作相關規定。

(10)發票上未明示信用狀上所規定的貿易條件，例如 FOB、CFR、CIF、FAS 等。

(11)提單上未明示信用狀條款所約定之「運費已付」字樣。

(12)發票金額包含運費在內但提單上卻無「運費已付」字樣。

(13)文件日期先於信用狀開狀日期。

(14)出示之提單非屬「裝運式提單 (On Board Form)」或於提單上無 "On Board" 之署印。

(15)提單為可轉讓式提單，但信用狀上規定提單須為直接式提單，反之亦然。

3.信用狀內部控制表單

信用狀檢覈登記表

甲、登　記

收文日期		收文號碼	
客戶名稱		代理商名稱	
開狀銀行		信用狀號碼	
通知銀行		通知銀行號碼	

乙、檢　覈

	項　目	核對內容		項　目	核對內容
期限	裝船 (S/D)	年　月　日	裝運方式	目的地（港）	
	押匯 (E/D)	年　月　日		指定出口地(港)	□是＿＿＿　□否
主體	可否撤銷	□可　　　□否		可否分批裝運	□可　　　□否
	可否轉讓	□可　　　□否		可否轉運裝船	□可　　　□否
	是否保兌	□是＿＿銀行□否		指定船公司	□是　　　□否
	受益人名稱	□本公司　□代理商		裝運方式	□CY　　□CFS □ULD
	名稱是否正確	□是　　　□否		指定貨運代理商	□是＿＿＿　□否
	註明適用 UCP	□是　　　□否		特別規定	

交易條件	貨品名稱		押匯文件	提單 (B/L)	□正本_份；副本_份
	數　量			商業發票 (INV)	□正本_份；副本_份
	信用狀金額			包裝單 (P/L)	□正本_份；副本_份
				匯票 (B/E)	□正本_份；副本_份
	價格條件			海關發票 (SCI)	□正本_份；副本_份
押匯款項	保險指示	□是　　　□否		領事簽證 (C/I)	□正本_份；副本_份
	指定押匯銀行	□是_____　　□否		產地（商會）證明	□正本_份；副本_份
	是否 AT SIGHT	□是　□否_天 SIGHT		檢驗證明	□是_____公司
	利息負擔	□本公司　　□客戶		是否需經副署	□是（副署人:　　　）□否
	信用狀溢價	□是_____　　□否		重量證明	□需　　　　□否
	溢價處理	支付:_____		其他必要文件	

丙、特殊檢覈（出口業務主管須特別關注下列事項）

項　目	核對內容	
開狀銀行是否為世界前五百大	□是（排名:　　　）	□否
信用狀是否須經開狀銀行（或進口商）另行通知才能使用	□是 *要求修改*	□否
信用狀是否須俟外匯管理當局核准後才生效	□是 *要求修改*	□否
信用狀是否註明貨物運抵目的地經檢驗後才付款	□是 *要求修改*	□否
信用狀條款是否與買賣契約規定一致	□是 *要求修改*	□否
信用狀條款間是否存在不一致性	□是 *要求修改*	□否
信用狀條款是否存在無法達成之事項（包裝、保險、文件等）	□是 *要求修改*	□否

出口主管:	財　務:	船　務:	業務經辦:

二、託收 (Collection)

　　「託收」一詞，顧名思義係指委託代收之意。舉凡一方委託他方向第三者收取某一標的物者即屬之。例如銀行客戶將他行支票委託代收亦即所謂的「支票託收」，即為託收的一種。而於國際貿易實務上，託收則係債權人（出口商）出具匯票委託銀行向債務人（進口商）收取款項的一種結算方式。託收一般係透過銀行辦理，所以又稱作銀行託收。而關於銀行託收規則乃依循國際商會 1995 年所修訂的「託收統一規則 (Uniform Rules for Collection, 1995 Revision, Publication No. 522, URC 522)」，本規則說明所謂的「託收」係指銀行依所受指示，處理**金融單據**及／或**商業單據**以便於：(1)取得付款和／或承兌；(2)憑以付款或承兌交單；(3)按照其他條款和條件交單。

金融單據

指匯票、本票、支票或其他類似的可用於取得款項支付的憑證。

商業單據

指發票、運輸單據、所有權單據或其他類似的單據，或者不屬於金融單據的任何其他單據。

㈠託收的關係人

1.**委託人** (Principal)

　　委託人係為債權人，於國際貿易實務上通常為出口商。一般而言，委託人須開具匯票委託銀行向國外債務人收款，所以亦稱為出票人 (Drawer)。

2.**付款人** (Payer)

　　付款人就是指債務人，於國際貿易實務上通常為進口商，亦即匯票上的受票人 (Drawee)。

3.**託收銀行** (Remitting Bank)

　　託收銀行就是債權人所在地的銀行，又稱為寄單銀行。係指接受委託人的委託，轉託國外銀行向國外付款人代收款項的銀行。

4.**代收銀行** (Collecting Bank)

　　代收銀行係指債務人所在地銀行，即接受託收銀行委託向付款人收取票款的銀行。代收銀行通常是託收銀行的國外分行或代理行。

(二)託收的種類

1. **光票託收** (Clean Collection)

   依 URC 522 指金融單據的託收而未附商業單據者。

2. **跟單託收** (Documentary Collection)

   (1)「單」專指商業單據，依 URC 522 又可分為二：

   ①附隨金融單據的跟單託收。

   ②未附隨金融單據的跟單託收。

   (2)跟單託收分為下列類型：

   ①付款交單託收 (Documents Against Payment Collection, D/P)

   　a. 即期付款交單託收 (Sight D/P)。

   　b. 遠期付款交單託收 (Usance D/P; Long D/P)。

   ②承兌交單託收 (Documents Against Acceptance Collection, D/A)

(三)跟單託收的交易流程

1. **即期付款交單託收交易流程圖示：**

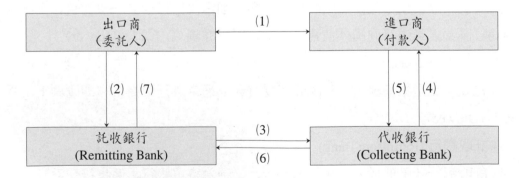

交易流程說明：

(1)進出口雙方簽訂買賣合約，並於合約中約定採即期付款交單方式來進行
貨款的結算。

⑵出口商於貨物裝運後，填寫託收申請書，開出即期匯票並檢附全套貨運
　單據送交託收銀行代收款項。

⑶託收銀行將該即期匯票併同貨運單據，填具託收指示書寄交進口商所在
　地的代收銀行請其代收。

⑷代收銀行向進口商提示付款。

⑸進口商驗單無誤後，隨即付款贖單。

⑹代收銀行收受貨款後，即貸記託收銀行的存款帳戶，並將入帳通知寄予
　託收銀行。

⑺託收銀行收到進帳通知後，於扣除相關費用後付款給委託人。

2. **遠期付款交單託收交易流程圖示：**

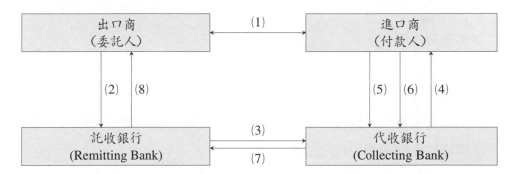

交易流程說明：

⑴進出口雙方簽訂買賣合約，並於合約中約定採遠期付款交單方式來進行
　貨款的結算。

⑵出口商於貨物裝運後，填寫託收申請書，開出遠期匯票並檢附全套貨運
　單據送交託收銀行代收款項。

⑶託收銀行將該即期匯票併同貨運單據，填具託收指示書寄交進口商所在
　地的代收銀行請其代收。

⑷代收銀行向進口商作出承兌提示。

⑸進口商承兌匯票後，代收銀行保留匯票及全套貨運單據。

⑹匯票到期時，代收銀行向進口商提示到期付款，進口商付款贖單。

(7)代收銀行收妥貨款後，即貸記託收銀行的存款帳戶，並將入帳通知寄予託收銀行。

(8)託收銀行收到進帳通知後，於扣除相關費用後付款給委託人即出口商。

3.承兌交單託收交易流程圖示：

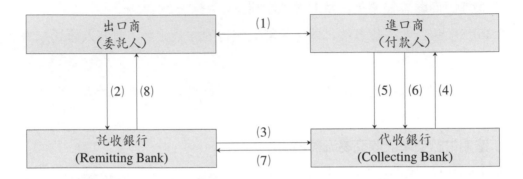

交易流程說明：

(1)進出口雙方簽訂買賣合約，並於合約中約定採承兌交單方式來進行貨款的結算。

(2)出口商於貨物裝運後，填寫託收申請書，開出遠期匯票並檢附全套貨運單據送交託收銀行代收款項。

(3)託收銀行將該遠期匯票併同貨運單據，填具託收指示書寄交進口商所在地的代收銀行請其代收。

(4)代收銀行收到託收指示書與相關單據後，向進口商作出承兌提示。

(5)進口商於承兌匯票後，取得全套貨運單據。代收銀行保留該承兌匯票。

(6)於匯票到期日，代收銀行向進口商提示到期付款，進口商付款。

(7)代收銀行收妥貨款後，即貸記託收銀行的存款帳戶，並將入帳通知寄予託收銀行。

(8)託收銀行收到進帳通知後，於扣除相關費用後付款給委託人。

(四)適合運用託收方式的交易場合

1.適合 D/P 場合

⑴進口商不願以信用狀付款，其信用尚佳，但其財務狀況又不能使出口商很滿意時，出口商不願意放棄交易機會，即可利用 D/P 付款方式。

⑵市場競爭激烈，放寬交易條件，爭取訂單。

⑶貨物在國外市場易於處分，且不易腐壞。

⑷當地付款習慣。

2.適合 D/A 場合

⑴匯票經承兌後可獲得貼現時。

⑵出口商可在匯票上記載利息條款，將其授信期間的利息轉嫁給進口商負擔時。"Payable with interest at 6% per annum from date hereof to due date of arrival of remittance in London."（自匯票寄抵倫敦之日起計息，應付年利率 6% 的利息。）

⑶市場競爭激烈，放寬交易條件以爭取訂單。

⑷貨物在國外市場易於處分且不易腐壞者。

⑸當地付款習慣。

(五)託收方式交易計價

1.銀行費用

⑴託收手續費：0.05%。

⑵郵電費：視地區不同而定。

2. 自裝船日至收到貨款期間的利息計算

估計利息 = 買賣價格 × （標準航海日數 + 60 + λ） ／ 365 × 年利率

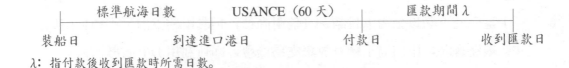

λ：指付款後收到匯款時所需日數。

3. 徵信費：透過徵信機構或中國輸出入銀行

4. 輸出保險費

(1)承保單位：中國輸出入銀行。

(2)承保對象：1 年期以下付款交單或承兌交單方式由本國或由第三國輸出貨物之交易為保險對象。

(3)要保人及被保險人：出口廠商。

(4)保險標的：輸出貨款。

(5)承保範圍：因信用風險或政治風險所致損失。

(6)保險責任期間：自輸出貨物裝船日起至預計貨款收回日止

(7)保險價額與保險金額：保險價額 = 輸出貨物總價

保險金額 ≤ 保險價額 90%

保險金額依其信用風險及政治風險而定，分述如下。

①信用風險：依承保標準所評定進口商信用等級訂定之。標準如下：

保險金額（按輸出金額乘以下列成數）		
進口商信用評等	D/A	D/P
1	85%	90%
2	85%	90%
3	85%	90%
4	85%	90%
5	80%	85%
6	80%	85%

②政治風險：按輸出金額之 90% 承保。

(8)投保程序:

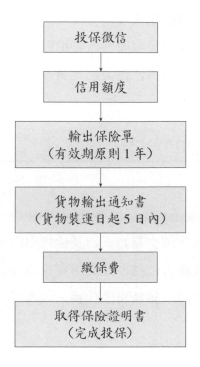

㈥託收交易應注意的事項

(1)謹慎簽訂書面買賣契約,不若信用狀 (L/C) 交易有銀行介入,須完全憑買賣契約來界定雙方的權利義務。

(2)明確規定遠期匯票到期日,規定方式如下,以客觀確定之日期為佳。

　①發票日後若干日。

　②見票日後若干日。

　③裝船日後若干日 (較客觀確定)。

　④貨到日後若干日。

(3)最好以海運為原則,因空運提單為直接式提單,無法藉由單據來控制貨物的所有權。

(4)出口商最好自行安排投保貨物運輸險。

(5)要求銀行作成拒絕證書 (Certificate of Protest),此乃輸出保險索賠必要文件之一。

(6)透過銀行來交寄文件及收款，須謹慎選擇委託銀行，免得「錢貨兩失」。

(7)代收銀行由委託銀行指定較佳。

(8)交易貨物應具有市場性及耐藏性。若進口商拒付時，出口商將會因貨物保全困難或保全成本過高，喪失談判籌碼。

四、寄售 (Consignment)

(一)寄售的義涵

寄售乃是一種委託代售的交易方式，其係指出口商（委託人）先將貨物運往寄售地，委託國外的代銷人依據彼此間的寄售協議，由進口商（代銷人）代替委託人進行銷售，於貨物出售後再由代銷人向委託人結算貨款。

(二)寄售的特點

(1)寄售乃出口商（委託人）先將貨物裝運至國外，再透過進口商（寄售商）售予最終買主。

(2)出口商（委託人）與進口商（代銷人）屬委託代銷關係。

(3)進口商（代銷人）未將貨物出售以前，貨物的所有權仍屬於出口商（委託人）所有，貨物如果未能銷售出去，出口商（委託人）仍可予以收回。

(4)出口商（委託人）承擔較大的風險，資金成本與相關費用也比較高。

(5)以寄售方式交易，貨款回收緩慢，若進口商（代銷人）未能依約匯付貨款，出口商（委託人）極可能貨款兩空。

(6)進口商（代銷人）不必負擔風險與費用，亦不必積壓資金，會有較高意願來進行交易，適用於新產品推廣初期。

五、記帳 (Open Account, O/A)

　　由於我國產業結構與貿易運籌方式的演進,「記帳」匯款的付款方式已占我國目前進出口付款方式的最大比例❼。此付款方式對出口商而言,雖存在相當大的風險,但在母子公司間或策略聯盟公司間交易風險可掌控的情形下,在作業成本與財務成本均較優勢的考量下,「記帳」匯款順勢成為前述使用比率最大的付款方式,也就不足為奇了。

O/A 操作概念圖示

　　至於,若交易對手並非母子公司,亦非彼此信賴之策略聯盟公司時,是否也可使用此效率性較高的貿易金融工具? 此時我們再回歸到本章開宗明義準則之運用:以「擔保信用狀」將可能風險限定在可控制的範圍後,採成本較低的「記帳」匯款交易。此即是一貿易金融工具搭配運用,達成交易並降低交易成本的典型範例。

　　最後,將本節所介紹的各種付款方式,對進出口廠商利弊特點彙整如下頁表:

---

❼　以 2008 年資料為例:

付款方式	進　口	出　口
即期 L/C	2.8	7.9
遠期 L/C	16.8	5.0
託　收	1.4	1.7
匯　款	79.0	85.4
合　計	100.0	100.0

各種付款方式比較表

付款方式	買方提貨時點	付款時點	賣方風險	買方風險
預付貨款 (Cash in Advance)	付款後。	裝運前。	無風險。	風險最大。
信用狀 (L/C)	付款後。	裝運時單據無誤。	無實質風險。	確認產品數量與其他要項風險。
付款交單	付款後。	向買方提示匯票時。	若對方不來付款贖單時,賣方有須將貨物運回或於當地處理的損失風險。	確認產品數量與品質風險。
承兌交單	付款前。	匯票到期時。	若對方不來承兌贖單時,賣方面臨須將貨物運回或於當地處理的損失風險。甚或買方承兌並領取貨物後卻不兌付承兌到期之匯票,賣方將面臨壞帳風險。	風險很小,因為有足夠時間檢驗貨物的數量和品質。
寄　售	貨物賣出前所有權仍屬賣方。	貨物出售後。	具相當風險。	無風險。
記　帳	付款前。	雙方約定。	具完全風險。	無風險。

第四節　貿易債權如何確保

對於貨款回收的確保，歸本溯源地當然是慎選交易對手。但在商場上，除非本身為一市場獨占廠商，有能力完全操控市場的遊戲規則，如出口商規定以「訂貨付現 (Cash with Order, CWO)」為唯一付款方式，否則承擔些許風險以爭取訂單，勢所難免。本節對於貿易債權確保的討論，乃針對風險存在之下，如何運用相關金融工具來降低甚或完全轉移壞帳風險。

規避國外信用風險有四種方式：(1)保兌信用狀 (Confirmed Credit)；(2)輸出保險 (Export Insurance)；(3)應收帳款收買 (Factoring)；(4)應收票據收買 (Forfaiting)，在此分述如下：

一、信用狀保兌

藉由信用狀為付款工具，來促進彼此無法取得信任的買賣雙方達成交易，其基本原理如前所述，乃是將銀行拉進交易的過程裡，利用銀行的信用資產，協助交易的進行。因此，賣方（出口商）會接受運用信用狀來完成交易，即立基於「銀行不會倒」的假設基礎上。若出口商接到的信用狀，其開狀銀行是令人無法放心的銀行（如美國銀行的倒閉並不為奇），擔心該名不見經傳的開狀銀行無法存續於整個交易期間。則此刻出口商當然是要求能再加上一家信用較令人放心的銀行（如世界五百大），來對此信用狀加以保兌。保兌後，此筆以信用狀付款的交易便更令出口商能確保貨款能如期回收，降低壞帳發生的可能性。

在此須留意的是，信用狀的保兌，保的是銀行信用能力，若無虞銀行在交易期間的存續問題，則實無須耗費約信用狀金額 0.875% 的高額保兌成本，違反本章之致力降低交易成本的基本原則。以下是使用信用狀保兌這項工具並無實質效果的情況：

(1)若開狀銀行挑文件瑕疵藉故拒付 (Unpay)，即使信用狀已由信用卓著的銀行來加以保兌，此時保兌銀行亦無須負起對此信用狀加以兌付的責任。

(2)出口商對進口國（如伊朗等國家）當地銀行信用不清楚時，宜向對方提出保兌信用狀的要求。但保兌之保證標的乃是開狀銀行會不會倒閉，若

該開狀銀行雖位於信用狀況較差的國家（如菲律賓或中國大陸），但短期內根本不可能倒閉（因菲律賓的銀行仍屬特許行業，而中國大陸的銀行則仍為國營體制），在此情況下仍予保兌，實徒增交易成本，非明智之舉。

二、輸出保險 (Export Insurance)

1. 輸出保險定義

所謂輸出保險係指，為保障本國廠商從事出口貿易時，因商業性或政治性事故所導致貨款無法回收之風險。其要保人及被保險人為出口商，保險標的則為該筆交易的「貨款」。保險金額為輸出金額乘以保險成數，成數標準依不同的付款方式與進口商的信用評等而定，約為輸出金額的六至九成❽。

2. 我國輸出保險沿革

我國開始辦理輸出保險業務乃始於 1960 年，初期由「中央信託局」辦理，嗣後由「中國產物保險公司」加以接辦。於 1979 年成立了「中國輸出入銀行」之後則改由該行輸出保險部來承辦該項業務，祈能分擔我國廠商對外貿易風險，協助業者無後顧之憂地積極開拓外銷市場，爭取更多的貿易機會。

3. 輸出信用保險的功能

(1)降低壞帳損失。

(2)提升國際競爭力。

(3)易於取得融通資金。

(4)拓展新市場。

(5)風險管理。

---

❽　以 O/A 為例其保險成數標準如下：

進口商信用評等	貨物由本國出口者	貨物由境外出口者
1	85%	80%
2	85%	80%
3	85%	75%
4	85%	65%
5	80%	60%
6	80%	60%

(6)提供諮詢服務。

4.輸出保險的種類

目前中國輸出入銀行開辦之相關輸出保險種類如下：

(1)全球通帳款保險。

(2)國際應收帳款輸出信用保險。

(3)託收方式 (D/P、D/A) 輸出綜合保險。

(4)中長期延付輸出保險。

(5)記帳方式 (O/A) 輸出綜合保險。

(6)海外投資保險。

(7)中小企業安心出口保險。

(8)海外工程保險。

(9)信用狀出口保險。

5.投保程序。

以託收方式 (D/A、D/P) 輸出綜合保險為例說明如下：

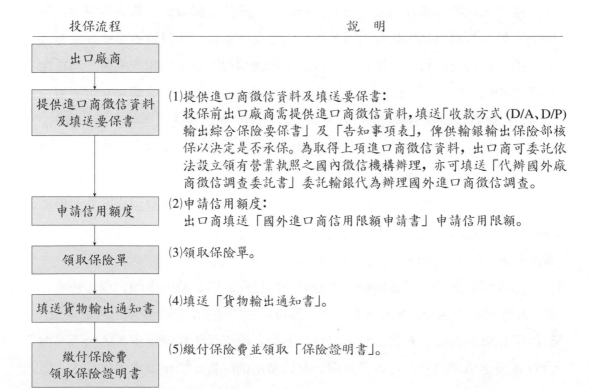

投保流程　　　　　　　　　　　　說　明

出口廠商

提供進口商徵信資料及填送要保書

(1)提供進口商徵信資料及填送要保書：
投保前出口廠商需提供進口商徵信資料，填送「收款方式 (D/A、D/P) 輸出綜合保險要保書」及「告知事項表」，俾供輸銀輸出保險部核保以決定是否承保。為取得上項進口商徵信資料，出口商可委託依法設立領有營業執照之國內徵信機構辦理，亦可填送「代辦國外廠商徵信調查委託書」委託輸銀代為辦理國外進口商徵信調查。

申請信用額度

(2)申請信用額度：
出口商填送「國外進口商信用限額申請書」申請信用限額。

領取保險單

(3)領取保險單。

填送貨物輸出通知書

(4)填送「貨物輸出通知書」。

繳付保險費領取保險證明書

(5)繳付保險費並領取「保險證明書」。

三、應收帳款收買 (Factoring)

1. 何謂「應收帳款收買」

「應收帳款收買」有直譯為「劃託」者，中國大陸則稱其為「國際保付代理」，簡稱為「國際保理」業務。此乃賣方將其因出售貨物或提供勞務等所取得的「應收帳款 (Accounts Receivable)」之債權全部讓售給應收帳款收買公司 (Factor)，由應收帳款收買公司來承擔買方的信用風險，並提供帳款管理、催收貨款及融通資金的服務。應收帳款的收買業務分有國內與國際兩種，本文僅就國際應收帳款的收買業務作說明。

世界各國的主要應收帳款收買公司已聯合成立國際應收帳款管理聯盟 (Factors Chain International, FCI) 組織，會員遍及 53 個國家，擁有超過 150 個會員公司。會員間透過電子資料交換 (Electronic Data Interchange, EDI) 快速傳遞訊息，目前我國也已有八家業者加入 FCI，包括中租迪和、中國商銀、台新銀行等。

應收帳款收買業務係指，賣方在出貨後，若貨品無瑕疵且無商業糾紛，憑裝船文件即可獲得應收帳款收買公司八成左右的墊款。如果買主不能在當初所談定的付款日之前付款，則在沒有商業糾紛的情況下，應收帳款收買公司會在到期日後的 90 天，將貨款全部付清給出口商。若買主倒閉了，銷售商毋須償還墊款，亦無需提供任何擔保品，應收帳款收買公司將負責追回百分之百的貨款。

但若發生商業糾紛時，因買方在法律上的清償責任尚未確定，亦即出口商的債權尚未確立。此時應收帳款收買公司將視此筆應收帳款之轉讓為有瑕疵，無法於貨款到期日給付貨款給出口商，但會全力協助處理商業糾紛，若糾紛獲得解決或經法院判定買方有義務支付貨款卻仍然拒付時，應收帳款收買公司將會履行其支付貨款的義務，此即俗稱的「保證付款」。

應收帳款收買，可協助廠商承擔買方的信用風險、政治風險、保證應收帳款、解除放帳的困擾。憑裝船文件即可獲得八成的墊款，應收帳款則轉成現銷，藉以美化財務報表，有利於資金融通。此外，也提供了帳款管理，收款服務與世界各國之市場諮詢，可多予利用。至於費用的計算，則依據申請條件的不同

而異，廠商宜尋求與國外各主要的應收帳款收買公司有大量的業務往來，以具有相對優勢的議價能力，能為客戶爭取到最優惠匯率的業者。

2. 國際應收帳款收買的操作程序

(1)出口商接受進口商以放帳 (O/A、D/A) 方式為交易條件的訂單。

(2)出口商向應收帳款收買公司填寫申請書，申請買方的信用額度。

(3)應收帳款收買公司通知國外合作的金融機構，作徵信及核准買方信用額度。

(4)經審核後，應收帳款收買公司與出口商簽訂合約並完成相關程序。

(5)於應收帳款收買公司核准的信用額度內，出口商可安心出貨。

(6)出口商經由應收帳款收買公司將出貨證明轉讓給國外的金融機構，由其收買各筆貨款。

(7)若出口商有資金融通需求，應收帳款收買公司將安排墊款至出口商帳戶。

(8)國外合作的金融機構通知買方貨款到期，並為出口商收款。

(9)若出口商已辦理預先貨款融資，銀行會扣除已融資款項，再將尾款匯入出口商的帳戶。

四、應收票據收買 (Forfaiting)

1. 何謂「應收票據收買」

"Forfaiting" 這個名稱乃源自於法文 "à forfait"，在臺灣稱為「應收票據收買」業務；於中國大陸則直譯稱其為「福費廷」業務，或稱為「包買票據」業務。

Forfaiting 是指出口商將其未來中長期的應收債權賣給買斷行 (Forfaiter) 的一種融資方式。買斷行日後若遇到這些債權不能兌現，無權對出口商追索，即出口商將其買方國家的政治、經濟及商品風險轉嫁到買斷行。

相較於遠期信用狀與承兌交單的付款方式，Forfaiting 除了具有資金融通的功能外，尚可將貿易風險做完全的規避。因此一筆交易，一旦經由買斷行同意買斷並報價後，出口商即可無後顧之憂地準備出貨了。

2. 應收票據收買操作上的基本條件

(1)票據的付款必須是中長期的期限，惟期限的長短是否影響買斷額度則依買斷行對進口國之風險評估而定。

(2)買斷進口風險通常泛指：

　　①國家風險。

　　②開狀或承兌銀行信用風險。

　　③企業公司信用風險。

(3)融資貨幣為美元或其他國家主要貨幣。

(4)在亞太地區普遍使用之買斷標的為：遠期信用狀項下業經承兌之遠期匯票，亦即報紙廣告常見到的遠期信用狀買斷。其他可接受之買斷標的為：進口商簽發之遠期本票或經進口商承兌之賣方匯票。若買方之信用風險不被買斷行所接受，則由買方之往來銀行加以保證或承兌者，亦可予以考慮接受買斷。

3. **應收票據收買的特點**

(1)融資期限短、中、長期一應俱備。

(2)對出口商沒有追索權。

(3)提供 100% 的融資。

(4)用固定利率方式將債權一次貼現付給出口商。

(5)債權通常是由銀行保證 (Guaranteed) 或承兌 (Accepted)。

4. **應收票據收買的操作程序**

(1)出口商先將準備出口之買賣交易條件等相關資料，如開狀銀行、金額、期間等資料，告知承兌銀行以便詢問買斷行是否收買該開狀銀行承兌之遠期付款票據。

(2)買斷行依據該遠期信用狀之開狀銀行與國家之信用等相關資料來評估收買額度，同時向出口商報價並確認買斷之意願。出口商如意欲賣斷，則簽具「信用狀讓渡書」將信用狀項下的出口文件債權賣斷予買斷行。

(3)出口商出貨後，將其出貨單據交予承兌銀行，承兌銀行再將該文件提示予買斷行，由其寄交開狀銀行承兌。

(4)開狀銀行承兌後將發出承兌通知書予買斷行。

(5)買斷行接獲承兌通知後，其買斷約定立即生效，即應依出口商同意買斷讓渡書來進行買斷業務，將該應收票據予以貼現買斷並將票款淨額撥付出口商指定之帳戶。

第五節　貿易財務操作技巧

貿易財務操作技巧著眼點乃在於：

⑴如何協助交易的進行。

⑵如何降低財務操作成本。

本節內容即針對上述兩主題進行闡述與說明，藉以協助讀者於國際貿易財務的操作安排上能有一參酌依據。

一、三角貿易財務操作技巧

三角貿易 (Triangular Trade) 的操作方式普遍存在於臺灣的國際貿易實務操作裡，尤以現今的「臺灣接單；大陸出貨」的模式為甚。茲將三角貿易操作模式圖示如下：

三角貿易基本運作模式

以下三種貿易金融工具，乃可配合應用於三角貿易的交易場合裡。茲將其個別操作特殊性予以分述如下：

㈠背對背信用狀 (Back-to-Back Credit)

於三角貿易的場合中，中間貿易商對於原始供應商 (Original Supplier) 貨款的支付，習慣上首先會想到採用「背對背信用狀」來作為付款工具。此類信用狀之原始設計目的乃為配合三角貿易交易模式而來，但由於「背對背信用狀」的若干特性，就交易成本考量而言，並不十分適用於三角貿易的場合裡。當然，

若不考慮交易成本而僅考慮商業機密的保全性，則其仍是三角貿易適切的支付工具之一。茲將此支付工具的優缺點羅列如下：

1.優　點

中間貿易商可確保阻斷原始供應商與最終買方 (Final Buyer) 的訊息連繫，保全商業機密以維護其商業利益。

2.缺　點

(1)中間貿易商須有開狀額度，財力不夠雄厚的小貿易商即很難加以運用。

(2)若中間貿易商（第一受益人）不來換單，中間銀行易挑瑕疵藉故拒付，原始供應商將無法確保其債權。

㈡換單式信用狀轉讓 (Transfer with Substitution of Invoice)

中間商於三角貿易的交易模式裡，本屬中介交易的角色，僅賺取微薄的中介佣金。一般來說，中間商的規模都不大，因此要求其開發需開狀額度的背對背信用狀，可能有財務上的困難，亦或雖有能力開發背對背信用狀，但微薄的佣金利潤相較於龐大的資金積壓，在商言商，此交易是否值得進行就有待商榷了。但是對於總是積極營生的商人與銀行家來說，他們會就此放棄這筆交易嗎？當然不是。誠如本節開宗明義提及的，貿易財務操作技巧著眼點除了要降低財務操作成本外，就是要能協助交易的進行。「換單式信用狀轉讓」這項聰明的貿易金融工具即幫助我們順利地解決上述的困難點。

依據信用狀統一慣例第 38 條，規定信用狀於轉讓時可變動之條款如下：

(1)減少信用狀金額。

(2)降低所載之單價。

(3)縮短有效期限。

(4)縮短提示單據期間。

(5)縮短裝運期間。

(6)提高投保的百分比。

(7)以第一受益人為申請人。

以上的規定使轉讓人易於掌控供貨廠出貨速度，並於轉讓賺取價差時不致

洩露原單價金額或讓供貨商與最終買主的資料曝光，因而得以保全商業機密，維護商業利益。在此將使用「換單式信用狀轉讓」之可能優缺點略述如下：

1. **優　點**

(1)不必動用銀行授信額度，即無須開狀額度僅須押匯額度即可，免除保證金或抵押品的負擔。

(2)銀行在轉讓過程中可依轉讓人之指示，對原始信用狀上的某些條款作修改，以保全中間商的商業機密。例如：

①金額及單價可以縮減，轉讓人可替換相關單據以賺取中間利潤。

②原開狀人名稱可以用轉讓人名稱取代，避免最終買主資料曝光。

③可要求在貨運提單上以轉讓人為發貨人，避免洩露供貨廠商資訊。

2. **缺　點**

(1)即使是可轉讓信用狀，若未明確指定轉讓銀行，亦或有指定銀行但該銀行不願接辦該項轉讓業務，則此可轉讓信用狀亦無法順利辦理轉讓。

(2)於轉讓過程中若操作不當，極易洩露最終買主、供貨廠商或價格等相關商業機密訊息。

㈢押匯款讓與 (Assignment of Proceeds)

當中間商手中握有最終買主開來的信用狀，但卻無法運用前述「換單式信用狀轉讓」來對供貨廠商下單時，便可運用所謂的「押匯款讓與」這項金融工具來達成交易。信用狀統一慣例第 39 條規定，信用狀未表示可轉讓之事實，應無礙於受益人依準據法之規定，將其於該信用狀下可得或將得之款項讓與之權利。

押匯款項之讓與係為國內押匯款項之轉付。對於國外所開信用狀而言，所有文件之抬頭均以原信用狀之受益人名義向指定銀行辦理押匯。依信用狀統一慣例第 39 條規定款項之讓與，與信用狀本身項下權利行使之讓與無關。受讓人不必另備出口文件至指定銀行押匯。

「押匯款讓與」這項金融工具的操作，乃是藉由銀行的介入來對供貨廠商作出承諾，由銀行出具一份「押匯款讓與承諾函 (Commitment Letter for

Assignment of Export Proceeds)」作為保證。此承諾函可由銀行具名發出，亦可由中間商自己以信用狀受益人的身分簽發，再經銀行的副署，兩者效果一樣。此貿易金融工具乃「銀行保證函 (Letter of Guarantee)」的延伸。其優缺點如下：

1. 優　點

(1)若信用狀遭到拒付而押匯銀行也已墊付，則押匯銀行無權向供貨商（受讓人）索回。

(2)中間商與供貨商各得各的款項，各自承擔其所選擇幣別的風險。

(3)中間商不必為取得開狀額度，而積壓大量資金來充作保證金。

2. 缺　點

(1)若中間商未如期押匯，供貨商（受讓人）無法自行押匯，亦即貨款將得不到償付。

(2)供貨商無法取得自己的出口實績。

二、運用「境外金融中心 (OBU)」操作貿易財務

1. 什麼是 OBU?

(1) "OBU" 全名為 "Offshore Banking Unit"，一般稱為「境外金融中心」或「國際金融業務分行」，以下簡稱為 "OBU"，是政府以減少金融及外匯管制，並提供免稅或減稅待遇，來吸引國際金融機構及投資者到我國參與經營銀行業務所成立的金融單位。OBU 主要服務對象為境外客戶 (Offshore Customer)。簡單來說，註冊在海外的公司即為所謂的「境外公司」，乃是依國際商業法註冊之租稅優惠的公司。因功能之不同，又分為紙上公司、控股公司等。一般為節稅目的而設立的境外公司，大多為登記在英屬維京群島 (BVI)、開曼群島 (Cayman Islands)、模里西斯 (Mauritius)、薩摩亞 (Samoa) 等免稅天堂地區的外國公司。

(2)境外公司為外國法人機構，符合開立 OBU 帳戶的資格，因 OBU 本身具有免稅、資金進出自由等特性，該境外公司若在免稅天堂之地區註冊登記，則形成雙重免稅優惠，即對中華民國政府免稅❾，對公司註冊地政

---

❾　OBU 客戶存款利息收入免扣繳 10% 利息所得稅。

府也免稅。因此，廠商可利用 OBU 帳戶進行海外投資及在貿易商業上靈活操控財務。

(3) OBU 視同境外金融機構，資金以境外公司名義存於 OBU 內，免受外匯管制，可自由匯入與匯出，達到資金運用靈活之便。

(4)境外公司欲在 OBU 取得授信額度，除須符合 OBU 融資規定外，基本上必須提供足額擔保，其擔保品一般如下所示：

①外幣定存單。

②利用母公司關聯企業共用額度。

③擔保信用狀。

(5)維持境外公司之有效性應注意哪幾點？

境外公司註冊國政府每年按時向境外公司收取年度規費 ❿ 以維持其有效存續。有些地區只要繳交年度規費即可，有些地區尚須提示相關的法令申報才能維持其法人資格。境外公司如未繳年費而失去法人資格時，其名下資產歸屬註冊地當地政府所有。

(6)依照國際金融業務條例，OBU 不得提領外幣現金，也不得將存款兌換為新臺幣後提取，因此 OBU 的客戶可依下列方式提領：

①外幣現金：

開立本行外匯活期存款取款憑條及匯出匯款申請書，將款項匯至本行國內受款人之外幣帳戶，再由該帳戶內領取。

②新臺幣：

開立本行外匯活期存款取款憑條及匯出匯款申請書，將款項匯至本行國內受款人之新臺幣帳戶，再由受款人依結售外匯有關規定兌換為新臺幣。

2. 如何在「境外金融中心 (OBU)」操作進出口貿易？

如前所述，**境外金融中心**乃以境外客戶為其服務對象。因此想利用 OBU 的一些有利條件作貿易財務

> **境外金融中心 (OBU) 之境外客戶類別**
>
> 1.境外自然人。
> 2.境外法人。
> 3.境內外銀行。

❿ 以英屬維京群島為例：政府規費之徵收為登記資本額 ≤ USD50,000 時，收規費 USD300；登記資本額 > USD50,000，則規費為 USD1,000。

操作，首先當然是在所謂的「免稅天堂」地區成立一家境外公司，再以此境外公司的名義在 OBU 裡作適切的安排與操作，藉以規避相關稅賦與節省財務操作成本，亦即本章開宗明義提到的重要議題之一：「如何降低交易成本」。

以下即是如何運用成立於免稅天堂的境外公司，所具有的免所得稅特性、我國 OBU 客戶的利息收入免稅及銀行在 OBU 裡之作業成本較低等有利條件，規劃安排進出口操作流程，達到降低包括稅賦之相關費用支出。

(1)利用境外公司規避營利事業所得稅

依據我國所得稅法規定，營利事業所得稅率為年度營業淨利的 20% 再加上若當年度未將稅後盈餘分配給股東時，須於下年度再就未分配盈餘課徵 10%❶的稅，合計稅率近 30%，不可謂不高。因此有相當誘因促使廠商作合法的節稅規劃或不合法的避稅與逃稅。

以下對於如何利用境外公司規避營利事業所得稅方法的介紹，理論上並不合乎稅法原則。但就目前相關法律規定而言，這些操作方式並不違法。在商言商，在此僅就廠商如何增加實質盈餘的角度作討論，對於稅法精神暫不納入討論。

①將出口利潤留存於境外公司

操作步驟：

a. 於境外免稅天堂地區設立登記一家紙上公司 (Paper Company)。

b. 以境外公司名義接單並於臺灣 OBU 進行貨款回收相關作業（通訊地址寫 c/o 臺灣公司）。

c. 再以境外公司名義對臺灣公司下單。

d. 境外公司於臺灣 OBU 押匯後，將大部分利潤留存在 OBU，把接近出貨成本之貨款撥付給臺灣公司在同一銀行之**國內金融部門 (Domestic Banking Unit, DBU)** 帳戶。

國內金融部門

其服務對象為本國客戶，泛指銀行之本地分行、營業部、儲蓄部、國外部、信託部等單位。

❶ 所得稅法第 66–9 條

自 87 年度起，營利事業當年度之盈餘未作分配者，應就該未分配盈餘加徵 10% 營利事業所得稅。

　　e. 完成利潤留在位於免稅天堂的境外公司，免課所得稅。而臺灣公司亦因銷售額與銷貨成本接近，於扣除相關營業費用後，在臺灣亦課不到營所稅。

②利用境外公司虛增進口成本

　操作步驟：

　a. 於境外免稅天堂地區設立登記一家紙上公司。

　b. 以境外公司名義發出訂單並於臺灣 OBU 進行貨款支付相關作業（通訊地址寫 c/o 臺灣公司）。

　c. 再以境外公司名義將進貨成本墊高後賣給臺灣公司。

　d. 臺灣公司進貨成本的提高，將導致營業利益縮小，降低年度營利事業所得稅的繳納。而境外公司雖虛增盈餘，但由於設在免稅天堂並無稅負增加的問題。

⑵利用「境外金融中心 (OBU)」節省貿易財務成本

　　如前所述，「境外金融中心 (OBU)」乃專為服務境外客戶所設，國際貿易交易的對象當然是所謂的境外客戶，亦即外國客戶。因此若能將外國客戶拉進我國銀行的 OBU 裡，進行開狀、通知、押匯、贖單與償付等國際款項結算相關程序，藉由同一銀行之 OBU 與 DBU 的特性，即可省下可觀的銀行費用 (Banking Charge)。此對於交易雙方均是有利的操作安排，可降低彼此的交易成本，促進交易效率。

運用這種操作方式，進出口廠商可能省下的銀行費用如下：

①開狀：不必負擔電報費用。

②通知：同一銀行間交易通知費用可能減免。

③押匯：在 OBU 扣進口商的款項來支付出口商在 DBU 的帳戶，出押息亦可省下。

④寄單：運用採購商與國際快遞（如 UPS、DHL 等）之間的特別折扣可降低郵寄費用。

⑤償付：由於是同一銀行的 OBU 與 DBU 之間的撥款償付，因此國外的償付費用 (Reimbursement Charge) 亦可免了。

三、進出口貿易融資

廠商從事進出口業務時，無論是出口商或是進口商均需相當的營運資金來促進交易的進行。以出口商為例，可能需要備料、生產等相關營運資金，而進口商則需貨物進口後至售出收回貨款前，這段應收帳款周轉期間的資金挹注。因此進出口廠商如何能取得足夠的資金融通來協助交易的達成，即是本小節討論內容。

就付款條件來看，出口商若能取得「訂貨付現」的付款方式，而進口商同時亦能採用「寄售」的付款方式的話，當然就沒有進出口貿易融資的需求問題。但是進出口雙方所處地位基本上是對立的，採取對出口商最有利的「訂貨付現」，對進口商即最為不利，反之亦然。此亦為零和賽局模式的展現，採取對何方較有利的付款方式則端視雙方議價能力而定。但不論是採取何種付款方式，至少有一方甚或雙方皆需貿易融資的協助來完成交易。以下即分別就出口貿易與進口貿易的融資需求，予以說明如下：

㈠出口融資類別與規劃

出口廠商進行出口業務時，依不同的作業階段會有不同的資金需求。如出口前會有備料生產的資金需求，出口後則有資金回收償付貸款的資金需求。以下即將出口融資操作分為出口前融資與出口後融資來加以討論。

1. 出口前融資 (Pre-Export Financing)

出口廠商備料生產的營運資金，當然可透過廠商擁有的不動產或業主本身信用等，向銀行申請貸款取得所需資金。但此資金融通方式與貿易金融操作較無關聯，本小節將介紹與貿易金融操作技巧直接相關的操作手法，即運用所謂的「PEL (Pre-Export Loan)」或稱為「EPL (Export Promotion Loan)」，其實質名稱為「以預售外匯方式承作的外銷貸款」，來取得出口前的融資，其操作方式如下：

當出口商接到信用狀時，即憑此信用狀向外商銀行申借美元外銷貸款，其作法是出口商向銀行借一筆美元，隨即以即期匯率換成新臺幣支應出口作業所需

資金，直至貨物裝運出口後，辦理押匯所得美元再用於償還此筆貸款。此操作方式特別適用於美元看貶時，於美元還款時即可賺取匯差，符合「資產留強勢貨幣；負債掛弱勢貨幣」的理財原則。尤其現今的人民幣有相當大的升值壓力，在大陸的臺商就可考慮運用此貿易金融操作方式來賺取匯差或規避匯兌風險。

2. 出口後融資 (Post-Export Financing)

出口廠商於貨物裝運出口後，為迅速取回貨款以償還貸款，仍須透過銀行進行融資，即所謂的出口後融資。其可能融資方式如下：

(1)出口押匯

出口押匯為押匯銀行讓購信用狀項下之單據或匯票，墊付信用狀金額款項予出口商，亦即銀行提供出口商資金融通的一種授信業務。

(2)託收方式外銷融資

出口廠商以託收方式 (D/A、D/P) 外銷貨物時，可向輸出入銀行辦理輸出保險，取得保險單後再憑其向一般銀行申辦託收方式外銷貸款。

(二)進口融資類別與規劃

進口融資的管道來源可以是交易對手，如採記帳交易方式 (O/A)、可以是公司股東的資金融通往來（貸記：股東往來）❿，亦可以是從金融機構來取得融通所需之資金。本小節將針對從金融機構取得融通資金，以清償出口商貨款之類別與方式來說明如下：

1. 進口前融資 (Pre-Import Financing)

(1)開發信用狀

在進口商提供擔保品或在銀行有信用額度的情況下，當銀行為其開發出信用狀以方便進口商來進行交易時起，即是銀行對進口商之進口前融資的開始。

(2)開發背對背信用狀

在三角貿易的情況下，當原始供應商要求中間商須開出信用狀才願意進

---

❿　於財務會計帳務處理上，為「借記：現金；貸記：股東往來」，此乃公司與股東間之資金融通往來，非股東之資本投入。

行交易時,中間商此時亦須能提供擔保品或在銀行有信用額度的情況下,要求銀行依據原信用狀內容為其開發出背對背信用狀以交付原始供應商,此方便中間商進行三角貿易之時點起,即是銀行對中間進口商之進口前融資的開始。

(3)信用狀轉讓

在三角貿易的情況下,若中間進口商在銀行無信用額度且亦無法提供足夠擔保品之下,此刻若中間商收到的原信用狀是可轉讓的,且中間商在銀行有押匯額度時,要求銀行將原信用狀轉讓給製造供應商,以利交易進行之時點起,即是銀行對中間進口商之進口前融資的開始。

(4)押匯款讓與保證

在三角貿易的方式下,若中間進口商在銀行無信用額度,亦無法提供足夠擔保品,而且其收到的原信用狀是不可轉讓信用狀時,則藉由銀行的介入對供貨廠商作出承諾,由銀行出具一份「押匯款讓與承諾函」來作為保證。此亦為銀行對中間進口商之進口前融資之另一形式的開始。

2. **進口後融資** (Post-Import Financing)

進口商希望在貨品進口後能獲得銀行的資金融通,以填補貨物出售前的資金缺口,此時當然必須是在銀行已有相當的信用額度,亦或能提供足額的擔保品來取得銀行的資金融通。

一般而言,進口商於貨物進口後的融資需求有下列情況,茲分別說明如下:

(1)即期信用狀贖單轉貸款

進口商原係以開發即期信用狀作為支付工具,於到單付款時尋求銀行的資金融通,將贖單所需款項轉為銀行貸款,取得營業周轉所需資金。

(2)遠期信用狀贖單轉貸款

若銀行雖已給了進口商得以開具遠期信用狀(如 180 天)的信用額度,但若該進口商的「**營業循環 (Business Cycle)**」期間為 1 年,則於該信用狀到期後,進口商仍須資金融通使經營得以為繼,此刻便需銀行貸款融通。

營業循環

指廠商從投入、生產、銷售至貨款回收的整個流程。

⑶付款交單託收 (D/P) 墊款

　　當買賣雙方以「付款交單託收 (D/P)」的方式進行交易時，進口商於到單時即須付清貨款才能取得貨運單據以順利提貨銷售。若進口商於營運資金有所缺口，且進口商須等到貨物銷售後才有足夠的資金流入以墊償貨款時，此刻即需銀行的融資協助先予墊款取得單據，順利進行提貨、銷售、回收貨款的營業循環。

習題

是非題

( )　1. 信用狀經保兌後即無須擔心貨款回收的問題。

( )　2. 信用狀保兌責任與一般的擔保相同，屬於保證的從屬債務關係。

( )　3. 當信用狀上使用 "About" 等類似用語表明數量時，即解釋為容許不高於或低於數量 10% 之差額。

( )　4. 凡在信用狀中未註明保兌信用狀字樣者，皆屬無保兌信用狀。

( )　5. 所謂逆匯又稱出票，係結算工具與資金流動方向相反。

( )　6. UCP 認定一銀行在不同國家之分行為另一分立銀行。

( )　7. 除信用狀另有敘明外，可轉讓信用狀僅能轉讓一次。

( )　8. 背對背信用狀的開發，係以原信用狀作為抵押來充作開發背對背信用狀的額度。

( )　9. UCP 600 規定若信用狀上未明確表示其為不可撤銷信用狀，即視為可撤銷信用狀。

( )　10. Stand-by Credit 以開狀後不被要求償付才屬常態。

( )　11. "on or about Sep. 16, 2011" 意指 9 月 16 日為基準日，交貨有效期間為 9 月 12 日至 9 月 20 日。

( ) 12.開狀銀行挑文件瑕疵藉故 Unpay，假如當初要求信用狀保兌就沒事了。

( ) 13.使用 D/P 為付款方式者，以貨物不易腐壞且在國外市場易於處分者為佳。

( ) 14.在實務上，凡未載明 "Without Recourse"（無追索權）之信用狀皆為有追索權信用狀。

( ) 15.「恐怖活動」為 UCP 600 所定義的「不可抗力」事件之一。

選擇題

( ) 1.根據 UCP 規定，於信用狀中所載數量前使用「約 (About)」或類似用語時，解釋為容許多少以內之差額？　(A) 15%　(B) 10%　(C) 5%　(D) 1%。

( ) 2.依信用狀統一慣例規定，信用狀不得變更何種條件轉讓？　(A)金額　(B)貨物數量　(C)裝船期限　(D)有效期限。

( ) 3.面對損失頻率低但損失嚴重性高的損失類型，其適切的風險處理方式為　(A)保留　(B)保險　(C)迴避　(D)控制損失。

( ) 4.大陸稱其為「假遠期信用狀」者為　(A)買方遠期信用狀　(B)賣方遠期信用狀　(C)延期付款信用狀　(D)即期信用狀。

( ) 5.某臺灣貿易商以境外公司名義接受德國客戶訂單與信用狀，並安排由大陸昆山工廠生產貨物及裝運出口後，持德國開來之信用狀欲辦理押匯，請問該貿易商應至下列何者辦理押匯？　(A) BOFT　(B) CBC　(C) DBU　(D) OBU。

( ) 6.若 L/C 上特別規定由某一指定銀行辦理押匯手續，而受益人又與該指定銀行無往來關係時，則可透過何種方式來完成押匯手續？　(A)假託收　(B)轉押匯　(C)保結押匯　(D)電詢押匯。

( ) 7.賣方與開狀銀行的法律關係是建立在何者之上？　(A)信用狀開發約定書　(B)信用狀　(C)買賣契約　(D)以上皆非。

( ) 8. L/C 是直接而獨立的保證，故　(A)進口商　(B)開狀銀行　(C)押匯銀行　(D)通知銀行　是直接對出口商負責的。

( ) 9.輸出保險係以出口商為要保人與被保險人，其保險標的為　(A)輸出貨物　(B)貿易條件　(C)貨款　(D)運輸航程。

( ) 10.下列哪一種付款方式為「順匯」？　(A)憑信用狀押匯　(B)承兌交單託收　(C)信匯　(D)光票託收。

( ) 11.轉押匯適用在下列何種信用狀？　(A)特別信用狀　(B)直接信用狀　(C)一般信

用狀 (D)限制信用狀。

( ) 12. UCP 600 對於單據的「符合提示」,係指出口商所提示的單據須符合 (A) L/C 條款 (B) UCP 600 之規定 (C) ISBP 之規定 (D)以上皆是。

( ) 13.信用狀係開狀銀行對受益人承諾保證 (A)交貨無誤 (B)進口商信用良好 (C)信用狀內容是真 (D)符合條件確定付款。

( ) 14.下列哪一項信用狀,不以清償貨款為目的? (A)即期信用狀 (B)擔保信用狀 (C)循環信用狀 (D)遠期信用狀。

( ) 15.經通知銀行通知之信用狀,對賣方的主要好處為 (A)不會遺失 (B)能確認真實性 (C)較迅速 (D)節省費用。

( ) 16.下列何種信用狀,較適合中間商不想讓買主及供應商直接接觸的交易? (A)擔保信用狀 (B)背對背信用狀 (C)循環信用狀 (D)轉讓信用狀。

( ) 17.信用狀內容出現 "This Credit is available with any bank by negotiation.",表示該信用狀係 (A)直接信用狀 (B)自由讓購信用狀 (C)限押信用狀 (D)承兌信用狀。

( ) 18.賣方將買賣交易所產生之應收帳款售予應收帳款承購商,此種貿易融資業務稱之為 (A) Factoring (B) Forfaiting (C) Collection (D) Franchise。

( ) 19. UCP 規定,信用狀非經開狀銀行、保兌銀行(如有者)及受益人之同意,不得修改或取消,此乃信用狀交易之 (A)獨立性 (B)文義性 (C)無因性 (D)確約性。

( ) 20.依 UCP 600 規定,銀行審單時間最長為 (A) 5 個營業日 (B) 6 個營業日 (C) 7 個營業日 (D) 8 個營業日。

問答題

一、何謂順匯與逆匯? 試分別說明其概念與種類。

二、常用來作為結算工具的票據有哪幾種? 其相關當事人及其法律效力為何?

三、信用狀交易的特性有哪些? 試分別說明之。

四、請說明「擔保信用狀 (Stand-by L/C)」與一般「信用狀 (L/C)」的異同,並試舉五例說明擔保信用狀的用途。

五、何謂 "Back-to-Back L/C" 與 "Stand-by L/C"? 並請分別說明其用途。

六、何謂 D/P 與 D/A? 其對出口商而言,有何潛在風險?

七、試述國際貿易的付款方式有哪些? 試列出其中英文名稱。其中哪些付款方式對
出口商較有利? 哪些對進口商較有利?

八、試例舉六項促進國際買賣交易的金融工具,並請表列說明其主要特性、運用場
合及運用技巧。

九、臺灣的 "OBU (Offshore Banking Unit)" 具有哪些特性? 運用 OBU 的特性來操作
進出口貿易,其可能目的為何? 試就進口與出口分別說明之。

十、三角貿易裡常運用的貿易金融工具有哪些? 請分別說明其特性與運用場合。

十一、試評述下列狀況敘述之真偽:

1. 開狀銀行挑文件瑕疵藉故 Unpay,假如當初要求信用狀保兌就沒事了。

2. "Upon negotiation, we authorize the negotiating bank to claim reimbursement
on our account with ××× bank." (此為授權求償條款。碰到此類信用狀,
應向押匯銀行爭取少收幾天出押息; 或要求銀行不必墊款,改用進帳後付
款的操作方式。)

3. 信用狀之權利義務關係乃獨立於買賣合約之外,故押匯時,如發現契約與
信用狀內容衝突時,應以信用狀規定條款為主。

4. "We confirm this Credit and subject to opening bank's sufficient deposit in our
bank, we undertake to honor the drafts drawn under and in compliance with the
terms of this credit..." (以上條款明示本信用狀乃業經保兌無誤。)

5. 出口商對進口國 (如菲律賓或伊朗等國家) 當地銀行信用不清楚時,宜向
對方提出保兌信用狀的要求。

6. 當「美元走貶、新臺幣看漲」時,聰明的出口廠商應利用 PEL 向銀行借一
筆美元,馬上依即期匯率換成新臺幣使用,等到出口押匯後,以押匯所得
的美元來償還貸款。

7. 在 Non-L/C 的付款條件下,為了提升應收帳款的安全性,對其應收款項作
Export Insurance 或 Factoring,即可高枕無憂。

8. 三角貿易裡常運用的 Back-to-Back Credit 又稱為 Transferable Credit,此類
信用狀乃原受益人以 Original Credit 為擔保,要求轉開銀行依據 Original
Credit 內容,開給原始供應商之付款工具。因此該原始供應商乃與 Original
Credit 之原受益人居於同等地位,可獲得國外原開狀銀行直接付款的保證。

十二、如何運用合作夥伴間的財務支援來提高債信、創造融資來源並降低融資成本,

試舉例說明之。

十三、兩光公司以 D/P 付款條件，外銷禮品文具一批至巴西，卻發生買方未付款即提走貨物，落入錢貨兩空的窘況。兩光公司在這筆交易的安排上到底出了甚麼差錯？若您是兩光公司專業經理人，您將如何善後，並避免將來類似情況的發生？

十四、康康公司係以貿易條件 FOB 搭配付款條件 L/C 或 D/P 進行交易，請教您對康康公司這樣的交易安排有何看法與建議？又，康康公司進行信用狀押匯時，其信用狀有指定押匯銀行，只能透過其往來銀行進行轉押匯，再次請教您，對此狀況的見解為何？

十五、欣心公司通常使用 FOB 與 CIF 貿易條件報價，於運用 CIF 報價時，除非客戶要求，否則僅投保 ICC(C) 險；其付款方式由過去堅持以 L/C 付款，尤其對中南美洲一帶外匯有問題國家甚至要求開發 Confirmed L/C（但最後還是可能發生 Unpaid 情況），到現在則對老客戶採取寬鬆的 O/A 付款方式。綜上所述，欣心公司在交易條件的安排上有無問題？睿智的您，可否給欣心公司一些專業的建議？

第九章

國際貨物
運輸與保險

學習目標

國際貨物運輸基本認識

如何選擇稱職的貨運代理

國際貨物運輸保險相關常識

Practices of
International
Trade

時至今日，縱使電子通訊技術日益發達，透過網際網路 (Internet) 來完成交易程序的技術也日趨成熟，但對於實體貨物 (Physical Goods) 的交運，仍然僅能透過實體載具 (Physical Conveyance)，如車輛、船隻、飛機等，來完成貨物的交運程序。

如前章所述，國際間交易常因空間的距離障礙，很難以「一手交錢，一手交貨」的方式達成所謂的「銀貨兩訖」。因此，國際間交易的進行，在錢的方面，通常係藉由銀行體系來進行清算與結清；而於貨的部分（實體貨物），則通常須透過海上或航空運輸的方式來完成貨物傳輸的動作。當然，某些邊界比鄰的國家（如歐陸國家）亦有透過鐵、公路交通來完成國際貨物運輸作業，但就全球國際貿易而言，仍以海、空運輸為主要的運輸方式，尤以海上貨物運輸為最大宗。

由於國際間運輸距離的遙遠，運送過程中伴隨而來的是各種不確定性（如天候不良等）所可能產生的貨物滅失或損壞風險提高。為了排除此一風險，在貿易實務上即藉由運輸保險來規避貨物於長途運送中所可能遭逢的危險。因此，貨物運輸保險相關知識的涉獵，對於國際貿易從業人員而言，亦是必備的基礎知識之一。亦即國貿人員須能認識並應用各種保險相關工具，來排除運輸過程中的不確定性所可能招致的潛在損失。

我國四面環海，對外貿易的貨物運輸皆係透過海、空運輸的方式來完成，通常未涉及國際間鐵、公路的運輸。因此本章將僅就海上與航空運輸方式及其相關的運輸保險來為讀者進行介紹與說明，祈使讀者對於海、空運輸與保險能建立起基本的認知。再者，國際運輸作業乃一專業度頗高的程序，一般進出口業者大多委由專業的「貨運承攬商 (Freight Forwarder)」來處理運輸相關事宜。本章亦將為讀者說明，如何在兼顧成本與效率下，選擇一適任的貨運承攬商，為我們處理國際貿易流程裡關於貨物運輸這個重要環節。

下表是現有各種運輸方式的特性與優勢排序，希望能藉由綜覽此表，協助讀者建立關於貨物運輸 (Freight) 的初始概念。

排次 項目	1	2	3	4	5
運　量	海　運	鐵　路	公　路	空　運	管　線
速　度	空　運	公　路	鐵　路	海　運	管　線
頻　次	管　線	公　路	空　運	鐵　路	海　運
便利性	公　路	鐵　路	空　運	海　運	管　線
經濟性	海　運	管　線	鐵　路	公　路	空　運
可依賴性	管　線	公　路	鐵　路	海　運	空　運

第一節　海上貨物運輸

一、海運 (Ocean Freight) 之特性

1.載運量最大

船舶貨艙的載運量非飛機機艙或鐵公路載具所能比擬。如巨型油輪每次載運原油量可達 56 萬公噸；而大型貨櫃船每次約可裝運 9,000 個 20 呎貨櫃 (TEU)。

2.單位運費最低

海運為成本最低廉的運輸方式，其單位運輸成本約為鐵路運輸的二十分之一，公路運輸的百分之一，當然更是比空運低廉許多，因此最適於用來運送單位價值較低且量大的原物料等大宗物資。

二、海洋運輸營運類型

㈠定期船運輸 (Liner Service)

定期船運輸，中國大陸亦稱為「班輪運輸」，係指在特定航線上，依照預定船期表 (Sailing Schedule) 規則地往返行駛於特定港口的船舶。其船期及停靠港埠均於事先作好安排，並以一般非特定的多數託運人為服務對象。其每一航線定期船隻之到埠日、離埠日與停靠港口等有關資料，船公司或船務代理公司會

發行分送給進出口商，並於報紙船期版刊登廣告招攬客戶。

(二)不定期船運輸 (Tramper Service)

不定期船亦稱「傭船運輸」，係指經營非固定航線或船期的海運業務。不定期船以艙位包租的方式承攬業務，故船東稱為私人運送人 (Private Carrier)。不定期船通常用以運送礦砂、水泥、木材、稻米等大宗物資。不定期船的接洽，一般透過經紀人的引介，由託運人與船東約定租用的船舶噸數、時間或航程、貨物數量、運費率等後簽訂傭船契約。不定期船成交的方式一般有下列三種：

1. 定期傭船 (Time Charter)

又稱為「期租船」，係按照一定期間租賃船舶的方式。船東將配備齊全的船舶交由租船人使用，並按租用期間計算收取租金。

2. 定程傭船 (Voyage Charter)

又稱「航次租船」，係按照航程租賃船舶的方式，可分為單程租船、來回程租船、連續單程租船、連續來回程租船等方式。

3. 光船租賃 (Bareboat Charter)

船東將空船在租用期間交由租船人使用。租船人自行雇用船長、船員並負擔所有航行相關費用。

運費同盟

指由某一地區某一航線之定期船業者所組成類似卡特爾 (Cartel) 的組織，意欲聯合訂定費率，以降低市場競爭獲取較高的利潤。

(三)定期船與不定期船主要差異

海運類別 比較項目	定期船 (Liner)	不定期船 (Tramper)
運送人性質	公共運送人 ❶	非公共運送人
船　型	傳統輪 (Conventional Vessel)、貨櫃輪 (Container Vessel)	油輪、散裝船
運費決定機制	**運費同盟 (Freight Conference)** 決定	市場總船噸數由供需 ❷ 決定

❶ 公共運送人係指有完善設備與組織，公開招攬貨物與旅客的運輸業者。定期船業者即屬典型公共運送人。

❷ 市場供需狀況可參考「波羅的海貨運綜合指數 (BDI)」。

載運貨物	一般雜貨	大宗散裝貨
裝卸貨條件	Berth Term ❸	大多為 FIO ❹
船期、航線、港口	固　定	不固定
船貨權利義務表彰	提單 (B/L)	傭船契約 ❺ 為主，提單為輔

三、海上貨櫃運輸

㈠貨櫃的定義

　　「貨櫃 (Container)」，在中國大陸慣稱為「集裝箱」，乃是具有一定強度、剛度和規格，專供周轉使用的大型裝貨容器。使用貨櫃轉運貨物，可直接在發貨人的倉庫裝貨，運到收貨人的倉庫卸貨，中途更換車、船時，無須將貨物從貨櫃內取出換裝，達成「戶對戶 (Door-to-Door)」的運輸目標。

㈡貨櫃的種類

　　貨櫃的種類可依其材料、結構與用途的不同，分為如下類別：

1. **按製造貨櫃材料分：**
   (1)木質貨櫃。
   (2)鋼鐵貨櫃。
   (3)鋁合金貨櫃。
   (4)不銹鋼貨櫃。
   (5)玻璃纖維強化塑膠 (FRP) 貨櫃。

2. **按貨櫃結構分：**
   (1)折疊式貨櫃。
   (2)固定式貨櫃。

---

❸ 裝卸貨及其相關費用均由船方負擔，一般定期船均採此條件，故亦稱 Liner Term。

❹ FIO (Free from Taking in and out the Cargo) 係裝卸船免責的簡稱。為裝卸條件之一種，意指裝卸貨均由貨方負擔費用，一般使用於傭船契約中。

❺ 關於傭船契約之應載事項及其效力之相關法律規定，請參閱海商法第 40、41 條。

①密閉貨櫃。

　　　　②開頂貨櫃。

　　　　③開邊貨櫃。

　　　　④板架貨櫃。

　　3.按所裝貨物種類分：

　　　(1)雜貨貨櫃。

　　　(2)散裝貨櫃。

　　　(3)液體貨櫃。

　　　(4)冷藏貨櫃。

　　　(5)汽車貨櫃。

　　　(6)衣架貨櫃。

㈢貨櫃規格

　　貨櫃為國際間貨物運輸的主要容器，須能適用於國際各種載具的使用，因此須有一定的尺寸規格，供國際載運規格考量的依據。一般常見貨櫃尺寸規格如下：

貨櫃名稱	規格尺寸		說　　明
標準 20 呎櫃	INSIDE LENGTH	19′4″	為最普遍使用貨櫃尺寸之一。1 個 20 呎貨櫃等量單位稱為 1 個 TEU (Twenty-Foot Equivalent Unit)，此乃計算貨櫃船載運能量所使用的計算單位。
		5.900 m	
	INSIDE WIDTH	7′8″	
		2.350 m	
	INSIDE HEIGHT	7′10″	
		2.393 m	
	DOOR WIDTH	7′8″	
		2.342 m	
	DOOR HEIGHT	7′6″	
		2.280 m	
	CAPACITY	1,172 Cft	
		33.2 Cu.m	
	TARE	4,916 Lbs	

	WEIGHT	2,230 Kgs	
	MAXI CARGO	47,900 Lbs	
		21,770 Kgs	
標準 40 呎櫃	INSIDE LENGTH	39′5″	
		12.036 m	
	INSIDE WIDTH	7′8″	
		2.350 m	
	INSIDE HEIGHT	7′10″	
		2.392 m	
	DOOR WIDTH	7′8″	亦為最普遍使用貨櫃尺寸之一。1 個 40 呎貨櫃等量單位稱為 1 個 FEU (Forty-Foot Equivalent Unit)，1 個 FEU 約等於 2 個 TEU 的載運量。
		2.340 m	
	DOOR HEIGHT	7′6″	
		2.280 m	
	CAPACITY	2,390 Cft	
		67.7 Cu.m	
	TARE WEIGHT	8,160 Lbs	
		3,700 Kgs	
	MAXI CARGO	59,040 Lbs	
		26,780 Kgs	
40 呎高櫃	INSIDE LENGTH	39′5″	
		12.036 m	
	INSIDE WIDTH	7′8″	
		2.350 m	
	INSIDE HEIGHT	8′10″	
		2.697 m	
	DOOR WIDTH	7′8″	依產品規格尺寸靈活運用，以降低運輸成本，但須注意是否適用於貿易對手國。
		2.338 m	
	DOOR HEIGHT	8′5″	
		2.585 m	
	CAPACITY	2,694 Cft	
		76.3 Cu.m	
	TARE WEIGHT	8,750 Lbs	
		3,970 Kgs	
	MAXI CARGO	58,450 Lbs	
		26,510 Kgs	

㈣貨櫃貨物裝載種類

1. 整櫃裝載貨物

整櫃貨一般稱為 "CY (Container Yard)" 貨物，於歐洲線則慣稱為 "FCL (Full Container Load)" 貨，係指材積或重量足以運用整櫃裝載的貨物，此乃由發貨人負責裝櫃並加鉛封的貨運。整櫃貨的拆櫃，一般由收貨人辦理。但也可以委託運送人在貨運站拆櫃。可是運送人不負責櫃內的貨損與貨差。除非貨方舉證確屬運送人責任事故的損害，運送人才負責賠償。運送人對於 CY 貨物係以整櫃為交接單位，只要貨櫃外表與收櫃時相似且鉛封完整，運送人就完成了承運責任。

2. 併櫃裝載貨物

併櫃貨一般稱為 "CFS (Container Freight Station)" 貨物，於歐洲線則慣稱為 "LCL (Less Container Load)" 貨物，係指裝不滿一整櫃的小量貨物。此類貨物，通常是由運送人分別攬貨並於貨櫃集散站集中，而後將兩批以上不同託運人的貨物併裝在 1 個貨櫃內，至目的地的貨櫃集散站再予拆櫃分別交貨。對於這種貨物，承運人要負責裝櫃與拆櫃作業，而裝、拆櫃費用仍向貨方收取。運送人對併櫃貨的責任，基本上與傳統雜貨運輸相同。

當託運人之貨物於裝滿一整櫃後，尚餘少量不足以裝滿一櫃的貨物，即是所謂的「超溢貨物 (Over-Flow Cargo)」。此時可將該少量貨物交由船公司作併櫃裝載，但常無法與原整櫃貨物同時抵達目的地，徒增收貨人提貨手續與延遲收貨。為避免此一困擾，可向船公司申請專用 1 個貨櫃，按最低滿櫃費用繳費，即無須費時等待他人貨物併櫃，讓全部貨物能同時抵達目的地，一次完成提貨。

㈤貨櫃運輸裝卸作業方式與相關費用

上述整櫃裝載與併櫃裝載，於起運地與目的地的不同裝卸作業，有下列四種裝卸作業方式：

1. **整裝 / 整拆** (CY/CY; FCL/FCL)：Door-to-Door

　　相關費用：裝港拖櫃費＋碼頭作業費＋運費＋卸港碼頭作業費＋拖櫃費

2. **整裝 / 併拆** (CY/CFS; FCL/LCL)

　　相關費用：船公司拖櫃費＋碼頭作業費＋運費＋拆櫃費

3. **併裝 / 併拆** (CFS/CFS; LCL/LCL)

　　相關費用：裝櫃費＋運費＋拆櫃費

4. **併裝 / 整拆** (CFS/CY; LCL/FCL)

　　相關費用：裝櫃費＋運費＋碼頭作業費＋船公司拖櫃費

㈥貨櫃運輸服務種類

1. **直達運輸** (Direct Service)

係指貨櫃船直接停靠起運港裝櫃並直接運抵目的港卸櫃的運輸方式。

2. **飼給船運輸** (Feeder Service)

　　亦可稱為「支線運輸」或「集散運輸」。由於遠洋貨櫃船通常僅行駛於兩地的基本港口之間，因此須藉由飼給船 (Feeder Ship) 往返於基本港 (Base Port) 與集散港 (Feeder Port) 間的接駁來完成運輸作業。

3. **陸路共同地點運輸** (Overland Common Point Service, OCP Service)

係指運用海陸聯運方式將貨櫃運往北美洲中部或東部時，僅指定太平洋沿岸的卸貨港，卸貨後之內陸目的地則由進口商或其報關行指定。如提單上卸貨港欄載有 "Seattle OCP" 時，即表示在西雅圖卸貨後，由辦理聯運的鐵路公司，依進口商或其報關行的指示，將貨物轉運到其目的地。

4. **陸橋運輸** (Land Bridge Service)

係指利用陸地鐵路為中間橋樑，先以海運將貨櫃運至大陸某岸港口，由火車將貨櫃運至另岸港口，交由另一貨櫃船運至目的港。茲將陸橋運輸服務涵蓋之範圍與程序示意如下：

$$海運 \longrightarrow 卸貨港 \longrightarrow 陸運 \longrightarrow 裝貨港 \longrightarrow 海運$$
$$(Land\ Bridge)$$

世界主要陸橋介紹如下：

⑴北美洲陸橋 (American Land Bridge)

當太平洋遠東地區貨櫃欲運往歐洲地區時，先以海運將貨櫃運至美國西岸港口後，以鐵路運至美國東岸港口，再利用大西洋航線的貨櫃船，將貨櫃運至歐洲目的港。透過北美洲陸橋運輸方式與經由巴拿馬運河之全程海運方式，在時效上與運費上較為經濟。

⑵西伯利亞陸橋 (Siberian Land Bridge)

例如遠東地區貨物欲運往歐洲時，可先以船舶運至海參崴 (Vladivostok)，再透過俄羅斯西伯利亞鐵路接運至波羅的海 (Baltic Sea) 沿岸港口後，再以貨櫃船運往歐洲各地。

5. **小型路橋運輸** (Mini Land Bridge Service)

係海運與路運聯合運輸形式，例如遠東地區欲運往美國東岸的貨櫃，船公司可於西岸港口卸下後，續以鐵路運抵東岸港區完成交運，透過此運輸安排可有效節省運輸時程。因其運輸服務涵蓋範圍僅為陸橋運輸的一部分，故以小型路橋運輸稱之。

茲將小型陸橋運輸服務涵蓋之範圍與程序示意如下：

$$海運 \longrightarrow \underline{卸貨港 \longrightarrow 陸運 \longrightarrow 目的港}$$
$$(Mini\ Land\ Bridge)$$

6. 微路橋運輸 (Micro Land Bridge Service)

又稱「內陸定點複合運輸 (Interior Point Intermodal, IPI)」，係指貨櫃於一海運港口卸下後，續由船公司安排陸上運輸公司，將貨櫃運至內陸城市完成交櫃的複合運輸方式。因其乃細微深入內陸城市的運輸網路，故以微路橋運輸稱之。

茲將微陸橋運輸服務涵蓋之範圍與程序示意如下：

$$海運 \longrightarrow \underline{卸貨港 \longrightarrow 陸運 \longrightarrow 內陸目的地}$$
$$(Micro\ Land\ Bridge)$$

7. 到戶快捷服務 (Door Step Service)

係指將貨物運抵受貨人 (Consignee) 倉庫門前，且整個運程涵蓋於一份提單內的運輸方式。此係美國 "American President Lines" 於 1981 年開始提供的運輸服務型態。

四、海運費率結構與計算

㈠定期船的運費

茲將定期船的運費結構組成要素列示如下，並予分別說明如後：

$$總應付運費 = 基本運費 + 附加運費 + 附屬運費$$
$$(Basic\ Rate)\quad (Surcharge)\quad (Additional\ Rate)$$

1. 基本運費 (Basic Rate)

係船公司就各停靠港口的航程與相關條件的不同，並依貨物性質的不同訂定不同的運費率，常見基本運費率如下：

(1)特定貨品運費率 (Specific Cargo Rate, S.C.R.)

船公司於運費率表中，就特定貨物分別規定其運費率、運送單位與運送條件，大部分進出口貨物均適用此費率。

(2)一般貨品運費率 (General Cargo Rate, G.C.R.)

亦稱為雜貨運費，係指對 S.C.R. 以外之「未列名商品 (Cargo Not Otherwise Specified, N.O.S.)」所定之運費率。

(3)從價運費率 (Ad Valorem Rate)

對於貴重物品，如珠寶、藝術品、貴金屬等物品，船公司係依貨價的一定比例收取運費。

(4)計件運費率 (Package Rate)

對於如汽車、牲口等大小不一的貨物，船公司即以件數作為計算運費基準單位。

(5)包櫃費率 (Box Rate)

係不依貨物實際重量、材積，而按櫃計算運費。出口商包下整個貨櫃容量只要不超重，可以裝載各種不同貨物，對於運送種類較多，重量、體積不一的貨物時，互相搭配裝運可較節省運費。至於採 20 呎櫃或 40 呎櫃來裝運貨物較為經濟，則須依貨物之「重量材積比 (Stowage Factor)」判定裝運貨物係屬「材積貨 (Measurement Cargo)」或「重量貨 (Weight Cargo)」而定，一般來說，材積貨適以 40 呎櫃裝運，而重量貨則適用 20 呎櫃裝運。

 重量材積比 (Stowage Factor)

$$重量材積比 = \frac{重量}{材積}$$

$$貨物重量材積比 > \frac{20' 櫃運費 \times 40' 櫃載重量}{40' 櫃運費 \times 20' 櫃材積數} \Rightarrow 重量貨$$

$$貨物重量材積比 < \frac{20' 櫃運費 \times 40' 櫃載重量}{40' 櫃運費 \times 20' 櫃材積數} \Rightarrow 材積貨$$

⑹最低費率 (Minimum Rate)

亦稱為「起碼費率」，即貨物的體積或重量未達計算運費率的基本單位時，卻仍須簽發提單，船公司所訂之最低收費標準。

2.**附加運費** (Surcharge)

係因外在環境偶發狀況所產生的臨時附加費用，茲予分別說明如下：

⑴燃料附加費 (Bunker Surcharge)

又稱「燃料調整因子 (Bunker Adjustment Factor, BAF)」，係為船用燃油價格突然上漲至某一幅度時，承運人以基本運費加收某一百分比以補貼其油料成本上漲損失。

⑵幣值附加費 (Currency Surcharge)

亦稱「幣值調整因子 (Currency Adjustment Factor, CAF)」，係為彌補因計算運費之計價貨幣貶值，造成承運人收入減少所增收之費用。

⑶港口擁塞附加費 (Congestion Surcharge)

當裝卸貨物港口發生異常擁塞情形時，由運送人按基本運費加收某一百分比費用，以彌補其因船期延誤所發生的損失。

⑷繞道附加費 (Canal Surcharge)

船舶行駛路線因某種突發原因，如運河突然關閉等，須改航繞道導致延長航程時，船公司對託運人所增收的運費。

⑸稅捐附加費 (Surcharge for Income Tax or Transportation Tax, etc.)

某些國家對於貨運課徵特別稅捐，船公司將此稅捐轉嫁給託運人所收的附加費用。

3.**附屬運費** (Additional Rate)

肇因於該批貨運本身狀況所衍生的附屬費用，分別說明如下：

⑴超重費 (Heavy Lift Charge)

貨物重量超過船公司裝卸機具（一般為 3 至 5 噸）能量限制時，除易損壞裝卸機具外，尚影響裝卸時間與超占船艙載重噸位，船方將對超過重量部分加收一定百分比的附加費用。

⑵超長或超大費 (Lengthy or Bulky Cargo Charges)

　　貨物的長度或體積超出船公司規定時，須特別處理所加收的處理費用。

⑶轉船附屬費 (Transhipment Additionals)

　　貨物在運送過程中無法直達目的港，須在其他港口轉船時，其所產生轉船相關處理費用。

⑷內陸轉運附屬費 (Local Freight Charges, O.C.P. Charges)

　　貨物運抵目的港後，尚須經內陸轉運至目的地者，在轉運過程中所增加的裝卸費用與倉租等處理費用。

⑸選擇卸貨港費 (Additional for Optional Port of Discharges)

　　貨主事前無法確定卸貨港口時，經船公司同意於貨物裝船時，特別將貨物安置在託運人所選擇的數個港口均可起卸的艙位上，其所增加的處理費用。

⑹更改卸貨港費 (Alternation of Destination Fee)

　　貨物運出後，因實際狀況改變須變更卸貨港口時，船公司所加收的處理費用。

4. 運費詢價注意要項

⑴確定商品內容與運送目的港口或目的地。

⑵向熟悉或可靠的船公司或船務代理詢價。

⑶運費查詢時應注意事項：

　　①詳細說明貨品名稱與性質：

不同的貨品適用不同的運費率計算基準。因此，於查詢運費時首須確認並詳細向洽詢之船公司或代理商說明託運貨品名稱與性質。

　　②運費計算基準 (Freight Rate Basis) 為何。

　　a. 按**重量噸 (Weight Ton)** 計算

以重量噸作為費率計算基礎時，費率表之費率基準即以 "W" 表示。重量計收基準一般係採公制公噸(1,000 公斤)為計重基準。

重量噸

重量噸分下列三種：
1. 長噸 (Long Ton, L/T)：又稱英噸，為英制單位，每一長噸等於 2,240 磅。
2. 公噸 (Metric Ton, M/T)：公制單位，每一公噸等於 2,204 磅。
3. 短噸 (Short Ton, S/T)：又稱美噸，美制單位，每一短噸等於 2,000 磅。

b. 按體積噸 (Measurement Ton) 計算

體積噸又稱材積噸或容積噸，通常係以一立方公尺為 1 個體積噸。若以體積噸作為費率計算基礎時，費率表之費率基準即以 "M" 表示。通常重量輕但體積大占空間之貨物，採用此計費基準計價。

c. 按重量噸或體積噸 (W/M) 較大者計算

以此方式作為費率計算基礎時，費率表之費率基準即以 "W/M" 表示。即以船公司最有利的方式來決定係以重量噸或體積噸作為計費基準。以公制為例，當貨物比重大於一者，按重量噸計算運費；若貨物比重小於一者，則按體積噸計算運費。

d. 按貨價 (Value) 計算

運費的計算係按照商品 FOB 價值乘以運費率 (%) 求得，價值昂貴的商品通常按此法計算運費。

e. 按件（Unit; Package; Box; Head）計算

某些貨物性質特殊，不宜以重量或體積計算運費者，如汽車按輛 (Unit)、牲畜按頭 (Head) 作為計費單位。

f. 按最低運費 (Minimum Freight) 計算

運費之計算不論是依重量、體積、貨價等，均有一最低運費限制，亦即若依上述各種計算運費基準所算出的運費未達最低運費時，則船公司根據每張簽發提單收取一定數額之最低運費 (Minimum Rate per B/L)

③有哪些附加費用或附屬運費？其計算方式為何？

須注意附加費用或附屬運費的計算基礎為何？即須確認其計算的先後順序。

④儘可能取得船公司書面報價

該書面報價雖僅有備忘性質而無法律效力，但可作為計算運費的詳細參考資料。

5. **運費計算步驟**

①步驟一：求算基本運費

基本運費＝運費計算基準×基本費率。

②步驟二：確認並計算有哪些附加運費

附加運費＝燃料附加費＋幣值附加費＋港口擁塞附加費＋繞道附加費 ＋稅捐附加費。

③步驟三：確認並計算有哪些附屬運費

附屬運費＝超重費＋超長或超大費＋轉船附屬費＋內陸轉運附屬費＋ 選擇卸貨港費＋更改卸貨港費。

④步驟四：加總求算總應付運費

總應付運費＝基本運費＋附加運費＋附屬運費。

■ 計算實例

貿易商出口電視機一批共 500 臺，每臺外包裝箱體積：40 cm×40 cm×30 cm；毛重 為 30 kgs，船公司報價如下：基本運費率：W/M USD100 (W = 1,000 kgs; M = 1 M^3)， 附加費：BAF: 15%; CAF: 10%（按基本費率），附屬費：轉船附屬費：USD10（噸）， 試求(1)基本運費，(2)附加運費，(3)附屬運費，(4)總應付運費。

Sol

(1)求算基本運費：

體積：0.4 m×0.4 m×0.3 m×500（箱）= 24 m^3=24 M/T

重量：30 kgs×500 = 15,000 kgs = 15W/T

24 M/T（體積噸數）> 15 W/T（重量噸數），取大者為計費基礎

基本運費 = USD100×24 = USD2,400

(2)確認並計算有哪些附加運費：

BAF = USD2,400×15% = USD360

CAF = USD2,400×10% = USD240

(3)確認並計算有哪些附屬運費：

轉船附屬費：USD10×24 = USD240

(4)加總求算總應付運費：

總應付運費 = USD2,400 + (USD360 + USD240) + USD240 = USD3,240

㈡不定期船的運費

　　不定期船運費的決定，基本上係依據全球傭船市場的供需狀況為議價基礎，託運人與運送人透過經紀人議價後簽訂「傭船契約 (Charter Party)」，依傭船契約核算租船費用。傭船租金中一般不含**裝卸費用**，議價時須注意裝卸條件為何？以確實掌握運費成本。

　裝卸貨相關費用

1. Berth Term: 裝卸貨之相關費用均由船方負擔，一般定期船均採此條件，故亦稱 Liner Term。
2. FI:　船方不負擔裝貨費用。
3. FO:　船方不負擔卸貨費用。
4. FIO:　船方不負擔裝卸貨費用。
5. FIOS:　船方不負擔裝卸貨、堆積費用。
6. FIOT:　船方不負擔裝卸貨、平艙費用。
7. FIOST:　船方不負擔裝卸貨、堆積、平艙費用。

五、貨運承攬商 (Freight Forwarder) 的選擇

　　國際運輸作業係專業度頗高的作業，因此選擇一適任的貨運承攬商安排運輸作業或提供專業諮詢，可避免許多作業錯誤或疏失，降低運輸作業成本並提高運輸作業效率。以下是貨運承攬商選用檢覈表單，可供讀者實務運用參酌。

貨運承攬商選用檢覈表
(Check List for Choosing Freight Forwarders)

編　號: _____　　日　　期: _____
承攬商名稱: _____
運輸方式: _____
檢覈要項:
　　□專業領域: _____
　　□服務地區: _____
　　□海、空、陸路、鐵路運輸: _____
　　□業務與行政人員素質: _____
　　□價　格: _____
　　□保險投保能力與相關費用: _____
　　□倉儲與裝卸能力: _____

□ EDI 建置與處理能力： _____

□出口文件製作： _____

□貨物追蹤能力： _____

□少量貨物的處理： _____

□時效性貨物的處理： _____

□諮詢服務的提供： _____

□進出口處理能力： _____

□內部教育訓練的提供： _____

□包裝與製作嘜頭、標籤能力： _____

□付款條件： _____

□稅務規劃與處理： _____

□對客戶的重視程度： _____

□將由何辦事處提供服務： _____

□辦事處與代理網絡的完整性： _____

□營運年資： _____

□備 註： _____

貿易主管：	財 務：	船 務：	業務經辦：

第二節 航空貨物運輸

一、航空貨運的特性

隨著電子產品的輕薄短小化與對交貨時效性的要求，航空貨運 (Air Freight) 的重要性與日俱增，尤以生產電子產品為主要產業的我國，近年來對於航空貨運的需求更是日益殷切。

二、航空貨運的相關單位

1.國際航空運輸協會 (International Air Transport Association, IATA)

係一由各國民航公司所組成之國際聯盟機構，目的在制定統一的國際民航客貨運送規章及費率。基於政治或市場競爭因素，全世界約僅半數民航公司加

入該組織。一般非會員民航公司在客貨運送規章上，仍參照國際航空運輸協會的準則，惟運費費率則依市場的競爭狀況與該國政府的核准來自行訂定。

2. **航空公司** (Air Line)

係指經營航空運輸之業者，其所直接或間接簽發之貨運單據稱為「空運提單 (Air Waybill)」。

3. **航空貨運代理商** (Air Cargo Agent)

係指經航空公司授權，代理航空公司承攬貨運業務之執行，並得以航空公司名義簽發空運提單，且據以賺取航空公司代理佣金之業者。

4. **航空貨運承攬業** (Air Cargo Forwarder)

又稱為「航空貨運併裝業 (Air Cargo Consolidator)」，係指未經航空公司授權，自行向不同的出口商承攬貨運業務，將貨物予以合併後，以自己為託運人 (Shipper) 名義與航空公司訂定運送契約，並藉此賺取運費價差之業者。由承攬業者自航空公司或其代理人取得之提單稱為「空運主提單 (Master Air Waybill, MAWB)」，而承攬業者據以發給各託運出口商之提單則稱為「空運分提單 (House Air Waybill, HAWB)」 ❻ 。

5. **郵政機構** (Post Office)

重量低於 10 公斤以下的貨品亦可透過郵局以航空郵包 (Air Parcel Post) 方式寄送，運費一律為預付 (Prepaid) 方式，交寄時郵局所簽發之證明文件稱為郵政收據 (Post Receipt)。

6. **國際快遞公司** (Courier)

係指提供比郵局更為便捷的遞送服務，服務內容涵蓋取件與送件，達成所謂 "Desk to Desk"（辦公桌至辦公桌）遞送品質的運送業者。由於運費較高，一般用以遞送時效需求較高的文件或樣品等輕量或少量貨品，目前國內常見國際快遞公司有 UPS、DHL、OCS、FedEx 等公司。

---

❻ 依 UCP 600 第 14 條⑴項之規定，承攬運送人所簽發的運送單據與實際運送人所簽發的運送單據不會有所差別，因此在 L/C 上已無須加註 "HAWB acceptable" 或 "Forwarder's bill of lading acceptable" 等字樣。

三、航空貨運託運應注意事項

(1)注意航線的選擇，此可能影響運費高低或交運貨物的安全性。

(2)航空公司對於貨物最高賠償責任為 1 公斤貨物賠償 20 美元，因此貴重貨品交運時，應向航空公司報值或另行投保。

(3)特別貴重物品宜分批裝運。

(4)裝運前確認託運貨品適用基本運費率為何？是否適用費率較低之「特定貨品運費率」。

(5)大量貨物可直接向航空公司或其代理人洽訂艙位，小量貨物則宜透過航空貨運併裝業 (Air Cargo Consolidator) 辦理託運報關。

(6)大量貨物可享受較低費率，配合費率級距考量出貨批次數量。「一般貨物運費率」級距如下：

①正常費率 (Normal Rate)：等級代號 "N"

45 公斤或 100 磅以下適用。

②高貨量費率 (Quantity Rate)：等級代號 "Q"

45 公斤以上再分為 100 公斤、200 公斤、300 公斤、400 公斤、500 公斤等六種不同費率級距，重量愈重，適用費率愈低。

四、空運運費計算

空運費率的計算係依照「國際航空運輸協會 (IATA)」所制定的費率表來計算運費，其計算基礎係以「收費重量」為準，茲將其相關計算方式說明如下：

(一)收費重量 (Chargeable Weight)

收費重量係指計算空運費率時所依據的計算基礎，以下列兩種核計出的重量較大者為收費重量。

1. **實際毛重** (Actual Gross Weight)

以實際磅秤所得之實際毛重為計價重量，若實際毛重不足 0.5 公斤時，以 0.5 公斤核計；超過 0.5 公斤但未達 1 公斤者，以 1 公斤計算。

2. **體積重量** (Volume Weight)

　　若運送的貨品係屬體積大而重量輕者，因其重量雖輕但卻仍須占用大量的運輸空間，若航空公司以實際重量計費，則可能發生不敷成本的情況，因此乃以下列方式將體積換算為等值重量，再依此重量作為計費基礎。

　　(1)公分公斤制

　　　　$cm \times cm \times cm / 6,000 \text{ cm}^3 = kg$

　　(2)英吋公斤制

　　　　$in \times in \times in / 366 \text{ in}^3 = kg$

㈡託運費用

　　託運費用 = 收費重量 (kg) × 空運費率 + 海關費用 + 倉租費用 + 電腦傳輸費等

■ 計算實例一

空運貨品一批共 10 箱，每箱體積：50 cm × 40 cm × 30 cm，實際毛重為 110 公斤，海關費用：TWD600；倉租費用：TWD5/kg；電腦傳輸費：TWD240，試求空運費用。（設空運費率：TWD100/kg）

Sol

(1)先求出體積重量：

　　50 cm × 40 cm × 30 cm × 10（箱）/ 6,000 = 100 kg（體積重量）

(2)比較體積重量與實際毛重，取其重者：

　　110 kg（實際毛重）> 100 kg（體積重量）

(3)取較重之實際毛重為計費基礎計算運費：

　　TWD100 × 110（運費）+ TWD5 × 110（倉租費）+ TWD240（電腦傳輸費）+ TWD600（海關費用）= TWD12, 390（空運費用）

■ 計算實例二

空運貨品一箱,體積:50 in×40 in×30 in,實際毛重為 150 公斤,海關費用:TWD600;倉租費用:TWD5/kg;電腦傳輸費:TWD240,試求空運費用。(設空運費率:TWD100/kg)

Sol

(1)先求出體積重量:

50 in×40 in×30 in / 366 = 164 kg(體積重量)

(2)比較體積重量與實際毛重,取其重者:

150 kg(實際毛重)< 164 kg(體積重量)

(3)取較重之體積毛重為計費基礎計算運費:

TWD100×164(運費)+ TWD5×164(倉租費)+ TWD240(電腦傳輸費)+ TWD600
(海關費用)= TWD18,060(空運費用)

第三節　運送單據

一、海運提單 (Ocean Bills of Lading, B/L)

(一)海運提單的性質和作用

　　海運提單係指託運人將託運貨物交給船公司後,船公司開給託運人的證明文件[7],亦可將之視為雙方所簽訂之運送契約。茲將海運提單的主要作用歸納如下:

(1)船公司收受託運貨物的收據。

(2)船公司與託運人的運送契約。

(3)貨物所有權證明文件。

(4)押匯主要文件之一。

---

[7]　該證明文件在我國民法上稱「提單」,於我國海商法上則稱「載貨證券」。

㈡海運提單的格式和內容

因海運提單具有「物權證券 (Document of Title)」的性質,各船公司提單格式雖有所差異,但其基本應載明事項仍應依法律相關規定記載。我國海商法第 54 條第 1 項針對屬於載貨證券的提單,即對其應載事項作明確規範如下:

「載貨證券,應載明下列各款事項,由運送人或船長簽名:

⑴船舶名稱。

⑵託運人之姓名或名稱。

⑶依照託運人書面通知之貨物名稱、件數或重量,或其包裝之種類、個數及標誌。

⑷裝載港及卸貨港。

⑸運費交付。

⑹載貨證券之份數。

⑺填發之年月日。」

㈢海運提單的種類

1.依貨物是否已裝船分

⑴裝運提單 (Shipped B/L; On Board B/L)

係表明貨物業已裝上指定的船舶之上,運送人所製發的提單。一般信用狀上要求的貨運文件即為此類提單。

⑵備運提單 (Received B/L)

係指運送人已收到託運貨物,但尚未裝上指定的船舶之上,運送人所製發之僅具收據功能的提單。若俟貨物裝船後,由運送人在備運提單上加註 "On Board",並簽註日期與簽名後,則該提單即可視為裝運提單。

2.依提單有無瑕疵批註分

⑴清潔提單 (Clean B/L)

係運送人未於出具之提單上加註所載貨物本身或其包裝上有瑕疵者即屬之。銀行原則上僅接受清潔提單 ❽。

(2)不清潔提單 (Unclean B/L; Foul B/L)

係指提單上出現運送人以附加條款或附註表示承運貨品或其包裝有瑕疵者屬之❾。除非信用狀上特別明定可接受不清潔提單，否則一般銀行並不予接受。

3. **依提單能否轉讓分**

(1)可轉讓提單 (Negotiable B/L)

又稱「指示提單 (Order B/L)」，係指在提單受貨欄以 "Order" 作表示，提單持有人得以背書轉讓方式，將提單貨物所有權轉讓給受讓人。押匯銀行取得裝運人背書轉讓提單後，即取得提單貨物所有權。

(2)不可轉讓提單 (Non-negotiable B/L)

又稱「直接提單 (Straight B/L)」，係指在提單的受貨人 (Consignee) 欄直接以 "Unto" 或 "Consigned to" 載明收貨人名稱，而非以 "Order" 方式記載，讓受貨人得以背書轉讓提單權利。此種提單對押匯銀行而言，並不具有貨物擔保物權。

4. **依是否轉運分**

(1)直達提單 (Direct B/L)

係指貨物從裝運港裝船後，於運輸過程中無須轉船，直接運抵目的港完成交貨。是收貨與交貨為同一運送人的提單。

(2)轉船提單 (Transhipment B/L)

係指貨物於裝運港裝船後，須於運送過程中經過轉船程序，由另一艘船將貨物接駁至目的港完成交貨。"Transhipment" 一詞於信用狀統一慣例上專指船舶間同一類運輸工具的轉駁，銀行可接受之轉船提單須以該海運運送全程係由同一提單涵蓋者為條件❿。

5. **依提單內容的繁簡分**

(1)詳式提單 (Regular Long Form B/L)

---

❽　請參閱 UCP 600 第 27 條相關規定。

❾　請參閱海商法第 54 條第 2 項規定。

❿　請參閱 UCP 600 第 20 條 (b)、(c) 項之相關規定。

又稱「全保條件提單 (Full Terms B/L)」，一般提單背面均印有詳細的印定條款，規範運送人與託運人間之權利義務與約定事項。

(2)簡式提單 (Short Form B/L)

又稱「背面空白提單 (Blank Back B/L)」，係指背面未印有詳細貨運條款，但一般印有 "All the terms of the carrier's regular long form of bill of lading are incorporated with like force and effected as if they were written at length herein."（正規詳式提單上的印定條款，如同印在本提單上一樣，適用於本提單。）字樣。由於銀行無須審核印定條款內容，因此詳式或簡式提單均為銀行所接受 ❶ 。

6. 按提單使用有效性分

(1)正本提單 (Original B/L)

係指提單上具有運送人、船長或其代理人的簽署。該提單上印有正本 "Original" 字樣，收貨人於提貨時須提供此正本提單，方能進行提貨手續。

(2)副本提單 (Copy B/L)

係指提單上並無運送人、船長或其代理人的簽署。此提單上通常印有 "Copy"、"Non-negotiable" 字樣，此係僅供作業參考之用，不具提單應有之效力。

7. 依運費是否付訖分

(1)運費預付提單 (Freight Prepaid B/L)

係指以 CFR 或 CIF 條件交易者，運費應由賣方負擔並於裝運港付給船公司，而船公司所簽發的提單上應載有 "Freight Prepaid" 字樣，以表示運費已付訖。

(2)運費到付提單 (Freight Collect B/L)

係指以 FOB 條件交易者，運費應於目的港船公司將貨物交給買方時，向買方收取。此類提單上應載有 "Freight Collect" 字樣。

8. 貨櫃提單 (Container B/L)

係指將貨物裝入貨櫃後，交由貨櫃船裝運時船公司所簽發的提單稱之。由

---

❶　請參閱 UCP 600 第 20 條 (a) 項 v 之相關規定。

於貨物係由託運人於工廠自行裝櫃並封櫃，船公司並不開櫃點貨，因此運送人常會在提單上表明 "shipper's load and count" 及 "said by shipper to contain" 等類似註記，依信用狀統一慣例規定 ❷，銀行仍將接受此類運送單據。

9.**陳舊提單** (Stale B/L)

又稱過期提單，係指提單簽發後未能在合理期間內向銀行提示的提單。銀行一般拒絕接受超過裝運日後 21 個日曆日才提示的單據 ❸。

10.**傭船提單** (Charter Party B/L)

係託運人與運送人簽訂傭船契約後，運送人根據該契約所簽發的提單。因傭船提單係根據傭船契約所簽發，可能影響單據所有人權益，故一般不為銀行所接受，實務上於信用狀上註明 "charter party is acceptable" 類似字句且提單內容符合相關規定 ❹，銀行將可接受此類提單。

11.**第三人提單** (Third Party B/L)

又稱為「中性提單 (Neutral Party B/L)」，係指以信用狀受益人以外第三人為託運人之提單。此類提單可應用於三角貿易中，為避免最終買主得到原始供應商相關資訊的場合。若信用狀未另行規定，銀行將可接受此類提單 ❺。

二、海運貨單 (Sea Waybill; Ocean Waybill)

㈠海運貨單的意義與作用

係指由海上運送人簽發給託運人，用以替代海運提單之兼具收據與契約功能的運輸單據。海運貨單係因應海運速度提高，造成貨已到港，而進口商卻因提單未到，無法即時提貨的不便情況，因此仿照空運提單 (Air Waybill) 制度，設置海運貨單的方式來解決此一窘況。

---

❷　請參閱 UCP 600 第 26 條 (b) 項之相關規定。

❸　請參閱 UCP 600 第 14 條 (c) 項之相關規定。

❹　請參閱 UCP 600 第 22 條 (a) 項之相關規定。

❺　請參閱 UCP 600 第 14 條 (k) 項之相關規定。

㈡海運貨單具有如下特性

⑴是不可轉讓的收據 (Non-negotiable Receipt)。

⑵不具有物權證券 (Document of Title) 性質。

⑶收貨人 (Consignee) 為記名式。

⑷為簡式 (Short Form) 單據。

三、空運提單 (Air Waybill, AWB)

㈠空運提單的意義與作用

空運提單係指託運人將託運貨物交給航空公司後，航空公司開給託運人的證明文件，亦可將之視為雙方所簽訂之運送契約。茲將空運提單主要作用歸納如下：

⑴航空公司收受託運貨物的收據。

⑵航空公司與託運人的運送契約。

⑶運費證明文件。

⑷保險證明單據（加入航空公司所提供的保險者）。

⑸通關文件之一。

⑹航空公司貨物人員處理貨物的依據。

㈡空運提單的種類

依簽發人的不同可分為：

1.空運主提單 (Master Air Waybill, MAWB)

係由航空公司或其代理人直接簽發之提單，提單號碼開頭 3 個阿拉伯數字為航空公司代號或 IATA 統一編號。

2.空運分提單 (House Air Waybill, HAWB)

係由「航空貨運承攬業者」所簽發之提單，其形式與航空公司所簽發之主提單相似，但提單號碼開頭為該公司的英文代號。

茲將主提單與分提單特性的異同比較如下表：

比較項目	空運主提單 (MAWB)	空運分提單 (HAWB)
提單功能	・作為收受貨物收據 ・作為運送契約 ・運費證明文件 ・保險證明單據 ・通關文件之一 ・航空公司貨物人員處理貨物的依據	・作為收受貨物收據 ・作為運送契約 ・運費證明文件 ・保險證明單據
簽發人	航空公司或其代理人	航空貨運承攬（併裝）業者（過去 L/C 須加註條款："Air freight by consolidation is allowed." 以利押匯，依 UCP 600 規定已無此必要。）
貨物特性	多屬大批貨的直運貨物	多屬零星的併裝貨物
託運目的地	可以世界各地為目的地	只限於特定地點為目的地
運費費率	一般依 IATA 運費收價	按併裝費率收取（比 IATA 費率低）
提單格式與運輸條款	按 IATA 統一格式及統一條款	提單格式、運輸條款由各公司自行訂定
索賠對象	航空公司	貨運承攬（併裝）業者

㈢海運提單、海運貨單與空運提單特性比較表

比較項目	海運提單	海運貨單	空運提單
提單功能	・貨物收據 ・運輸契約憑證 ・物權證券	・貨物收據 ・運輸契約憑證	・貨物收據 ・運輸契約憑證
簽發人	船公司或其代理人	船公司或其代理人	航空公司或其代理人
抬頭形式與流通性	抬頭為直接式或指示式，大部分為指示式，具流通性。	抬頭一律為直接式，不具流通性。	抬頭一律為直接式，不具流通性。
貨物裝載與否	裝運式／備運式	裝運式／備運式	備運式
提單記載內容	詳　式	簡　式	簡　式
提貨憑證	憑提單提貨 （認單不認人）	憑身分提貨 （認人不認單）	憑身分提貨 （認人不認單）

四、複合運送單據 (Multimodal Transport Document, MTD)

亦稱為 "Combined Transport Document, CTD"，此係國際貨物運送透過多種運輸方式，所取得之表彰複合運送契約及證明「複合運送人 (Multimodal Transport Operator, MTO)」接管貨物並依契約條款交付貨物的單據。依信用狀統一慣例規定，即使信用狀上載明禁止轉運，銀行將接受顯示將轉運或得轉運之複合運送單據，但以運送全程係由同一複合運送單據涵蓋者為條件❶ 。

五、快遞及郵政收據 (Courier & Post Receipt)

係指透過快遞業者或郵政局遞送貨物所取得之收據，此收據僅能作為收到貨物並已寄出的證明文件，不能用以表彰貨物所有權的物權證券，亦非提貨時須出示的文件。

六、信用狀統一慣例對運輸單據規定

運輸單據名稱	運送方式	UCP 600
港至港海運海洋提單	海　運	第 20 條
不可轉讓海運貨單	海　運	第 21 條
備船提單	海　運	第 22 條
複合運送單據	海陸、海空、陸空聯運	第 19 條
航空運送單據	空　運	第 23 條
公路運送單據 鐵路運送單據 內陸水路運送單據	陸　運 陸　運 水　運	第 24 條
快遞收據 郵政收據	陸、海、空運	第 25 條

---

❶　請參閱 UCP 600 第 19 條 (c) 項 i 款之相關規定。

第四節　海上貨物運輸保險

一、海上貨物運輸保險相關基本概念與定義

(一)海上貨物運輸保險概念

　　海上貨物運輸保險於實務上俗稱「水險」，係指保險人為收取一定保費，同意在某標的物遭受保單上所列承保的海上危險時，對被保險人賠償因此所致的損害或費用的方法❶。由於海上航程時間較長與航程上不可控制因素較為複雜，因此海上貨物運輸保險為貨物運輸保險類別中發展最早也最重要的險種。

(二)保險關係人

　　茲將我國保險法對於保險關係人的基本定義分別說明如下：

1. 保險人 (Insurer)

　　係指經營保險事業之各種組織❶，在保險契約成立時，有保險費之請求權，在承保危險事故發生時，依其承保之責任負擔賠償之義務。

2. 要保人 (Applicant)

　　係指對保險標的具有保險利益，向保險人申請訂立保險契約，並負有交付保險費義務之人。

3. 被保險人 (Insured)

　　係指於保險事故發生時，遭受損害，享有賠償請求權之人；要保人亦得為被保險人。被保險人有如下義務：

　　(1)損失通知❶　（1 個月內不通知，視為無損害）。

　　(2)向承運人等有關方面提出索賠。

---

❶　請參閱我國海商法第 129 條定義。

❶　保險業之組織以股份有限公司或合作社為限。請參閱保險法第 136 條第 1 項。

❶　請參閱我國海商法第 151 條規定。

⑶採取合理的施救、整理措施。

⑷備妥索賠單據。

4.**受益人** (Beneficiary)

係指被保險人或要保人約定享有賠償請求權之人，要保人或被保險人均得為受益人。

㈢保險利益 (Insurable Interest)

要保人（或被保險人）對於投保貨物須有投保利益關係❷。要求保險利益存在的目的如下：

⑴防止賭博行為發生。

⑵減少道德危險 (Moral Hazard) 因素之產生。

⑶便於估計損失。

㈣保險標的 (Insurable Subject Matter)

亦稱「可保財產 (Insurable Property)」，於海運保險中泛指因海上自然災害或意外事故而遭受滅失或損害的船舶、貨物或其他動產。本章所討論之保險標的，即指交易託運之「貨物」，此有別於第八章輸出保險之保險標的：「貨款」。

㈤保險價額 (Insurable Value)

係指保險契約當事人事先協議確定而記載於保單中之保險標的之價值。依慣例，貨物保險通常以成交契約價格加上運費與保費後 CIF 或 CIP 之 110% ❷ 為標的物的價值。

二、海上危險的類別

茲將海上危險的種類整理如下表，並說明如後：

---

❷　請參閱保險法第 17 條。

❷　請參照 UCP 600 第 28 條第 (f)ii 項與 Incoterms® 2010 CIF 第 A3 項規定。

$$
海上危險 \begin{cases}
基本危險 \\ (Basic\ Perils) \begin{cases}
海上固有危險\ (Perils\ of\ the\ Seas) \begin{cases}
船舶沉沒\ (Sinking) \\
擱淺\ (Stranding) \\
觸礁\ (Touch\ and\ Go) \\
碰撞\ (Collision) \\
失蹤\ (Missing) \\
風暴\ (Heavy\ Weather) \\
海水損害\ (Sea\ Water\ Damage)
\end{cases} \\
暴力盜竊\ (Thieves) \\
火災\ (Fire) \\
投棄\ (Jettison) \\
船長船員的惡意行為\ (Barratry) \\
其他一切海上危險\ (All\ Other\ Perils\ of\ the\ Seas)
\end{cases} \\
特殊危險 \\ (Extraneous\ Risks) \begin{cases}
戰爭\ (War) \\
罷工、暴動、民眾騷動\ (SRCC) \\
偷竊、挖竊及未送達\ (TPND) \\
淡水、雨水\ (Fresh\ Water\ and\ Rain) \\
破損\ (Breakage) \\
漏損\ (Leakage) \\
鉤損\ (Hook\ Hole) \\
汙油\ (Oil) \\
汙染\ (Contamination\ with\ other\ Cargoes) \\
汙濕、發熱\ (Sweat\ and\ Heating) \\
浪沖\ (Washing\ Overboard) \\
霉濕及發黴\ (Mildew\ and\ Mould) \\
鼠蟲害\ (Rats\ and\ Vermin) \\
爆炸\ (Explosion)
\end{cases}
\end{cases}
$$

㈠基本危險 (Basic Perils)

基本危險係指一般保單上均有承保的危險。

1.海上固有危險 (Perils of the Seas)

海上固有危險係指存在於海上航程中固有的危險，其包括下列各項危險：

⑴船舶沉沒 (Sinking)：指船舶沉入海底。

⑵擱淺 (Stranding)：指船舶擱淺而不能繼續航行。

⑶船破 (Ship Wreck)：指船舶因觸礁而破損。

⑷碰撞 (Collision)：指船舶與外來物碰撞受損。

⑸失蹤 (Missing)：指船舶失去行蹤逾相當時間。

⑹風暴 (Heavy Weather)：指船舶因天候惡劣而遭受損害。

⑺海水損害 (Sea Water Damage)：因海水灌入船艙使貨物受損。

2. 火災 (Fire)

係指保險標的在海上遭到火災所致的損害，但標的物本身自燃所引起的火災，保險人可主張不賠但須負舉證責任。

3. 暴力盜竊 (Thieves)

係指船舶在海上遇暴力盜取所致之損害，一般偷竊 (Theft) 則不包括在內。

4. 投棄 (Jettison)

係指船舶在海上航行時遇緊急事故，船長為保全全船的共同安全，將船舶上的部分貨物或設備丟棄海中所造成的損失。被投棄的貨物或設備即為共同海損 (General Average)。

5. 船長船員的惡意行為 (Barratry)

係指船長、船員非法故意使保險標的物遭受損害的行為。例如船長、船員走私貨品，致使船舶遭到扣押或沒收等。

6. 其他一切海上危險 (All Other Perils of the Seas)

係指與上述列舉之各種危險類似之其他一切海上危險。

㈡特殊危險 (Extraneous Risks)

特殊危險係指不屬於基本保單承保範圍內的危險。

⑴戰爭 (War)。

⑵罷工、暴動、民眾騷動 (Strikes, Riots and Civil Commotions)。

⑶偷竊、挖竊及未送達 (Theft, Pilferage and Non-delivery)。

⑷淡水、雨水 (Fresh Water and Rain)。

⑸破損 (Breakage)。

⑹漏損 (Leakage)。

⑺鉤損 (Hook Hole)。

⑻汙油 (Oil)。

⑼汙染 (Contamination with other Cargoes)。

(10)汗濕、發熱 (Sweat and Heating)。

(11)浪沖 (Washing Overboard)。

(12)霉濕及發黴 (Mildew and Mould)。

(13)鼠蟲害 (Rats and Vermin)。

(14)爆炸 (Explosion)。

三、海上損害的種類

茲將海上損害的種類整理如下表，並說明如後：

$$
\begin{array}{l}
\text{海上損害} \\
\text{(Maritime Loss)}
\end{array}
\left\{
\begin{array}{l}
\text{全損 (Total Loss)} \left\{
\begin{array}{l}
\text{實際全損 (Actual Total Loss)} \\
\text{推定全損 (Constructive Total Loss)}
\end{array}
\right. \\
\text{分損 (Partial Loss)} \left\{
\begin{array}{l}
\text{共同海損 (General Average)} \\
\text{單獨海損 (Particular Average)}
\end{array}
\right.
\end{array}
\right.
$$

㈠全損 (Total Loss)

係指保險標的物已全數滅失，依損失狀況不同分為：

1.實際全損 (Actual Total Loss)

又稱「絕對全損 (Absolute Total Loss)」，係指凡保險標的滅失，或毀損不復為保險標的原物者。

(1)保險標的已毀滅，如紙類貨物已燒毀。

(2)保險標的已損壞至無法成為原來物體,如糖類食物泡水變質已不能食用。

2.推定全損 (Constructive Total Loss)

係指保險標的遭受危險，其損失程度雖未達全部滅失，但其回復似不可能，或其回復費用及運抵目的地的費用超過運抵後標的物的價值者。可視為推定全損的情況如下：

(1)被保險人因危險事故發生而喪失對貨物的控制，且回復該貨物希望不大時。如貨物已流失不知去向，或海難發生，船長宣布棄船，船上所載貨物即可推定全損。

⑵被保險人因危險事故發生而喪失對貨物的控制，雖可設法回復但回復所需費用超過貨物本身價值者。如船舶沉沒，裝載其上之煤炭之打撈費用可能超過該批煤炭價值者。

⑶貨物如有損壞，其修復費用及將貨物運抵目的地的費用將超過貨物到達之價值者。如機器設備浸泡海水後，其修復費用及運抵目的地費用，已超過該批機器在目的地的市場價值。

⑷船舶因遭難或其他事變不能航行已逾 2 個月，而貨物尚未交付於受貨人、要保人或被保險人時。

⑸裝運貨物之船舶行蹤不明已逾 2 個月時 ❷。

推定全損並非保險標的物已實際全部滅失，而係保險標的物尚存有失而復得的可能，或尚存部分殘值。被保險人於向保險人提出索賠時，必須表示「委付 (Abandonment) ❷」，即被保險人簽署「委付通知書 (Notice of Abandonment)」，聲明將保險標的所有權委付予保險人，並同時要求保險人依保險金額予以賠償。

㈡分損 (Partial Loss)

係指保險標的物因危險發生遭致部分損失，分損可分為以下兩種：

1. 共同海損 (General Average)

係指在船舶航程期間發生海上危急事件，船長為求共同危險中全體財產之安全，所為之故意及合理處分，而直接造成部分貨品之犧牲（如丟棄海中）及發生之費用 ❷，這些損失應由共同航海的船舶及其他貨物共同分攤。

2. 單獨海損 (Particular Average)

係指海上貨物因不可預料的危險所造成的部分滅失或損害，此類損害並非由共同航行之財產共同負擔，而是由遭受損害的各財產所有人單獨負擔。

---

❷　請參閱我國海商法第 144 條規定。

❷　請參閱我國海商法第 142 至 148 條相關規定。

❷　請參閱我國海商法第六章共同海損之相關規定。

四、海上貨物保險的種類

倫敦保險人協會（現已改為「倫敦國際保險人協會」，International Underwriting Association of London, IUA）自 1982 年起將保單及保險條款作全面性更新，我國亦於 1985 年起採行新條款，取代始於 1963 年的舊條款。茲將新舊條款（海、空運）羅列類比如下表：

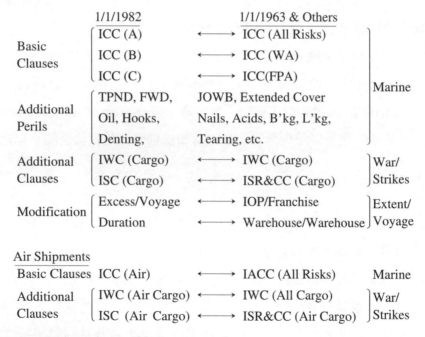

Sea Shipments		
	1/1/1982	1/1/1963 & Others
Basic Clauses	ICC (A) ⟷	ICC (All Risks)
	ICC (B) ⟷	ICC (WA)
	ICC (C) ⟷	ICC(FPA)
		Marine
Additional Perils	TPND, FWD, Oil, Hooks, Denting,	JOWB, Extended Cover Nails, Acids, B'kg, L'kg, Tearing, etc.
Additional Clauses	IWC (Cargo) ⟷	IWC (Cargo)
	ISC (Cargo) ⟷	ISR&CC (Cargo)
		War/Strikes
Modification	Excess/Voyage ⟷	IOP/Franchise
	Duration ⟷	Warehouse/Warehouse
		Extent/Voyage

Air Shipments		
Basic Clauses	ICC (Air) ⟷	IACC (All Risks)	Marine
Additional Clauses	IWC (Air Cargo) ⟷	IWC (All Cargo)	War/Strikes
	ISC (Air Cargo) ⟷	ISR&CC (Air Cargo)	

(一)基本險別及其責任範圍

1. 協會貨物條款 A (Institute Cargo Clause (A), ICC (A))

本條款與舊條款的「全險 (All Risks, AR)」條款類似，本條款承保貨物損毀或滅失的一切危險，但下列危險所遭致的損失除外：

(1)兵險。

(2)罷工暴動險。

(3)船舶或駁船的不適航或不適運。

(4)保險標的物的正常滲漏、耗損。

(5)保險標的物包裝、配備不足或不當所致毀損、滅失或費用。

(6)由於延遲所導致的毀損、滅失或費用。

(7)因被保險人不當行為所導致的毀損、滅失或費用。

(8)由於保險標的物固有的瑕疵所致的毀損、滅失或費用。

(9)因船東、經紀人、傭船人財務困難或背信所導致的毀損、滅失或費用。

(10)因核子、原子或類似武器所致的毀損、滅失或費用。

2. **協會貨物條款 B (Institute Cargo Clause (B), ICC (B))**

此條款與舊條款「水漬險 (With Particular Average, WPA; WA)」類似，其所承保危險範圍如下：

(1)火災或爆炸。

(2)船舶或駁船的擱淺、觸礁、沉沒或翻覆。

(3)陸上運輸工具的翻覆或出軌。

(4)船舶、駁船或運輸工具與水除外的其他物體之碰撞。

(5)避難港的卸貨。

(6)地震、火山爆發或閃電。

(7)共同海損犧牲。

(8)投棄或被波浪捲落。

(9)任何一件貨物於裝卸船舶或駁船時落海或掉落致整件滅失。

(10)海水、湖水或河水侵入船舶、駁船、運輸工具、貨櫃、貨箱或儲存處所。

本條款不承保之危險較 ICC (A) 多一項，即：「任何人員的不法行為所引起的損害」。

3. **協會貨物條款 C (Institute Cargo Clause (C), ICC (C))**

此條款與舊條款「平安險 (Free of Particular Average, FPA)」類似，此條款保費最低，當然保險公司承保範圍即最小，其承保範圍如下：

(1)火災或爆炸。

(2)船舶或駁船的擱淺、觸礁、沉沒或翻覆。

(3)陸上運輸工具的翻覆或出軌。

(4)船舶或駁船或運輸工具與水除外的其他物體之碰撞。

(5)避難港的卸貨。

(6)共同海損犧牲。

(7)投棄。

ICC (C) 不承保危險範圍與 ICC (B) 完全相同。

㈡附加險別及其責任範圍

1.協會貨物兵險條款 (Institute War Clauses——Cargo)

前述各類基本險均未涵蓋兵險，被保險人若有需要須另外附加。本條款承保範圍如下：

(1)由於戰爭、內戰、革命、謀反、叛亂或其引起之內爭，或交戰雙方引起之任何敵對行為。

(2)由於捕獲、拿捕、扣留、阻止、阻留及其結果而為前述危險所引起者。

(3)由於遺棄的水雷、魚雷、炸彈或其他戰爭武器所引起之損害。

2.協會貨物罷工條款 (Institute Strikes Clauses——Cargo)

與舊條款 "Strike Riot & Civil Commotion Clause, SR & CC" 類似，前述各類基本險均未涵蓋罷工險，被保險人若有需要須另外附加。其承保範圍如下：

(1)由於罷工、停工、參與工潮、民眾騷動所引起之損害。

(2)由於任何恐怖主義者或任何政治動機所引起之損害。

3.協會偷竊、挖竊及未送達條款

(Institute Theft, Pilferage and Non-Delivery Clauses, TPND)

ICC (A) 已涵蓋此條款，但 ICC (B)、ICC (C) 並未涵蓋，因此被保險人若有需要，須另外附加。

五、海上保險費的計算

㈠保險價額的計算

貨物保險一般係以保險價額為投保金額，係出險時向保險公司索賠的金額。若買賣雙方無特別約定保險金額的大小，依慣例為 CIF 價的 110%。此保險金額

的估計方式係以該批貨物的成本（CIF 價）加上估計毛利 10% 而成，若投保人可客觀證明其毛利高於 10%，亦可以高於 CIF 價之 110% 進行投保，但保險公司以不超過 CIF 之 150% 為接受原則。一般計算方式如下：

$$保險價額 = 貨物的\ CIF\ 價格 \times 110\%（投保加成）$$

$$保險價額 = 貨物的\ FOB\ 價格 \times 120\%（投保加成）$$

㈡保險費計算公式（以 CIF 加成為例）

$$保險費 = 保險金額 \times 保險費率$$

$$保險費 =（CIF \times 投保加成）\times 保險費率$$

㈢相關計算公式推導

$$I = (CIF \times m) \times r$$

$$I = (CFR+I) \times m \times r$$

$$I = CFR \times m \times r + I \times m \times r$$

$$I\ (1 - mr) = CFR \times mr$$

$$I = \frac{CFR \times mr}{(1 - mr)}$$

符號說明：I ＝ 保險費；m ＝ 投保加成率；r ＝ 保險費率

■ **計算實例一**

外銷電機產品一批由臺灣海運至美國 Los Angeles，相關資料如下：
FOB 金額：USD20,000、運費：USD2,000、投保條款：ICC (A)，其保險費率為 0.5%，試求保險費。

Sol

$$I = \frac{CFR \times mr}{1 - mr}$$

$$I = (USD20,000 + USD2,000) \times 1.1 \times 0.5\% / (1 - 1.1 \times 0.5\%)$$

$$I = \underline{USD121.669}$$

■ 計算實例二

外銷電機產品一批由臺灣海運至美國 Los Angeles，相關資料如下：

CIF 金額：USD20,000、投保條款：ICC (A) 保險費率為 0.5%、加保罷工險其費率為 0.15%、保險金額為 CIF 120%，試計算保險費為何？

Sol

I = CIF × m × r

I = USD20,000 × 1.2 × (0.5% + 0.15%)

I = USD156

第五節　其他貨物運輸保險別

(一)航空貨物運輸保險

航空運輸貨物保險發展較晚，尚未發展為一獨立保險體系，仍係依附在海上貨物保險內，亦即援用水險保單，於水險保單上貼附「協會航空貨物保險條款」，作為航空運輸貨物保單。現行航空運輸貨物保險條款主要有下列三種保險條款：

1. 協會航空貨物險條款 (Institute Cargo Clause——Air) 1/1/1982

此條款之承保範圍與 ICC (A) 相似，但 ICC (A) 中規範之共同海損、雙方過失碰撞責任及運輸工具不適航、不適運等之規定並不適用於空運，且為航空保險效力於載運飛機最終卸載地之卸載日起算屆滿 30 日，較 ICC (A) 所規定之 60 日的效力為短。

2. 協會航空貨物兵險條款 (Institute War Clause——Air Cargo) 1/1/1982

此條款之承保範圍與協會貨物兵險條款 (IWC Cargo) 相似，但沒有共同海損與施救費之相關規定。此條件係以一固定航程為保險期間，除承保貨物本身損失外，亦承保航程的完成。

3. **協會航空貨物罷工險條款** (Institute Strike Clauses——Air Cargo) 1/1/1982

此條款之承保範圍與協會貨物罷工條款 (ISC Cargo) 相仿，但亦無共同海損與施救費之相關規定。

(二)郵遞包裹保險

貿易商對於體積較小、重量較輕或較貴重的物品，通常運用郵包的方式寄發。對於此類寄送商品的保險，可直接向郵政機構投保，亦可向保險公司進行投保。

(三)陸上運輸貨物保險

此保險係用以承保內陸運輸危險事故（如車輛碰撞、傾覆等）所造成的損失，於歐陸國家等多國接壤運輸過程中即需此類保險來分擔風險。我國習慣上仍沿用水險單貼附「陸上運輸保險條款 (Highway Transportation Clause)」。

第六節　貨物運輸保險單據

一、保險單 (Insurance Policy)

(一)保險單功用與內容

保險單係保險人與被保險人之間所訂定之正式保險契約之憑證，具有類似物權證券之效用，得作成指示或無記名式，隨保險標的一起轉讓。因此在 CIF、CIP 交易條件下，保險單據亦為重要押匯文件。我國保險法第 55 條對於保險單之應載事項作明確規範如下：

「保險契約，除本法另有規定外，應記載下列各款事項：

(1)當事人之姓名及住所。

(2)保險之標的物。

(3)保險事故之種類。

(4)保險責任開始之日、時及保險期間。

(5)保險金額。

(6)保險費。

(7)無效及失權之原因。

(8)訂約之年、月、日。」

(二)保險單的種類

茲將一般國際貿易貨物運輸保險常見的保險單種類分述如下：

1. 航程保險單 (Voyage Policy)

承保貨物由某一地點運至另一地點之運輸途中可能遭致危險之保險單。

2. 定值保險單 (Valued Policy)

於保險單上明定保險價額的保險單，若日後出險時即依此保險價額賠償。

3. 確定保險單 (Definite Policy)

又稱為「船舶確定保險單 (Specified/Named Policy)」，係指保險公司於已確定船名、開航日期、貨物數量與金額等相關資料後所簽發的保單。

4. 不確定保險單 (Indefinite Policy)

(1)暫保單 (TBD Policy; Cover Note)

亦稱「TBD 保單」，此類保單適用於每批個別進出口的貨物，在船名未確定時，要保人先將其有關貨物內容告知保險公司，由保險公司發出暫保單。要保人於獲悉船名、起運日期等相關資料後，即行通知保險公司，再由保險公司發出確定保單或於預保單上予以批註。此類保單通常適用於在 FOB 或 CFR 交易條件下，由買方負責投保的情況。

(2)開口保險單 (Open Policy)

又稱「預約保險單」或「統保單」，此類保單係以預約方式，一次承保未來多批貨物的保險單。可以是定期的，也可以是永久的，如為永久性時，通常在保單上加一取消條款 (Cancellation Clause)，使雙方當事人均可在一定期間通知對方取消保單。被保險人每次出貨須通知保險人，發出保險聲明書，保險人據此發出保險證明書。

⑶流動保險單 (Floating Policy)

係指保險當事人事先約定一總保險金額，於每次出貨時即從總保險金額中扣除此次保險金額，直至總保險金額用完為止。保險人憑被保險人起運通知書簽發保險證明書。

二、保險證明書 (Certificate of Insurance)

又稱為「分保單」，係指保險人在統保單項下所簽發之文件，即於預約保險情況下，被保險人於每批貨物裝運出口時，保險人憑被保險人起運通知書簽發保險證明書，其效力與正式保單一樣。

三、保險聲明書 (Insurance Declaration)

係指於預約保險情況下，被保險人須於每批貨物裝運確定時，將貨物名稱、數量、金額、船名、航次等相關資訊向保險人發出之聲明文件。

四、投保通知單 (Cover Note)

係指僅由保險經紀人 (Insurance Broker) 所簽發之通知書，其相關保險事項尚未經保險公司確認，故信用狀統一慣例規定㉕，除非信用狀另有授權，否則銀行不接受此類單據。

㉕　請參閱 UCP 600 第 28 條規定。

是非題

( ) 1. 由航空貨運承攬業者 (Air Freight Forwarder) 所簽發之提單稱為「空運分提單 (HAWB)」。

( ) 2. 不定期船的裝卸貨條件大多為 FIO，意指裝卸貨均由船方負擔費用。

( ) 3. 要保人（或被保險人）對於投保貨物須有投保利益關係。

( ) 4. 全險 (All Risks) 的保險範圍是指「不論原因及損害程度如何，所有危險都予擔保」的一種保險。

( ) 5. 提單背面印有詳細運送條款者，稱為簡式提單 (Short Form B/L)。

( ) 6. 麵粉因海水浸入而成糊狀是屬於推定全損。

( ) 7. 單獨海損並不包含在協會貨物保險 C 款險的承保範圍內。

( ) 8. ICC(A) 條款並未涵蓋 TPND 險，因此被保險人若有需要須另外附加。

( ) 9. 1 個 40 呎貨櫃等量單位稱為 1 個 FEU，1 個 FEU 約等於 2 個 TEU 的載運量。

( ) 10. 整櫃貨一般稱為 CY 貨物，於歐洲線則慣稱為 LCL 貨。

( ) 11. 以 CIF 條件交易者，運費應由賣方負擔並於裝運港付給船公司，而船公司所簽發的提單上應載有 "Freight Collect"。

( ) 12. 表明貨物業已裝上指定船舶之提單稱為「備運提單 (Received B/L)」。

( ) 13. 保險價額若無特別約定，依慣例為 FOB 的 110%。

( ) 14. 一般而言，材積貨的裝運以 TEU 裝載較省運費。

( ) 15. 貨物併櫃須以重量貨搭配材積貨併櫃才可收節省運費之效。

選擇題

( ) 1. 下列何種運輸方式的運量與經濟性最高？　(A)管線　(B)鐵路　(C)空運　(D)海運。

( ) 2. 裝運貨物之船舶行蹤不明已逾 2 個月時可視為　(A)推定全損　(B)實際全損　(C)共同海損　(D)單獨海損。

( ) 3. TPND 是指　(A)罷工險　(B)鉤損險　(C)偷竊、挖竊及未送達險　(D)雨水及淡

水損害險。

( ) 4.在海上發生緊急危難時，船長為避免船舶及貨物的共同危險所作處分而直接
發生的犧牲與費用稱為 (A)全損 (B)分損 (C)單獨海損 (D)共同海損。

( ) 5.以下何者不是空運提單的主要作用？ (A)航空公司收受承運貨物收據 (B)物
權證券 (C)通關文件 (D)運送契約。

( ) 6.空運貨物承運人對貨物的最高賠償責任為 1 公斤 (A) 10 美元 (B) 20 美元
(C) 30 美元 (D) 40 美元。

( ) 7.外銷電器產品一批金額 CIF：USD20,000；ICC(A) 保險費率 0.5%；加保罷工
險費率 0.15%，保險費為 USD (A) 156 (B) 143 (C) 130 (D) 100。

( ) 8.下列何者具有物權證券功能？ (A)空運主提單 (B)空運分提單 (C)海運貨單
(D)海運提單。

( ) 9.依我國海商法規定，要保人或被保險人自接到貨物之日起，多少時間內不將貨
物所受損害通知保險人或其代理人時，視為無損害？ (A) 1 個月 (B) 2 個月
(C) 3 個月 (D) 6 個月。

( ) 10.陸橋作業係陸運與 (A)海運 (B)陸運 (C)空運 的複合運送。

( ) 11.在提單收貨人欄 (Consignee) 中出現 "to order" 字樣者稱為 (A)清潔提單 (B)
指示提單 (C)記名提單 (D)裝船提單。

( ) 12.若提單以信用狀受益人以外的當事人為託運人 (Shipper) 稱為 (A)清潔提單
(B)指示提單 (C)記名提單 (D)第三者提單。

( ) 13. MAWB 與 HAWB 最大的不同點是 (A)簽發人 (B)貨物收據 (C)運輸契約憑
證 (D)提貨功能。

( ) 14.定期船的裝卸條件依世界航運習慣為 (A) FIO 條件 (B) FO 條件 (C) FI 條件
(D) Berth Term 條件。

( ) 15. Received B/L 指 (A)簡式提單 (B)備運提單 (C)備船提單 (D)不可轉讓提單。

( ) 16.海運提單上註明 "shipper's load, count & seal" 字樣，係指該批貨物運送方式應
為 (A) CY (B) CFS (C) LCL (D) CIF。

( ) 17.信用狀上要求投保 SR & CC，係指下列何種附加險？ (A)破損險 (B)戰爭險
(C)雨水險 (D)罷工、暴動、民眾騷擾險。

( ) 18.貨櫃運輸之運輸路線所稱 Land Bridge 係採下列哪一種複合運送？ (A)海—陸
—海 (B)海—陸 (C)陸—海—陸 (D)海—陸—陸。

( )　19. 國際貨運承運人對於油料或燃料漲價而增列之附加費用稱為　(A) CAF　(B) BAF　(C) THC　(D) PSS。

( )　20. 裝卸貨及相關費用均由船方負擔的裝卸貨條件為　(A) Berth Term　(B) FIO　(C) FIOS　(D) FIOT。

問答題

一、試說明海運之特性及其營運類型。

二、貨櫃運輸裝卸作業方式有哪幾種？其相關費用分別有哪些？

三、何謂陸橋運輸 (Land Bridge Service)、小型陸橋運輸 (Mini Land Bridge Service) 與微陸橋運輸 (Micro Land Bridge Service)？試分別說明之。

四、空運提單可分為主提單 (MAWB) 與分提單 (HAWB)，其區別何在？

五、試就海運提單 (Ocean B/L)、海運貨單 (Sea Waybill) 與空運提單 (Air Waybill) 比較其異同處。

六、何謂推定全損 (Constructive Total Loss)？可視為推定全損的情況有哪些？

七、倫敦保險人協會於 1982 年更新的保險條款，將海上貨物運輸保險的基本險分為哪幾種？

計算題

一、棉布一批由臺灣到日本東京，投保 A 款險，費率為 0.8%；附加兵險，費率為 0.15%。設 FOB 值為 USD8,000 運費為 USD1,500 其保險費為多少？

二、臺灣某出口商擬出口一批貨物，共裝 300 箱，每箱毛重 18.5 公斤，體積 0.186 立方公尺 (CBM)，船公司報價如下：

CY：20′：USD3,000　　40′：USD5,000

CFS：USD100 per M/W

Ps：一只 20 呎貨櫃裝運貨物體積上限 33.1CBM，重量上限 21.67W/T

　　一只 40 呎貨櫃裝運貨物體積上限 67.5CBM，重量上限 26.48W/T

　　CY 吊櫃費 TWD5,600/20′；TWD7,000/40′

　　CFS 裝櫃費 TWD380/W/M

　　USD：TWD＝1：33

請問該批貨物應如何裝運較有利？應付運費多少？

第十章

出進口檢驗與
通關實務

學習目標

我國海關概況

出口簽證、檢驗與公證

出口通關程序

進口簽證與通關

進口檢驗與提貨

Practices of
International
Trade

　　國與國之間的貨物貿易往來，當然必須受到各國海關法令的約制。一般國家即藉由海關來調控貨物進出口的數量與關稅的徵收或補貼，藉此實踐一國的經貿政策，達成國家經濟目標。由於各國的貿易政策與關務規定迥異，間接增加了國際貿易事務的複雜度與困難度。貿易商於從事貿易行為之前，除對於貿易對手須進行瞭解外，對於貿易對手國的關貿相關法令規範，亦須進行充分地瞭解，以期強化通關效能，避免因對於相關法令瞭解的疏漏，徒增許多不必要的作業成本。

　　我國已於 2000 年 1 月 1 日正式加入「世界貿易組織 (WTO)」，對於海關事務相關規範採取「原則開放；例外管理」的原則，關稅稅率亦將逐步降低，以達到 WTO 規範標準。我國海關事務已經朝向建立一自由、公平、效率的貿易平臺發展，協助促進我國經貿的進一步發展。本章將就我國現行進出口關務與程序之相關規定，為讀者進行介紹與說明。

第一節　我國海關概況

　　任何國家基於政治、經濟亦或是安全上的考量，對於貨物進出國境，均會立法加以管制。而依法進行管制的單位，即是所謂的「海關 (Customs)」。因此，貨物於進出國境時，均須遵循海關的規定進行報關的手續，於報關之後方能將貨物裝船出口或提領進口，亦即完成所謂「通關 (Customs Clearance)」程序。一般通關手續係委由較熟悉海關法令與通關程序的專業報關代理人，俗稱「報關行 (Customs Broker)」，來進行報關作業。通關程序依進出口分為出口通關與進口通關，以下係就我國海關現況與出進口通關概況進行介紹，惟讀者須配合最新修正相關法令研讀，以期確切瞭解我國海關現行之通關實務的相關規定。

一、海關業務範圍

　　我國海關的主管機關為財政部，臺灣地區的國際通商口岸與隸屬海關如下表所示：

海　　關	管轄口岸
基隆關	基隆港、花蓮港、蘇澳港、臺北港
台北關	松山機場、桃園機場
台中關	臺中港
高雄關	高雄港、高雄機場

海關主要業務範圍如下：

(1)走私查緝。

(2)進出口貨物查證與通關文件審核。

(3)關稅稽徵。

(4)代徵相關稅費，如營業稅、貨物稅等。

(5)貿易數值統計與分析。

(6)助航設備的設置與管理。

二、貨物通關自動化

　　我國海關為縮短貨物通關時間、提高通關效率藉以強化我國外貿競爭實力，於 1992 年 11 月由空運率先導入通關自動化系統，海運亦隨後於 1994 年 11 月導入上線，目前 C1 通關僅需 15 分鐘即可完成通關手續。所謂「**貨物通關自動化 (Cargo Clearance Automation)**」係指將與海關通關作業所有相關單位與相關業者，應用電腦網路連線方式連結起來，以「電子資料交換 (Electronic Data Interchange, EDI)」取代人工遞送文件與運用電腦來代替人工，自動化處理貨物通關相關作業。目前所有相關業者係透過「關貿網路 (Trade-Van, T/V)」與海關完成連線作業。茲將透過關貿網路辦理通關自動化業務的優點略述如下：

貨物通關自動化

欲使用關貿網路進行通關自動化之業者，須先向海關審核申請，再向「關貿網路股份有限公司」提出連線申請。關於該公司的營業項目與沿革，可逕至該公司網站 (www.tradevan.com.tw) 查詢。

(1)加速通關：加強物流效率，降低營運成本，提高國際競爭力。

(2)隨時收單：1 天 24 小時隨時透過關貿網路傳輸資料，不須派員遞送書面報單至海關辦理通關手續。

(3)方便查詢：連線查詢相關資料庫取得所需資訊。

(4)先放後稅：透過「先放後稅」保證金制度，業者可於電腦上直接從額度內扣除稅金，事後再行補繳。

(5)電腦通知放行：可隨時取得放行訊息與通知單及早辦理提貨手續。

三、通關方式

1. **C1 通關** (Channel 1)：**免審免驗通關**

免審特殊文件與免查驗貨物，即可在電腦上完成放行手續。

2. **C2 通關** (Channel 2)：**應審免驗通關（文件審核通關）**

依此種通關方式之業者，除須檢附一般文件外，亦須補送報關的特殊文件，經海關審核無誤後，貨物即行免驗放行。

3. **C3 通關** (Channel 3)：**應審應驗通關（貨物查驗通關）**

必須經查驗貨物與審核相關書面文件無誤後，方可放行。

第二節　出口簽證

一、出口貿易管理制度

我國自 1993 年實施「貿易法」後將進出口簽證制度由「正面表列」方式改為「**負面表列**」方式，亦即採取「原則開放，例外管理」的出口貿易管理制度。所謂出口簽證，係指出口廠商於貨品出口前，依政府規定向其指定之相關機構申請核發「輸出許可證 (Export Permit, E/P)」，報關業者通稱為 CBC 或 BC，憑以向海關辦理出口通關之用。目前簽證之限制輸出貨品表架構如下：

第一表：為管制輸出貨品。列入此表之貨品，非經貿易局專案核准發給輸出許可證，不得輸出。

第二表：為有條件准許輸出貨品。列入此表之貨品均有其一定之核准條件，出口人應依表內所載輸出規定（如檢附主管機關同意文件等），經貿易局核發輸出許可證後，始得輸出。

限制輸出貨品表外之貨品（免除輸出許可證）非屬限制輸出之貨品，出進口廠商申請輸出時，可免除輸出許可證，逕向海關申請報關出口。但其他法令另有管理規定，須由有關主管機關核發許可文件或證照始得輸出者，應另依貿易局編訂「海關協助查核輸出貨品表」內之輸出規定辦理，海關始准免證通關放行。

出口管理輸出規定一覽表

表 別			2011 年 2 月 16 日		理 由
			CCC 項數	%	
限制輸出貨品表（輸出許可證項目）	表一（管制輸出）		38	0.35%	非經貿易局專案核准發給輸出許可證，不得輸出，一般而言，不准輸出。
	表二（有條件准許輸出）	貿易局簽證	37	0.34%	符合所載輸出規定即准核發給輸出許可證，憑證通關輸出。
	合 計		75	0.69%	
自由輸出（免除輸出許可證項目）	海關協助查核輸出貨品表		657	6.03%	其他國內管理法令與輸出有關之規定，委託海關協助查核，海關查核符合規定即准通關輸出。
	其 他		10,170	93.29%	海關逕准通關，自由輸出。
	合 計		10,827	99.31%	
總 計			10,902	100.00%	

註：1994 年 6 月 30 日限制表、協查表 1,894 項 (20.34%)。
　　2011 年 2 月 16 日限制表、協查表 732 項 (6.71%)。
資料來源：經濟部國貿局。

二、出口簽證機構

受理出口人申請簽發輸出許可證之主管機關為「國際貿易局」。惟依貿易法第 14 條規定，該局亦得委託金融機構、同業公會或法人辦理；另依貿易法施行細則第 22 條規定，加工出口區、科學工業園區、自由貿易港區或農業科技園區有關應由經濟部國際貿易局辦理之貿易事項，得委託各該管理處、局或管理機關辦理。故目前負責簽發貨品輸出許可證之簽證單位計有下列：

㈠政府機關

1.國際貿易局（貿易服務組及高雄辦事處）

受理廠商申請限制輸出貨品表所列限制輸出貨品、部分有條件准許輸出貨品及高科技貨品之出口簽證案件；以及未具有出進口廠商資格之出口人申請貨品出口簽證案件。

2.加工出口區管理處及所屬分處

限受理加工出口區區內事業之出口簽證案件。

3.科學工業園區管理局

限受理園區事業之出口簽證案件。

4.自由貿易港區管理機關

限自由港區事業之出口簽證案件。

5.農業科技園區管理局

限受理園區內事業之出口簽證案件。

㈡財團法人：中華民國紡織業外銷拓展會

受理限制輸出貨品表所列輸往設限地區（美、加、歐盟、土耳其）紡織品之出口簽證案件。貿易局編訂之限制輸出貨品表內，對於各項貨品之輸出應向何單位申請簽證均有記載。

三、出進口簽證申請人

輸入貨品之出進口人，依貿易法第 9、10 條之規定，分為下列兩大類：

1. 向國際貿易局登記之出進口廠商

所謂出進口廠商係指公司行號，其營利事業登記證之營業項目凡屬買賣業或進出口業者，不限制資本額之多寡，均可向國際貿易局辦理登記為「出進口廠商」，其輸出入「限制輸出入貨品表」內之貨品，除其他法令另有規定或經貿易局公告免證者外，應依該表所列規定辦理簽證，其輸出入「限制輸出入貨品表」外之貨品，則免證輸出入。政府機關與公營事業輸出入貨品，一般係比照出進口廠商之資格辦理。

2. 非以輸出入為目的之法人、團體或個人

此係指出進口廠商以外之出進口人，此等出進口人並未向貿易局辦理出進口廠商登記或不符合前項登記之條件，其範圍相當廣泛，包括財團法人、私立學校、私立醫院、慈善團體、宗教團體、漁民等。

四、輸出許可證的種類與格式

(1)一般性輸出許可證之格式，共計二聯。

第一聯：簽證機關存查聯。

第二聯：出口人報關用聯。

(2)用於設限地區紡織品出口之「輸出許可證暨出口報單」格式，共計五聯

第一聯：紡拓會存查聯。

第二聯：統計用聯（必要時由紡拓會印製，廠商不需檢附）。

第三聯：通關用聯，由海關存查。

第四聯：證明用聯，由廠商視需要向海關申請。

第五聯：沖退原料稅用聯，由海關簽章後交申請人辦理沖退原料稅用（由申請人自行決定是否附加此聯）。

(3)用於戰略性高科技貨品之輸出許可證格式，共計三聯。

第一聯：簽證機關存查聯。

第二聯：出口人報關用聯。

第二 A 聯：出口人向簽證機關核銷用聯。

五、輸出許可證之申請

辦理出口簽證手續十分簡便，僅須備妥下列文件即可向簽證機構辦理：

(1)國際貿易局發給的「廠商印鑑卡」。

(2)輸出許可證申請書。

(3)其他證明文件。

六、輸出許可證的有效期限

輸出許可證自簽證日起 30 日內有效，但國際貿易局另有規定者從其規定。出口廠商亦得透過網際網路，以電子資料傳輸方式向國際貿易局申請輸出許可證。經核與規定相符後，予以發證，並以電子資料交換方式傳輸海關。

七、輸出許可證的延期

輸出許可證不得申請延期，廠商若未能於其有效期限內裝運出口者，應將原輸出許可證註銷重簽。

八、輸出許可證的修改

輸出許可證之修改，應依下列規定辦理：

(1)未報關前發現錯誤者，應註銷重簽，不得申請修改。

(2)已報關未放行前或報關放行後須修改者，應檢附輸出許可證修改申請書向原簽證單位辦理。但修改內容涉及貨物名稱、品質、品類、單位或數量者，應先經海關簽署證明始可申請修改；如因屬免驗或抽中免驗，海關無資料可資查證者，應由海關在修改申請書有關聯簽署證明。

(3)申請修改時，仍應依原輸出規定辦理。

(4)輸出許可證申請人名稱，不得修改。但經貿易局專案核准修改者，不在此限。

⑸輸出許可證之修改，應自簽證單位簽證之日起 6 個月內為之。但未逾 3 年經貿易局核准者，不在此限。

九、出進口電子簽證作業

為加速出進口貨品之通關與簡化出進口簽證作業手續，以減少出進口廠商往返簽證機構申請簽證的時間與人力，國際貿易局已於 1999 年 12 月 1 日起實施電子簽證。所謂電子簽證，即進口人可透過網際網路，以電子資料傳輸之方式申請輸出入許可證。

㈠辦理電子簽證申請手續

⑴出進口人(政府機關、公營事業及在國際貿易局辦妥登記之出進口廠商)辦理電子簽證前，應填具「輸出入貨品電子簽證密碼申請表」向國際貿易局申請使用者識別碼 (User ID) 及密碼 (Password)。報關業者受委託辦理電子簽證者，申請使用者識別碼及密碼，除應填具密碼申請表外，應另檢附營利事業登記證影本及海關登錄執照影本。

⑵輸出入貨品電子簽證密碼申請表經國際貿易局核可後，將核發使用者識別碼及密碼予申請人，並以掛號郵寄送達申請人。

⑶申請人應妥善保管使用 ID 及密碼，基於安全考量，申請人首次使用國際貿易局之簽審電腦化管理系統，必須自行變更密碼。

⑷申請人資料如有變更,需填具輸出入貨品電子簽證密碼申請表申請變更。

(二)電子簽證之系統架構

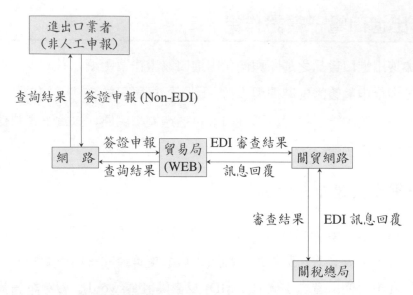

資料來源：國際貿易局。

(三)出進口電子簽證注意事項

(1)適用辦理電子簽證之申請人以政府機關、公營事業及在國際貿易局辦妥出進口廠商登記之廠商，及在海關辦妥登錄執照之報關業者。

(2)下列申請案件不得以電子簽證申辦，仍應以一般書面方式辦理：

　①輸出入許可證之修改、註銷或遺失補發案件。

　②戰略性高科技貨品輸出入許可證申請案件。

(3)依輸出入規定應檢附主管機關之同意文件，申請人應電傳國際貿易局(貿易服務組)，傳送前在該文件上加註申請編號及加蓋公司與負責人之印章，必要時須提供主管機關同意文件之正本以供核對。

(4)電子簽證申辦案件不論核准與否，均可經由電腦網路查詢結果，經貿易局審核未准之申辦案件須自行修正後重新申請。

(5)申請人經由電腦網路查詢簽證申辦結果均無訊息時，可電詢國際貿易局(貿易服務組)查明原因，如確屬未送達者，須重新傳送電子簽證資料。

(6)電子簽證案件經國際貿易局核准並以郵遞方式寄送輸出入許可證予申請
人，如未送達或遺失，申請人須另繕具「輸出入許可證註銷或遺失補發
申請書」以書面方式向該局提出申請。

(7)申請人應於收到輸出入許可證後再行報關，並儘可能一證一用。

(8)申請進口 CWC（聯合國化學武器公約）之貨品及戰略性高科技貨品之證
明書仍維持以書面方式申報。

第三節　出口檢驗與公證

一、出口檢驗

(一)出口檢驗標準

商品出口檢驗的標準係以「中華民國國家標準 (National Standards of the Republic of China, CNS)」為基準，若該商品尚未定有國家標準者，則依暫行標準檢驗。出口貨品之檢驗標準，得依買賣雙方約定之檢驗規範。若買方所要求的標準低於國家標準時，須先經貿易主管機關專案核准，按買方標準檢驗即可。

(二)出口檢驗程序

茲將出口檢驗程序之報驗、檢驗、複驗、港口驗對 4 個步驟，分別說明如下：

出口檢驗流程	說　明
	(1)報　驗： 向檢驗機構洽取「報驗申請書」連同「輸出檢驗合格證書」，逐欄填寫後，持向貨品置放所在地的檢驗機構申請檢驗。 (2)檢　驗： 標準檢驗局檢驗執行的方式有如下三種： ・自行檢驗係由標準檢驗局或所屬各分局之檢驗單位自行檢驗。 ・代行檢驗由標準檢驗局委託具有能力且經審查認可之公私立事業機構法人團體來代為施行技術部分之檢驗工作。 ・分等檢驗凡屬經濟部指定實施分等檢驗之商品，標準檢驗局得採信生產廠商自行檢驗之記錄，憑以發給「輸出檢驗合格證明書」。 (3)複　驗： 業者對於檢驗結果有異議時，得於接獲不合格通知書後 15 日內，申請免費就原取樣品複驗一次。原樣品已無剩餘或已無法再次檢驗時，得重新取樣。 (4)港口驗對： 業者將經過檢驗合格商品運抵港口後，應持「輸出檢驗合格證書」向當地標準檢驗局港口分局報請驗對，港口分局於受理後，即派檢驗人員至貨品存放之倉庫或碼頭執行驗對。

(三)檢驗費

檢驗費用依商品檢驗法規定，按各該商品市價（FOB 價格）千分之三 (0.3%) 以內從價計收。

(四)特約檢驗

特約檢驗 (Project Inspection)，係指標準檢驗局照例不受理未列入法定檢驗之商品，但若出口商有特別需要時，得依「商品特約檢驗辦法」向檢驗機構提出申請。出口商須特別留意如下要項：

(1)申請特別檢驗宜早，若時間過於逼近船期，標準檢驗局認為執行上有困難時得予拒絕受理。

(2)經特別檢驗合格後，係發給「特約檢驗合格證明書 (Certificate of Project Inspection)」。須事先將正確單據名稱明定於交易條款中，以避免於單據式交易過程中遭銀行拒付。

二、出口公證

(一)出口公證分類

1.依檢驗地點

⑴出口檢驗公證

於貨物裝運出口前，由指定的公證機構進行檢驗。檢驗的時點應與貿易條件的交貨點相互配合。

⑵進口檢驗公證

在貨物運抵目的地時，由指定的公證機構來進行檢驗。一般進口檢驗公證乃用於向船公司或保險公司亦或賣方提出索賠之用。

2.依檢驗嚴格度

茲將檢驗的嚴格度依序說明如下：

⑴ A 級檢驗

為公證中要求最嚴格的檢驗方式。從原料的採購開始，一直到產品的包裝運送，公證公司均派員進行詳細檢查與記錄。

⑵ B 級檢驗

檢驗的嚴格程度僅次於 A 級的檢驗條件，其檢驗範圍係由製造過程開始，直至包裝運送為止。

⑶ C 級檢驗

檢驗的嚴格程度次於 B 級的檢驗條件，僅就契約規定之關於貨品的品質、數量、規格與包裝等所進行的檢驗。此為一般貿易實務上最常見的公證檢驗等級。

⑷ D 級檢驗

公證公司僅於契約貨物交運前，進行數量清點與外觀檢查的檢驗條件。

(二)出口公證費用

出口公證費用的計算，一般係以貨品 FOB 價格的千分之五至百分之一

（0.5% 至 1%）之間來計費，依貨物的性質、種類與數量的不同，收取不同的費用。公證費用與公證人員的出差費、化驗費等相關費用的負擔歸屬，應事先約定並於合約中作明確規範。

㈢公證檢驗申請

公證檢驗的申請時點，應配合檢驗等級與交運期日。廠商應及早洽定公證機構安排檢驗，若檢驗不符時，才有時間進行補正與複驗。

㈣公證檢驗機構

目前我國依法設立的公證公司不在少數，但大都規模太小或資歷太淺，因此並不具有國際的公信力。目前國內提供公證服務的公司中，規模最大者當屬「瑞商遠東公證股份有限公司 (SGS)」。該公司集團分布全球 140 餘國，由 120 餘家關係企業與 150 多個實驗機構所組成，是目前最具國際公信力的公證公司。

㈤強制出口公證

「裝運前檢驗 (Pre-Shipment Inspection, PSI)」係指貨物進口國因本身的海關制度不夠健全，無法承擔貨物通關的相關作業，政府為防止商業詐欺與逃避關稅，要求貨物於裝運出口前，必須經進口國政府指定的公證機構對貨物予以檢驗，若合格並出具無瑕疵檢驗報告證明文件，才准予通關進口。

第四節　出口通關

一、出口報關期限

出口貨物之申報，由貨物輸出人於載運貨物之運輸工具結關或開駛前之規定期限內，向海關辦理（關稅法第 16 條第 2 項）。

二、出口通關 (Export Customs Clearance) 程序

㈠出口通關前準備事項

1.洽訂艙位

向船公司洽訂艙位取得「裝貨單 (Shipping Order)」，或向航空公司洽訂機位並取得託運單。

2.申請相關出口必要文件

若該貨物之出口須經簽證，則需向相關簽證機構申請核發輸出許可證或其他必要文件，以備通關之用。

⑴一般文件

　①出口報單 (Application for Export)。

　②裝貨單或託運單 (Delivery Order, D/O)。

　③輸出許可證 (Export Permit Declaration of Value)。

　④商業發票 (Commercial Invoice)。

　⑤包裝單 (Packing List)。

　⑥報關委任書。

⑵特殊文件

出口貨品名稱	證明文件	發證機關
唱片及已錄製之錄音帶、錄影帶	核驗證明	行政院新聞局駐港埠核驗中心
電影片	核准出口證明書	行政院新聞局
應徵貨物稅貨物	貨物稅完稅照或免稅照	稅捐稽徵機關
核子原料、放射性物質及可發生游離輻射設備	輸出證明書	行政院原子能委員會
農產品、林產品、禽畜產品等（包括加工食品）	檢疫證明書	行政院農業委員會動植物防疫檢疫局
出口電影毛片	輸出許可證	國際貿易局
紡織品輸往設限地區	中華民國紡織業外銷拓展會核准簽證	中華民國紡織業拓展會

(二)貨物出口通關程序

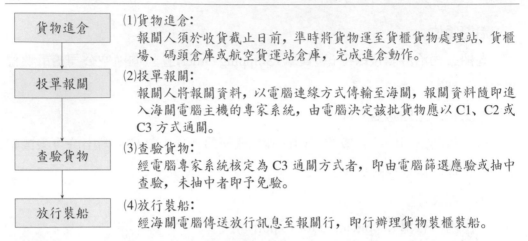

貨物出口通關流程　　　　　　　　　　　　　說　明

貨物進倉
(1)貨物進倉：
　　報關人須於收貨截止日前，準時將貨物運至貨櫃貨物處理站、貨櫃場、碼頭倉庫或航空貨運站倉庫，完成進倉動作。

投單報關
(2)投單報關：
　　報關人將報關資料，以電腦連線方式傳輸至海關，報關資料隨即進入海關電腦主機的專家系統，由電腦決定該批貨物應以 C1、C2 或 C3 方式通關。

查驗貨物
(3)查驗貨物：
　　經電腦專家系統核定為 C3 通關方式者，即由電腦篩選應驗或抽中查驗，未抽中者即予免驗。

放行裝船
(4)放行裝船：
　　經海關電腦傳送放行訊息至報關行，即行辦理貨物裝櫃裝船。

第五節　進口簽證

一、進口貿易管理制度

　　國際貿易局為全面加速推動貿易自由化與透明化，除公告自 1994 年 7 月 1 日起實施負面表列貿易管理制度外，針對進口貨品之各項管、限制措施進行檢討與簡化，亦持續地與相關單位協商開放不符國際規範之貨品管制措施，目前管制進口類貨品正逐年減少，免除簽發輸入許可證之貨品則逐年增加，而各項貨品之進口手續亦隨之進一步簡單化、透明化。為使我國對外貿易管理邁向先進國家之林，目前正逐步建立一套符合國際規範之進口貿易管理制度，即在符合國際貿易規範下，基於原則准許、例外限制之原則，給予最小程度之進口限制或管理。

　　根據貿易法第 11 條規定，貨品除因國際條約、貿易協定或基於國防、治安、文化、衛生、環境與生態保護或政策需要，得予限制外，應准許自由輸入。限

制輸入之貨品名稱及其有關規定，由經濟部公告之，經公告之清單為「限制輸入貨品」，即所謂之「負面表列」。限制輸入貨品表之架構如下：

第一表：為管制輸入貨品。列入此表之貨品，非經貿易局專案核准發給輸入許可證，不得輸入。

第二表：為有條件准許輸入貨品。列入此表之貨品均有其一定之核准條件，進口人應依表內所載輸入規定（如檢附主管機關同意文件等），經貿易局核發輸入許可證後，始得輸入。

進口管理負面表列輸入規定一覽表

表　別			1994 年 7 月 1 日		2011 年 2 月 16 日		理　由
			CCC 項數	%	CCC 項數	%	
限制輸入貨品表（輸入許可證項目）	表一（管制輸入）		243	2.61%	86	0.79%	非經貿易局專案核准發給輸入許可證，不得輸入，一般而言，不准輸入。
	表二（有條件准許輸入）	貿易局簽證	320	3.44%	15	0.14%	符合所載輸入規定即准核發輸入許可證，憑證通關輸入。
		委託銀行簽證	154	1.65%	0	0.00%	
	合　計		717	7.70%	101	0.93%	
自由輸入（免除輸入許可證項目）	海關協助查核輸入貨品表		765	8.21%	1,120	10.27%	其他國內管理法令與輸入有關之規定，委託海關協助查核，海關查核符合規定即准通關輸入。
	其　他		7,835	84.09%	9,681	88.80%	海關逕准通關，自由輸入。
	合　計		8,600	92.30%	10,801	99.07%	
總　計			9,317	100.00%	10,902	100.00%	

註：1. 1994 年 7 月 1 日限制表、協查表 1,482 項 (15.91%)。
　　2. 2011 年 2 月 16 日限制表、協查表合計 1,221 項 (11.20%)。
　　3. 2011 年 2 月 16 日海關協助查核輸入貨品 1,120 項中含 MW0：208 項，MP1：22 項。
　　4. 2011 年 2 月 16 日第 98 章關稅配額或品共 112 項。
資料來源：經濟部國貿局

限制輸入貨品表外之貨品（免除輸入許可證）非屬限制輸入之貨品，出進

口廠商申請輸入時可免除輸入許可證，逕向海關申請報關進口。但其他法令另有規定，須由有關主管機關核發許可文件或證照始得輸入者，應另依貿易局編訂「海關協助查核輸入貨品表」內之輸入規定辦理，海關始准免證通關放行。

二、進口簽證機構

1. 國際貿易局（貿易服務組、高雄辦事處或中區聯合服務中心）

　　凡依「中華民國進出口貨品分類表」或「限制輸入貨品表」內輸入規定欄列有 "121" 者，應向此單位申請簽發輸入許可證。

2. 科學工業園區管理局

　　只受理園區事業單位之進口簽證案件。

3. 加工出口區管理處及所屬分處

　　限受理加工出口區區內事業之進口簽證案件。

4. 自由貿易港區管理機關

　　限自由港區事業之進口簽證案件。

5. 農業科技園區管理局

　　限受理園區內事業之進口簽證案件。

三、輸入許可證格式

　　「輸入許可證申請書」與「輸入許可證更改申請書」為二聯式，各聯用途如下：

　　⑴第一聯（申請書）：簽證機構存查。

　　⑵第二聯（正本聯）：進口人報關用。

四、輸入許可證之申請

　　輸入許可證之申請，應以書面或電子簽證方式，向國際貿易局申請。以書面申請時，應備妥下列文件：

　　⑴全份輸入許可證申請書。

　　⑵依其他相關規定應繳附之文件。

五、輸入許可證的有效期限

輸入許可證的有效期限，為自簽證日起 6 個月，但對於特定貨品輸入或自特定地區輸入貨品，得核發有效期限較短的輸入許可證。當申請人預期進口貨品無法於有效期限內裝運者，得於申請時敘明理由並檢附證件，申請核發有效期較長的輸入許可證。輸入貨品應於輸入許可證有效期屆滿之前自原起運口岸裝運，其裝運日期以提單所載日期為準。

六、輸入許可證的延期

輸入貨品未能於輸入許可證有效期限內自原起運口岸裝運者，申請人得於期限屆滿前 1 個月內，申請延期。其每次延期不得超過 6 個月，延期次數不得超過二次。但經國際貿易局公告指定之貨品，應於期限內輸入者不得延期。

七、輸入許可證的更改

輸入許可證上所載之各項內容，申請人得於有效期限屆滿前，繕打輸入許可證更改申請書，連同原輸入許可證及有關證件申請修改，但申請人之名稱，除經核准變更登記者外，不得更改。若輸入許可證內之部分貨品已向海關報運進口並經核銷者，則該輸入許可證之內容除有效日期外，不得申請更改。

第六節　進口通關

一、進口報關期限

我國關稅法第 16 條第 1 項規定進口貨物之申報，由納稅義務人自裝載貨物之運輸工具進口日之翌日起 15 日內，向海關辦理。關稅法第 73 條規定，進口貨物不依第 16 條第 1 項規定期限報關者，自報關期限屆滿之翌日起，按日加徵滯報費新臺幣 200 元。前項滯報費徵滿 20 日仍不報關者，由海關將其貨物變賣，所得價款，扣除應納關稅及必要之費用外，如有餘款，由海關暫代保管；納稅義務人得於 5 年內申請發還，逾期繳歸國庫。

二、進口通關文件（關稅法第 17 條）

㈠一般文件

⑴進口報單 (Application for Import)。

⑵提貨單，又稱小提單 (Delivery Order, D/O)。

⑶貨價申報書 (Declaration of Value)。

⑷商業發票 (Commercial Invoice)。

⑸包裝單 (Packing List)。

⑹輸入許可證 (Import Permit, I/P)。

⑺報關委任書。

⑻型錄說明書或圖樣 (Catalogues; Specifications; Descriptions)。

⑼貨櫃集中查驗吊櫃通知單（CY 貨櫃裝運進口者）。

⑽海關進口貨物各項稅款繳納證明。

㈡特殊文件

進口貨品名稱	證明文件	發證機關
無線電通訊器材	無線電進口護照	交通部
農產品家畜植物	檢驗合格證或檢疫證明	行政院農業委員會防疫檢疫局
麻醉品	特許輸入許可證	行政院衛生署
西藥贈品及樣品	藥物樣品（贈品）審核通知書	行政院衛生署
電影片及電視影片	核准證明書	行政院新聞局

三、貨物進口通關程序

我國貨物進口通關程序，無論係海運或空運，其通關程序均包含下列五大步驟：

貨物進口通關流程	說　明

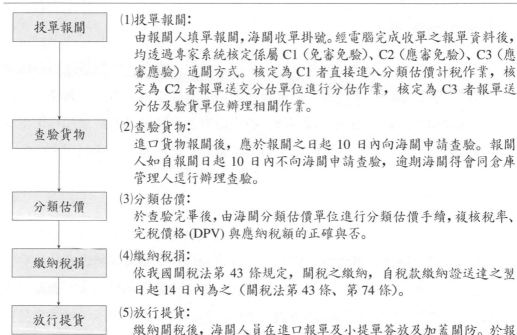

(1)投單報關：

由報關人填單報關，海關收單掛號。經電腦完成收單之報單資料後，均透過專家系統核定係屬 C1（免審免驗）、C2（應審免驗）、C3（應審應驗）通關方式。核定為 C1 者直接進入分類估價計稅作業，核定為 C2 者報單送交分估單位進行分估作業，核定為 C3 者報單送分估及驗貨單位辦理相關作業。

(2)查驗貨物：

進口貨物報關後，應於報關之日起 10 日內向海關申請查驗。報關人如自報關日起 10 日內不向海關申請查驗，逾期海關得會同倉庫管理人逕行辦理查驗。

(3)分類估價：

於查驗完畢後，由海關分類估價單位進行分類估價手續，複核稅率、完稅價格(DPV) 與應納稅額的正確與否。

(4)繳納稅捐：

依我國關稅法第 43 條規定，關稅之繳納，自稅款繳納證送達之翌日起 14 日內為之（關稅法第 43 條、第 74 條）。

(5)放行提貨：

繳納關稅後，海關人員在進口報單及小提單簽放及加蓋關防。於報關行取得放行通知後，即可進行提貨手續。

免驗貨物品目範圍

1. 下列物品應予免驗：
   (1)總統、副總統應用物品。
   (2)駐在中華民國之各國使館外交官、領事官及其他享有外交待遇之機關與人員之公用或自用物品，經外交部或其授權之機關證明者。但必要時，海關仍得查驗，並通知進口人及外交部禮賓司洽有關使領館或機構派員會同辦理。
2. 下列物品得予免驗：
   (1)包裝、重量相同，或散裝進口之大宗貨物，或笨重之機器及器材，經審查其提貨單、裝箱單、發票等證件認為無異狀者。
   (2)軍政機關購運進口之器材物品。
   (3)公營事業機構進口貨物。
   (4)供緊急救難用之進口貨物。
   (5)國內公私立大學進口貨物。
   (6)私人餽贈之進口物品郵包，數量零星者。
   (7)靈柩或骨灰。
   (8)其他經海關核准廠商之進口貨物。

第七節　進口檢驗與提貨

一、進口檢驗 (Import Inspection)

(一)進口檢驗意義

　　係指政府為保護消費者權益及國內動植物的生態安全，而對於進口動植物及其產製品施行必須的檢疫外，其他商品則由經濟部視實際需要，對特定商品施行強制性檢驗而言。目前我國執行一般進口商品檢驗機構為經濟部標準檢驗局，關於動植物及其產品的檢疫則由行政院農委會動植物防疫檢疫局來執行。

(二)應檢驗項目

　　商品檢驗法第 2、3 條規定，除輸出入國境或過境之動植物及其產品之疫病蟲害均應實施檢驗外，其他進口貨品，並非皆須經標準檢驗局檢驗合格後方得辦理進口。所進口之商品若屬經濟部所公告「應施檢驗商品品目表」範圍內之商品，進口商即須申請檢驗合格後方得進口。進口商於進口前欲瞭解該貨品屆時是否須檢驗，可向標準檢驗局洽索參閱其公告之「應施檢驗商品品目表」，亦可透過標準檢驗局網站 (www.bsmi.gov.tw) 進行查詢。

(三)檢驗標準

　　商品檢驗法第 10 條規定，商品之檢驗項目及檢驗標準，由標準檢驗局公告之。前項檢驗標準，由標準檢驗局依國際公約所負義務，參酌國家標準、國際標準或其他技術法規指定之；無國家標準、國際標準或其他技術法規可供參酌指定者，由標準檢驗局關訂定檢驗規範執行之。輸入或國內產製之商品如因特殊原因，其規格與檢驗標準不同者，應先經標準檢驗局核准。我國的商品檢驗標準係依「中華民國國家標準」。

(四)檢驗方式

商品檢驗法第 5 條規定,商品檢驗執行之方式,分為逐批檢驗、監視查驗、驗證登錄及符合性聲明四種。各種商品之檢驗方式,由主管機關指定公告之。

(五)進口檢驗程序

貨物進口檢驗程序　　　　　　　　　　　説　明

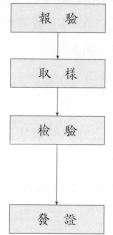

(1)報　驗:
由進口人填妥「商品輸入報驗申請書」及相關進口文件,向進口港(機場)所在地之檢驗機構報請檢驗並繳納檢驗費。

(2)取　樣:
依國家標準規定取樣,並由標準檢驗局發給取樣憑證。商品於報驗取樣後未檢驗通過前,非經報准不得移動商品。

(3)檢　驗:
依國家標準(CNS)執行檢驗並據以評定是否合格。若因特殊原因,買方接受檢驗標準低於國家標準者,應先經主管機關核准,該主管機關為經濟部,執行機關則為標準檢驗局(自 1994 年 10 月 1 日起,核准機關由國際貿易局改為標準檢驗局受理核辦)。

(4)發　證:
商品經檢驗合格者,發給合格證書;證書應規定有效期間者,由標準檢驗局就各種商品分別公告定之。商品檢驗不合格者,標準檢驗局應發給不合格通知書,報驗義務人於接到通知後 15 日內,得申請免費複驗一次。前項檢驗不合格商品之處理辦法,由主管機關定之。

二、進口提貨相關事宜

(一)提貨形式

貨主向船公司提貨有下列三種形式:

1.倉庫提貨

進口商品於完成海關放行手續後,即可備妥貨車,憑提單及海關放行單向駐庫關員核章並繳納倉租後,辦理提貨出庫手續,將貨物運走。

2. 貨櫃提貨

若貨物為整櫃貨品 (CY Cargo) 時，進口商於船公司通知提貨後，以拖車至貨櫃場 (CY) 將整櫃貨物拖走；若為**併櫃貨 (CFS Cargo)**，則雇卡車至貨櫃貨物處理站 (CFS) 提領貨物。

併櫃貨

CFS Cargo 不一定是 LCL Cargo，若同一托運人的貨物不足裝滿 1 個貨櫃，且交由船方在貨櫃貨物處理站裝櫃時，則該貨物既是 CFS Cargo 又是 LCL Cargo，但若同一託運人的貨品雖不足以裝滿 1 個貨櫃，卻因故須自行裝櫃時，則該貨物就數量上來說是 CY Cargo 而非 CFS Cargo。

3. 船邊提貨

若進口貨物屬危險品、易腐物品、活動物、數量龐大無法進倉儲存或貨倉不允許代為保管的貨物時，進口商即須辦理船邊提貨手續，由進口商將船公司的小提單交給船長或大副，直接以船上的吊桿將貨物吊到貨主的駁船或貨車上，經海關查驗後運走。

(二)卸貨授受單 (Cargo Boat Note)

卸貨授受單係一種貨物收據。當貨物從船上卸下時，提貨人應將卸貨授受單交予船長或大副，此乃表示提貨人已提領貨物無誤的證明收據。若卸貨授受單上無任何註記，即表示卸貨無瑕疵，船主的責任終了，日後貨品若有問題，均與船主無關。

(三)擔保提貨 (Delivery against Letter of Guarantee)

當裝運船舶已抵達進口港，但貨運單據卻因不可預知的原因，仍未寄達開狀銀行，而進口商卻又急於提貨時，此擔保提貨制度即是進口商可採取的一種提貨手續。亦即只要有開狀銀行的擔保，雖然提單等裝船文件尚無法提示，亦可辦理提貨。但進口商須注意的是，一旦辦理擔保提貨，則於日後收到正本貨運單據時，即使單據有瑕疵，進口商亦無拒付主張的權利。

(四)副提單背書 (Duplicate Bill of Lading Endorsed by Banker)

副提單背書係指，當進口貨物的航程較短時，往往貨物已達目的港而貨運單據卻未寄達開狀銀行。為配合能讓進口商及時提貨，於信用狀開發時，可在信用狀上規定出口商須將一份正本提單及一套其他副本單據，於出貨後即刻寄

送進口商，而進口商於收到該份單據後，即可填具「副提單背書申請書」向開狀銀行申請副提單背書，進口商即可憑此經銀行背書的副提單，向船公司換領小提單辦理進口報關提貨。

㈤信託收據 (Trust Receipt, T/R)

於國際貿易上，信託收據係開狀銀行給予進口商資金融通的一種貿易金融工具。開狀銀行在進口商未付清票款前，允許進口商憑其出具的信託收據，先行領取單據並據以提貨出售，然後以所得貨款清償票款。此信託收據制度的特性如下：

⑴貨物的所有權係屬銀行所有,進口商僅是代理銀行辦理提貨與銷貨手續。

⑵報關、儲存、銷售等一切相關費用，銀行概不負責。

⑶銀行得隨時取回貨物，以保障其權益。

第八節　輸入大陸物品管理

一、開放大陸物品進口條件

依「臺灣地區與大陸地區貿易許可辦法」第 7 條規定，大陸地區物品，除下列各條款規定外，不得輸入臺灣地區：

⑴主管機關公告准許輸入項目及其條件之物品。

⑵古物、宗教文物、民族藝術品、民俗文物、藝術品、文化資產維修材料及文教活動所需之少量物品。

⑶自用之研究或開發用樣品。

⑷依大陸地區產業技術引進許可辦法規定准許輸入之物品。

⑸供學校、研究機構及動物園用之動物。

⑹保稅工廠輸入供加工外銷之原物料與零組件，即供重整後全數外銷之物品。

⑺加工出口區及科學工業園區廠商輸入供加工外銷之原物料與零組件，及

供重整後全數外銷之物品。

(8)醫療用中藥材。

(9)行政院新聞局許可之出版品、電影片、錄影節目及廣播電視節目。

(10)財政部核定並經海關公告准許入境旅客攜帶入境之物品。

(11)船員及航空器服務人員依規定攜帶入境之物品。

(12)兩岸海上漁事糾紛和解賠償之漁獲物。

(13)其他經主管機關專案核准之物品。

二、大陸物品之輸入管理規定

為進一步簡化行政手續，並方便各界瞭解大陸物品開放進口項目及其相關規定，大陸物品輸入管理，已自 1998 年 4 月 1 日起，由農、工產品正負面兩表並列之方式，改依「中華民國進出口貨品分類表」辦理。在「中華民國進出口貨品分類表」內「輸入規定」欄列有 "MW0" 代號者，為「大陸物品不准輸入項目」，列有 "MP1" 代號者，屬於「大陸物品有條件准許輸入項目」，其餘未列有 "MW0" 或 "MP1" 代號者，為「大陸物品准許輸入項目」。

上述列有 "MP1" 代號之項目，由於其詳細品目無法於「中華民國進出口貨品分類表」內一一列出，故另編入「大陸物品有條件准許輸入項目、輸入管理法規彙總表」，據以執行。表列項目，其 CCC 號列後加註 "EX" 字樣者，表示該號列項下僅開放進口符合該中、英文貨名之大陸物品。另表列「特別規定」包括 "MXX" 及 "NXX" 兩項。

另為簡化進口簽證手續，經濟部公告准許輸入之大陸物品，除「中華民國進出口貨品分類表」內「輸入規定」欄列有 "121"（由貿易局簽發輸入許可證）之項目，及「中華民國進出口貨品分類表」內「輸入規定」欄列有 "MP1"（即大陸物品有條件准許輸入項目），且於「大陸物品有條件准許輸入項目、輸入管理法規彙總表」內「特別規定」欄列有 "MXX" 代號之項目，應向國際貿易局辦理簽證外，其餘項目適用免除輸入許可證措施。

前項適用免除輸入許可證措施之進口人，包括：

(1)經國際貿易局核准登記為出進口廠商者。

(2)政府機關及公營事業。

(3)已立案私立小學以上學校。

(4)入境旅客及船舶、航空器服務人員攜帶行李物品,量值在海關規定範圍以內者。

(5)各國駐華使領館、各國際組織及駐華外交機構持憑外交部簽發之在華外交等機構與人員免稅申請書辦理免稅公、自用物品進口者。

(6)其他進口人以海運、空運或郵包寄遞進口,其離岸價格 (FOB) 為 2 萬美元以下或等值者。

是非題

(　) 1.戰略性高科技貨品輸出入許可證申請案件,亦得以電子簽證申辦。

(　) 2.我國目前出口管理制度為「原則自由,例外管制」。

(　) 3.經電腦系統核定為 C1 通關方式者,即屬由電腦篩選應驗或抽中查驗者。

(　) 4.進口貨物一律由海關代徵營業稅。

(　) 5.所謂負面表列管理,是指列在管理表上之貨品才免簽證出口,而未列表上之貨品則須辦理出口簽證。

(　) 6.商品檢驗費用依商品檢驗法規定,按各該商品市價 (CIF) 千分之三 (0.3%) 以內從價計收。

(　) 7.輸出許可證可申請延期 1 個月。

(　) 8.輸出許可證於報關出口前遺失者,應申請註銷重簽。

(　) 9.貨物通關自動化係 24 小時作業,海關可隨時收單。

( ) 10.輸入許可證不得申請延期，廠商若未能於有效期限內進口者，應將原證註銷重簽。

選擇題

( ) 1.以下何者是屬於「應審免驗」的通關方式？ (A) C1 (B) C2 (C) C3 (D) C4。

( ) 2.就出口廠商的立場而言，以下何者不是出口通關的程序？ (A)貨物進倉 (B)投單報關 (C)查驗貨物 (D)徵稅。

( ) 3.進口投單報關後，經電腦專家系統核定為何種通關方式，報單送分估及驗貨單位辦理相關作業？ (A) C1 (B) C2 (C) C3 (D) C4。

( ) 4.臺北港屬哪一海關管轄 (A)台中關 (B)台北關 (C)高雄關 (D)基隆關。

( ) 5.實施通關自動化之後，以下哪一程序仍維持人工作業？ (A)徵稅 (B)放行 (C)分類估價 (D)查驗貨物。

( ) 6.進口報關程序與出口報關程序主要不同的步驟在於 (A)收單 (B)查驗 (C)徵稅 (D)以上皆非。

( ) 7.輸出許可證之 (A)申請人名稱 (B)金額 (C)收貨人名稱 (D)目的地 不得修改。

( ) 8.以下何者不是我國辦理出口簽證的機構？ (A)貿易局 (B)加工出口區管理處 (C)外貿協會 (D)科學工業園區管理局。

( ) 9.出口檢驗公證的等級中，僅就契約規定之關於貨品的品質、數量、規格與包裝進行檢驗，是一般貿易實務上最常見的公證檢驗等級者，為 (A) A 級檢驗 (B) B 級檢驗 (C) C 級檢驗 (D) D 級檢驗。

( ) 10.我國關稅法規定，進口貨物之申報，由納稅義務人自裝載貨物之運輸工具進口日之翌日起，幾日內向海關辦理？ (A) 10 日 (B) 15 日 (C) 20 日 (D) 30 日。

( ) 11.輸入許可證的有效期，為自簽證日起 (A) 1 個月 (B) 3 個月 (C) 6 個月 (D) 9 個月。

( ) 12.我國貨物出口檢驗標準係按 (A) CAS (B) CNS (C) JIS (D) UL 為基準。

( ) 13.出口貨品檢驗不合格者，報驗人得於接到通知書後 15 日內，請求免費複驗 (A)一次 (B)二次 (C)三次 (D)四次。

( ) 14.下列何者不是出口通關程序？ (A)貨物進倉 (B)投單報關 (C)估價徵稅 (D)查驗貨物。

( )15.目前我國執行一般進口商品檢驗機構為　(A)國際貿易局　(B)標準檢驗局　(C)海關　(D)港務局。

( )16.下列何項作業係開狀銀行給予進口商資金融通的一種貿易金融工具?　(A)信託收據　(B)卸貨授受單　(C)擔保提貨　(D)副提單背書。

( )17.我國自西元　(A) 1992 年　(B) 1993 年　(C) 1994 年　(D) 1995 年　實施「貿易法」後,將進出口簽證制度由「正面表列」方式改為「負面表列」方式。

( )18.出口商於何時取得 S/O?　(A)洽妥艙位時　(B)出口檢驗時　(C)貨物裝船時　(D)出口簽證時。

( )19.下列何者非目前我國出口貨物通關手續中之必要流程?　(A)驗貨　(B)放行　(C)收單　(D)繳納關稅。

( )20.下列哪一種通關方式又稱為「文件審核通關」?　(A) C1　(B) C2　(C) C3　(D) C4。

問答題

一、我國自 1993 年實施貿易法後,政府對進出口貨物管理有何改變?

二、我國辦理出口簽證的機構有哪些?

三、試列示並簡要說明出口檢驗程序的步驟。

四、我國目前的通關方式分為哪三種? 試分別說明之。

五、試簡要列述出口通關程序的主要步驟。

六、試列述說明我國進口通關程序的五大步驟。

七、政府實施進口檢驗目的為何? 進口檢驗的程序如何進行?

八、何謂信託收據 (T/R)? 此制度的特性為何?

第十一章

貿易違約、索賠、不可抗力與仲裁

Practices of
International
Trade

國際貿易過程繁複而漫長，其間涉及之利害關係人亦多邊而複雜。任一利害關係人違反或誤解相關約定而導致相對一方蒙受損失或委屈時，受損一方即可依約向違約之對方提出賠償要求，若對方未能有效地圓滿解決，貿易糾紛即隨之而起。此時不但提高了貿易的交易成本，還徒增了貿易關係人之間的紛擾。本章首先將針對貿易糾紛之發生、索賠與理賠等相關事宜進行說明，最後則就解決貿易紛爭諸多途徑裡較重要也較常被運用的「商務仲裁 (Commercial Arbitration)」來為讀者進行介紹說明。

第一節　貿易違約與索賠

一、違約行為的定義與解釋

　　如上所述，貿易糾紛的發生，乃肇因於貿易相關契約（如買賣契約、運送契約與保險契約等）之某一利害關係人的違約 (Breach of Contract) 所致。而所謂「違約」，即指締約當事人在「要約 (Offer)」與「承諾 (Acceptance)」後，於各方達成一致協定時，合約即告有效成立。此後，各締約當事人即受到合約之相關條款所規範，各方必須履行其相關之權利義務。當一方違反合約規範時，受害之一方即有權根據合約條款與相關法律規定，提出損害賠償要求。

　　違約情況的不同，其所引起的法律後果與權利義務的主張亦不相同。就買賣關係之相關法律來說，1980 年「聯合國國際貨物買賣契約公約 (CISG)」即把違約區分為「基本性違約 (Fundamental Breach)」與「非基本性違約 (Non-Fundamental Breach)」兩類，本公約第 25 條規定「一方當事人違反合約的結果，如使另一方當事人蒙受損害，以致實際上剝奪了他根據合約規定有權期待得到的東西，即為根本違反合約。除非違反合約一方並不預知，而且一個同等資格、通情達理的人處於相同情況中，也沒有理由預知會發生這種結果。」由這條公約的規定，我們可以瞭解到，所謂基本性違約是指由於一方當事人的違約致使相對一方產生實質上的損失。即一方違反了合約基本條款，如買方不付款提貨；或是賣方未如期交貨或已交貨但數量與品質不符約定等等。另外公約

還明指，此基本性違約是由於當事人的主觀行為所致，如果當事人不能預知，而且當另外一個通情達理的人處於相同情況下也不能預知此結果時，即非屬基本性違約。當產生基本性違約時，受損一方不但可要求損害賠償，甚且可宣布解除合約。但是如違約情況未達到基本性違約的程度時，受損之一方僅能要求損害賠償，不可宣布解除合約。

二、索賠的概念與發生的原因

索賠 (Claim) 係指合約當事人一方因對方違約致受損害所提出之「權利主張」之義。如上所述，無論發生「基本性違約」或「非基本性違約」，受損之一方均可就其損害，向對方提出索賠。若該違約事項為貨物品質、數量等基本條款的違反約定，則此基本性違約的相對當事人尚可逕行終止合約。至於發生違反合約規定而導致索賠發生的可能原因有哪些？於此分述如下：

㈠賣方造成的原因

⑴品質不佳（比例最高）。

⑵規格不符。

⑶數量短少。

⑷包裝不良或不符約定。

⑸拒不交貨。

⑹片面取消合約。

㈡買方造成的原因

⑴未依約開立信用狀。

⑵信用狀條款與原約定不符，拒不修改。

⑶未能依約付款或承兌贖單。

⑷片面取消合約。

(三)運送人所造成原因

(1)運送途中損毀、遺失。

(2)船期延誤。

三、索賠的類型

(一)依索賠的對象分類

1. 買賣索賠 (Trade Claim; Business Claim)

此類索賠產生的糾紛最多，因買賣雙方間的索賠內容較複雜，不若下述運輸或保險索賠，有一定的規範與成例可循。關於買賣之間索賠，一般可分為買方索賠 (Buyer's Claim) 與賣方索賠 (Seller's Claim) 二大類別。實務上，買方索賠較賣方索賠複雜且發生的頻率較高，原因在於，一般賣方已於交易前儘量透過各種貿易金融工具 (如 L/C、Forfaiting、Factoring、Export Credit Insurance 等) 將收款風險規避掉。以下僅就買方索賠的可能內容列述如下：

(1)金錢的索賠請求

①拒付貨款。

②要求減價。

③要求損失賠償。

(2)非金錢的索賠請求

①拒收貨品。

②置換貨品。

③補交貨品。

④修復貨品。

2. 運輸索賠 (Transportation Claim)

運輸索賠係指索賠肇因於運送人，而以運送人為索賠對象者謂之。依運送方式的不同，索賠相關要點分述如下：

⑴海　運

　　根據「聯合國海上貨物運送公約 (UN Convention on the Carriage of Goods by Sea, 1978)」，又稱「漢堡規則 (Hamburg Rules)」規定，除收貨人於收受貨物之次一工作日以前以書面通知運送人外，即推定運送人已依提單上之記載，將貨物完整交付受貨人。惟若貨物之滅失或毀損屬非顯著性者，則應於受貨後 15 日內提出書面通知。若為交付延遲之損害則應於交貨日後 60 日內為書面通知。

⑵空　運

　　依據「國際航空運送統一規則公約 (Convention for the Unification of Certain Rules Relating to International Carriage by Air)」，又稱為 1929 年「華沙公約 (Warsaw Convention)」之規範，受貨人於收貨時若對貨物有異議者，應於收貨後 7 日內，或於延遲交貨的情況下於交貨後 14 日內，提出索賠。貨物損害賠償時效為 2 年，自實際到達或預期到達特定目的地之日或運輸停止之日起算，超過上述時效期限，賠償請求權將因此消滅。

⑶國際複式運送

　　根據「聯合國國際貨物複式運送公約 (UN Convention on International Multimodal Transport of Goods, 1980)」規定，收貨人對於貨物之滅失、毀損或延遲之索賠，應以書面形式通知運送人。對於顯著性貨物之毀損，受貨人若未能於收受貨物之次一工作日內提出通知，或對於無法自貨物外觀察覺其損壞狀況之非顯著性毀損，應於受貨後 6 個連續日內提出通知，否則即推定運送人已將貨物完整交付受貨人。至於對貨物交付延遲之通知，除於交貨日後連續 60 日內為書面通知外，對延遲交付之損失不予賠償。

3. **保險索賠** (Insurance Claim)

　　保險索賠乃係以保險公司為索賠對象，向其提出索賠請求者。國際貨物運輸保險屬「航程保險」，因此除非於要保時有特別約定，否則保險人的賠償責任僅於貨物運交目的地交予收貨人時，即告終止。其相關規定參照海商法第 56 條規定如下：

「貨物一經有受領權利人受領，推定運送人已依照載貨證券之記載，交清貨物。但有下列情事之一者，不在此限：

⑴提貨前或當時，受領權利人已將毀損滅失情形，以書面通知運送人者。

⑵提貨前或當時，毀損滅失經共同檢定，作成公證報告書者。

⑶毀損滅失不顯著而於提貨後 3 日內，以書面通知運送人者。

⑷在收貨證件上註明毀損或滅失者。

貨物之全部或一部毀損、滅失者，自貨物受領之日或自應受領之日起，1 年內未起訴者，運送人或船舶所有人解除其責任。」

㈡依索賠的動機分類

上述三種索賠均可能存在下列索賠動機，即便是負責運輸的船公司亦可能有不正當索賠情況發生，下文僅就買賣雙方間索賠發生之可能動機來作說明。

1. 正當索賠 (Right Claim)

正當索賠又稱為「真實的索賠 (True Claim)」，係指合約當事人之一方，未能履行合約規定之相對義務，致使其相對當事人遭受損失，因而提出之損害賠償要求。此乃依約執行所致之索賠，屬合理求償狀況，亦即正當索賠。被索賠者應予索賠者合理之損害賠償。

2. 不正當索賠 (Wrong Claim)

不正當的索賠則指出於自私的 (Self-conceited)、誤解的 (Misunderstanding)、甚至是惡意的 (Bad Faith) 理由，非關於合約執行疏失所提出之索賠要求。一般可分為下列四種情況：

⑴誤解的索賠 (Misunderstood Claim)

係指對於交易內容條件的誤解，所引發的索賠事件。例如以 CIF 條件交易，交貨期訂為 1 月上旬，並已於 1 月初即完成裝船出貨，貨物於 3 月中順利運抵目的港，買方卻以交期不符提出索賠。

⑵轉嫁的索賠 (Shift Claim)

①市場索賠 (Market Claim)：因市場需求狀況已不如預期，希望藉由貨物品質不佳等理由，向賣方索賠來轉嫁市場損失。

②嫁禍的索賠 (Blame Transferring Claim)：買方透過對賣方的索賠，來彌補因其本身疏忽所造成的損失。

(3)誇大的索賠 (Exaggerated Claim)

於交易過程中或許略有瑕疵，可能是產品本身的品質上或是包裝上存在少許瑕疵，亦或是交貨延遲 1、2 天等，買方即藉此誇大其受損程度，向賣方索取鉅額賠償。

(4)謀略的索賠 (Plotted Claim)

①虛構的索賠 (Fabricated Claim)：例如因市場因素，買方想取消合約餘額所採取聲東擊西的方式，希望藉由索賠不成來取消合約餘額。即以捏造索賠為手段，遂行其毀約的目的。

②惡意的索賠 (Mala Fide Claim)：買方為維持公司營運或獲取不當利益，因此雖然賣方報價過高，買進顯然無利可圖，但仍與之交易。且於一開始即有計劃地設計索賠陷阱，製造索賠原因。例如，故意開出有陷阱的信用狀 (L/C) 誘使賣方不小心違反信用狀條款，迫使賣方為了保全貨款的回收，不得不減價來滿足買方的意圖。

(三)合約中的索賠條款

Claims Clause（索賠條款）

"Claims, if any, shall be submitted by teletransmission within fourteen days after arrival of goods at destination. Reports by recognized surveyors shall be sent by air mail without delay. At least 30% of the original unopened packages must be available to seller in the event of dispute regarding quality etc., otherwise, claim will not be valid."

（如欲索賠，買方應於貨物到達 14 日內以電傳方式提出，公證報告應以航空郵件即時寄出。若爭議點是出自品質方面等問題，則原封未開箱件數至少須有 30% 供賣方檢查，否則索賠無效。）

(四)索賠提出應注意的相關問題

1.索賠的提出應於合理時間 (Reasonable Time) 內迅速反映

一般買賣雙方於合約簽訂時，均會約定索賠的提出須於一段合理的特定期

間內，如貨到目的港後 14 天內，此合理期間的長短端視標的商品的特性而定，並非固定不變。若買方逾雙方約定期間內提出索賠，已屬違約，賣方可不予受理。因此買方索賠的提出，應於規定期間內迅速完成驗貨，若發現索賠瑕疵應於規定時間內立即反映，避免證據散失或逾越索賠時效。此乃買賣雙方權利義務的合理分擔，因為賣方不可能無限期負擔貨物的品質保證。而且規定索賠提出期間，亦可阻絕部分不肖買方因市況有變，製造轉嫁損失之市場索賠等不正當索賠之情況發生。

2.提出索賠內容須力求正確詳盡

提出索賠時除須迅速反映外，尚須力求正確與詳盡。否則亦將徒勞無功甚至招致對方反制，得不償失。因此索賠提出的當下即須有詳實並充分的證據在手。通常於到貨後應立即進行驗貨，先看看貨物外包裝與數量是否有問題，若包裝外觀無瑕疵，再打開一兩箱貨物查驗其包裝內貨品有無品質上的瑕疵，此時若發現貨品瑕疵即不要再拆箱，保持貨品原狀馬上通知出口商派代表會同驗貨，或請公證單位進行鑑定並出具鑑定報告以供作索賠依據。

3.索賠的提出應秉持誠信原則 (Truthfulness and Faith)

誠信原則是在商場上存活的基本法則，若無法秉持這項原則進行商業活動，與詐騙集團何異。誠信原則的精神本須貫穿整個交易活動的進行，即便僅是發出詢價函亦應內蘊誠信精神。提出索賠若未能秉持誠信原則，流於不正當索賠範疇時，輕則損傷公司的專業形象與信譽，重則斬斷了公司永續經營的根基，不可不慎。

4.發出索賠通知 (Notice of Claim)

買方於到貨後應即進行驗貨動作，若發現有貨品數量短少、包裝破損、貨物本身有損傷或品質不良等瑕疵情況時，即應立刻對賣方發出索賠通知 (Notice of Claim)。若瑕疵涉及承運商與保險公司，則此索賠通知應對相關單位一併發出，以便共同釐清相關責任歸屬問題。茲列舉一索賠通知內文供讀者參考如下：

"Please regard this letter as preliminary Notice of Claim. We are not satisfied with the shipment we received from you. The goods received rough handling, and there was a lot of breakage. Not all of the goods were broken, but most of them are damaged enough that we will not be able to use them.

We feel that the problems were caused by your company. Your employees did not make sure that the shipment was done in the best and safest way. Thus, we are entitled to make a claim against you. We have asked an independent surveyor to look into the situation. We will inform you of his opinions on this matter later."

5.提出正式索賠時應出示的相關文件

提出正式索賠時應出示的相關文件，依索賠對象的不同，要求的文件亦有所不同。在此僅就買賣索賠情況下，一般所需文件舉例說明如下：

(1)索賠函 (Claim Letter)

進口商於緊急電傳上列索賠通知後，須再以正式書面索賠函向索賠對象發出，以敘明詳細的索賠原因並隨附下列相關文件。

(2)索賠清單 (Statement of Claim)

此文件應詳細列明索賠相關內容，如訂單號碼、船班、裝卸貨港、受損品名、數量、價格與索賠金額等資料。

(3)鑑定報告 (Survey Report)

即委請公正第三人或工廠本身，就貨物的瑕疵或損毀等，進行鑑定後，所出具的報告書。

(4)借項通知單 (Debit Note)

即索賠金額償付通知單。

(5)其他相關單據文件 (Other Relative Documents)

因交易特殊性，索賠文件亦不盡相同，常見者如下：

①提單 (Bill of Lading)。

②保險單 (Insurance Policy)。

③發票 (Invoice)。

④卸貨授受單 (Boat Note)。

⑤理貨單 (Tally Sheet)。

⑥品質證明書 (Certificate of Quality)。

⑦重量證明書 (Certificate of Weight)。

⑧分析證明書 (Certificate of Analysis)。

⑨商會之損壞證明書 (Certificate of Loss and Damage by the Chamber of Commerce)。

㈤索賠的受理程序與應注意事項

索賠受理程序	應注意事項
研討索賠通知 (Notice of Claim)	(1)研討索賠通知： 於接獲索賠通知後，立刻就其相關內容進行研討與準備，待收到正式索賠函後即可立即採取行動爭取時效。
審核索賠內容	(2)審核索賠內容： ①分析研判索賠來文之措辭表達是否合理，屬正當或不正當的索賠。 ②索賠是否於規定的期間內提出。 ③索賠的提出理由是否充分。 ④索賠證明文件的審查與核算。
調查索賠發生原因	(3)調查索賠發生原因： 探求索賠發生的原因，以研究索賠轉嫁的可能性，並預防類似情況的再次發生。
判定索賠轉嫁的可能性	(4)判定索賠轉嫁的可能性： 於瞭解並判定索賠原因發生的相關環節，如供貨廠商、船公司、貨運承攬人等之後，收集相關證據轉向相關當事人進行索賠轉嫁。

㈥貿易糾紛與索賠的解決之道

(1)秉持誠信原則，力求合理解決。

(2)儘可能以友好方式私自和解。

(3)應迅速解決，切勿拖延。

(4)切忌盛氣凌人，損傷客戶情誼。

㈦貿易糾紛與索賠的預防

1. 秉持誠信原則

商業活動的進行，必須建立在互信的基礎上，否則交易成本將大到使交易

失去進行的價值。因此，交易雙方必須秉持誠信原則來進行交易，此雖令人感覺八股，但卻是亙古不變的商場基本教條。這也是為什麼大家喜歡與商譽卓著的知名廠商交易，因為大家相信這些知名廠商不可能會犧牲價值斐然的品牌商譽，來違背商場的基本法則：「誠信原則」。

2. 慎選交易對象

國際貿易的交易對象往往在地理上與我們距離遙遠，或在文化上有著極大的差異，雙方並不容易取得彼此的互信。當然，一些金融工具的設計（如信用狀）可幫助去除彼此的疑慮，促進交易進行。但這些金融工具僅能降低部分交易風險，並無法阻隔完全的風險。因此交易前，對交易對象的徵信等審慎態度與動作是不可或缺的。

3. 注意市場變化

市場情況的變化可能產生對方違約的誘因，亦即所謂的市場索賠。因此必須隨時掌握市況的變化，監控對方意向，預先採取防止對方違約的措施。

4. 熟稔國貿慣例

國際貿易慣例與相關法規是市場上基本的遊戲規則，常見的有「國貿條規 (Incoterms® 2010)」、「信用狀統一慣例 (UCP 600)」、「聯合國國際貨物買賣契約公約 (UNCISG)」等國際貿易慣例與法規。對於這些基本遊戲規則的熟稔，是國際貿易人員的專業能力所在。此基本功的良窳，關係著國際貿易談判進行的順暢、交易疏失的減少與交易的順利完成。

5. 審慎簽訂合約

經交易相關當事人確認並簽署的合約，是交易執行的基本依據。因此簽約時必須慎重其事，以避免如下之狀況：

(1)無足夠的履約能力，卻貿然接受合約。違約賠償、損害商譽，勢所必然。

(2)模稜兩可的合約條款，產生認知上的差異，是爭議源頭之所在。

(3)相互矛盾的合約條款，造成合約履行的力不從心。

(4)未能靈活運用免責與限制責任條款，無法避免承擔無限責任。

6. 嚴格執行合約

完備的合約若未能有效的執行，則該合約亦僅徒具形式，無益於交易的進行。嚴謹的執行合約是避免紛爭，順利達成交易的不二法門。

7.運用公證檢驗

根據貿易統計資料顯示，貿易糾紛的發生絕大部分肇因於交易商品的品質瑕疵或規格不符。為保障買賣雙方權益，公證檢驗機構的介入為產品交貨品質提供了間接保障，促進交易的進行。透過公證檢驗機構，買方可確保購貨品質規格，賣方則可避免部分惡意索賠的情況發生。

8.利用保險制度

為防止運送過程中發生因貨品的短少、滅失或品質受損等所產生的索賠糾紛，貿易商交易時應運用貨物運輸保險來轉嫁風險。

9.注重品質管制

此亦為前述之嚴格執行合約的重要環節，貨物的備料、生產、交貨的整個過程必須做好品質的管理控制，確保符合契約所訂定的品質水準。

10.貿易流程控管

交易的品質良窳，不單是指交易標的貨品的本身品質而已，應是全面性的品質評量，亦即所謂的「全面品質管理 (Total Quality Management, TQM)」概念的運用。就縱向而言，從接到客戶的詢價開始，一直到完成交易，提供售後服務為止，各個直接業務環節均應能達成既定的品質標準。就橫向來說，交易之間接環節部門，如財務、法務、行政、企劃等業務支援單位，亦均能提供高品質的支援配合。如此才能準確地維持交易的品質與效率水準，積極性的防止貿易瑕疵與紛爭。

第二節　不可抗力

一、不可抗力的含義

不可抗力 (Force Majeure) 意指個人力量所無法抗拒的情況，故亦稱為「上帝意旨 (Act of God)」。於貿易合約的內涵上，係指於合約簽訂後，非因任一合約當事人的疏失或故意，而是由於不可預知事件的發生，致使合約無法履行或不能完全履行。相關當事人可根據合約或法律的規定，免除不履約或延期履約

的責任。

　　有學者將不可抗力事件分類為自然力量造成者，如地震、颱風等天災，與人為力量造成者，如戰爭、罷工等。現於實務上並不加以區分，一般不可抗力條款均涵蓋了自然與人為力量所造成之個人力量無法抗拒的偶發事項。

　　構成不可抗力事故須具備要件，英美法系與大陸法系國家規定不盡相同，在此以聯合國國際貨物買賣契約公約第 79 條規定：「當事人對不履行義務，不負責任，如果他能證明此種不履行義務，是由於某種非他所能控制的障礙，而且對於這種障礙，沒有理由預期他在訂立合約時能考慮到或能避免或克服它或它的後果。」歸納出當事人不履行義務時可以免責的條件如下：

　　⑴無法履約乃由於某種非他所能控制的障礙所引起的。

　　⑵此障礙是沒有理由預期他在訂立合約時能考慮到的。

　　⑶此障礙的發生沒有理由預期他能避免的。

　　⑷此障礙的發生沒有理由預期他能克服的。

二、不可抗力的法律後果

　　不可抗力事件發生後可能引起的法律後果主要有以下兩種，至於採用何種處理方式，視該交易或事故的特性而定，亦或於買賣合約中予以明確規範。若未作明確約定時，一般處理方式說明如下：

1.解除合約

　　如果不可抗力事故的發生，使合約履行的可能性喪失，則可解除該合約。

2.延遲履行合約

　　如果不可抗力事故的發生，使合約的履行僅是暫時無法進行，則只能延後履行該合約。

三、合約中的不可抗力條款

　　於國際貨物買賣合約中，對於不可抗力範圍的規定一般有下列三種方式：

1.列舉式

　　即於不可抗力條款中，明確規定哪些屬不可抗力事故，除列舉事故外不得

援引不可抗力條款來主張免責權。

2.概括式

即於不可抗力條款中，不作明確規定不可抗力事項，僅作概括性的規定。

3.綜合式

綜合上列兩種方式，於不可抗力條款中明確規定不可抗力事項並作概括性的規定。此規定方式既明確又不失靈活性，一般業者通常採此規定表達方式❶。茲舉一範例供讀者參考如下：

Force Majeure Clause（不可抗力條款）

The Seller shall not be responsible for the delay of shipment or non-shipment in all case of force majeure, including fires, floods, earthquakes, tempests, strikes, lockouts, mobilization, war, riot, hostilities, prohibition of export and any other contingencies which prevent shipment within the stipulated period. In the event of any of the aforesaid causes arising, documents proving its occurrence or existence shall be sent by the seller to the buyer without delay. （在所有不可抗力狀況下，賣方可免除交貨延遲或不交貨的責任，包括火災、水災、地震、暴風雨、罷工、工廠封鎖、動員、戰爭、暴動、敵對、禁止出口以及於約定期間內妨礙交貨的其他意外事件。如果發生前述任一事件時，證明事件發生或存在的文件，應由賣方迅速寄給買方。）

第三節　國際商務仲裁

由於臺北市捷運局與法國馬特拉公司的仲裁案件所引起的軒然大波，使得原本深閨未識的「商務仲裁」頃而成為眾所矚目且爭相一親芳澤之名媛，然若非法學出身者，實難登堂入室窺其全貌。馬特拉案姑且不論其凸顯出我國公共工程品質之低落與弊端之嚴重性，僅就其喚起國人對商務仲裁的認識與重視，此對身為經貿大國且冀望成為亞太營運中心的我國，即具相當重要之正面意義。

馬特拉案雖已喚起國人對商務仲裁之認識與重視，但如前所述，非法學出

---

❶ UCP 600 第 36 條對於「不可抗力 (Force Majeure)」事件的界定亦採用較為周延的「綜合式」定義，惟須注意的是，UCP 600 已將「恐怖活動 (Acts of Terrorism)」增列為不可抗力原因之一。

身者對於商務仲裁之特性、程序、效力等相關問題，實難能有一通盤瞭解與掌握，進而藉此來解決糾紛減少訟源。

臺灣入世 (WTO) 後，國際性商業事務必然更加頻繁，商務之爭議與糾紛亦必隨之蜂湧而至。而具有迅速、經濟、保密、有效、和諧、專家判斷等多項優點的商務仲裁制度，亦將水漲船高的成為疏解紛爭的要角。有鑑於此，對商務仲裁制度作一初步的瞭解，是有其必要性的。

一、仲裁的緣起與義涵

西諺：「訴訟之結果，常是贏了貓兒輸了牛」。就經濟學的觀點言之，商務糾紛若採曠日廢時的訴訟方式解決，機會成本往往過大，正如西諺所云，是一種「得不償失」的作法，而且其中存在了太多的「**無謂損失 (Dead Weight Loss)**」，相當不具經濟效率。商務仲裁制度得以日益風行世界各地，脫穎而出的取代訴訟方式以解決商務紛爭，這是市場價格機能 (Market Mechanism) 的自然展現，證明了商務仲裁確實是具有其存在的優越性。

 無謂損失

經濟學專有名詞，係指當事人之決策行為對雙方而言，均無好處。經濟學上的涵義為一種市場效率的流失。此有別於零和賽局 (Zero-Sum Game) 之概念。

商務仲裁制度之起源甚早，可溯源於西元前約 450 年之古羅馬十二銅表法，嗣後發達於歐陸與英美並為亞洲日、韓、新、泰等國引進。各國之仲裁制度雖不盡相同，但其法源依據、仲裁程序、仲裁判斷等之精神，大致相同。就仲裁之屬性而言，仲裁與訴訟相同，同為一種「對抗性的程序」。所謂「對抗性的程序」即是把當事人雙方的爭議，送到有權能判定孰是孰非的第三人來解決的方法。在這種方法下，不但雙方當事人在陳述其事實與提供證據作為保障自己權益的攻擊或防禦的手段上要遵守一定的手續，且依照這種手續作成的決定，對雙方當事人都有強制力。

 非對抗性程序

除對抗性程序外，另一種處理私權糾紛的方法為「非對抗性程序」，如調解、調停、技術鑑定、契約調整等。

所以這種方法的運用特別要強調的是：「一切手續要遵守一定程序」的原則，以達成所謂的「程序上的正義」。

仲裁是基於當事人的意願而成立。在性質上，它是契約性的，此與訴訟的

強制性不同。仲裁是利用當事人的約定，使第三人具有準司法官的地位，並運用其司法權來解決紛爭。也正因為仲裁的契約性，此制度可以因應環境與問題的需要而作修正。例如在特殊問題上，也許因為法律的欠缺或不周延，當事人可以約定依「衡平的仲裁」，使仲裁人有權不依法，即所謂「不是法律的法律原則 (Non-Droit)」，而依公平原則作判斷。

由於仲裁在程序的運用上，具有相當的靈活性。與同為對抗性程序的訴訟，在處理私權紛爭上較為優異。因此這種制度的靈活運用被認為是解決一般私權糾紛的最妥善方法。尤其是國際性的私權糾紛，這種制度也可以避開主權問題的糾纏，使作成一種判斷，形成一項解決國際間爭議的中立與客觀方法。

二、商務仲裁的特點

綜合上述說明，可以歸納出以仲裁的方式來解決爭議優點如下：

⑴有 效

仲裁法第 37 條：「仲裁人之判斷，於當事人間，與法院之確定判決，有同一效力」。仲裁裁決為終局性，具有強制執行的效力。

⑵快 速

仲裁庭應於接獲被選為仲裁人之通知日起，於 6 個月內作成判斷書；必要時，得延長 3 個月。一經判斷，即告確定，可使當事人減免訟累。

⑶尊 嚴

採秘密方式進行，不易為局外人知悉，可顧全雙方顏面；詢問時仲裁人與當事人均分坐席位上 (在法院原、被告均站立回覆法官詢問)，亦可維持尊嚴。

⑷經 濟

仲裁費比訴訟費為低，又因仲裁判斷迅速結案，更可節省當事人許多時間。

⑸專家判斷

當事人有權指定具各業專門知識或經驗之專家出任仲裁人，可達成辦案之正確性。

⑹保　密

　　仲裁法第 23 條第 2 項：「仲裁程序，不公開之」。經營工商業均有業務秘密，而仲裁程序不對外公開，自可確保其秘密。

⑺和　諧

　　採取法理情兼顧原則，透過多次詢問，充分溝通，在尊嚴和諧氣氛中，達到息紛止爭目的。

三、仲裁協議的形式

　　由於以交付仲裁的方式來處理商務糾紛，如前所述地具有相對優越性。因此在現代國際或國內交易裡，仲裁已成為解決商務糾紛的主要方式。若當事人願以仲裁的方式來解決貿易糾紛時，其前提要件是須成立一書面形式的仲裁協議。此協議可規範於買賣合約的條款裡，亦可單獨另定仲裁協議書（仲裁法第 1 條）。

　　仲裁條款可預先以「印定條款 (Printed Clause)」的方式印在買賣合約書上，成為合約書裡「一般條款 (General Terms and Conditions)」的一部分，約定日後萬一發生糾紛時，即依合約規定交付仲裁。當發生爭議無法以私下協商的方式解決時，無須徵得對方同意，任一方均得逕行提交仲裁。此預定仲裁條款的方式即所謂的「對未來爭議的仲裁 (for the arbitration of future disputes)」。

　　若於合約訂定時未約定仲裁條款，雙方發生爭議後若願意將該糾紛以交付仲裁方式解決時，可於發生糾紛後訂立仲裁協議書來達成仲裁的合意。以下為中華民國商務仲裁協會提供之參考範例：

㈠合約中仲裁條款 (Arbitration Clause) 的主要內容

與本國廠商簽約用

「凡當事人，因本契約或違反本契約引起之任何糾紛、爭議或歧見，提請中華民國仲裁協會依該協會仲裁規則，以仲裁方式解決。」

與外國廠商簽約用

"All disputes, controversies, difference or claims arising out of, relating to or connecting with this contract, or the breach, termination or invalidity thereof, shall be finally settled by arbitration referred to the Arbitration Association of the Republic of China in accordance with the Arbitration Law of the Republic of China and the Rules for the Arbitration Procedure of the Arbitration Association of the Republic of China. The place of arbitration shall be in Taiwan. The award rendered by the Arbitrator(s) shall be final and binding upon both parties concerned."

㈡交付仲裁協議書例示

AGREEMENT OF SUBMISSION TO ARBITRATION

We, the undersigned parties, hereby agree to submit to arbitration by _____ arbitrator(s) under the rules of the _____ Arbitration Association, or such other rules as it may designate the following controversy:

....

....

We further agree that we will faithfully observe the agreement and the rules and that we will abide by and perform any award and that a judgment of any court having jurisdiction may be entered upon the award.

ABC Co.   XYZ Co.

_____   _____

(Signed)   (Signed)

交付仲裁協議書

茲同意經由（一位或數位）仲裁人，依據（協會名稱）仲裁協會的規則或其他可援引的規則交付仲裁之雙方爭議如下：

（說明爭議點）

雙方進一步同意將信守此項協議與規則，並同意將服從及履行任何裁決，以及同意此項裁決得向任何有管轄權的法院提出而認證其效力。

ABC 公司   XYZ 公司

_____   _____

（簽署）   （簽署）

四、仲裁協議的效力

㈠積極效力

仲裁法第 1 條規定：「有關現在或將來之爭議，當事人得訂立仲裁協議，約定由仲裁人一人或單數之數人成立仲裁庭仲裁之。」仲裁協議積極效力的義涵，乃在於授權仲裁庭進行仲裁程序，作成仲介判斷以解決當事人之間的糾紛。

㈡消極效力

仲裁協議之消極效力，主要在於妨訴抗辯的表現上。依仲裁法第 4 條規定：「仲裁協議，如一方不遵守，另行提起訴訟時，法院應依他方聲請裁定停止訴訟程序，並命原告於一定期間內提付仲裁。但被告已為本案之言詞辯論者，不在此限。

原告逾前項期間未提付仲裁者，法院應以裁定駁回其訴。

第一項之訴訟，經法院裁定停止訴訟程序後，如仲裁成立，視為於仲裁庭作成判斷時撤回起訴。」

五、中華民國商務仲裁現況

㈠組織概況

經政府核准登記成立，專門處理商務、貿易糾紛之仲裁團體，為於 1955 年 9 月 5 日成立之「中華民國仲裁協會」。該協會之會員及會員代表不乏國營企業、全國性職業團體、國內大企業、律師、會計師、建築師等專業人士。該協會亦已與匈牙利、日本、奈及利亞、巴拿馬、南韓、南非、西班牙、泰國、美國、德國、澳大利亞、瑞士、英國、捷克、波蘭、羅馬尼亞、多明尼加、馬來西亞、蒙古、香港等 20 餘個地區簽訂雙邊協議，為一國際性組織。

該協會為積極推動會務擴大服務，增進仲裁功能，已邀集專家學者及企業界人士成立各種研究委員會，目前成立計有：

(1)仲裁事務發展委員會。

(2)仲裁法規研究委員會。

(3)工程仲裁委員會。

(4)國際仲裁事務委員會。

(5)大陸事務委員會。

(6)海事仲裁委員會。

(7)智慧財產權仲裁委員會。

(8)電子科技仲裁委員會。

(9)證券金融保險仲裁委員會。

(10)不動產仲裁委員會。

(11)仲裁人選定委員會。

(12)仲裁人倫理委員會。

(13)書刊編輯委員會。

(14)英文會刊編輯委員會。

(15)仲裁人聯誼暨教育訓練委員會。

(二)法規依據

(1)仲裁法（2009 年 12 月 30 日修正公布）。

(2)仲裁機構組織與調解程序及費用規則（2003 年 1 月 22 日修正公佈）。

(3)中華民國仲裁協會仲裁規則實施辦法（2001 年 3 月 30 日第十二屆第九次理事會通過施行）。

(三)仲裁程序

1. 仲裁之聲請及答辯

仲裁是指當事人雙方約定現在或將來發生的爭議，委由選定的仲裁人加以判斷，並拘束雙方當事人，賦以判斷執行力的一種制度。中華民國商務仲裁協會是依據商務仲裁條例而成立的，其仲裁爭議僅限於「商務」或其有關之一定法律關係所生的爭議，雙方當事人必須簽訂書面仲裁契約或仲裁條款，始能提

付仲裁（仲裁法第 1 條）。

　　當事人聲請仲裁協會仲裁應檢具下列文件，相對人之答辯亦同。

⑴仲裁聲請書（答辯書）並按仲裁人及他造人數多寡計列之繕本。

⑵載有仲裁條款之契約或仲裁契約。

⑶如有委任代理人者其委任書乙份。

⑷仲裁人選定書及仲裁人同意書。

　　除此之外，應依商務仲裁協會組織及仲裁費用規則，繳交仲裁費用。一般言之，仲裁費用比法院裁判費低，尤其是仲裁案件，一經判斷即已終局確定，且與法院之確定判決有同一效力，因此當事人僅須繳付一次費用即可。

2. 仲裁人之選定

　　當事人之兩造得以選定一人或單數之數人為仲裁人（仲裁法第 1 條），若兩造於仲裁協定中並無載明仲裁人之選定方式與人數，則依商務仲裁條例，應由當事人兩造各選一仲裁人，再由兩造選出之仲裁人共推另一仲裁人；如不能共推時，當事人得聲請法院為之選定。仲裁人應以具有法律或各業專門知識，信望素孚之公正人士為之（仲裁法第 5、6、7 條）。

3. 詢問程序

　　當事人得以委任律師或其他代理人出席陳述（仲裁法第 24 條），詢問過程如非當事人之同意，可不對外公開（仲裁法第 23 條）。仲裁人於仲裁判斷前，應行詢問，使兩造陳述，並就事件關係為必要之調查。仲裁人認為必要之行為（收集必要之證據）非法院不得為之者，得請求法院為之。

4. 仲裁判斷

　　仲裁人認為仲裁已達於可為判斷之程度者，應宣告詢問終結，依當事人聲明之事項，於 10 日內作成判斷書。仲裁人之判斷，於當事人間，與法院之確定判決，具同一效力。而仲裁判斷，須聲請法院為執行裁定後，方得為強制執行（仲裁法第 37 條）。

5. 仲裁和解

　　仲裁事件於仲裁判斷前，得為和解。和解成立者，由仲裁人作成和解書。前項和解，與仲裁判斷有同一效力。但須聲請法院為執行裁定後，方得為強制執行（仲裁法第 44 條）。

㈣中華民國商務仲裁程序圖示

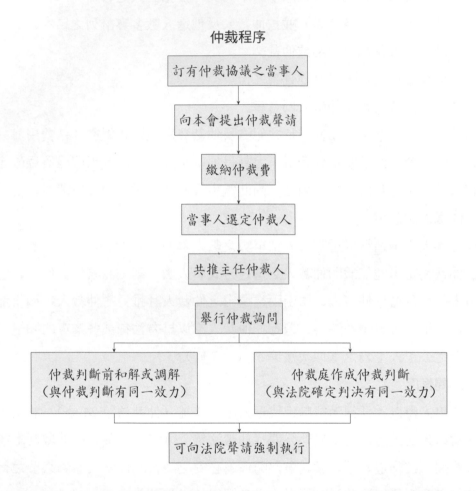

仲裁程序

訂有仲裁協議之當事人

↓

向本會提出仲裁聲請

↓

繳納仲裁費

↓

當事人選定仲裁人

↓

共推主任仲裁人

↓

舉行仲裁詢問

↓

仲裁判斷前和解或調解
（與仲裁判斷有同一效力）　　仲裁庭作成仲裁判斷
（與法院確定判決有同一效力）

↓

可向法院聲請強制執行

六、中國大陸仲裁概況

　　仲裁在中國大陸又稱為「公斷」，中國大陸於 1994 年 8 月 31 日八屆人大第九次會議上通過了仲裁法，於隔年 1995 年 9 月 1 日開始實施。中國大陸仲裁的程序與我國大同小異，茲將中國大陸仲裁之具體程序圖示並分述如下：

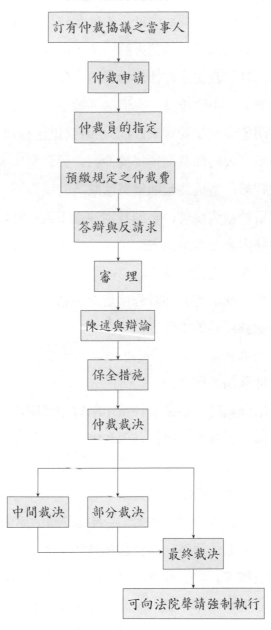

中國大陸仲裁程序

1.**仲裁申請**

　　當事人之間發生爭議時，並非在任何情況下均可提交仲裁，依照大陸仲裁法規定，當事人申請仲裁必須具備以下條件：

⑴有仲裁協議

仲裁協議是當事人在契約中訂立的仲裁條款或以其他方式在糾紛發生前或發生後達成之請求以仲裁來解決糾紛的協議。仲裁協議必須是書面形式的，如未具仲裁協議，仲裁機構無權受理，仲裁庭亦無管轄權。

於實務作業上，不明確或不完備的仲裁協議，可能導致仲裁機構因仲裁協議的不明確而無法受理案件；而法院又以已有仲裁協議也不受理案件。或是一方當事人向仲裁機構提請仲裁，另一當事人卻以仲裁協議不明確而向法院提訟，造成仲裁機構與法院同時受理同一案件的窘況。因此當事人於擬訂仲裁協議時，必須特別注意下列各點：

①仲裁協議內容要素須完備。

②明確指定存在之仲裁機構。

③選擇的仲裁機構應與仲裁程序規則一致。

④避免仲裁終局性的不確定。

⑤明示訴訟的排除。

⑵有具體的仲裁請求與事由

申請人提請仲裁時，必須於仲裁申請書中述明，申請仲裁的事由以及具體請求內容。仲裁請求可以修改和調整，但請求金額增加時，仲裁費須相應提高。

⑶提請仲裁所依據的證明文件為何

事實必須有證據來支持，根據誰主張誰舉證的原則，申請人提請仲裁時，於說明自己主張的同時，應負起相應的舉證責任。證據形式包括書面證據與實務證據等，提交仲裁申請書時，有關的書面證據與證明文件均應一式五份。但如果被申請人一方有兩個或兩個以上的當事人時，仲裁申請書及其所附證據則應多交一份或一份以上。

2.**仲裁員的指定**

根據各仲裁機構的仲裁規則來看，當事人有權在仲裁委員會之仲裁員名冊裡，指定一名自己信任的仲裁員。申請人也可以委託仲裁委員會，為己方指定一名仲裁員。中國大陸涉外仲裁機構設有仲裁員名冊。仲裁員是由仲裁委員會，

從對國際經濟貿易、科學技術、海事與法律等學有專精的國內外人士裡予以聘任。當事人可以在名冊中指定任一人為該案件的仲裁人。

申請人應於提請仲裁申請時或其後的 20 天內,從仲裁員名冊中指定一名仲裁員。如果申請人難以確定仲裁員的人選,可以委託仲裁委員會主任代為指定一名仲裁員。仲裁案件有兩個或兩個以上的申請人時,申請人之間應協商於仲裁委員會仲裁員名冊裡,共同指定一名仲裁員。

申請人可以與被申請人一起在仲裁委員會之仲裁員名冊裡,共同指定或委託仲裁委員會主任,指定一名仲裁員為獨任仲裁員,組成仲裁庭單獨審理案件。此外,仲裁委員會主任可以接受申請人或被申請人的委託,代申請人或被申請人指定一名仲裁員,或按照申請人和被申請人的共同委託,代為指定一名獨立仲裁員。

3. 預繳規定之仲裁費

仲裁委員會制定的仲裁費用表,是按爭議金額的大小取百分比遞減的方法計算。中國國際經濟貿易仲裁委員會與中國海事仲裁委員會的仲裁費用如下表:

幣別: 人民幣 (RMB)

爭議金額	仲裁費用
100 萬元以下	爭議金額的 4%,最低不得少於 2 萬元。
100–500 萬元	4 萬元 + 100 萬元以上部分的 3%。
500–1,000 萬元	16 萬元 + 500 萬元以上部分的 2%。
1,000–5,000 萬元	26 萬元 + 1,000 萬元以上部分的 1%。
5,000 萬元以上	66 萬元 + 5,000 萬元以上部分的 0.5%。

4. 答辯與反請求

仲裁委員會立案受理後,將申請人的仲裁申請書及其附件,連同仲裁規則與仲裁員名冊各一份,寄送被申請人。被申請人應於收到仲裁申請書之日起 20 日內指定仲裁員,並應在收到上述申請書之日起 45 日內提交答辯書及有關證明文件。

5. 審理

審理是仲裁庭在規定的期限內,為作成裁決,對爭議案件所進行之庭審、調查、收集證據及諮詢專家等全部過程。

6.陳述與辯論

此程序乃當事人對於爭議的事實與法律依據進行說明或證明，提出自己的主張與意見，以反駁對方的主張、仲裁請求或反訴請求。陳述的形式可以是書面或口頭方式為之。

7.保全措施

保全措施又稱為臨時措施，係指在仲裁程序進行前或進行期間，由當事人一方提出申請，一般乃由法院對相關證據或另一方當事人的財產採取的一種臨時性的強制措施，目的在於防止證據的滅失或對方當事人在仲裁期間的脫產行為，以保護當事人的權益。

8.仲裁裁決

⑴中間裁決

中間裁決係指對整個仲裁案已部分審理清楚，為了防止損失的進一步擴大，仲裁庭在某一審理階段對某一要項所作出的暫時性裁決。

⑵部分裁決

部分裁決則指仲裁庭對整個爭議案件的某一或數個問題已審理清楚，為能及時保障當事人權益或有利於繼續審理其他問題，仲裁庭對此已審理清楚的部分問題先行作出終局性裁決。

⑶最終裁決

最終裁決是指，整個仲裁案件審理終結之後，仲裁庭對提交仲裁的全部爭議事項作出終局性的裁決。

七、兩岸三地仲裁判斷之承認

㈠香港地區

臺灣法院對於香港地區民事案件的處理，於香港回歸中國大陸之後適用「香港澳門關係條例」。該條例規定，在香港或澳門所作成的民事確定裁判之效力，準用民事訴訟法中關於承認外國法院確定判決的標準。即臺灣的法院需形式上審查該香港法院的判決是否有不具管轄權、訴訟文書合法送達、違反公序良俗

及有無相互承認等情形。

　　目前臺灣與香港之間，對於法院判決仍存有相互承認的問題。至於香港仲裁判斷的效力，依臺灣仲裁法的規定，於經臺灣法院裁定承認後，可憑以向法院聲請強制執行。在臺灣法院實務上，已有裁定承認香港仲裁判斷的效力。

㈡中國大陸地區

　　依據「臺灣地區與大陸地區人民關係條例」第 74 條規定，大陸地區作成之民事確定裁判、民事仲裁判斷，要在臺灣地區發生效力，必須持經海基會驗證的裁判書與仲裁判斷書聲請臺灣法院裁定認可。受理認可聲請的法院僅就形式上來審查在大陸地區作成的民事裁判或仲裁判斷是否違背臺灣地區的公共秩序與善良風俗，不會再就該已經法院判決或已經仲裁人判斷的內容重新審查。

　　臺灣的法院對於大陸地區作成的判決或仲裁判斷之認可，乃採互惠原則，即以在臺灣作成的民事確定判決或仲裁判斷可獲得大陸法院裁定認可者，臺灣的法院才會給予認可。由於大陸地區在 1998 年 1 月 15 日經大陸地區最高法院審判委員會第 957 次會議通過「最高人民法院關於人民法院認可臺灣地區有關法院民事判決的規定」，並於同年 5 月 26 日施行，互惠認可機制已建立，目前也已有多項在大陸地區作成的民事判決獲我國法院裁定認可。

是非題

(　) 1.若當事人願以仲裁方式解決貿易糾紛時，其前提要件是須成立一書面形式的仲裁協議。

(　) 2.仲裁事件於仲裁判斷前不得為和解。

(　) 3.仲裁人之判斷，於當事人間，與法院之確定判決，具同一效力。

(　) 4.若交易雙方欲以仲裁方式解決將來可能發生的爭議，只須事先以口頭約定即可。

(　) 5.仲裁是基於當事人的意願而成立，在性質上它是契約性的，此與訴訟的強制性不同。

選擇題

(　) 1.貿易局統計資料顯示絕大部分的索賠糾紛肇因於　(A)品質不佳　(B)規格不符　(C)數量短少　(D)包裝不良。

(　) 2.下列何者非商務仲裁之特點？　(A)公開　(B)有效　(C)經濟　(D)快速。

(　) 3.根據我國仲裁法規定，仲裁人宣告詢問終結時，應於多少時間內作成判斷書？　(A) 15 日　(B) 30 日　(C) 5 日　(D) 10 日。

(　) 4.出口商遭到進口商索賠時，會向進口商要求　(A)公證報告　(B)輸入許可　(C)產地證明　(D)保險證明。

(　) 5.貿易糾紛之索賠有哪幾種？　(A)運輸索賠　(B)保險索賠　(C)買賣索賠　(D)以上皆是。

(　) 6.向航空公司索賠之損害通知時效，若為不可見毀損，應於收到貨物後幾天內提出？　(A) 3 天　(B) 14 天　(C) 21 天　(D)立刻。

(　) 7.下列何者為賣方索賠時，賣方可能的要求？　(A)減價　(B)扣留貨物　(C)退貨　(D)補送貨物或換貨。

( ) 8.解決貿易糾紛宜優先採用　(A)由第三者仲裁　(B)當事人直接妥協　(C)由第三者調解　(D)提起訴訟。

( ) 9.經由第三者調解貿易糾紛，通常會經由下列哪一單位進行調解，一般採書面審理方式？　(A)經建會　(B)農委會　(C)財政部　(D)國際貿易局。

( ) 10.仲裁庭應於接獲被選為仲裁人之通知日起，於　(A) 1 個月　(B) 3 個月　(C) 6 個月　(D) 9 個月　內作成判斷書。

( ) 11.「漢堡規則 (Hamburg Rules)」規定，若貨物之滅失或毀損屬非顯著性者，應於受貨日後幾日內向運送人提出書面通知？　(A) 5 日　(B) 10 日　(C) 15 日　(D) 20 日。

( ) 12.下列何者非為預防買賣索賠糾紛的正確作為？　(A)熟稔國貿慣例　(B)秉持誠信原則　(C)嚴格執行合約　(D)迅速發出索賠通知。

( ) 13.下列何者非貿易實務上常見的索賠？　(A)買賣索賠　(B)保險索賠　(C)運輸索賠　(D)匯兌損失索賠。

( ) 14.船公司在運輸過程中因貨物處理不當，致使貨物受損，理應賠償貨主，此稱為　(A)貿易索賠　(B)保險索賠　(C)運輸索賠　(D)買賣索賠。

( ) 15.下列何種延遲交貨的原因，買賣雙方均不須負責？　(A)起因於買方之故意或過失　(B)起因於第三者之故意或過失　(C)起因於賣方之故意或過失　(D)起因於不可抗力事故。

問答題

一、何謂不正當索賠 (Wrong Claim)？不正當索賠一般有哪些情況？

二、索賠的提出應注意的要項有哪些？

三、賣方受理索賠的程序與應注意要項為何？

四、貿易商如何預防貿易糾紛與索賠的發生？

五、何謂不可抗力 (Force Majeure)？不可抗力的法律後果為何？

六、何謂商務仲裁 (Commercial Arbitration)？以仲裁的方式處理爭議有哪些優點？

第十二章

外匯匯率與
出進口結匯

學習目標

外匯市場的認識與操作

進出口廠商匯率風險管理

出口結匯

進口結匯

Practices of
International
Trade

國際間交易的主要特色之一就是所賺取的是「外國貨幣 (Foreign Currency)」，因此存在著本國貨幣與外國貨幣之間的兌換計價問題，亦即牽涉到不同國家貨幣間的兌換比率 (Exchange Rate) 問題。在商言商，「利潤 (Profit)」是每一資本主義營利廠商的最主要目標，國際買賣交易可能因匯率的波動左右了損益的多寡。因此，匯率的相關問題一直會是進出口廠商所關心並希望瞭解的專業領域。本章起始將藉由介紹「外匯市場 (Foreign Exchange Market)」的基本常識，讓讀者能瞭解外匯的匯率是如何透過外匯市場來決定的？而影響匯率的因素有哪些？以及如何透過外匯的操作來規避匯兌的可能損失，避免侵蝕掉原已微薄的毛利。本章後半部則就進出口結匯的實務操作程序，為讀者進行介紹與說明。

第一節　外匯市場概論

一、外匯市場

　　外匯市場為金融市場的一部分，係由外匯銀行、進出口業者、外匯經紀商、政府管理機構及其他外匯的供需者所組成，為滿足外匯的供需，所形成的交易平臺。外匯市場供需形成的原因有，國際貿易、國際投資、投機與避險操作等。外匯市場不若一般商品市場，有固定的交易場所，而係僅一透過通訊設備，滿足外匯供給需求各方，可在全世界 24 小時進行交易的網絡。

　　目前世界最大的外匯交易中心為倫敦，一般來說，大部分交易集中在交易所的正常營業時間進行。每日交易由亞洲的金融中心開始，隨著時區遞轉至歐洲、美洲與澳洲的金融中心。全球各大金融中心於不同時區的交易時間如下：

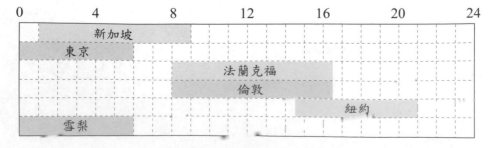

格林威治時間(GMT)

二、外匯匯率 (Foreign Exchange Rate) 意義

如前所述，國際貿易貨款的清算涉及不同國家貨幣的換算比率問題，亦係一國貨幣與他國貨幣的兌換比率應如何計算與表達的問題。此即外匯匯率的意義與作用。依市場習慣，兩國貨幣兌換比率的表示方式如下：

三、匯率報價方式

㈠何謂匯率報價

匯率報價係指外匯買賣價格的表示，可以其中一種貨幣為報價基準，因此有兩種報價型式，茲予說明如下。

㈡匯率報價型式

1. **直接報價** (Direct Quotation)

又稱「付出報價 (Giving Quotation)」、「價格報價 (Price Quotation)」、「逆向報價 (Inverse Quotation)」或「美式報價 (American Terms)」，係以一單位外國貨幣為基準，折合多少本國貨幣 (Rate in Home Money) 的報價方式，例如：USD/TWD32。於國際外匯市場上大部分採此報價方式。

2. **間接報價** (Indirect Quotation)

又稱「收進報價 (Receiving Quotation)」或「數量報價 (Volume Quotation)」或「歐式報價 (European Terms)」，係以一單位本國貨幣為基準，折合多少外國貨幣 (Rate in Foreign Money) 的報價方式，例如：TWD/USD0.323。

茲將匯率之直接報價與間接報價比較如下：

	直接報價	間接報價
	USD/TWD31	TWD/USD0.3226
TWD 貶值 10%↓	USD/TWD34.1↑	TWD/USD0.2933↓
	（匯率上升）	（匯率下降）

由上列比較表得知「匯率上升」、「匯率下降」究竟指升值 (Appreciation) 或貶值 (Depreciation)? 須視報價形式而定。

四、外匯匯率的種類

(一)即期匯率 (Spot Exchange Rates)

即外匯現貨的買賣價格，須在 1 個或 2 個營業日內進行外匯現貨交割的匯價。其匯價表示方式，茲以 USD/TWD 例示如下：

 點數 (Pips)

又稱為 "Point"，係價格最小變數的數量。

 大數 (The Big Figure)

在美國又稱 "The Handle"，交易員交易時並不列出。

銀行即期外匯交易參考報價 (98.7.27)

貨幣別 銀行別	美 元	日 圓	歐 元
第一銀行	32.770/32.870	0.3434/0.3474	46.568/46.968
臺灣銀行	32.750/32.870	0.3427/0.3473	46.610/47.070
合作金庫	32.810/32.910	0.3445/0.3485	46.510/46.850

㈡遠期匯率 (Forward Exchange Rates)

遠期匯率係以即期匯率為基礎，加計兩種幣別的「利差 **(Interest Rate Differential)**」計算而得，亦即將兩種交易幣別之利差換算為匯差後，加計即期匯率即可得出遠期匯率。因此遠期匯率並非是對未來即期匯率的預期，而係僅單純以利差的變化作為交易標的。

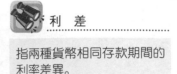

利　差

指兩種貨幣相同存款期間的利率差異。

㈢換匯匯率 (Swap Rate)

係只報出即期匯率與遠期匯率之差異點數，換匯匯率係以兩種貨幣間之利率差換算而得。換算公式如下：

$$換匯匯率 = \frac{即期匯率 \times 利率差 \times 期間（遠期）}{100 \times 期間（360 天）}$$

高利率貨幣之遠期匯率呈「貼水 (Discount)」狀況，而低利率貨幣之遠期匯率呈「升水 (Premium)」情況，即利率利益（損失）等於匯率損失（利益）差異，以維持套利均衡，符合「利率平價說 (IRP)」的推論。

茲將利率差異與外匯市場維持套利均衡關係揭示如下圖：

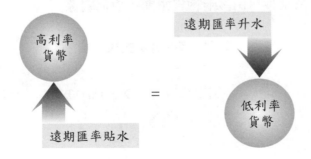

㈣買入匯率與賣出匯率

1.**買入匯率** (Buying Rate; Bid Rate)

亦稱「出口匯率」，即外匯銀行買入外匯之匯率。

2. **賣出匯率** (Selling Rate; Offer Rate)

亦稱「進口匯率」，即外匯銀行賣出外匯之匯率。

銀行美元參考報價 (100. 2.16)

期　別　＼　項　目	臺灣銀行		第一銀行	
	買　入	賣　出	買　入	賣　出
即　期	29.380	29.480	29.380	29.480
10 天	29.375	29.477	29.356	29.491
30 天	29.356	29.468	29.341	29.483
60 天	29.332	29.454	29.316	29.469
90 天	29.303	29.436	29.288	29.450
120 天	29.267	29.412	29.253	29.427
150 天	29.235	29.390	－	－
180 天	29.190	29.360	29.180	29.373

㈤交叉匯率 (Cross Exchange Rates)

亦稱「套算匯率 (Arbitrage Rate)」，係指本國貨幣與第三國貨幣間的匯率，乃透過本國貨幣與特定外國貨幣之匯率，以及特定國貨幣與第三國貨幣間之匯率，間接推算出的匯率。亦即一種貨幣與另一種貨幣間無直接匯價關係時，必須透過第三種貨幣來推算出該兩種貨幣間的對價關係。

交叉匯率的計算與表示法

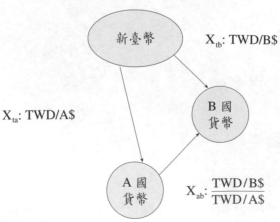

五、外匯交易

㈠即期外匯交易 (Spot Exchange Transaction)

即期外匯交易又稱「現貨外匯交易」，係指在買賣外匯契約成立時，或其後 2 個銀行營業日內❶（如下表）完成外匯交割之交易。

交易日	星期一	星期二	星期三	星期四	星期五
交割日	星期三	星期四	星期五	星期一	星期二

㈡遠期外匯交易 (Forward Exchange Transaction)

遠期外匯交易又稱「期貨外匯交易」，係指買賣雙方均未提供外匯現貨，僅提出若干「保證金 (Margin)」簽訂契約，約定於將來一定時間內按照約定的匯率進行外匯交易。廠商得以運用此項交易來鎖定 (Lock-in) 未來特定時日外匯供需的匯率，避開匯率劇烈波動的風險。

遠期匯率的報價係依 1、2、3、6、12 個月等不同到期日的遠期點數 (Forward Points) 報價，如客戶需要其他到期日的報價，銀行亦會提供，即所謂的畸零天期匯率 (Broken Date Rate)。

茲將即期與遠期外匯交易時程圖示如下：

㈢換匯交易 (Swap Transaction)

此係即期與遠期交易之合成，指同時買進與賣出固定金額的貨幣，但分成兩個不同的「交割日 (Value Dates)」，市場慣稱為 "Legs"，進行資金轉移。換匯交易通常有下列三種形式：

❶ 此為國際市場一般慣例。亦可約定當日交割（如臺灣）或次日交割（如日本）。

1. 即期對遠期

第一筆交易 (First Leg) 為即期交易，於交易日後 2 個營業日交割；另一筆交易 (Second Leg) 則為遠期交易，例如交割日為即期交割日後 3 個月。

2. 遠期對遠期

第一筆交易為遠期交易，另一筆交易亦為遠期交易且其交割日為第一筆遠期交割日之後。例如，第一筆交易之交割日為即期交割日後 3 個月；第二筆交易之交割日為即期交割日後 6 個月，這種交易型態稱之為 "3 × 6 Forward/ Forward SWAP"。

3. 短天期

短天期係指 1 個月以內的換匯交易。例如，第一筆交易為即期交割；第二筆交易 10 天後交割。

六、匯率決定相關學說

理論的涉獵有助於讀者對實務背後運作原理的瞭解，下列三種關於匯率決定的主要論述，「利率平價說」、「購買力平價說」與「國際借貸說」，均可用以解釋匯率變動與決定之部分原因，茲予分別說明如下：

(一)利率平價說 (Interest Rate Parity, IRP)

利率平價理論說明了名目利率與匯率之間的相關性，即期匯率與遠期匯率的差異係來自於利率的影響，因此即期匯率與遠期匯率應存有下列關係：

$$(1 + R_f) = \frac{S_0 \times (1 + R_d)}{F_1}$$

上式中，R_f = 外國利率；R_d = 本國利率；S_0 = 即期匯率；F_1 = 遠期匯率。

將上式移項整理後得出下式：

$$F_1 \cong S_0 \times (1 + R_d - R_f)$$

由上式我們可以明晰地看出遠、即期匯率與兩國利率差異的關係，當本國利率高於外國利率時 $(R_d > R_f)$，即表示遠期匯率應會上升。例如美元今天匯價為 USD/TWD32，美國一年期利率為 3%，臺灣為 4%。則今天將新臺幣 32 元存

入銀行一年後為 33.28 元，而將 1 美元存入美國一年後可得 1.03 美元，為避免套利情形存在，一年後的 33.28 元新臺幣必須等於一年後的 1.03 美元，因此一年期美元遠期匯率應要等於 USD/TWD32.311。

(二)購買力平價說 (Theory of Purchasing Power Parity, PPP)

此學說為瑞典學者加塞爾 (G. Cassel) 所提出，經濟學家係以購買力平價說為解釋各國匯率差異之主要論述。此說係以兩國貨幣的實質購買力為貨幣匯價兌換關係的基礎。例如完全相同的日式拉麵一碗，在臺灣賣 100 元新臺幣，在日本則賣 400 日圓，則依購買力平價論點，日幣與新臺幣的匯價關係應為 JPY/TWD0.25。若日本物價上漲，相同的拉麵價格上漲為 500 日圓，則此時匯價關係應調整為 JPY/TWD0.20。讀者可依加塞爾所提出之下列計算公式檢驗物價與匯率的關係。

$$新匯價 = 舊匯價 \times \frac{本國目前物價指數}{外國目前物價指數}$$

《經濟學人》(Economist) 依購買力平價理論進行實證研究，於 1986 年發表「大麥克指數 (Big Mac Index)」。此係以產品規格與品質在全球一致性相當高的麥當勞麥香堡，在全球各地的售價進行比對，得出「麥香堡購買力平價 (Big Mac PPP)」，再將一國貨幣現行匯率與麥香堡購買力平價指數比較，檢測當時幣值的高低估狀況。根據其歷年的檢測，日後證實，其檢證相當吻合實況。

(三)國際借貸說 (Theory of International Indebtedness)

又稱「國際收支說 (Balance of International Payments Theory)」，國際借貸說係以國際借貸說明匯率變動的學說，亦即以國際間債權債務關係所產生之外匯供給需求，解釋匯率的決定與變動。

由「國際收支平衡表 (Balance of Payment)」得知外匯需求與供給來源主要項目如下：

	外匯需求	外匯供給
經常帳項目		
商品與勞務	進　口	出　口
片面移轉（利息、股利、利潤）	支付國外	從外國收入
資本帳項目		
長、短期投資	投資國外資產	外國投資本國資產

外匯供需彈性

· 外匯需要彈性 (E_d)
$= \dfrac{外匯需要量變動百分比}{外匯匯率變動百分比}$

· 外匯供給彈性 (E_s)
$= \dfrac{外匯供給量變動百分比}{外匯匯率變動百分比}$

　　瞭解外匯需求與供給的主要來源後，再藉由經濟學家馬夏爾 (Marshall) 供需線的簡要分析，讀者當可明晰地瞭解，外匯供需對匯率變動的影響方向。惟其影響效果大小的判定，仍需視外匯供需彈性大小而定。

　　外匯供需對匯率變動影響分析如下：

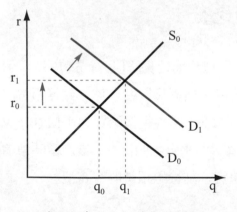

外匯需求↑ ➝ 外匯價格↑

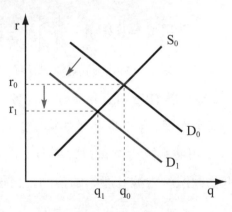

外匯需求↓ ➝ 外匯價格↓

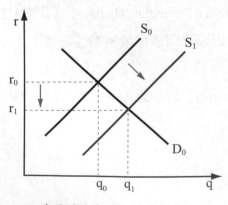

外匯供給↑ ➝ 外匯價格↓

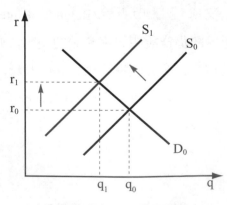

外匯供給↓ ➝ 外匯價格↑

茲將外匯供需變動對匯率影響彙整如下表：

變動狀況	外匯需求增加	外匯需求減少	外匯供給增加	外匯供給減少
直接匯率	上　升	下　降	下　降	上　升
間接匯率	下　降	上　升	上　升	下　降
本國貨幣	貶　值	升　值	升　值	貶　值

七、主要總體經濟變數與匯率關係

茲將總體經濟變數 (Macroeconomic Variables) 與匯率變動方向的關聯性，簡要列示與說明如下，讀者可藉以依循判定匯率的大致走向，考慮是否必須進行避險操作。

㈠利率 (Interest Rates) 與匯率變動關係

下列各式中，X = 間接匯率；P = 物價；IM = 進口；EX = 出口。

一國政府採行升息的措施時，會吸引國際資金流入增加，因而造成外匯供給增加，促使匯率上升（本國貨幣升值）。其因果關係簡示如下：

$$\text{Interest Rates}\uparrow \rightarrow X\uparrow \ (\text{Appreciation})$$

㈡國民所得 (Income) 與匯率變動關係

當一國的國民所得提高，該國人民的購買力隨之提升，因而造成進口貨品的購買量增加，促使外匯需求增加，使匯率因而下跌（本國貨幣貶值）。此影響效果的大小，端視該國人民對進口商品的「**所得彈性 (Income Elasticity)**」與國內商品之於進口商品的替代能力大小而定。其因果關係簡示如下：

$$\text{Income}\uparrow \rightarrow IM\uparrow \rightarrow X\downarrow \ (\text{Depreciation})$$

所得彈性

$$\text{所得彈性} = \frac{\text{商品需要量變動百分比}}{\text{所得變動百分比}}$$

㈢通貨膨脹 (Inflation) 與匯率變動關係

當一國發生通貨膨脹，造成物價上漲時，此刻進口商品將相對較便宜，因

而進口量會增加，促使外匯需求的增加。然而出口商品則因物價上漲而相對較貴，因而降低了出口商品的競爭力，使出口數量下降，外匯的供給量也因此而下降，此兩股力量均會促成匯率下降（本國貨幣貶值）的情況發生。當然，其影響效果的大小，須視進、出口商品分別之「價格需求彈性 (Price Elasticity)」的大小而定。其因果關係簡示如下：

$$\text{Inflation}\uparrow \rightarrow \text{P}\uparrow \text{—}\left[\begin{array}{l}\text{IM}\uparrow \\ \text{EX}\downarrow\end{array}\right. \text{—} \rightarrow \text{X}\downarrow \text{ (Depreciation)}$$

第二節　進出口廠商匯率風險管理

一、匯率風險與管理

㈠匯率風險意義

匯率風險係指因匯率的波動無法預知,導致將來外匯交易損益的不確定性,間接地影響到國際交易的損益風險。一般而言，出口商面對的匯率風險，係指買賣合約簽訂後至貨款回收期間，因本國貨幣升值造成的匯兌損失。進口商所面對的匯率風險則是，於買賣合約簽訂後至結匯支付貨款期間，因本國貨幣貶值致使進貨成本提高，侵蝕毛利，甚至虧損的風險。

㈡匯率風險管理

茲將匯率風險管理的考量要點，依交易的不同階段分述如下：

1. **交易前階段**

⑴經營模式的選定。

⑵致力於成本降低，提高匯率變動承受能力。

⑶建立公司匯率政策，讓公司財務操作有一套明確規範可依循。

⑷分散市場與產品，避免因單一市場匯率波動劇烈，而產生巨額匯損。

2. **交易中階段**

(1)慎選付款方式。

(2)投保匯率變動保險。

(3)於合約中訂定匯率條款。

(4)交易幣別的選擇，出口商宜採強勢貨幣，進口商則宜採弱勢貨幣交易。

3. **交易後階段**

(1)外幣戶頭的運用。

(2)結匯時點的安排。

(3)資產留強勢貨幣，負債留弱勢貨幣。

(4)操作遠期外匯、外幣期貨、外幣選擇權、外匯交換等外匯衍生性商品進行避險。

二、匯率避險決策

進行匯率避險決策與運用匯率避險工具的出發點應是「避險」而非「投機」，許多公司以避險為藉口，大量操作衍生性金融商品行投機之實，因而產生巨額虧損拖垮本業者，時有所聞，業者應引以為鑑。

進行匯率避險操作之前，須先思考並衡量匯率風險程度大小為何？是否需要進行避險？避險工具的選擇與成本考量為何？茲將避險決策考量準則簡示如下：

匯率風險損失期望值 > 匯率避險成本 → 進行避險操作

三、匯率避險工具

茲將常見之匯率避險工具介紹如下：

(一)遠期外匯交易 (Forward Foreign Exchange Transaction)

遠期外匯交易係指進出口廠商為規避未來匯率波動的可能風險，事先與其往來之外匯銀行訂定契約，約定於未來一定期間交割契約金額時，以約定的匯率結匯。

㈡外幣期貨交易 (Foreign Currency Futures Transaction)

外幣期貨交易係指，買賣雙方簽訂一約定外幣交易數量、價格、交割日合約。任何人只要按規定繳交保證金，即可進入期貨市場進行交易。

㈢外幣選擇權交易 (Foreign Currency Option Transaction)

外幣選擇權

- 美式選擇權：能於到期日前任一天執行權利。
- 歐式選擇權：僅能於到期日執行權利。

外幣選擇權交易係指買賣「一項權利」，購買權利者於支付「權利金 (Premium)」予出售權利者後，得於未來某一特定日或之前以事先約定的「履約價格 (Strike Price)」，要求出售權利者買入或賣出特定數量的特定貨幣。此種契約可能由於買方至到期日後發現無履約利益，放棄行使權利使合約自動失效。

遠期外匯、外幣期貨、外幣選擇權比較表

項　目	遠期外匯	外幣期貨	外幣選擇權
性　質	・以實質交易之避險行為為主 ・買賣雙方均有履約義務	・以契約交易之投機行為為主 ・買賣雙方均有履約義務	・以契約交易之投機行為為主 ・買者有權決定是否履約
幣　別	雙方約定	標準化	標準化
契約單位	無規定	標準化	標準化
交割日	雙方約定	標準化	標準化
報價方式	直接報價法	每一單位外幣的美元價格	同　左
價格變動最小幅度	無限制	有限制	有限制
每日價格變動最大幅度	無限制	有最大幅度	無限制
保證金	銀行與客戶議定	有統一規定	有統一規定
參與者	銀行多評估選擇	任何人	任何人
市場型態	無形市場	交易所式	交易所式
交易方式	電訊方式	公開拍賣	公開拍賣
交易時間	24 小時	有一定時間	有一定時間

第三節　出口結匯

一、出口結匯意義

出口結匯係指出口商於貨物出口後，將所賺取之外匯收入，結售予外匯指定銀行換取本國貨幣之程序。

二、出口結匯方式

出口結匯依付款方式的不同有下列方式：

㈠信用狀項下出口結匯 (Negotiation of Draft under L/C)

一般稱「出口押匯」，此專指信用狀項下的出口結匯程序，係押匯銀行以貨物單據為擔保，對出口商先行墊付信用狀金額的授信業務。若開狀銀行拒付，出口商即須返還押匯銀行墊付之款項。

茲將出口押匯程序說明如下：

出口押匯流程	說　明
準備手續	(1)提供徵信資料給銀行。 (2)簽訂「權利總設定書 (General Letter of Hypothecation, L/H)」。 (3)送交印鑑卡。
備齊押匯單證並製發匯票	(1)依信用狀上規定，備齊押匯相關單據。 (2)匯票在法律上有指示付款的功能，因此一般信用狀上均要求匯票為押匯單據之一。
簽立出口押匯申請書	向押匯銀行索取空白「出口押匯申請書」，填妥並於申請行號上蓋印公司大小章。
至銀行辦理押匯	備妥押匯相關單據連同出口押匯申請書，至押匯銀行辦理押匯。
取得銀行結匯證實書	若押匯單據外觀上齊全無誤，押匯銀行即於扣除押匯息等相關費用後，將押匯款匯入出口商帳戶，並製發「結匯證實書」予出口商收執。

㈡出口託收

1.付款交單託收 (D/P)

代收銀行收受貨款後，即貸記 (Credit) 託收銀行的存款帳戶，並將入帳通知寄予託收銀行。託收銀行收到進帳通知後，於扣除相關費用後付款給出口商（委託人）。出口商可保有此筆外匯或結售予外匯銀行。

2.承兌交單託收 (D/A)

代收銀行收到託收指示書與相關單據後，向進口商作出承兌提示。進口商於承兌匯票後，取得全套貨運單據。代收銀行保留該承兌匯票。於匯票到期日，代收銀行向進口商提示到期付款，進口商付款。代收銀行收受貨款後，即貸記託收銀行的存款帳戶，並將入帳通知寄予託收銀行。託收銀行收到進帳通知後，於扣除相關費用後付款給委託人（出口商）。

㈢預收貨款

買賣雙方約定以預收貨款方式為付款條件時，於簽訂合約後，出口商即要求進口商以電匯 (T/T)、信匯 (M/T)、票匯 (D/D) 等方式支付貨款。出口商於收訖貨款後，隨即將貨物裝運出口，並將貨運相關單據直接寄予進口商，憑以辦理提貨手續。

㈣寄售 (Consignment)

寄售乃是由進口商（代銷人）代替出口商（委託人）進行銷售，於貨物出售後再由代銷人向外匯銀行結購外匯，匯付給委託人結算貨款。出口商取得匯款後即可將所得外匯結售予外匯銀行。

第四節　進口結匯

一、進口結匯意義

進口商進口貨物須以外幣支付貨款，因此進口商必須向外匯指定銀行申購外幣並透過銀行匯付給國外出口商，此進口商為支應進口貨款而向外匯銀行結購外匯的行為，即稱之為進口結匯。

二、進口結匯方式

茲將進口結匯依付款方式的不同，分述如下：

(一)信用狀項下進口結匯

開狀銀行對於押匯銀行寄來之相關單據進行審核無誤後，隨即通知進口商前來付款贖單。進口商採用信用狀為付款方式時，其向外匯銀行結購外匯分為如下兩個階段：

(1)開狀結匯

進口商申請開發信用狀時依其信用程度，須按信用狀金額一定成數先行結匯，俗稱「第一次結匯」，此部分金額即為開狀保證金 (Margin)。銀行往來信用程度愈差者保證金成數愈高，亦有銀行要求進口商須全額結匯始予開狀之情況者。

(2)贖單結匯

進口商於接到進口單據到達通知書後，若進口商於申請開狀時已全額結匯者，銀行即行發給進口商全套提貨單據。若開狀時，僅部分結匯，則進口商須清償未結匯款，俗稱「第二次結匯」。於辦理贖單結匯後，領取貨運單據進行提貨手續。

(二)進口託收

1.付款交單託收 (D/P)

進口商於接獲代收銀行通知後，向外匯銀行結購外匯，清償票款，以取得貨運單據，進行報關提貨手續。

2.承兌交單託收 (D/A)

進口商於接獲代收銀行通知後，即行前往銀行就其所提示之匯票，完成承兌手續，進口商即可取得貨運相關單據，辦理報關提貨手續。

(三)寄售

寄售乃是由進口商（代銷人）代替出口商（委託人）進行銷售，於貨物出售後再由代銷人向外匯銀行結購外匯，匯付給委託人結算貨款。

(四)分期付款 (Installment)

出口商允以分期付款為貨款清算方式時，於貨物裝運出口後，即可簽發各期匯票 (Draft)，透過銀行請求進口商予以承兌 (Accepted)，出口商於各期匯票分別到期時，向進口商提示付款，進口商即於付款日向外匯銀行結購外匯，清償票款。

(五)記帳 (Open Account, O/A)

如第八章所述，「記帳」匯款的付款方式已是我國目前進出口付款的主要方式。記帳交易係出口商將貨運單據直接寄予進口商，憑供提貨。貨款則於約定期限到期時，進口商檢附相關文件向外匯銀行辦理結購外匯，匯付貨款給出口商。

是非題

( ) 1.「買入匯率」又稱為「出口匯率」，即外匯銀行買入外匯之匯率。

( ) 2.當一國貿易順差持續擴大，外匯存底驟增，則該國貨幣將有升值壓力。

( ) 3.匯率「直接報價」又稱「付出報價」，係以一單位本國貨幣為基準，折合多少外國貨幣的報價方式。

( ) 4.若開狀時僅部分結匯，則進口商於清償未結匯款時，俗稱「第一次結匯」。

( ) 5.高利率貨幣之遠期匯率呈「升水 (Premium)」狀況。

( ) 6.外國投資本國資產，會增加外匯供給，使本國貨幣貶值。

( ) 7.對於交易幣別的選擇，出口商宜採強勢貨幣，進口商則宜採弱勢貨幣交易。

( ) 8.遠期匯率即是金融機構對未來即期匯率預期的結果。

( ) 9.依「利率平價說」論述，當本國利率高於外國利率時，即表示遠期匯率應會上升。

( ) 10.經濟學人的「大麥克指數」即是「購買力平價說」的實證研究結果。

選擇題

( ) 1.下列哪一因素可能引起本國貨幣貶值？　(A)利率上升　(B)出口增加　(C)物價上升　(D)熱錢流入。

( ) 2.下列何者為外匯需求來源？　(A)出口商品　(B)出口勞務　(C)外國投資本國資產　(D)支付國外利息。

( ) 3.「全額開狀」之情況下，進口商於何時向開狀銀行付清信用狀款項？　(A)申請開狀時　(B)出口押匯時　(C)進口贖單時　(D)報關提貨時。

( ) 4.信用狀之保證金結匯是在　(A)申請開狀時　(B)出口押匯時　(C)進口贖單時　(D)擔保提貨時。

( ) 5.融資開狀時，進口商對該信用狀須辦理幾次結匯？　(A)一次　(B)兩次　(C)三次　(D)四次。

(　)　6.下列何者非貿易商規避匯率風險的方法？　(A)外匯期貨交易　(B)外匯選擇權交易　(C)投保輸出保險　(D)遠期外匯交易。

(　)　7.匯率上升意指本國貨幣升值或貶值？　(A)升值　(B)貶值　(C)視報價形式而定　(D)無法決定。

(　)　8.匯率「間接報價」又稱為　(A)付出報價　(B)價格報價　(C)數量報價　(D)美式報價。

(　)　9.當一國發生通貨膨脹時，該國貨幣通常會　(A)升值　(B)貶值　(C)視報價形式而定　(D)無法決定。

(　)　10.當一國外匯需求與供給同時增加時，該國貨幣通常會　(A)升值　(B)貶值　(C)視報價形式而定　(D)無法決定。

問答題

一、何謂匯率報價？匯率報價的型式有哪幾種？

二、試以供需曲線分析外匯的供給與需求的變動對匯率的影響。

三、試簡要說明利率、物價、國民所得的變動與匯率的關係。

四、匯率風險的意義為何？貿易商如何進行匯率風險管理？

五、匯率避險決策準則為何？常見的匯率避險工具有哪些？

六、何謂出口結匯與進口結匯？

 對照表

兩岸專業名詞對照表

臺灣用語	英　文	大陸用語
貿易條件	(Trade Terms)	貿易術語
船上交貨條件	(Free on Board, FOB)	離岸價格條件
詢價、報價、還價	(Inquiry, Offer, Counter Offer)	詢盤、發盤、還盤
憑買方樣品交易	(Trade by Buyer's Sample)	來樣成交
確認樣品，對等樣品	(Confirming Sample, Counter Sample)	回樣
平均中等貨	(Free Average Sample)	大路貨, 統貨
品牌	(Brand)	牌號
指定品牌	(Branding)	定牌
契約，合約	(Contract)	合同
信用狀	(Letter of Credit, L/C)	信用證
買方遠期信用狀	(Buyer's Usance Credit, Usance Credit Payable at Sight)	假遠期信用狀
應收帳款收買，劃託	(Factoring)	國際保付代理，國際保理
應收票據收買	(Forfaiting)	福費廷，包買票據業務
定期船運輸	(Liner Service)	班輪運輸
貨櫃	(Container)	集裝箱
海運貨單	(Sea Waybill)	海運單
託運人	(Consignor)	發貨人
全險	(All Risks)	一切險
統保單	(Open Policy)	預約保單
開狀銀行	(Issuing Bank)	開證行
兌付	(Honour)	承付
讓購	(Negotiation)	議付
瑕疵	(Discrepancy)	不符點

索 引

U

國貿業務丙級檢定學術科教戰守策

張　瑋／編著

　　本書內容主要是依據勞委會最新公告國貿業務丙級技能檢定學術科測試參考資料內容所編撰。具備以下特色：

　　一、學科部分：本書在每單元前增加重點提示，讓讀者不僅能釐清觀念，更能理解幫助記憶。二、術科部分：國貿業務丙級技能檢定術科涵蓋貿易流程、基礎貿易英文、商業信用狀分析、貿易單據製作及出口價格核算五大部分，每部分都有完整的重點提示。三、模擬試題：本書附有五回合完整的仿真模擬試題，可供讀者計算測驗時間之用。本書於最後附有 100 及 101 年國貿業務丙級技能檢定術科試題解析，使讀者得以熟悉考題類型與出題趨勢。

國貿業務乙級檢定學術科教戰守策

國貿檢定教／編著
材研究小組

　　本書內容主要是依據勞委會所公布的國貿業務技術士乙級技能檢定規範編輯而成，其特色如下：一、學科部分：本書除涵蓋國貿實務基本相關概念外，尚包含貿易法規、海關實務、貿易融資等專業知識，並附有 3 回模擬試題供讀者練習。二、術科部分：本書於每單元前有應試相關資訊及精闢的重點說明，並附有模擬試題以利讀者練習。三、歷屆試題部分：本書在學科方面採詳實解析，祈使透過每一試題作完整概念的延伸，以利相關題型的變化；在術科方面，由於勞委會並未正式公布術科答案，為避免誤導讀者，本書之解析皆為多位專業教師多次討論後編寫而成，以求最正確之解析。

金融市場

于政長／著

　　本書內容多元，包括傳統金融市場和衍生金融市場以及近年來相當熱門的結構型證券。本書採用列點說明的方式，避免使用大篇幅的敘述，並以圖表輔助說明。書中的小百科與金融知識單元，亦可使讀者瞭解相關金融知識。此外，本書還介紹許多國外金融商品的名稱與操作的內容，期使讀者能與國際接軌。書中例題方塊輔助說明內文中的理論與數學公式，以實際數字引領讀者進行演算，並於章末附上習題，供讀者自我評量，以達事半功倍之效。

國際貿易付款方式的選擇與策略

張錦源／著

　　在國際貨物買賣中，付款方式常成為買賣雙方反覆磋商的重要事項。在實務上，常因付款方式無法談妥，以致失去交易的機會，相當令人惋惜。國際貨物買賣的付款方式有相當多種，哪一種付款方式最適合當事人？當事人選擇付款方式的考慮因素為何？如何規避相關風險？各種付款方式的談判策略為何？針對以上各種問題，本書有深入淺出的分析與探討，讀者如果仔細研讀並靈活運用，相信能在詭譎多變的貿易戰場中，獲得最後的勝利！

國際貿易實務詳論
張錦源／著

買賣的原理、原則為貿易實務的重心，貿易條件的解釋、交易條件的內涵、契約成立的過程、契約條款的訂定要領等，均為學習貿易實務者所不可或缺的知識。本書對此均予詳細介紹，期使讀者實際從事貿易時能駕輕就熟。國際間每一宗交易，從初步接洽開始，經報價、接受、訂約，以迄交貨、付款為止，其間有相當錯綜複雜的過程。本書按交易過程先後作有條理的說明，期使讀者對全部交易過程能獲得一完整的概念。除了進出口貿易外，對於託收、三角貿易、轉口貿易、相對貿易、整廠輸出、OEM貿易、經銷、代理、寄售等特殊貿易，本書亦有深入淺出的介紹，為坊間同類書籍所欠缺。

總體經濟學
盧靜儀／著

本書旨在針對總體經濟學的基本概念及理論，做一初步的介紹，希望讀者對整個經濟體系的運作以及體系中各部門間的關聯性，能有基本的認識與瞭解。本書所介紹的總體經濟學理論，涵蓋了國內及國外部門，使閱讀本書的讀者能夠對於開放體系的總體經濟學有所瞭解，進而有能力檢視政策的適當性及適用性。

為了讓讀者對於經濟理論的運用更加純熟，本書在每章結尾或相關之處，都設有「經濟話題漫談」的單元。在單元中作者以近期國內外的經濟新聞或話題為中心，對照內文中介紹的經濟概念或理論，來說明如何用理論解讀日常生活中所遇到的經濟事件。期望能用輕鬆簡單的方法，讓讀者熟悉經濟理論的運用。

國際貿易實務新論
張錦源、康蕙芬／著

本書旨在作為大學與技術學院國際貿易實務課程之教本，並供有志從事貿易實務的社會人士參考之用。其特色有：按交易過程先後步驟詳細說明其內容，使讀者對全部交易過程能有完整的概念；依據教育部頒布之課程標準編寫，可充分配合教學的需要；每章章末均附有習題和實習，供讀者練習；提供授課教師教學光碟，以提昇教學成效。

國際金融——全球金融市場觀點
何瓊芳／著

本書以全球金融市場之觀點，經由金融歷史及文化之起源，穿越金融地理之國際疆界，進入國際化之金融世界作一全面分析。本書特色著重國際金融理論之史地背景和應用之分析工具的紮根，並全面涵蓋金融市場層面，包括國際貨幣市場、外匯市場、黃金市場、資本市場、世界主要股市、國際基金市場以及衍生性金融商品。2008年金融海嘯橫掃全球，本書將金融海嘯興起之始末以及紓困方案之理論依據納入當代國際金融議題之內，俾能提供大專學生最新的國際金融視野，並對金融現況作全盤瞭解。

會計學（上）（下）

幸世間／著；洪文湘／修訂

　　本書八版以「國際財務報導準則」(IFRS)、我國現行法令及我國最新公報內容為依據，以應廣大市場之需求。而本書使用之會計科目，以經濟部商業司公布之「會計科目中英文對照及編碼」為準。遵行 IFRS 後，諸多會計詞彙之最新中英文名稱，如綜合損益表、權益變動表及財務報表要素等，均已應用於本書，並予闡釋。

　　正文各章末有摘要、英漢對照及習題（含問答、選擇及解析三類題型，其中選擇多為近年國家考試及丙級技術士檢定考試之考古試題）。書末提供簡答，並隨書附贈詳細題解（光碟片）。本書分上、下兩冊，可供大學、專科及技術學院教學使用，亦可供一般自修會計人士參考應用。

成本與管理會計

王怡心／著

　　有別於目前市面上成本與管理會計相關書籍，本書將 IFRS 部分準則內容納入，有助於提升管理者與會計人員的專業能力，以因應 IFRS 的挑戰。

　　全書共 12 章，依下列原則編寫而成：一、提供要點提示：各章前皆有「引言」和「章節架構圖」，幫助讀者對各章節的內容有全盤性瞭解。二、更新實務案例：本書涵蓋成本會計與管理會計的重要理論與方法，並搭配淺顯易懂的釋例和實務案例輔助說明。三、新增 IFRS 透析：各章皆新增 IFRS 相關說明，並搭配適當的案例解說和真實公司年報揭露資訊。四、強調習題演練：各章新增近年會計師考題和國考考題，並於書末提供作業簡答，方便讀者自行檢視學習成果。

經濟學

賴錦璋／著

　　一、化抽象為具體，看得見摸得著：本書利用大量生活實例，帶出經濟學的觀念，將經濟融入生活，讓您從生活體悟經濟。

　　二、用筆幽默風趣，內容好讀好記：運用輕鬆幽默的筆調、平易近人的語言講解經濟學，讓經濟不再是經常忘記。

　　三、精闢講解重點，理論涵蓋全面：內容涵蓋個體及總體經濟學的重要議題，讓讀者完整掌握經濟學的理論架構。

　　四、經濟現況說明，統計數據佐證：介紹臺灣各階段經濟發展的狀況，更透過歷年實際的統計數據輔助說明，提升讀者運用數據資料分析經濟情勢與判斷趨勢的能力。

國際貿易法規

方宗鑫／著

　　本書主要分為四大部分：一、國際貿易公約部分：1.關稅暨貿易總協定；2.世界貿易組織；3.聯合國國際貨物買賣契約公約；4.與貿易有關之環保法規，如華盛頓公約、聯合國氣候變化綱要公約及京都議定書。二、主要貿易對手國之貿易法規部分：主要介紹美國貿易法中的 201 條款、301 條款、337 條款、反傾銷法及平衡稅法。三、國際貿易慣例部分：1.關於價格條件的國貿條規 (Incoterms)；2.關於付款條件的信用狀統一慣例 (UCP)、國際擔保函慣例 (ISP)、託收統一規則 (URC) 及協會貨物保險條款 (ICC) 等。四、國內貿易法規部分：1.貿易法；2.管理外匯條例；3.商品檢驗法；4.關稅法。

行銷管理

黃俊堯／著

　　全書共 16 章，各章章首勾勒該章重點，章末並附討論題目，恰可供大專院校一學期行銷管理課程教材之用，亦適合有意瞭解現代行銷管理梗概之一般讀者自行閱讀。此外，本書尚有以下特色：一、今日行銷者特別重視，而一般教科書中未必提供系統性介紹的顧客價值管理、數位行銷、產業行銷、服務行銷等現代行銷管理議題，本書皆有專章加以介紹。二、全書提供大量案例以輔佐理論說明；其中並有相當程度的中國市場行銷環境與行銷經營事例，供讀者參考。

自由貿易行不行？──經濟學家不告訴你的秘密

Ian Fletcher ／著；吳四明／譯

　　經濟學家警告我們，有太多以「國家利益」為名的保護主義案例，最後獲得的結果既失敗、又腐敗。為了避免這些問題，政府應該放棄貿易政策與產業政策等干預手段，把一切全交給比較利益法則與「自由」貿易，因為，在自由貿易之下，生活只會愈來愈好……

　　但事情真的是這樣嗎？世界各國真的有可能讓貿易毫不受限、完全自由嗎？有沒有可能，所謂的「自由貿易」，最終帶給我們的不是幸福的烏托邦，而是日益衰弱的國家？